RESEARCH ON UNITED NATIONS INTERNATIONAL CLASSIFICATION OF CRIME FOR STATISTICS PURPOSES（ICCS）AND ITS IMPLEMENTATION IN CHINA

联合国
《犯罪统计的国际分类》与
中国实施研究

周　勇　葛向伟　著

法律出版社
LAW PRESS · CHINA
北京

图书在版编目（CIP）数据

联合国《犯罪统计的国际分类》与中国实施研究／周勇，葛向伟著. -- 北京 ：法律出版社，2024.

ISBN 978－7－5197－9330－2

Ⅰ. D917

中国国家版本馆 CIP 数据核字第 2024GF5949 号

联合国《犯罪统计的国际分类》与中国实施研究
LIANHEGUO《FANZUI TONGJI DE GUOJI FENLEI》YU ZHONGGUO SHISHI YANJIU

周　勇　葛向伟　著

责任编辑　曲　杰
装帧设计　鲍龙卉

出版发行 法律出版社
编辑统筹 学术·对外出版分社
责任校对 李慧艳
责任印制 胡晓雅　宋万春
经　　销 新华书店

开本 710 毫米×1000 毫米　1/16
印张 25.5　**字数** 394 千
版本 2024 年 7 月第 1 版
印次 2024 年 7 月第 1 次印刷
印刷 北京新生代彩印制版有限公司

地址：北京市丰台区莲花池西里 7 号（100073）
网址：www.lawpress.com.cn
投稿邮箱：info@lawpress.com.cn
举报盗版邮箱：jbwq@lawpress.com.cn
销售电话：010－83938349
客服电话：010－83938350
咨询电话：010－63939796

书号：ISBN 978－7－5197－9330－2　**定价**：106.00 元

凡购买本社图书，如有印装错误，我社负责退换。电话：010－83938349

前　言

本书是司法部预防犯罪研究所开展联合国《犯罪统计的国际分类》项目的研究成果，也是我国履行联合国会员国义务的重要方面。根据国务院三定方案，我国司法部负责国家法治对外合作工作，包括联合国刑事司法领域相关工作，而联合国刑事司法统计工作是其中一个重要组成部分。具体工作由司法部国际合作局组织，司法部预防犯罪研究所配合执行与开展。本书作者司法部预防犯罪研究所副所长周勇研究员自20余年前便开始参与联合国刑事司法统计工作，多次参加联合国预防犯罪和刑事司法大会和委员会会议，并在联合国相关会议上汇报我国开展刑事司法统计的工作成果。本书作者葛向伟从2010年开始参与此项工作，并于2013年开始担任联合国犯罪统计的国际分类技术咨询专家组成员，具体参加了联合国犯罪统计的国际分类相关国际会议和培训活动。两位作者还于2018年在奥地利维也纳参加第28届联合国预防犯罪和刑事司法委员会会议期间，专门就犯罪统计问题与联合国毒品和犯罪问题办公室趋势分析司和司法行动处开展了座谈交流。

联合国刑事司法统计工作的主要内容是每年填报一次《联合国关于犯罪趋势和刑事司法系统运作情况的调查》。该项调查的目的是收集刑事司法系统各主要组成部分的统计数据，截至2023年年底，全球犯罪趋势调查已经开展了22次，调查结果在联合国网站公开。

2015年之后，为了响应联合国2015～2030年可持续发展目标提出的新的数据监测需求，联合国刑事司法统计工作有了新的变化。一是起草并出台了《犯罪统计的国际分类》标准文件，按照行为类别对犯罪进行分类，根据同一统计标准对各国的犯罪总量进行统计，以便全面、准确掌握全部犯罪的犯罪趋势，并便于各国间的数据比较。2016～2019 年又讨论制订了《〈犯罪统计的国际分类〉实施手册》，供各国在实践中参照执行。二是于 2016～2018 年更新《联合国关于犯罪趋势和刑事司法系统运作情况的调查》，使其符合《犯罪统计的国际分类》的分类标准并响应可持续发展目标的数据需求，会员国根据更新后的《联合国关于犯罪趋势和刑事司法系统运作情况的调查》继续填报年度数据。三是于 2018 年开始进行《联合国故意杀人罪全球调查》。

本书是我国开展联合国犯罪统计工作的一个重要方面——实施联合国《犯罪统计的国际分类》的研究成果。《犯罪统计的国际分类》于 2015 年出台，是联合国统计委员会和联合国预防犯罪和刑事司法委员会共同开发的一套基于统计目的对各国犯罪进行统一分类的标准文件，旨在根据国际公认的概念、定义和原则对刑事犯罪进行分类，以提高国家之间犯罪数据的质量和数据的可比性。

为实施犯罪统计的国际分类，自从 2013 年联合国毒品和犯罪问题办公室推动《犯罪统计的国际分类》的起草工作开始，我国先后指定了参与联合国犯罪统计技术咨询小组的中方专家、为《犯罪统计的国际分类》中文版提供同行评审、参加联合国毒品和犯罪问题办公室组织的历次联合国犯罪统计相关会议，对《联合国关于犯罪趋势和刑事司法系统运作情况的调查》的更新、《犯罪统计的国际分类》的实施提出了相关建议，并在中国举办了第三届亚太地区犯罪与刑事司法统计会议，成功开发出《中国犯罪统计的国际分类》(1.0 版)标准文件，我国的实施进度在国际上领先于绝大部分国家，很多做法受到联合国的赞赏和感谢。

本书分为上下两编。上编共四章(第一至四章)，主要介绍联合国《犯罪统计的国际分类》的文件开发、文件内容及其在欧盟和我国的实施情况。第一章介绍了联合国《犯罪统计的国际分类》的具体内容，包括《犯罪统计的国际分类》的背景与由来，犯罪的定义和分类单位、分类原则、分类构建、分类的适用及其结构，该章内容节选自联合国《犯罪统计的国际分类》标准文件和相关会议成果，目的是为读者呈现出该文件的制定背景和主要内容，以便读者更容易理解之后开展的中国本土化研究,即《犯罪统计的国际分类》在中国的实施。第二章介绍了如何实施联合国《犯罪统计的国际分类》,具体包括了实施原则、实施框架、犯罪分类体系的范围、创建对应表等内容,还介绍了如何根据分门别类的变量制作犯罪数据等方面的内容。第二章内容源于本书作者参加的联合国毒品和犯罪问题办公室于2017~2019年组织全球专家在奥地利、韩国、泰国、秘鲁等国召开的会议内容,包括本书作者在内的联合国犯罪统计的国际分类技术咨询小组专家成员讨论制订了《〈犯罪统计的国际分类〉实施手册》,供各国在实施中参考。第三章介绍了欧盟实施联合国《犯罪统计的国际分类》的情况。第四章介绍了中国实施联合国《犯罪统计的国际分类》的情况,包括我国参与联合国犯罪统计工作的概况以及具体的实施过程。

本书下编主要呈现中国实施联合国《犯罪统计的国际分类》的核心成果,也就是建立了中国《刑法》分则的具体条款与联合国《犯罪统计的国际分类》之间的对应表,即《中国犯罪统计的国际分类》(CHICCS1.0版)。该对应表是依照我国《刑法》及其第十个修正案之前的刑法修正案和相关司法解释为依据完成的。

下编共十一章(第五章至第十五章),每章的标题对应于《犯罪统计的国际分类》的每一个一级类别,每章之下的每节的内容对应于一级类别之下的二、三、四级类别。在下编的结构中,每节都包括三个部分:第一部分介绍《犯罪统计的国际分类》对该犯罪类别的类别描述、包含范围和排除情形;第二部分呈现出我国刑法条款与相应类别的犯罪的匹配情况;第三部分就是根据匹配情况制作的我国刑法条款与《犯罪统计的国际分类》的对应表。

按照《犯罪统计的国际分类》实施要求,应当采取互斥原则,一个法条在对应表中只能出现一次。具体到我们国家,我国《刑法》的法条很复杂,例如第151条有7个罪名,我们采取的原则就是如果同一条款中的罪名刑罚相同,那就按照一个法条处理,但是如果一个法条涉及多个罪名,不同罪名对应不同刑罚,那就按照多个罪名去匹配,也就是说,我们在匹配过程中不仅采取了条文原则,更确切地说,采取了条款匹配的原则。考虑到中国刑法中规定了基本犯、加重犯、转化犯等犯罪形态,在匹配过程中,我们首先按照基本犯进行匹配,然后按照转化犯、加重犯及注意规定进行匹配。

本成果中的对应表部分,是司法部预防犯罪研究所组织专家团队共同完成的，专家团队成员是：王琪、张淼、欧阳东方、张冲、王奕儿、何金璞、孙晋玮、黄亭毓、李桃桃、程伟、李星亿。在对应表制作过程中，司法部预防犯罪研究所针对疑难问题，多次召开座谈会并邀请了中国人民大学李立众教授、王莹教授，北京市第三中级人民法院张明法官、北京市海淀区人民法院覃波法官等专家参加座谈并为项目开展提供了宝贵咨询意见。最高人民法院研究室马剑同志参加数据测试并提供了重要修改建议，最高人民检察院和公安部国际合作局等相关单位为本项目开展提供了相关建议和反馈。在此，对上述各单位的支持、各位专家和项目组其他成员的辛勤努力表示衷心感谢。

联合国毒罪办公政策和趋势分析司对联合国《犯罪统计的国际分类》项目在我国的开展提供了重要的技术援助，并对我国成为率先开展并完成联合国统计改革的几个国家之一表示赞赏。联合国《犯罪统计的国际分类》项目在中国的实施研究，是在司法部国际合作局的正确领导和大力支持下开展的，我们对杜亚玲局长、白萍巡视员、赵洋处长、刘帅克调研员等领导和同事对这项研究的重视、指导与支持表示诚挚的感谢。

感谢司法部预防犯罪研究所高贞所长、高文副所长对本项目的开展给予的大力支持。时任国外室主任、现任社区矫正室主任的张桂荣研究员在本项目的组织和开展过程中做了诸多工作，张露予博士在资料整理方面付出了辛勤劳动，在此一并致谢。法律出版社对本书的出版给予大力支持，学术对外分社的曲杰老师做了大量认真细致的工作，在此表示衷心感谢。

联合国《犯罪统计的国际分类》的实施是一项巨大的工程，对法律和统计两方面的知识都提出了较高的要求。在对应表制作过程中难免出现疏漏，敬请广大读者予以理解并给予批评指正。司法部预防犯罪研究所将跟进联合国《犯罪统计的国际分类》的发展变化和我国刑法的修正及时对课题成果予以更新。

作　者

2022 年 11 月 31 日

目录

上编

下 编

上　　编

上编　导言

上编共四章，主要介绍联合国《犯罪统计的国际分类》的文件开发、文件内容及其在欧盟和我国的实施情况。第一章介绍了联合国《犯罪统计的国际分类》的具体内容，包括《犯罪统计的国际分类》的背景与由来、犯罪的定义和分类单位、分类原则、分类构建、分类的适用及其结构。第二章介绍了如何实施联合国《犯罪统计的国际分类》，具体包括了实施原则、实施框架、犯罪分类体系的范围、创建对应表等内容，还介绍了如何根据分门别类的变量制作犯罪数据等方面的内容。第三章介绍了欧盟实施联合国《犯罪统计的国际分类》的情况。第四章介绍了中国实施联合国《犯罪统计的国际分类》的情况，包括我国参与联合国犯罪统计工作的概况以及具体的实施过程。

第一章　联合国《犯罪统计的国际分类》概论

《犯罪统计的国际分类》(International Classification of Crime for Statistical Purposes, ICCS)于2015年出台,是联合国统计委员会和联合国预防犯罪和刑事司法委员会共同开发的一套基于统计目的对各国犯罪进行统一分类的标准文件,旨在提高国家之间犯罪数据的质量和增强犯罪数据的可比性。本章主要介绍《犯罪统计的国际分类》的出台背景、犯罪定义和分类单位、采用的原则、适用以及整体四级结构的实施。

第一节　《犯罪统计的国际分类》的背景与由来

联合国大会2015年9月25日第70/1号决议通过了《变革我们的世界:2030年可持续发展议程》(Transforming our world: the 2030 Agenda for Sustainable Development)。2015年9月25日,联合国193个成员国在峰会上正式通过了17项联合国可持续发展目标(Sustainable Development Goals, SDGs),指导2015~2030年期间的全球发展。目标中有4个大目标涉及刑事司法领域。联合国毒品和犯罪问题办公室(the United Nations Office on Drugs and Crime, UNODC)(以下简称联合国毒罪办)根据可持续发展目标的具体内容和要求,将4大与刑事司法领域相关的目标分解为15个数据监测指标。为监测目标的实现程度,提高各国犯罪数据的质量和增强国际犯罪数据的可比性,联合国统计委员会和联合国预防犯罪和刑事司法委员会在多年努力的基础上，最终形成了《犯罪统计的国际分类》这份标准文件。

一、《犯罪统计的国际分类》的定义和目的

《犯罪统计的国际分类》是根据国际公认的概念、定义和原则对刑事犯罪进行的分类，以增强犯罪统计的连贯性和国际可比性，并提高国内国际层面的分析能力。①

《犯罪统计的国际分类》提供了一种系统地编制和比较不同刑事司法机构和法域相关统计数据的框架。《犯罪统计的国际分类》可适用于所有形式的犯罪数据，无论数据收集处于刑事司法程序的哪一阶段（侦查、起诉、定罪、监禁），并适用于在犯罪受害调查中收集的数据。

在国际层面，《犯罪统计的国际分类》可提高国家之间犯罪数据的可比性。有了标准化的概念和定义，就能够系统地收集、分析和传播数据，同时也能够满足对跨国犯罪的深入研究和分析的需求。在国家层面，《犯罪统计的国际分类》可作为一个提供结构和组织统计数据（这些数据往往是根据法律类别而不是根据分析类别来生成）的模型。此外，《犯罪统计的国际分类》还可协调国内刑事司法机构（警察机关、检察机关、法院、监狱）之间的数据以及从不同数据来源（行政记录和统计调查）收集的数据。② 同样，《犯罪统计的国际分类》还可被用作为一种工具，用于整合可能采用不同统计制度或法律框架的国家以下一级实体的数据。

二、建立《犯罪统计的国际分类》的背景

建立《犯罪统计的国际分类》的国际大背景就是联合国 2015～2030 年可持续发展目标（SDGs）的确立及其在刑事司法领域的数据监测需求。2015 年 9 月 25 日联合国大会通过了《变革我们的世界：2030 年可持续发展议程》，将消除贫困、保护地球和确保繁荣作为新的可持续发展议程的一部分。2015～2030 年可持续发展目标是一套全球目标，该目标是对 2000～2015 年发展目标的继续，具体包括 17 个大目标，169 个具体目标，每个目标都设立了未来 15 年的具体任

① 在《犯罪统计的国际分类》文件中，术语犯罪和刑事犯罪是同一含义。

② 联合国经济及社会理事会、联合国统计委员会：《墨西哥国家统计与地理研究所及联合国毒品和犯罪问题办公室关于改进国家和国际两级犯罪统计数据质量和可用性的路线图的报告》，E/CN. 3/2013/11。

务。这些目标的实现需要在联合国的领导下,由联合国会员国政府、联合国机构、民间社会组织等通过广泛的参与程序予以支持,共同促成该项行动。为了促使这些目标在各国、各地区以及全球层面的实现,2016 年联合国统计委员会在 2015 年 3 月第 46 届会议上设立"可持续发展目标各项指标机构间专家组"(Inter-Agency Expert Group on SDG Indicators,IAEG-SDGs),制定并通过了一套由 250 个指标组成的全球数据监测体系,成为实施 2015 ~ 2030 年可持续发展目标的重要起点。

2015 ~ 2030 年可持续发展目标中涉及刑事司法领域的有 4 个大目标,按照其涉及范围排列分别是目标 16(倡建和平、包容的社会以促进可持续发展,让所有人都能诉诸司法,在各级建立有效、负责和包容的机构);目标 5(实现性别平等,增强所有妇女和女童的权能);目标 11(建设包容、安全、有抵御灾害能力和可持续的城市和人类住区);目标 15(保护、恢复和促进可持续利用陆地生态系统,可持续管理森林,防治荒漠化,制止和扭转土地退化,遏制生物多样性的丧失)。

联合国毒罪办根据可持续发展目标的具体内容和要求,将上述 4 大与刑事司法领域相关的目标分解为以下 15 个数据监测指标:(1)16. 1. 1 按照性别和年龄,每 10 万人口中的故意杀人罪的被害人人数;(2)16. 1. 3 过去 12 个月内遭受身体、心理或者性暴力的人口比例;(3)16. 1. 4 独自在居住区散步有安全感的人口比例;(4)16. 2. 2 按照性别、年龄和剥削形式,每 10 万人口中被拐卖的被害人人数;(5)16. 2. 3 18 ~ 29 岁的男性和女性中在 18 岁之前遭受性暴力的比例;(6)16. 3. 1 过去 12 个月对负责当局或者其他官方矛盾解决机制报告被害情况的被害人的比例;(7)16. 3. 2 监狱人口中未决犯的比例;(8)16. 4. 1 非法资产的流出或者流入的总价值(当前美元计算);(9)16. 4. 2 根据国际标准和法律工具,被俘获武器或者被报告或跟踪的轻型武器的比例;(10)16. 5. 1 过去 12 个月,至少一次接触官员并且对官员行贿或者被那些官员索贿的人的比例;(11)16. 5. 2 过去 12 个月,至少一次接触官员并且对官员行贿或者被那些官员索贿的企业的比例;(12)5. 2. 1 按照暴力的形式和被害人年龄,15 岁或 15 岁以上的女童和妇女在过去 12 个月之内遭遇过亲密伴侣的身体或性暴力、心理暴力的比例;(13)5. 2. 2 按照年龄和事发地点,15 岁或 15 岁以上的女童和妇女在过去 12 个月遭受亲密伴侣以外的人的性暴力的比例;(14)11. 7. 2 遭受身体攻击或者性攻击的被害人的比例;(15)16. 1. 1 被偷猎或非法贩运的野生动物交易比例。

对以上15个刑事司法领域的指标的数据监测，除了(5)16.2.3、(12)5.2.1、(13)5.2.2由联合国儿童基金会和联合国经济和社会事务部统计司(以下简称联合国统计司)主导，(11)16.5.2由世界银行等主导外，其余以联合国毒罪办为主来负责组织会员国实施，联合国开发计划署、联合国妇女署、世界卫生组织等机构参与其中。

监测联合国2015~2030年可持续发展指标中的以上15个刑事司法领域指标的实现情况，需要通过对相关全球数据的统计和分析来完成，并且需要全球不同区域的统计数据具有可比性。但遗憾的是，由于犯罪概念和犯罪分类等诸多因素的不同，全球各区域的数据很难具有可比性，《犯罪统计的国际分类》正是在这样的背景下制定出台的。

三、对犯罪进行国际分类的必要性

(一)全球不同区域犯罪统计数据缺乏可比性

多年来，联合国发现，国际犯罪统计领域的一个突出问题就是数据统计的质量不高以及全球不同区域犯罪统计数据缺乏可比性。影响犯罪统计数据的解释和可比性的主要因素有三个：一是定义和分类犯罪的方式；二是侦破或向主管机关举报的犯罪的比例；三是记录和计算犯罪的方式。

1. 定义和分类犯罪的方式

犯罪统计数据一般根据国家立法或概念进行汇编，因此造成其缺乏国际可比性。使用《犯罪统计的国际分类》所载的一套统一定义可以确保同一类别中的犯罪数据能指代同一犯罪现象(同一犯罪行为)，不用考虑国家法律的不同。在国家一级执行《犯罪统计的国际分类》也能促进在相同犯罪类别上各国的应对和长期趋势的比较。

2. 侦破或向主管机关举报的犯罪的比例

公共机关实际记录的同一段时间内发生的犯罪总量之比的差别和变化也会影响犯罪统计数据的解释和比较。例如，在审查警察记录犯罪的数据时，必须始终牢记的是未侦破和未记录的犯罪(犯罪的隐形数字)比例往往较大。关于收集有关目标人群所遭受犯罪信息的犯罪受害调查可以提供某一特定人群所遭受的真实犯罪率信息，包括已向警察或其他机关举报的犯罪百分比数据。这些数据取决于不同因素，如执法机关应对犯罪的能力和人们在举报犯罪时对其的信任程度,举报率因时间推移和国家不同可能出现大幅变化。

3. 记录和计算犯罪的方式

影响犯罪统计数据解释和可比性的第三个主要因素是不同机关和法域记录和计算犯罪的方式。例如,如果一个国家的警察机关在完成调查后才记录犯罪,那么其记录往往会少于那些在首次获悉犯罪就进行记录和计算的警察机关。前一类警察机关收集到的证据会多于在调查初始阶段就记录犯罪的机关,但在其他条件不变的情况下,其记录到的犯罪数量可能更少,因为许多涉嫌犯罪事件最终可能因证据不足不构成犯罪。以下要素尤其会影响犯罪的总数,从而难以在国家之间和国家内部进行数据比较:收集数据以纳入犯罪统计数据的时机。刑事司法机构可以在各自刑事司法进程的不同阶段收集数据;统计数据所用的计数单位;主要犯罪规则的适用;[①]计算由多于一人实施的犯罪的方式。此种要素下记录的犯罪数量取决于计数单位,一个计数单位可以包含多于一名行为人或受害者;计算多项罪行的方式。[②]

在上述影响数据可比性的因素中,有关计数规则的因素并非直接与犯罪本身的定义和分类相关,因此不属于《犯罪统计的国际分类》的范围之内,《犯罪统计的国际分类》因而不提供有关收集数据时适用哪些计数规则的指引。总而言之,经验证明,记录犯罪和刑事司法数据适用的计数规则多样,而这些规则往往由来已久而且适用于国家记录系统之中。在某些情况下,计数规则的具体适用取决于数据编制者的数据记录和汇总能力。必须依赖纸质犯罪记录的国家在实施复杂的计数规则方面可能面临特殊的挑战。因此,统一计数规则最好是在稍后阶段加以处理,而且与《犯罪统计的国际分类》的结构和适用分开。联合国毒罪办旨在进一步开展有关计数规则的工作,并且提供这一方面的标准指引和良好做法。在等待记录和计算犯罪适当规则方面制定广泛商定的标准的同时,当务之急是提供所有犯罪和刑事司法数据的详尽元数据,以促进对数据的正确解释。

---

① 主要犯罪规则指在有多于一项罪行同时实施之时,只记录最严重的罪行。例如,在杀人和抢劫同时实施之时,根据主要犯罪规则,只会记录最严重的罪行(杀人)。

② See Aebi, M. F. 2008, *Measuring the Influence of Statistical Counting Rules on Cross - National Differences in Recorded Crime*, *in HEUNI*, *Crime and Criminal Justice Systems in Europe and North America 1994 - 2005*, Helsinki ,2008 ,p. 196 - 214.

(二)提高数据质量和数据可比性的必要性

一般认为,可靠的犯罪统计数据是衡量犯罪水平的变化、监控国家应对犯罪的情况、评估相关政策以及认识不同情况下犯罪各个方面的关键。通常情况下,刑事司法程序不同阶段的原始数据是能够获取的,但为了获得能够在决策中使用的有价值的信息,需要以统计形式、有目的地收集和组织这些数据。由于缺乏标准化概念,缺乏一个促成数据可比性的国际公认统计框架,因此难以对不同时期和不同国家之间的犯罪统计数据进行比较,或者将犯罪统计数据与其他可用的统计数据进行比较。

更进一步说,各种数据来源,往往是同一法域内,使用不同的定义和概念来组织犯罪数据,且往往依据的是法律原则而非统计原则。① 从分析的角度来看,立法和统计之间的这种密切的相互交织关系,制造了各种问题。统计数据往往根据法律规定(例如法典或刑法典中的条文)来组织和分类,而从分析的角度来看,这些法律规定并不总是相关。此外,立法的变更及其他一些因素(例如,同样的行为在不同的国家,可能依据极其不同的法律规定被定为犯罪,也可能在一个国家被视为犯罪,而在另一国家不是犯罪)可能妨碍到不同时期和不同法域之间的可比性。

《犯罪统计的国际分类》提供了一种方法标准和统计标准以及一个提高数据质量和可比性的共同定义框架,以解决上述问题。各种罪行都以一种系统化的方式编组,因此提高了准确编制、传播和分析犯罪数据的能力,能够让公众了解犯罪,并与预防犯罪及刑事司法改革领域的相关政策和方案相匹配。

四、建立《犯罪统计的国际分类》的过程

联合国经济及社会理事会社会委员会在 1951 年首次强调了编制一份标准犯罪分类的重要性。② 但是,许久以来编制这种国际犯罪分类的努力都由于犯罪的定义、各国立法制度和报告制度上的差异而充满了挑战。

---

① See United Nations Economic Commission for Europe, Conference of European Statisticians, *Report of the UNODC/UNECE Task Force on Crime Classification to the Conference of European Statisticians*, UNODC(Dec. 1,2013), www. unodc. org/documents/data - and - analysis/statistics/crime/Report_crime_classification_2012. pdf.

② See United Nations Economic and Social Council, Social Commission, *Criminal Statistics: Recommendations of the Secretary-General* (8 January 1951). E/CN. 5/233.

2009年,为了克服这种问题的限制,欧洲统计员会议成立了一个工作组,由联合国毒罪办和联合国欧洲经济委员会领导,目的是以行为描述而不是以法典为基础编制一份犯罪分类框架。[①] 首个国际犯罪分类框架由工作组编制并由欧洲统计员会议在2012年6月的第六十届会议上批准通过。

在联合国统计委员会第四十三届会议上以及在联合国预防犯罪和刑事司法委员会第二十一届会议上,对编制一份全面国际犯罪分类的建议进行了讨论。联合国统计委员会与联合国预防犯罪和刑事司法委员会都在自己的下一届会议上,在与来自国家统计局、其他全国性政府机构及区域组织和国际组织的统计员和专家进行商讨后,批准了编制一份统计国际犯罪分类的计划。

2012年至2014年,相关主体召开了三次磋商会议,同一时期,还对《犯罪统计的国际分类》的前后多个版本开展了两次大规模的测试演练。[②] 这两次测试演练均证实编制和实施《犯罪统计的国际分类》切实可行,目的是逐步在国家层面制作统计数据时加以运用。2014年8月,联合国毒罪办和联合国统计司向成员国及其他相关组织发送了《犯罪统计的国际分类》的最终版本草案。[③]

联合国统计委员会在2015年3月第四十六届会议上,批准将《犯罪统计的国际分类》作为收集数据(包括从行政记录中收集的数据和调查产生的数据)的国际统计标准,并作为一项分析工具,将关于犯罪动因和犯罪因素的信息统一化。联合国统计委员会还确认,由联合国毒罪办作为《犯罪统计的国际分类》的

---

① See United Nations Economic Commission for Europe, *Terms of Reference of UNECE/UNODC Task Force on Crime Classification* (16 October 2009). ECE/CES/BUR/209/OCT/2012.

② 第一次磋商会议于2012年10月在墨西哥召开,来自美洲、亚洲和欧洲13个国家的代表以及来自国际组织的代表出席了会议。除分析其他问题外,会议还分析了在16个志愿国家对分类框架草案开展的第一次测试结果。第二次磋商会议于2013年2月在维也纳召开,来自非洲、美洲、亚洲和欧洲18个国家的代表以及来自国际组织和研究机构的代表出席了会议。第三次也是最后一次磋商会议于2014年5月在维也纳以专家组会议的形式召开,来自非洲、美洲、亚洲和欧洲31个国家的代表以及来自国际组织和研究机构的代表出席了会议。此次会议审议了《用于统计的国际犯罪分类》的升级版本,其中体现了2014年由41个志愿国家(其中6个非洲国家、7个亚洲国家、7个美洲国家、19个欧洲国家和2个大洋洲国家)参与的第二次全面测试演练的结果。关于《用于统计的国际犯罪分类》编制程序的完整记录可查看http://www.unodc.org/unodc/en/data-and-analysis/statistics/iccs.html,最后访问日期:2016年6月18日。

③ 有44个成员国(2个非洲国家、9个美洲国家、13个亚洲国家、19个欧洲国家和1个大洋洲国家)及6个国际组织提交了最终意见;在对分类的最终审查中讨论了这些意见。

保管人,并批准在国家、区域和国际层面实施分类计划,包括建立一个技术咨询小组,为《犯罪统计的国际分类》的修订提供实务咨询意见和支持。

在此版《犯罪统计的国际分类》的编制过程中,来自多个国家的专家积极地参与并提供合作,他们参与专家组的会议和测试演练,投入精力并提出意见。正是各国统计局、其他国家政府机构、地区组织和国际组织(包括联合国毒罪办,联合国毒罪办与国家统计和地理研究所的治理、公共安全、受害情况和司法问题统计数字高级研究中心,世界卫生组织,联合国开发计划署,欧盟统计局、美洲开发银行和美洲国家组织之间的广泛磋商与合作,才有了此版《犯罪统计的国际分类》。此外,国际统计分类专家组、联合国统计委员会设立的国际分类工作中央协调机构已对《犯罪统计的国际分类》进行了审查。

五、对犯罪统计进行国际分类面临的挑战

目前,国家犯罪统计的对象是各国刑事法律制度所定义的刑事犯罪。如果没有法律协调,则犯罪定义的分歧不可避免,且在国际上进行对比时,必然始终面临这些分歧。例如,某个国家可能要求把出于犯罪的身体接触视为攻击,而其他国家可能没有这种要求。

为了克服这些挑战,《犯罪统计的国际分类》采用的方法是将国内法律和国际法律中的犯罪行为全部纳入应由《犯罪统计的国际分类》统一分类的行为总括。然而,对这些行为的具体分类(如将它们归入分析类别)是基于行为的描述,而不是基于刑法规定的严格法律规范。刑法中定义的犯罪一般普遍被视为犯罪(例如,伤人或伤害,或未经同意而拿走别人的财产)的行动或者行为属性和态势情景属性有关。这种以事件为基础的方法避免因法律的复杂性而产生问题,形成一种简化的和全球适用的分类。

值得注意的是,《犯罪统计的国际分类》使用了在刑事立法中被广泛认可和定义的特定术语,例如强奸、骚扰或入室盗窃。《犯罪统计的国际分类》对这些术语进行了具体的描述,以便用于统计目的。在国家层面采纳《犯罪统计的国际分类》时,需要将国内立法定义的罪行审慎地转换为《犯罪统计的国际分类》的分类类别,并需仔细考虑完整的行为/事件描述和解释性说明。

第二节 《犯罪统计的国际分类》中犯罪的定义和分类单位

对犯罪活动的类型进行定义和分类是《犯罪统计的国际分类》的主要关注点,因为《犯罪统计的国际分类》旨在确立一些标准并根据这些标准将所有刑事犯罪纳入特定类型。如果真正做到了这一点,那么任何国家的法律规定都将与《犯罪统计的国际分类》确定的犯罪类别建立一一对应的关系,而这些法律规定下的犯罪数据将因此具备更大的全球可比性。

一、《犯罪统计的国际分类》中的犯罪定义

虽然有一些共同的元素(如伤害和不法性)与犯罪相关联,但是,它们并不能完全有效地定义犯罪。此外,不同国家在制定刑法时使用的法律方法和法律渊源存在广泛的差距,因此不可能制定一致和全面的犯罪定义。关于什么行为构成犯罪的问题,其中的共同点在于,它是由被法律定义为刑事犯罪且本身应受到处罚的行为构成。被规定为犯罪的行为由各个国家的法律制度和犯罪法律汇编(刑法典、刑法等)确定。

因此,《犯罪统计的国际分类》规定,犯罪是指触犯或违反了国家刑事立法所规定的人类行为的限制,当受惩罚。在每起刑事犯罪中,都存在一个应当对相关犯罪行为承担责任的行为人——自然人、公司或机构。

二、《犯罪统计的国际分类》的分类单位

《犯罪统计的国际分类》的分类单位①是构成刑事犯罪的行为。刑事犯罪则从犯罪行为人表现的行为角度加以描述。大多数情况下,明显的行为足以确定《犯罪统计的国际分类》的罪行,但在某些情况下,还需考虑更多的因素,如行为人的意图(心态)或受害者的条件/状态(例如,是否是未成年人);在其他情况下,犯罪由一系列行为来界定,如贩运人口的情况。②

对犯罪事件的类型进行定义和分类,是犯罪分类的首要重点,目的是根据一

---

① 分类单位是将在分类中被划分的基本单位(例如,在活动分类中,分类单位是机构或企业,在职业分类中,分类单位是工作)。具体参见 http://unstats.un.org/unsd/class/family/glossary_short.asp,最后访问日期:2016 年 6 月 16 日。

② 《联合国打击跨国有组织犯罪公约关于预防、禁止和惩治贩运人口特别是妇女和儿童行为的补充议定书》,2000 年。A/55/383 号文件,A/RES/55/25。

些标准将所有刑事犯罪归入各个类别。《犯罪统计的国际分类》还规定了犯罪事件的许多附加属性，这些属性虽然并不决定犯罪的性质，却非常重要，从分析角度深入地了解犯罪统计数据的辅助因素，如受害者或行为人的某些特征。

除了对刑事罪行进行分类以外，在与刑事司法程序（如逮捕、起诉、定罪和徒刑）以及行为人或受害者的相关人员有关的其他事件或情况中，也可使用《犯罪统计的国际分类》。如果所有相关数据源都持续使用《犯罪统计的国际分类》，则《犯罪统计的国际分类》就能够衡量刑事司法系统不同阶段之间的流量和联系。例如，如果在刑事司法程序的各个阶段都使用《犯罪统计的国际分类》，则关于某一具体罪行的数据（无论是从行政数据或是从受害情况调查中获得）、关于同类型罪行逮捕次数的数据以及关于同类型罪行起诉、定罪和入狱人员的数据之间就能够形成联系。

第三节　《犯罪统计的国际分类》中采用的原则

《犯罪统计的国际分类》依据的是既定的统计方法和原则。统计分类的定义是："一组独立的、全面的和互相排斥的类别，可涵盖用于收集和显示数据的一个或多个变量，并且描述了特定人口的特征。"①本节探讨《犯罪统计的国际分类》采用的几个原则。

一、互相排斥原则

互相排斥原则是指被研究对象的每一种基本表现都应该划分给犯罪分类的一个独有的类别，以免重叠。

相互排斥原则在《犯罪统计的国际分类》中的应用表现为被用于将所有罪行划分到犯罪分类的一个独有类别当中，而不出现重叠。每个类别的描述，用包含范围和排除情形提供的额外指导（国内立法中分别被纳入或被排除出某一类别的刑事犯罪例子，这将进一步明确每个类别的界限），明确定义相应的事件/行为。

使用额外的犯罪分门别类法提供一种方法，能够处理可归于一种罪行或另

① Andrew Hancock, *Best Practice Guidelines for Developing International Statistical Classifications*, United Nations Department for Economic and Social Affairs, Statistical Division (May. 6, 2013), http://unstats.un.org/unsd/class/intercop/expertgroup/2013/AC267 - 5. PDF.

一种罪行的案件。例如,使用计算机犯下的欺诈罪被划分到标签为"与网络犯罪有关的犯罪"的欺诈行为中。同样,有组织犯罪集团实施的贩运人口罪行被划分到标签为"有组织犯罪"的贩运人口行为中。

二、全面性原则

全面性原则是指被研究对象的每一种基本表现都应被包含在犯罪分类中。

全面性原则在《犯罪统计的国际分类》中的应用表现为旨在涵盖犯罪的每一种表现形式,很明显,在采纳此原则时,需要适当考虑可行情况。在不同国家的法规、规章和司法判决中被定为犯罪的行为数量极多,且不断有立法的变更,这些都妨碍到对当今全球存在的所有犯罪行为进行全面的罗列。因此,一种比较现实的分类目标是,收集在足够数量的国家中公认构成刑事犯罪的行为或事件,详略程度以细致兼顾分类的实用性与在国际层面的政策相关性为准。此外,《犯罪统计的国际分类》不包括通常构成行政违法行为的事件类别(如轻微交通违章行为)。

因此,《犯罪统计的国际分类》还包括在一些国家构成犯罪而在另一些国家合法的某些事件或行为。在少数情况下,将某些行为入罪的做法被认为是违反国际人权法的。在这种情况下,要注意的是,不应认为《犯罪统计的国际分类》是在支持将分类中的任何行为定罪或在使该定罪做法合法化,而是应被视为一种统计标准,是在努力实现统计切实全面涵盖每一种犯罪表现形式的目的。

三、统计可行性原则

统计可行性原则是指能够在可用信息基础上,有效地、精确地和连贯地区分分类中的各个类别。

统计可行性原则在《犯罪统计的国际分类》中的应用表现为某一统计分类的统计可行性,系指依据可用信息(如在统计调查中或在行政表格中,对合理提出的相关问题作出的回答),将观察数据归入分类中的类别。[①]《犯罪统计的国际分类》以行为描述为基础,仔细定义犯罪行为,并在每个类别中辅以包含范围和排除情形的例子,以此支持统计可行性。

---

① Andrew Hancock, *Best Practice Guidelines for Developing International Statistical Classifications*, UNSTATS(Jun. 18,2016),http://unstats. un. org/unsd/class/intercop/expertgroup/2013/AC267 -5.

在参与测试《犯罪统计的国际分类》更新版本的许多国家所收集的现有数据基础上，对统计可行性进行了测试，将刑事犯罪数据归入分类类别中。

第四节　《犯罪统计的国际分类》的构建

刑事犯罪可从多个角度（如其对受害者的影响、犯罪方式、行为人的动机，及罪行的严重性等）理解和分类。在构建《犯罪统计的国际分类》层级结构时，采纳了大量标准，以期建立能够满足不同信息需求的各种类别。

一、犯罪分类的标准

在构建分类时，优先考虑了从政策角度看相关的标准，《犯罪统计的国际分类》的类别以及相应产生的数据，应当考虑在制定预防犯罪和刑事司法政策时易于理解和使用的信息。例如，按照《犯罪统计的国际分类》的思路组织的数据应当可以解答关于各类贪婪犯罪、性犯罪或更为复杂的概念（如金融犯罪或有组织犯罪集团的犯罪），发展趋势和比较情况的问题。特别是，在构建《犯罪统计的国际分类》的类别时，采用了以下标准：第一，行为/事件的政策领域（保护财产权利、保护健康等）；第二，行为/事件的对象（如人、物体、自然环境、国家等）；第三，行为/事件的严重程度（如导致死亡的行为、造成危害的行为等）；第四，行为/事件的发生方式（如采用暴力、或暴力威胁等）。

二、犯罪分类的层级

根据犯罪分类的标准，①刑事犯罪可以分类为同质类别，同质类别又分为四个不同的等级综列：1 级、2 级、3 级和 4 级。② 1 级有 11 个类别，旨在覆盖构成《犯罪统计的国际分类》范围内犯罪的所有行为或事件（见表 1－1）。2 级、3 级和 4 级的罪行可结合在一起，在更为概括的等级上提供观察数据，而较高等级的观察数据可以细分为较低等级的类别。

---

① 按具体组别的政策相关性来应用这四个标准，任一标准并不整体优先于其他标准。

② 作为具体的命名法，1 级也可被称为章节，2 级可被称为部分，3 级可被称为组，4 级可被称为小类。

表 1－1 《犯罪统计的国际分类》1 级类别

序号	1 级类别
1	导致死亡或有意造成死亡的行为
2	对人造成伤害或有意对人造成伤害的行为
3	性伤害行为
4	涉及暴力攻击或威胁他人的侵犯财产行为
5	仅侵犯财产的行为
6	涉及管制药物或其他精神活性物质的行为
7	涉及欺诈、欺骗或腐败的行为
8	侵犯国家公共秩序、权力和规定的行为
9	危害公共安全和国家安全的行为
10	危害自然环境的行为
11	别处未加分类的其他犯罪行为

资料来源：United Nations Office on Drugs and Crime, *International Classification of Crime for Statistical Purposes*, UNODC (July. 18, 2016), https://www. unodc. org/documents/data-andanalysis/statistics/crime/ICCS/ICCS_English_2016_web. pdf。

刑事犯罪可在具体的相关详略等级中确定。《犯罪统计的国际分类》的目的还包括，作为一个灵活的工具来创建“大类”。在需要时，可将不同等级的类别汇总起来。例如，一级的类别“涉及暴力危害他人或对他人实施威胁的侵犯财产的行为”可与一级的类别“仅仅侵犯财产的行为”汇总形成一个新的大类“侵犯财产的行为”。

各类别的数字编号对应于它们在分类中的等级：1 级类别是最宽泛的类别，其编号是 2 位数(如 01)；2 级类别有 4 位数的编号(如 0101)；3 级类别有 5 位数的编号(如 01011)；4 级类别是最详细的等级，有 6 位数的编号(如 010111)。

具体而言，在选定 1 级的 11 个类别时，依据了上述所有四个标准，并对国家数据中经常使用的类别给予了应有的重视，以促进《犯罪统计的国际分类》在实践中的执行。在确定 2 级、3 级和 4 级的类别时，使用了同样的标准。例如，依据行为/事件的对象，性剥削被分解为对成人的性剥削和对儿童的性剥削。依据政策相关性，对儿童的性剥削被进一步分解为 4 级的 4 个类别：儿童色情、儿童卖淫、性诱儿童及其他形式的儿童性剥削(见图1-1)。

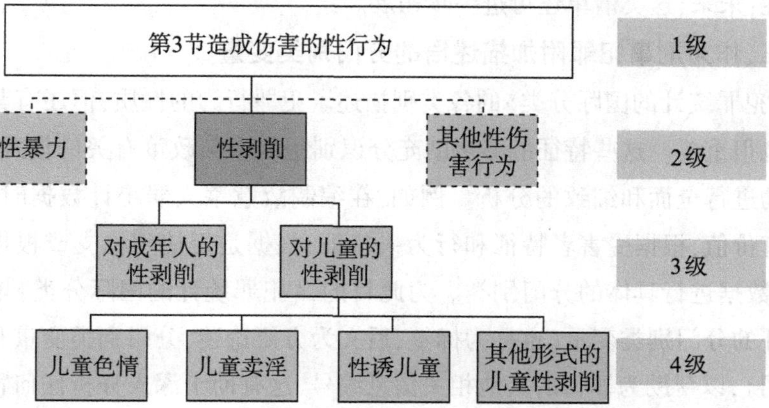

图1-1 按级别细分的犯罪类型

《犯罪统计的国际分类》的1级、2级和3级类别务求完整,意在涵盖每一种可能的犯罪行为。然而,并非2级和3级的所有类别都被进一步划分为4级类别,因为在确定与政策相关的罪行时,并不总是需要4级类别。

在分类中,对每一等级的所有类别进行了详细描述。每一种罪行都有一个基于行为或事件的描述,即定义该罪行的系列核心行动、行为属性和态势情景属性。在这些描述中,还辅以法律包含范围和排除情形,以确定该类别中应当被纳入或被排除的最常见的或最重要的刑事犯罪。例如,《犯罪统计的国际分类》通过核心行为举止来定义什么是过失:未给予他人作为一个明理或谨慎的人在同样情况下会给予的照顾,或者,采取的行动是一个明理的人不会采取的行动。此外,在定义对受照顾者的过失时,还附加了态势情景属性——在此情况中为受害者。因为单是行为属性本身无法界定因行为对象的特定脆弱性(而非整体行为本身)而被单独定罪的行为(通常受处罚较重)。

《犯罪统计的国际分类》中1级、2级和3级下的犯罪类型都尽可能做到了完整并包含所有潜在犯罪行为。但是,并非所有2级和3级犯罪类型都可进一步细分为4级类别,因为后者有时并不需要认定政策相关犯罪。

分类体系中每一级别下的所有犯罪类型都以详细方式进行了描述。每一犯罪都有基于行为或事件的描述,即认定该犯罪的一套核心行动、行为属性和态势情境属性。所有描述都附有相应的可归入情形或可排除情形,以明确该类型下可归入或可排除的最普遍或最重要刑事犯罪。但是,可归入情形并不具有穷尽性;未来,这类清单还可进一步拓展。

三、作为刑事犯罪附加描述语的分门别类变量

《犯罪统计的国际分类》的各类别描述了犯罪行为的性质,但还有其他一些特征也很重要。这些特征能够帮助充分识别犯罪中与政策有关的模式和趋势,并帮助进行全面和细致的分析。例如,在编制故意杀人罪统计数据时,以下做法更有价值,根据受害者特征和行为人特征、根据是否使用枪支或根据杀人动机,将数据进行具体的分门别类。为此目的,《犯罪统计的国际分类》增加了一些额外的分门别类变量(也称为标签,后文为方便论述,分门别类变量和标签交替使用),以帮助为罪行的其他相关信息编号,这有助于深入分析任何特定犯罪的具体事件特征、受害者特性和行为人特性。

国家犯罪记录系统目前的情况是,在犯罪和刑事司法统计数据中,这些额外的分门别类变量在数量、结构和应用方面存在很大差别,并且通常由一些因素决定,例如,特定的政策需求,地方、区域和国家层面对所收集数据的记录和处理能力,国家犯罪统计系统的发展水平和复杂程度,以及数据收集的自动化和数字化程度。特别是,最后一个标准(其是以纸张为基础或是以计算机为基础的系统)决定了国家的犯罪统计系统能否支持一种全面的分门别类变量结构。

在通过电子数据采集、存储、传输和编辑方式进行数据收集、传输和汇总的自动化系统中,更有可能适当组织数据,能够采集和检索每一个可能的细节。例如,某个刑事犯罪的所有相关细节(如行为人特征和受害者特征)都能够以电子形式采集和存储到一个单位记录中。于是,就能够获得多种类型的统计结果。例如,使用所选分门别类变量来分解具体犯罪数据(如以经济部门来划分腐败活动,或以受害者国籍来划分人口贩运行为)或者将分门别类变量同某些犯罪类别结合使用(如考虑所有暴力犯罪受害者的性别和年龄或所有财产犯罪的地理位置)。

因此,分门别类变量系统是一种能够在全面的犯罪和刑事司法统计系统中使用的附加工具,而能否实现其作用,很大程度上依赖于是否存在自动化的数据采集系统。

理论上,世界不同地区的犯罪特征、受害者特征或行为人特征数量庞大。

但实际上,《犯罪统计的国际分类》不可能提到所有可能的门类。[①] 然而,如已经在实施或计划在将来实施分门别类的变量系统,则可以应用一套统一的与基本政策相关的罪行特征、行为人特征和受害者特征,用以分析和比较。例如,对受害者与行为人关系(现亲密伴侣/配偶、前亲密伴侣/配偶、血亲等)的数据采用相同的分门别类法,将大大有助于对暴力犯罪的模式和趋势及其诱发因素和减轻因素进行跨国分析和比较。根据政策相关性,《犯罪统计的国际分类》的补充表格表明,至少以下分门别类变量如果相关,就应当适用于刑事犯罪:

- 事件描述:完成程度、所用武器类型、情境、地理位置、日期和时间、地点类型、动机、涉及网络犯罪、报案实体;
- 受害者描述:性别、年龄、年龄状况、国籍、法律地位、(受害企业的)经济部门、醉酒情况;
- 行为人描述:性别、年龄、年龄状况、受害者与行为人之间的关系、国籍、法律地位、醉酒情况、惯犯。

拟议的这种分门别类变量系统可由国家犯罪记录机构以多种不同的方式来实施。一种全面的统计解决方案应当在用于任何类型犯罪单位记录的模板中(电子)至少包含一套最低限度的分门别类变量,从而能够通过所需分门别类变量的任何相关组合,全面分析任何罪行、行为人或受害者。[②] 还有一种较具限制性的选择是,仅仅收集所有犯罪的某些行为人特征或受害者特征(如单独统计青少年犯罪人)。另一种临时选择是,仅收集少数重点罪行(如杀人、抢劫或贩运人口)的大量事件特征、行为人特征和受害者特征。

故意杀人罪由于其犯罪的严重程度及其对社会的广泛影响,因此其数据具有特定价值;鉴于此,为了描述此罪行,有必要加入额外的分门别类变量,更加详细地描述相关态势情景、社会关系和杀人机制。

对于任何可用的统计数据集而言,应当提供进一步的数据描述,以便于对统计数据做出解释。虽然大部分的罪行及其统计报告,都提到一个或多个直接行为人(无论是已知或未知)实际犯下的罪行,但是,在数据中仍可以包含威胁

---

① 许多理论上可行的分门别类法仅在一些特定社会文化背景下被关注或者是其可能的详述所特有的,如受害者和行为人的种族、民族、种姓、宗教和其他特征。

② 并非所有标签都适用于所有犯罪类型(例如,未遂不适用于过失致人死亡;所用武器类型或动机不适用于盗窃或诈骗;受害者年龄不适用于非法采伐)。因此,只有一部分组合是可行的、与政策相关的。

实施某种罪行的情形或策划或协助他人犯罪的情形。因此,在相关类别的统计中,提供信息来说明关于刑事犯罪(及行为人)的可用数据是包含或是排除以下行为,就显得很重要:

- 威胁实施犯罪
- 协助/教唆/随从犯罪
- 同谋犯罪
- 共谋/策划犯罪
- 煽动实施犯罪

最好能够为每项刑事犯罪收集和存储这些信息,以显示所记录的事件是指威胁,或是协助/教唆/随从犯罪,或是以上列出的任何其他类型。在此情况下,通过在汇总的统计数据中加入或排除这些事件,就能够生成满意的统计结果。或者,另一种可替代的做法是,在犯罪类型更为概括的等级中,以元数据的形式说明是否包含上述情形。

四、犯罪分类的特别举例:故意杀人

(一)故意杀人的定义

研究故意杀人罪之所以重要,不仅是因为该罪行的严重性,还因为故意杀人罪是用来监测暴力死亡事件的最可衡量和可比较的指标之一,且常常被认为是暴力犯罪的代名词,也是衡量国家内部安全水平的指标。根据《犯罪统计的国际分类》,故意杀人是指以造成死亡或严重伤害为目的,非法致人死亡。在制作统计数据时,能够根据此定义的明确指导,确定某个杀人行为是否构成故意杀人罪。但是,在一些情况下,(为了统计目的)在确定某些杀人行为是否应当被计入杀人罪时,还应考虑事件发生当时的情形。这种情况存在于集体暴力时的杀人行为——如在武装冲突期间或在内乱期间——其中,区分不同类型的杀人行为是很重要的,因为当时的情形能够决定这种行为是否应被纳入以及应如何纳入《犯罪统计的国际分类》。虽然制作这些情形中的统计数据非常具有挑战性,但重要的是要提供指导,说明哪些杀人行为应被视为属于《犯罪统计的国际分类》的范畴,为了制作国际一致的杀人罪统计数据,如何对其进行分类。

(二)故意杀人类别中应当考虑的具体情形

由于故意杀人行为的复杂性,将杀人行为被归入《犯罪统计的国际分类》的故意杀人范畴,还应当考虑杀人行为发生的具体情形,下面以在内乱期间杀人和在武装冲突期间杀人为例来具体说明。

1. 在内乱期间杀人

内乱期间杀人是指在双方或多方之间的暴力敌对行动(但不构成国内武装冲突)中发生的杀人,可包括与演变成暴力活动的罢工或抗议/示威活动相关的暴乱或其他零散的暴力行为。由于这些情况通常不构成国内武装冲突,因此不应在冲突期间生效的法律框架内加以考虑;在内乱中发生的每个暴力致死事件应根据适用于故意杀人的标准进行分类。这表示应当根据实际情况,例如,根据杀人行为是否不合法和是否为故意,来审查杀人行为并纳入适用的类型。这种杀人行为被归入《犯罪统计的国际分类》的故意杀人范畴,则还可选择使用故意杀人的分门别类变量标签"态势情景——与内乱有关",从而从统计角度确定发生这种杀人行为的态势情景。

2. 在武装冲突期间杀人

国际人道主义法对两种类型的武装冲突作出了区分。(1)国际性武装冲突,这是指国家之间诉诸武力的情形;①(2)非国际性武装冲突(或国内武装冲突),这是指一国的政府当局与国内有组织武装集团之间的或一国国内几个有组织武装集团之间的持久武装暴力。②

第一种冲突主要涉及由国家军事部队开展的武装行动,不过,非国际性武装冲突更难界定和识别。特别是,在一国国内连续发生集体暴力的情况下,将内乱与国内武装冲突区分开来,是非常重要的。决定这两者区别的要素是敌对行动强度的阈值(敌对行动是否具有集体性质,或者政府对武装分子是否使用的是武力而不是警察部队)以及集团组织的程度(武装集团是否有周全的组织,具有指挥机构、总部及进行策划和开展军事行动的能力)。在武装冲突局势中,以下杀人类型应在《犯罪统计的国际分类》中加以分类。

• 在武装冲突局势中,(联系冲突中或在冲突背景下行动的)战斗人员对没有积极参与敌对行动的平民进行任何有针对性的或过度的杀害,可在 11013 类别(别处未加分类的其他犯罪行为、被普遍管辖的行为、战争罪行)中记为战争罪;

• 在武装冲突局势中,战斗人员违反国际人道主义法杀害其他战斗人员的

① 日内瓦四公约共同条款第 2 条。

② 日内瓦四公约共同条款第 3 条。

行为,也可归入 11013 类别,例如,故意杀害失去战斗力的冲突方;

• 与武装冲突没有直接关联的战斗人员实施的杀人行为,或者,未积极参与武装冲突中敌对行动的平民实施的杀人行为,不应被视为与冲突有关,而是应作为任何其他杀人行为加以分析(而不管冲突局势如何),并根据标准定义,归类为现有的暴力致死类型;

• 战斗人员的杀人行为如被国内立法认为构成犯罪(并以此起诉)而不构成战争罪,则应归入 0107 类别(与武装冲突有关的非法杀人)。

如果在实际操作中,没有能力来衡量和识别不同的杀人行为,则以上这些标准在适用时就面临很多挑战,而事实上,在集体暴力中,可能仍有大量杀人行为未报告。但是,就有记录的杀人行为而言,为这一模糊的领域确立严格的界限,将有助于将故意杀人与其他杀人行为相区分,提高全球的数据质量和可比性。

(三)故意杀人罪的附加分门别类法

一旦确定某个杀人行为是否会被划分和统计为故意杀人,往往就需要关于社会背景和故意杀人机制的更为详细的量化信息,以帮助设计出更好的政策来预防和应对这种特殊类型的犯罪。为了进行比较和分析,有三个分类标准特别关系到故意杀人行为的特征,可用于对故意杀人行为作出更详细的定义。[①] 这三个标准(即态势情景、受害者与行为人之间的关系以及故意杀人机制)已经被用于构建只适用于故意杀人罪的三个附加分门别类表。

第五节 《犯罪统计的国际分类》的适用

《犯罪统计的国际分类》的适用,是指在实施《犯罪统计的国际分类》的过程中,将任何既有的罪行恰当地归入《犯罪统计的国际分类》的类别中,也就是确定一国法律规定的罪行在《犯罪统计的国际分类》结构中的不同层级。上述过程中不仅根据犯罪类别的定义,而且还可以参照《犯罪统计的国际分类》的包含范围和排除情形。除此之外,《犯罪统计的国际分类》的分门别类变量,记录了罪行的其他必要信息,有助于了解每个具体罪行的复杂性。

---

① 除了(既遂的)故意杀人外,这些附加的分门别类标准还可同样适用于未遂的故意杀人。

一、《犯罪统计的国际分类》中的罪行分类

正如前面提到的,《犯罪统计的国际分类》是一种层级分类,第一步是确定哪个一级类别与所涉具体罪行最为相关。为便于参照相应的类别,每个一级类别由其所包含的广泛的行为、属性或事件来定义。例如,导致死亡或意图导致死亡的所有行为都归入1级01类别中。[①] 同样,所有性伤害行为都归入1级03类别。

然后,需将罪行归入2级、3级或4级的某个类别中。这可以通过以下方式来完成。在刑事立法中标注简称(如强奸)、查询以行为/事件为基础的定义以及遵循法律包含范围和排除情形的指导。为了正确地对某项罪行分类,有必要遵循《犯罪统计的国际分类》所有要素的指导。仅使用简称是不够的,因为简称的含义和定义也可能不同于国内法律体系中使用的简称,而且一国国内不同的法域之间也可能各不相同。[②]

类别名称(如其他欺诈行为)还有其他一词代表的其余类别,用于指代犯罪无法归入既定类别的情况。犯罪应当尽可能少归入这些其余类别,而且也应当先彻底审查全部分类,以确保没有遗漏某个类别。

在国内实施《犯罪统计的国际分类》,将是一个渐进的过程,这需要将国内刑事犯罪审慎纳入《犯罪统计的国际分类》的框架中。在国内,制作《犯罪统计的国际分类》和国内犯罪分类之间的对应表,将有助于《犯罪统计的国际分类》在国家层面的实施。为了支持这一进程,联合国毒罪办将开发更多的工具和支持文档,包括一份实施手册,以促进将国内犯罪数据纳入《犯罪统计的国际分类》的结构。规划实施手册将分作不同卷,以解决将国内行政犯罪统计系统纳入《犯罪统计的国际分类》的问题、将受害调查数据纳入《犯罪统计的国际分类》的问题以及规则统计和编码问题。

二、《犯罪统计的国际分类》中的包含范围和排除情形

(一)包含范围

每个类别都有一个列表列明包含范围,或者说是应归入该类别的犯罪或行

---

① 但排除被归入战争罪的犯罪、被归入1级第11类被普遍管辖的行为中的种族灭绝罪或危害人类罪。

② 联合国欧洲经济委员会/欧洲统计员会议:《联合国毒品和犯罪问题办公室/欧洲经济委员会犯罪分类问题工作组给欧洲统计员会议的报告》, UNODC (June. 6, 2016), https://www. unodc. org/documents/data-and-analysis/statistics/crime/Report_crime_classification_2012. pdf。

为/事件的例子。这些并不是子类,而是属于所列各类别的常见犯罪,目的是为罪行的归类提供实际的指导以及区分一种类别和另一种类别之间的界限。例如,在交易或持有动植物群受保护物种或被禁物种(1003)类别的包含范围中规定,贩卖野生动物、非法交易或持有野生动物属于这一类别的犯罪。包含范围并未穷尽,且将来可能进一步扩大。

(二)排除情形

大多数类别还有一个列表列明排除情形,或者说是虽然与本类别具有相似性但应归入别处分类的犯罪或行为/要素的例子。在每个被排除的罪行后面,是该罪行应被归入的类别代码。例如,在交易或持有动植物群受保护物种或被禁物种(1003)类别项下的排除情形规定,盗窃宠物编号归入0502,违反动物处理、饲养或管理编号归入10091,抢劫牲畜编号归入04014,盗窃牲畜编号归入05025。

总之,这些包含范围和排除情形有助于阐明不同类别之间的界限,以确保行为/事件仅能够归入一个类别。

三、《犯罪统计的国际分类》中的分门别类变量

分门别类变量记录了罪行的其他必要信息,有助于了解每个具体罪行的复杂性,例如,受害者和行为人的特征。以下概述了一组最低限度的分门别类变量,它们可被用于更充分地描述每个具体犯罪行为/事件或更深入地描述行为人和受害者的属性。在每个类别标题前面的首字母缩写词,是一种简称,用于在犯罪记录中对这些变量进行编码。

大多数分门别类变量将仅提供针对某些刑事犯罪的有用详细分类。例如,“未遂/既遂标签(At)”不适用于0101 故意杀人(因为这里只统计既遂的故意杀人行为),也不适用于0102 杀人未遂(因为这里只统计未遂的杀人行为),也不适用于0103 非故意杀人(因为根据定义,这不是有意的行为)。但是,对于其他犯罪类型,这种或其他分门别类变量将提供关于某些犯罪特征的政策相关信息。

- 武器类型(We)这一标签根据犯罪所用武器的主要种类区分暴力犯罪;
- 态势情景(SiC)这一标签提供了犯罪中涉及的某些显著类型犯罪组织的信息;
- 地理位置(Geo)这一标签可标明发生犯罪的国内区域位置,并指出那些被记录为域外犯罪的罪行;
- 日期和时间(DaT)这一标签有助于准确确定罪行发生的日期和时间(如

果已知),并且可用于构建相关的派生类别(例如,在白天的特定时间段发生的入室盗窃);

● 地点类型(Lo)这一标签收集各类型的犯罪地点数据,有助于确定犯罪发生的典型或常见场所,例如家中或监狱;

● 动机(Mo)这一标签强调了几种与政策相关的犯罪动机,特别是由于受害者的特征、属性、信仰或价值观而明确针对受害者的某些仇恨犯罪;

● 涉及网络犯罪(Cy)这一标签可用来识别使用电脑来实施的各种犯罪(例如,网络诈骗、网络跟踪或通过电子传播进行的侵犯版权行为);

● 报案者(Rep)这一标签有助于分析记录在案犯罪的报案渠道,例如某些罪行是经常由受害者或证人举报,或是通常由警方发现。

此外,还有许多不言自明的受害者和行为人分门别类法(见表1-2)。

表1-2 分门别类变量

以事件为基础的分门别类法	以受害者为基础的分门别类法	以行为人为基础的分门别类法	数据描述/包含范围
At-未遂/既遂	SV-受害者性别	SP-行为人性别	Th-包含威胁
We-使用的武器类型	AV-受害者年龄	AP-行为人年龄	AA-包含协助/教唆
SiC-态势情景	STV-受害者年龄状况(未成年人/成年人)	STP-行为人年龄状况(未成年人/成年人)	Ac-包含从犯/同谋
Geo-地理位置	ViP-受害者与行为人之间的关系	ViP-受害者与行为人之间的关系	CP-包含阴谋/策划/预备
DaT-日期和时间	Cit-国籍	Cit-国籍	In-包含煽动犯罪
Lo-地点类型	LS-受害者的法律地位(自然人/法人)	LS-行为人的法律地位(自然人/法人)	—
Mot-动机	Int-受害者的醉酒情况	Int-行为人的醉酒情况	—
Cy-涉及网络犯罪	ES-企业受害者的经济部门	EASt-行为人的经济活动情况	—
Rep-报案者	—	Rec-行为人的累犯情况	—

资料来源:United Nations Office on Drugs and Crime, *International Classification of Crime for Statistical Purposes*, UNODC (July. 6, 2016), https://www.unodc.org/documents/data-andanalysis/statistics/crime/ICCS/ICCS_English_2016_web.pdf。

四、与其他国际分类的关系

对于造成人身伤害或死亡的罪行,《犯罪统计的国际分类》与世界卫生组织的国际疾病分类(以下简称病症分类)相关联。病症分类长期以来是流行病学、卫生管理和临床上的标准诊断工具。[①] 其中,病症分类-10 对发病率和死亡率的外部原因进行了分类(第二十章);就《犯罪统计的国际分类》而言,最重要的一个类别被视为攻击的一组原因,攻击的定义为以伤害或杀害为目的,采用任何手段给他人造成伤害。在攻击致受害者死亡的情况下,死亡原因在病症分类-10 中被归类为攻击,且这种死亡统计数据通常被用来衡量故意杀人行为,并与杀人罪计算的刑事司法统计数据相比较。

总体而言,《犯罪统计的国际分类》对故意杀人罪的定义以及病症分类-10 对攻击致死的定义并不相互矛盾,因为二者都要求行为是故意的,且二者都提到行为的非法性(例如,病症分类-10 排除因法律干预和战争行动而产生的杀人行为)。虽说如此,但两种分类之间确实存在一些差异,这主要是由于《犯罪统计的国际分类》更详细地描述了由行为人承担不同刑事责任的某些杀人行为。例如,在自卫杀人的情况下,就会发生这样的差异,在病症分类-10 中,其被归入攻击致死,而在《犯罪统计的国际分类》中,仅在自卫时过度使用武力,才会被认为是故意杀人。在其他情况下,《犯罪统计的国际分类》更为详细地描述了哪些行为将被包含或被排除出故意杀人或其他非法杀人的统计数据。例如,执法官员或国家官员过度使用武力致死的情形被包含在《犯罪统计的国际分类》的故意杀人中,但并不一定被包含在病症分类-10 的攻击致死中;同样,在战争中的某些杀人可被归入《犯罪统计的国际分类》的故意杀人或与武装冲突有关的非法杀人或战争罪行,要视具体情况而定,而相关的病症分类-10 类别没有作出这样的区分。

在病症分类-10 中,对攻击这一类别进行了详细的分门别类,它包括各种各样造成伤害或死亡的机制,而《犯罪统计的国际分类》也采用一贯的方法,以杀人机制为基础来构建故意杀人罪的附加分门别类法(其以病症分类-10 的攻击组类别 X85-Y09 为基础)。

除病症分类以外,《犯罪统计的国际分类》还提到了《所有经济活动的国际

---

① 最新版本(病症分类-10)于 1994 年开始使用,目前正在编制第 11 版。

标准工业分类》(以下简称《标准工业分类》);《标准工业分类》是对生产活动的国际分类,由联合国秘书处经济和社会事务部于 1948 年首次编制,并于 2008 年修订。在《犯罪统计的国际分类》的分门别类变量表中体现了《标准工业分类》,按经济领域的不同来确定作为犯罪受害者的企业和机构。这特别有助于确定以企业为对象的犯罪,例如员工犯下的罪行或有组织犯罪集团对企业犯下的罪行。

第六节 《犯罪统计的国际分类》的结构

在《犯罪统计的国际分类》中,犯罪分类为四级结构,具体如表 1-3 所示。

表 1-3 犯罪分类的四级结构

第 1 节 导致死亡或有意造成死亡的行为			
2 级	3 级	4 级	犯罪
0101			故意杀人
0102			故意杀人未遂
0103			非故意杀人
	01031		非预谋致人死亡
	01032		过失致人死亡
		010321	车祸致人死亡
		010322	非车祸致人死亡
0104			协助或教唆自杀
	01041		协助自杀
	01049		其他协助或教唆自杀的行为
0105			安乐死
0106			非法杀害胎儿
0107			与武装冲突有关的非法杀人
0109			其他导致死亡或有意造成死亡的行为

续表

第 2 节　对人造成伤害或有意对人造成伤害的行为			
2 级	3 级	4 级	犯罪
0201			攻击和威胁
	02011		攻击
		020111	严重攻击
		020112	轻微攻击
	02012		威胁
		020121	严重威胁
		020122	轻微威胁
	02019		其他攻击或威胁
0202			妨害自由的行为
	02021		诱拐未成年人
		020211	父母诱拐
		020212	其他家庭成员诱拐
		020213	法定监护人诱拐
		020219	其他诱拐未成年人的行为
	02022		剥夺自由
		020221	绑架
		020222	非法限制
		020223	劫持
		020229	其他剥夺自由的行为
	02029		其他妨害自由的行为
		020291	非法收养
		020292	强迫婚姻
		020299	其他妨害自由的行为
0203			奴役和剥削
	02031		奴役
	02032		强迫劳动

续表

2 级	3 级	4 级	犯罪
		020321	家政服务强迫劳动
		020322	工业服务强迫劳动
		020323	国家或军队的强迫劳动
		020329	其他强迫劳动
	02039		其他奴役和剥削行为
0204			贩运人口
	02041		以性剥削为目的而贩运人口
	02042		以强迫劳动或服务为目的而贩运人口
	02043		以摘除器官为目的而贩运人口
	02049		为其他目的而贩运人口
0205			胁迫
	02051		勒索或敲诈
	02059		其他胁迫行为
0206			过失
	02061		对被照顾人员的过失
		020611	对被照顾儿童的过失
		020612	对其他被照顾的受抚养人的过失
		020619	对被照顾人员的其他过失
	02062		业务过失
	02063		与驾驶车辆有关的过失
	02069		其他过失行为
0207			危险行为
	02071		危害健康的行为
	02072		在精神活性物质的影响下操作车辆
		020721	在酒精的影响下操作车辆
		020722	在违禁药物的影响下操作车辆
		020729	在其他精神活性物质的影响下操作车辆

续表

2 级	3 级	4 级	犯罪
	02079		其他危险行为
0208			意图引起恐惧或精神折磨的行为
	02081		骚扰
		020811	工作场所的骚扰
		020819	其他骚扰
	02082		盯梢骚扰
	02089		其他意图引起恐惧或精神折磨的行为
0209			诽谤或侮辱
	02091		由于受害者的特征或被归于的属性而进行诽谤或侮辱
	02092		由于受害者被归于的信仰或价值观而进行诽谤或侮辱
	02099		其他诽谤或侮辱
0210			歧视
	02101		个人歧视
	02102		群体歧视
	02109		其他歧视
0211			侵犯他人的行为
	02111		侵犯隐私
	02119		其他侵犯个人的行为
0219			其他对人造成伤害或有意对人造成伤害的行为
第 3 节　性伤害行为			
2 级	3 级	4 级	犯罪
0301			性暴力
	03011		强奸
		030111	以暴力强奸
		030112	非以暴力强奸
		030113	法定强奸
		030119	其他强奸

续表

2 级	3 级	4 级	犯罪
	03012		性侵犯
		030121	人身性侵犯
		030122	非人身性侵犯
		030129	别处未加分类的其他性侵犯
	03019		其他性暴力行为
0302			性剥削
	03021		对成年人的性剥削
	03022		对儿童的性剥削
		030221	儿童色情
		030222	儿童卖淫
		030223	性诱儿童
		030229	其他形式的儿童性剥削
	03029		其他性剥削行为
0309			其他性伤害行为

第 4 节　涉及暴力攻击或威胁他人的侵犯财产行为

2 级	3 级	4 级	犯罪
0401			抢劫
	04011		抢劫他人
		040111	在公共场所抢劫他人
		040112	在私人场所抢劫他人
		040119	其他抢劫他人的行为
	04012		抢劫运输途中的贵重物品或货物
		040121	抢劫汽车或车辆
		040129	其他抢劫运输途中的贵重物品或货物的行为
	04013		抢劫设施或机构
		040131	抢劫金融机构
		040132	抢劫非金融机构

续表

2 级	3 级	4 级	犯罪
	04014		抢劫牲畜
	04019		其他抢劫行为
0409			其他涉及暴力攻击或威胁他人的侵犯财产的行为
第 5 节　仅侵犯财产的行为			
2 级	3 级	4 级	犯罪
0501			入室盗窃
	05011		营业场所入室盗窃
	05012		私人住宅入室盗窃
		050121	永久私人住宅入室盗窃
		050122	非永久私人住宅入室盗窃
	05013		公共场所入室盗窃
	05019		其他入室盗窃行为
0502			盗窃
	05021		盗窃机动车辆或其零部件
		050211	盗窃陆地机动车辆
		050212	非法使用陆地机动车辆
		050213	盗窃陆地机动车辆的零部件
		050219	其他盗窃机动车辆或其零部件的行为
	05022		盗窃个人财产
		050221	从他人处盗窃个人财产
		050222	从车辆中盗窃个人财产
		050229	其他盗窃个人财产的行为
	05023		盗窃企业财产
		050231	从店铺中盗窃
		050239	其他盗窃企业财产的行为
	05024		盗窃公共财产
	05025		盗窃牲畜

续表

2级	3级	4级	犯罪
	05026		盗窃服务
	05029		其他盗窃行为
0503			侵犯知识产权
0504			损坏财产
	05041		损坏公共财产
	05042		损坏个人财产
	05043		损坏企业财产
	05049		其他损坏财产的行为
0509			其他仅侵犯财产的行为
第6节　涉及管制药物或其他精神活性物质的行为			
2级	3级	4级	犯罪
0601			涉及管制药物或前体的非法行为
	06011		非法持有、购买、使用、种植或生产管制药物用于个人消费
		060111	非法持有、购买或使用管制药物用于个人消费
		060112	非法种植或生产管制药物用于个人消费
	06012		非为个人消费而非法贩运、种植或生产管制药物或前体
		060121	非为个人消费而非法贩运管制药物
		060122	非为个人消费而非法生产管制药物
		060123	非为个人消费而非法种植管制药物
		060124	非为个人消费而非法转移前体
		060129	其他非为个人消费而非法贩运、种植或生产管制药物或前体的行为
	06019		其他涉及管制药物或前体的非法行为
0602			涉及酒类、烟草或其他管制物质的非法行为
	06021		非法生产、处理、持有或使用酒类产品
		060211	非法持有或使用酒类产品
		060212	非法生产、贩运或经销酒类产品

续表

2级	3级	4级	犯罪
		060219	其他非法生产、处理、持有或使用酒类产品的行为
	06022		非法生产、处理、持有或使用烟草产品
		060221	非法持有或使用烟草产品
		060222	非法生产、贩运或经销烟草产品
		060229	其他非法生产、处理、持有或使用烟草产品的行为
	06029		其他涉及酒类、烟草或其他管制物质的非法行为
0609			其他涉及管制药物或其他精神活性物质的行为
第7节　涉及欺诈、欺骗或腐败的行为			
2级	3级	4级	犯罪
0701			欺诈
	07011		金融欺诈
		070111	对国家实施金融欺诈
		070112	对自然人或法人实施金融欺诈
	07019		其他欺诈行为
0702			伪造/假冒
	07021		假冒支付手段
		070211	假冒现金支付手段
		070212	假冒非现金支付手段
	07022		假冒产品罪行
	07023		伪造/假冒文件的行为
	07029		其他伪造/假冒行为
0703			腐败
	07031		贿赂
		070311	行贿
		070312	受贿
	07032		贪污
	07033		滥用职权

续表

2级	3级	4级	犯罪
	07034		影响力交易
	07035		资产非法增加
	07039		其他腐败行为
0704			涉及犯罪所得的行为
	07041		洗钱
	07042		非法贩运文化财产
	07049		其他涉及犯罪所得的行为
0709			其他涉及欺诈、欺骗或腐败的行为
第8节　侵犯国家公共秩序、权力和规定的行为			
2级	3级	4级	犯罪
0801			违反公共秩序行为标准的行为
	08011		暴力扰乱公共秩序罪
	08012		涉及社会和宗教公共秩序规范和标准的行为
	08019		其他违反公共秩序行为标准的行为
0802			违反公共秩序性标准的行为
	08021		卖淫犯罪
	08022		色情犯罪
	08029		其他违反公共秩序性标准的行为
0803			涉及言论自由或言论控制的行为
	08031		危害言论自由的行为
	08032		涉及表达被管控社会信仰和规范的行为
		080321	违反宗教信仰/观点的规范
		080322	违反关于不容忍及煽动仇恨的规范
		080329	其他涉及表达被管控社会信仰和规范的行为
	08039		其他涉及言论自由或言论控制的行为
0804			违反公共收入规定或监管规定的行为
	08041		违反公共收入规定的行为

续表

2 级	3 级	4 级	犯罪
	08042		违反商业或金融法规的行为
	08043		违反赌博规定的行为
	08044		走私货物
	08045		市场操纵或内线交易
	08049		其他违反公共管理规定或监管规定的行为
0805			与移徙有关的行为
	08051		偷运移民罪
	08059		其他与移徙有关的非法行为
0806			违反司法制度的行为
	08061		妨碍司法
	08062		违反司法秩序
	08063		犯罪意图
	08064		共谋
	08069		其他违反司法制度的行为
0807			与民主选举有关的行为
	08071		意图在选举中不适当地影响选民的行为
	08079		其他与民主选举有关的行为
0808			违反劳动法的行为
	08081		违反集体劳动法
	08082		违反个体劳动法
0809			其他侵犯国家的公共秩序、权力和规定的行为
第 9 节　危害公共安全和国家安全的行为			
2 级	3 级	4 级	犯罪
0901			涉及武器、爆炸物和其他毁灭性材料的行为
	09011		持有或使用武器和爆炸物
		090111	非法持有或使用枪支
		090112	非法持有或使用其他武器或爆炸物

续表

2 级	3 级	4 级	犯罪
		090113	非法持有或使用化学、生物或放射性材料
		090119	其他与持有或使用武器和爆炸物有关的行为
	09012		贩运武器和爆炸物
		090121	贩运枪支
		090122	贩运其他武器或爆炸物
		090123	贩运化学、生物或放射性材料
		090129	其他与贩运武器和爆炸物有关的行为
	09019		其他与武器和爆炸物有关的行为
0902			危害健康和安全的行为
	09021		工作中危害健康和安全的行为
	09029		其他危害健康和安全的行为
0903			侵犯计算机系统的行为
	09031		非法进入计算机系统
	09032		非法干扰计算机系统或计算机数据
		090321	非法干扰计算机系统
		090322	非法干扰计算机数据
	09033		非法截取或访问计算机数据
	09039		其他侵犯计算机系统的行为
0904			危害国家安全的行为
0905			涉及有组织犯罪集团的行为
	09051		参与有组织犯罪集团
	09059		其他涉及有组织犯罪集团的行为
0906			恐怖主义
	09061		参与恐怖主义组织
	09062		资助恐怖主义
	09069		其他与恐怖主义组织活动有关的行为
0907			非伤害性的交通违法行为

续表

2 级	3 级	4 级	犯罪
0909			其他危害公共安全和国家安全的行为
第 10 节 危害自然环境的行为			
2 级	3 级	4 级	犯罪
1001			造成环境污染或退化的行为
	10011		造成空气污染或退化的行为
	10012		造成水污染或退化的行为
	10013		造成土壤污染或退化的行为
	10019		其他造成环境污染或退化的行为
1002			涉及运输或倾倒废物的行为
	10021		涉及在一国国界内运输或倾倒废物的行为
	10022		涉及跨国界运输或倾倒废物的行为
1003			交易或持有动植物群受保护物种或被禁物种
	10031		交易或持有野生动植物群受保护物种
		100311	在一国国界内交易或持有受保护物种
		100312	跨国境贩运受保护物种
	10032		交易或持有被禁止的或被管控的动物物种
	10039		其他交易或持有野生动植物群受保护物种或被禁物种的行为
1004			导致自然资源消耗或退化的行为
	10041		非法伐木
	10042		非法狩猎、捕鱼或采集野生动植物
	10043		非法采矿
	10049		其他导致自然资源消耗或退化的行为
1009			其他危害自然环境的行为
	10091		危害动物的行为
	10099		其他危害自然环境的行为

续表

第 11 节　别处未加分类的其他犯罪行为			
2 级	3 级	4 级	犯罪
1101			被普遍管辖的行为
	11011		酷刑
	11012		海盗行为
	11013		战争罪行
		110131	与武装冲突有关的非法杀人、造成或意图造成死亡或严重伤害
		110132	与武装冲突有关的非法损坏或破坏财产
		110133	与武装冲突有关的性暴力
		110134	与武装冲突有关的侵犯自由或个人尊严的行为
		110135	招募或征募儿童兵
		110139	其他战争罪行
	11014		种族灭绝罪
	11015		危害人类罪
	11016		侵略罪
	11019		其他被普遍管辖的行为
1102			违反青年条例和未成年人法规的行为
	11021		身份罪
	11029		其他违反青年条例和未成年人法规的行为
1109			别处未加分类的其他犯罪行为

资料来源：United Nations Office on Drugs and Crime, *International Classification of Crime for Statistical Purposes* (*ICCS*), UNODC (July. 21, 2016), https://www. unodc. org/documents/data-andanalysis/statistics/crime/ICCS/ICCS_English_2016_web. pdf。

第二章 联合国《犯罪统计的国际分类》标准的实施

2015年《犯罪统计的国际分类》出台以来，由于联合国毒罪办开展的广泛的意识提升和技术援助活动，世界各国对于将本国犯罪统计方法与《犯罪统计的国际分类》进行对接方面的兴趣日益提高。在《犯罪统计的国际分类》实施架构的确立和本国犯罪类型或犯罪代码与《犯罪统计的国际分类》的对接方面，一些国家已经取得了巨大进展。目前这种将本国犯罪统计方法与《犯罪统计的国际分类》进行对接的全球努力已经开始体现在国家、地区和全球层面数据质量的提升和数据可比性的改善上。

第一节 基本概念

为推动《犯罪统计的国际分类》的实施，联合国毒罪办颁发了指导性文件，使该项实施活动在系列技术指南和系列手册的指导下逐步推进。实施手册旨在为《犯罪统计的国际分类》在世界各国的顺利实施提供适用准则。它将在《犯罪统计的国际分类》的实施过程中为各国提供协助，确保根据《犯罪统计的国际分类》的描述制作出的相关数据具有透明度。

一、《〈犯罪统计的国际分类〉实施手册》的目标

《〈犯罪统计的国际分类〉实施手册》的具体目标如下：

(1)就《犯罪统计的国际分类》实施制度框架的建立提供指导；

(2)就对应表格的制作及其与《犯罪统计的国际分类》的映射提供指导；

(3)就分门别类变量的适用提供指导；

(4)就《犯罪统计的国际分类》的犯罪范围和计数规则提供指导；

(5)就特定相关犯罪的分类提供指导。

实施手册就《犯罪统计的国际分类》实施提出的策略是以各国到目前为止实施《犯罪统计的国际分类》的经验及参与联合国毒罪办《犯罪统计的国际分类》及其实施的相关技术性研讨会和培训等活动得出的经验教训为依据的。

二、《〈犯罪统计的国际分类〉实施手册》的使用主体

实施手册专为犯罪和刑事司法统计领域的相关数据制作者，包括警方、检方、刑事法院、监狱、国家统计局和其他相关政府机构所设计。相关数据用户——包括学术界、私营部门和非政府组织等——也可从实施手册方法指南中受益匪浅。

尽管《犯罪统计的国际分类》的实施过程大体上取决于一个国家的现有能力、可用资源、国家重点和制度环境等因素，但根据设计，实施手册可为所有类型的刑事司法数据制作标准提供支持。从广义目标群体的角度看，实施手册目标用户包括以下群体(见表2－1)。

表2－1　《〈犯罪统计的国际分类〉实施手册》的目标群体

群体	目的
国家层面的犯罪和刑事司法统计架构较为薄弱的国家	有意利用《犯罪统计的国际分类》作为蓝图并根据国际标准收集基本犯罪统计数据
国家层面的犯罪和刑事司法统计架构水平一般的国家	有意利用《犯罪统计的国际分类》加强犯罪数据收集和/或采用全国性犯罪分类体系
国家层面的犯罪和刑事司法统计架构已稳固确立的国家	有意将《犯罪统计的国际分类》嵌入现有数据类型并深入开展机构内部和机构之间的数据分析
已经实施《犯罪统计的国际分类》且国家层面的犯罪和刑事司法统计架构属于任何类型的国家	有意回答《犯罪统计的国际分类》相关特定或技术问题

资料来源：United Nations Office on Drugs and Crime, *International Classification of Crime for Statistical Purposes implementation manual* (draft May 2018), p.4。

三、《〈犯罪统计的国际分类〉实施手册》的主要内容

第一部分概述了《犯罪统计的国际分类》的总体情况，包括《犯罪统计的国际分类》的基本情况和实施原则，建立《犯罪统计的国际分类》实施制度框架的系统路线图等。

第二部分就《犯罪统计的国际分类》实施方面的核心问题提供了具体的方法准则，《犯罪统计的国际分类》的范围和犯罪活动的全景、国家犯罪数据或犯罪定义通过对应表与《犯罪统计的国际分类》之间的映射，《犯罪统计的国际分类》定义的分门别类变量的价值、定义和原则，国际国内层面使用的计数单位和计数规则，根据《犯罪统计的国际分类》进行的犯罪数据的具体制作方法等。

第三部分涉及特定犯罪的分类，并就技术性研讨会期间和《犯罪统计的国际分类》虚拟平台上出现的具体问题提供了许多答案。《犯罪统计的国际分类》提供了大量对国家数据或法律规定进行分类的工具，在大多数情况下，这些工具足以将国家数据或法律规定归入适当的《犯罪统计的国际分类》类型。但是，本部分还就大量《犯罪统计的国际分类》类型提出了具体建议，以便在这些工具仍不够用、某些犯罪的分类需要额外指导的情况下使用。

四、实施《犯罪统计的国际分类》的益处

在世界范围内，许多国家仍没有统一的统计用途的刑事犯罪目录，更不要说完整的犯罪分类了。如果这种犯罪分类或清单存在，那也通常是不完整的，没有在各机构之间进行统一，且包含了无法相互排除的类型。而且，除国内机构间统一犯罪分类方法的缺失外，各国的刑事司法数据通常显著缺乏犯罪受害人、行为人及其他方面的关键信息，从而无法理解犯罪的情境和潜在推动因素。因此，在国内机构之间实施统一的犯罪分类方法有以下好处。

（一）为各刑事司法机构和辖区制作犯罪和刑事司法数据提供一个共同架构

《犯罪统计的国际分类》可用作组织整理统计数据的一个综合框架。它能对来自不同刑事司法机构（警方、检方、法院和监狱等）和不同数据来源（行政记录和统计调查等）的数据进行统一。同样，它能对拥有不同统计制度或法律框架的次国家实体的数据进行标准化处理。因此，实施《犯罪统计的国际分类》可以促进信息交换，并提升国内机构内外部犯罪数据的可用性，提高数据质量。

（二）就犯罪统计数据提供分析

除对刑事犯罪进行分类外，《犯罪统计的国际分类》还可用于记录与刑事司法过程有关的其他活动或状况，如逮捕、起诉、定罪和监禁，犯罪行为人和受害者等要素。《犯罪统计的国际分类》为犯罪行为人和受害人的统计和分类提供了一个结构化框架，因而能够丰富犯罪活动相关数据。正因如此，《犯罪统计的国际分类》能够生成详细的犯罪行为人和受害人相关数据，相关数据的详细程度具体则取决于各国采用的犯罪统计制度和《犯罪统计的国际分类》原则的实施程度。

如果所有相关数据源以一致方式使用，那么《犯罪统计的国际分类》能够对刑事司法系统不同阶段的案件流量和联系进行评估。如将《犯罪统计的国际分类》运用于刑事司法系统的所有阶段，则可在特定犯罪相关数据，无论是行政数据还是受害状况调查数据、同类犯罪逮捕人次、同类犯罪的起诉、定罪和监禁人数等数据之间建立起联系。因此，实施《犯罪统计的国际分类》有助于理解每一犯罪的复杂性并对犯罪活动进行分析，同时能够对刑事司法系统每一阶段的案件流量和联系进行评估。

（三）为政策制定和具体政策目标的监测提供支持

刑事犯罪相关数据通常是根据法律规定而不是分析类型制作的，而《犯罪统计的国际分类》正是对这类数据进行分类的一种模板。进行设计和构建时，《犯罪统计的国际分类》一直都非常关注其创建的犯罪类型的政策相关性。运用《犯罪统计的国际分类》的架构或根据《犯罪统计的国际分类》的架构对国别数据进行整理，有助于以主题块（如财产权的保护、国家完整的保护、暴力犯罪、毒品犯罪等）的形式为政策制定提供支持数据。因此，实施《犯罪统计的国际分类》可以有助于制定循证政策、开发有针对性的干预措施。

（四）为不同国家和不同时期数据的比较提供一个共同框架

在国际层面，《犯罪统计的国际分类》提高了不同国家犯罪数据的可比性。有了《犯罪统计的国际分类》提供的标准化概念和定义，各国可对犯罪数据进行系统化收集、分析和传播，并对跨国犯罪深入分析和研究的需求作出响应。也就是说，实施《犯罪统计的国际分类》可以提高国与国之间数据的一致性和可比性，充实刑事司法政策的证据库，有助于预防全球性犯罪。（见图2-1）

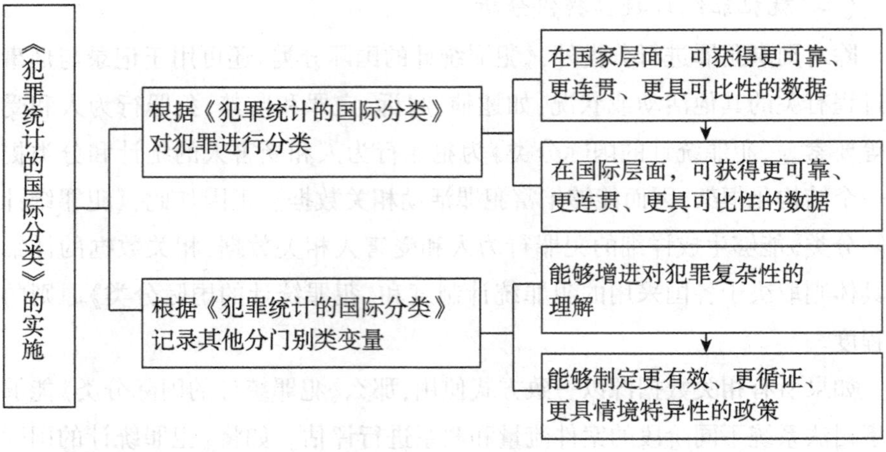

图 2-1 《犯罪统计的国际分类》实施过程中两个不可分割的部分及其益处

资料来源：United Nations Office on Drugs and Crime, *International Classification of Crime for Statistical Purposes implementation manual*(draft May 2018), p. 13。

第二节 实施原则

本节阐述了《犯罪统计的国际分类》的实施原则，同时还简要回答了实施手册如何为《犯罪统计的国际分类》实施过程中可能出现的问题提供帮助。

一、实施原则 1：根据国情调整实施步骤

《犯罪统计的国际分类》实施过程中的具体步骤和里程碑具有通用性，因此仅需要根据每一实施国家的具体国情进行细节上的调整。正因为如此，《犯罪统计的国际分类》实施过程的技术性步骤并没有详细描述。实际上，《犯罪统计的国际分类》建议实施的一些步骤已经在一些国家得到了实施，而其建议寻求政治、财务和组织支持的一些步骤也已经在一些国家付诸实践。单位记录数据收集系统的运用、数据收集和微观数据存取领域自动化和数字化的程度、用于传播统计数据的方法等都会对《犯罪统计的国际分类》的实施过程产生相当大的影响。因此，对刑事司法系统相关数据的收集所采用的方法、程序和工具等进行全面评估应为每一实施策略不可分割的组成部分。

二、实施原则 2：在既定体系的基础上继续推进/确定适用《犯罪统计的国际分类》类型的所有犯罪活动

《犯罪统计的国际分类》根据国别需求进行的调整必须在相关国家确定了犯罪活动的界限，并在国别犯罪统计数据或国别刑事法律与《犯罪统计的国际分类》犯罪类型之间建立了映射的前提下进行。在许多国家，实施《犯罪统计的国际分类》的第一步通常涉及现有数据的使用。由于《犯罪统计的国际分类》致力于涵盖犯罪的所有类型，因此一些《犯罪统计的国际分类》犯罪类型可能与一些国家的犯罪类型统计并不相关。当《犯罪统计的国际分类》包含的犯罪行为在国内没有被作为犯罪处理的情况下，这种情况尤其如此。因此，在国家层面没有对应犯罪行为的情况下，相应的《犯罪统计的国际分类》犯罪类型应被排除在实施范围之外。

三、实施原则 3：创建国别犯罪统计数据或国别犯罪代码与《犯罪统计的国际分类》之间的对应表

《犯罪统计的国际分类》实施过程的核心任务，是制作国别犯罪统计数据或国别犯罪代码与《犯罪统计的国际分类》之间的对应表，以便在行政犯罪统计数据与《犯罪统计的国际分类》之间建立一种映射关系。对应表是将现有国别犯罪分类、数据/指标/变量清单或犯罪代码覆盖的所有犯罪纳入《犯罪统计的国际分类》设置的犯罪类型并进行呈现的一种形式。在实施手册中，创建这种对应表的过程被称为映射。这是《犯罪统计的国际分类》实施策略的一项核心任务。

映射过程需要就《犯罪统计的国际分类》下的每一犯罪类型从国别体系中找出对应性最强的相应犯罪类型。在两个犯罪分类体系之间建立关联时，第一步通常是将一个体系中描述最为详尽的类型与另一体系中描述最为详尽的相应类型对应起来。

实施手册提供了建立对应表所必需的、已经得到了案例研究证实的概念和原则。这些案例研究描述了自愿实施《犯罪统计的国际分类》的国家根据其构建的对应表将本国犯罪统计数据映射至《犯罪统计的国际分类》的过程。这些做法为创建对应表提供了表率，能够为那些准备将本国犯罪分类或行政犯罪统计数据纳入《犯罪统计的国际分类》的国家提供参考。

四、实施原则4:收集有助于对犯罪活动、受害人和行为人等数据进行细分的相关信息

有了分门别类变量,我们就可以对犯罪的其他信息进行编号。就任何特定犯罪而言,其他信息通常指与犯罪活动、受害人和行为人有关的具体特征,这类信息有助于丰富犯罪分析的内容。在国别犯罪记录体系构建对应表的实践中,这类额外分门别类变量的数量、结构及其运用于犯罪数据收集和刑事司法统计的方式方法因国别而异,差异巨大,且通常是由特定政策需求,地方、区域和国家数据收集过程中的记录和处理能力等因素决定的。

在已经或计划实施分门别类变量体系的情况下,将犯罪、犯罪行为人和受害人的政策相关基本特征作为统一的分门别类变量并用于分析和比较将是大有裨益的。比如,对犯罪行为人与受害人关系方面的数据适用相同的分门别类变量(如当前亲密伴侣/配偶、前亲密伴侣/配偶、血亲等)将为暴力犯罪模式和暴力犯罪趋势及其促进因素和缓和因素的跨国分析提供大量帮助。

在记录数据的过程中使用这些额外分门别类变量或标签还为那些在《犯罪统计的国际分类》下既可归入某一犯罪类型又可归入另一犯罪类型的案件提供了另外一种处理方法。比如,通过计算机实施的诈骗犯罪可归入网络犯罪标签下的诈骗。同样,由有组织犯罪集团实施的人口贩卖犯罪可归入有组织犯罪标签下的人口贩卖。和犯罪行为人和受害人相关信息一样,《犯罪统计的国际分类》提供的关于犯罪活动的额外特征信息必须在数据记录过程中真正记录在案才能发挥作用。

影响犯罪数据解读和可比性的一大因素及记录数据时的一大考量,是每一刑事司法系统中各机构采用的计数单位和计数规则。计数单位和计数规则方面的差异会导致各机构内部和各机构之间犯罪数据的重大差异,因此最好是在实施《犯罪统计的国际分类》时进行统一。

五、实施原则5:在整个实施过程中协调所有国家层面的犯罪和刑事司法数据制作者

为提高《犯罪统计的国际分类》成功实施的概率,所有参与犯罪和刑事司法统计数据制作的相关刑事司法机构都应参与实施过程。此外,与联合国毒罪办保持协调则有助于提前发现存在的误解并避免出现错误。如国别数据或法律规定仅仅是因为没有完美的映射方案而无法归入《犯罪统计的国际分类》下的

某一犯罪类型,那么,最佳解决方案就是与联合国毒罪办进行协调,就通用方法在所有相关刑事司法机构中达成一致,在整个刑事司法系统中一致适用该解决方案。

第三节 确定实施框架

《犯罪统计的国际分类》的实施路线图确定了其实施的框架。实施路线图的一个关键要素,是鼓励数据制作者、数据使用者和其他所有利益相关方代表积极参与实施过程中。对于成功的实施案例而言,将负责犯罪和刑事司法统计数据制作的所有机构纳入实施过程并向着同一目标努力是至关重要的。但是,有关利益相关方的认定因国别而异。本节将具体介绍该路线图包括的10个具体的程序性步骤。

一、《犯罪统计的国际分类》实施框架的构建

实施路线图包含10个具体的程序性步骤和4个可评估式里程碑。这些步骤中给出的建议具有通用性,因而仅需要每一国家根据本国国情进行细节上的调整。实施路线图可视为对整个实施过程进行规划、对实施过程中某些问题进行预测并对必要资源进行配置的指南。

一般而言,犯罪和刑事司法统计领域的数据制作者通常包括以下机构。

- 诸如各种警察力量的执法机构,包括应对有组织犯罪、犯罪情报、国家保护、反恐、金融犯罪、税务、海关、边境和环境等事务的专门机构;
- 各级别、各领域的检控机构,通常包括国家检察官、起诉人、代理人、政府部门、调查法官等;
- 各级别、各领域的刑事法院,通常包括有权就国家检察机关针对被告提起的任何法律程序作出裁决的任何法院或法庭;
- 管理监狱、刑罚机构和矫正设施的机构等。

在路线图提出的步骤中,有一部分属于《国别工作计划》的内容。《国别工作计划》列举了根据特定国家当前能力、可用资源、国家重点和制度环境等因素实施《犯罪统计的国际分类》的具体步骤。《犯罪统计的国际分类》实施路线图表明,通过一系列协调努力在国家层面实施《犯罪统计的国际分类》是可行的,且将有助于改善犯罪和刑事司法统计的质量。

二、《犯罪统计的国际分类》成功实施的路线图

(一)建立制度和组织框架

(1)创建《犯罪统计的国际分类》国家工作组,作为《犯罪统计的国际分类》实施的基础。这个工作组至少应包括犯罪和刑事司法统计领域的所有相关数据制作方。应与国家统计当局、犯罪和刑事司法统计领域的相关数据制作方和必须参与的各级政府进行协调,以确保《犯罪统计的国际分类》国家工作组的正式成立。

(2)《犯罪统计的国际分类》国家工作组应制定其职责条款,以推动《犯罪统计的国际分类》以协调、可持续和包容的方式推进和实施。

(3)指定一个国家联络点。为确保实施过程的连续性,并促进国际协调,国家联络点应隶属代表特定国家在联合国毒品和犯罪问题办公室成立的《犯罪统计的国际分类》技术顾问小组中发声的那个机构。

(二)意识提升

(1)明确犯罪和刑事司法统计领域的所有相关数据使用者(其他政府机构、学术界、研究机构、私营部门、非政府组织等)。与所有数据使用者进行接触,就《犯罪统计的国际分类》及其实施问题履行告知程序。

(2)以联合国官方语言之一(阿拉伯文、中文、英文、法文、俄文、西班牙文)向所有国内利益相关方分发《犯罪统计的国际分类》的副本,同时附上实施《犯罪统计的国际分类》的原因和优势。

(三)国际协调和支持

(1)就《犯罪统计的国际分类》国家工作组的成立向联合国毒罪办履行告知程序。

(2)熟悉联合国毒罪办及相关区域组织开发的文件和工具,以支持和协调《犯罪统计的国际分类》的实施。

(3)参与国际和区域活动,寻求方法指导。

(四)技术性准备工作

(1)熟悉以联合国官方语言(阿拉伯文、中文、英文、法文、俄文、西班牙文)之一呈现的《犯罪统计的国际分类》,并在必要且相关的情况下,将《犯罪统计的国际分类》翻译成本国语言。

(2)探索《犯罪统计的国际分类》的内容。

•从《犯罪统计的国际分类》中找出在本国既不属于刑事犯罪,也不属于行政违规的所有类型(根据联合国毒品和犯罪问题办公室的指南注释);

•从《犯罪统计的国际分类》中找出在本国不属于刑事犯罪,但属于行政违规的所有类型(根据联合国毒品和犯罪问题办公室的指南注释);

•实施上述两个步骤后,从《犯罪统计的国际分类》中找出那些在本国不属于刑事犯罪或仅属于行政违规因而需要排除在本国犯罪类型与《犯罪统计的国际分类》的映射范围之外的所有类型。

(五)当前数据制作的评估

(1)回答下列问题,以探讨本国犯罪统计工作的现状。

•本国定期制作了哪些犯罪和刑事司法领域的统计数据,这些数据是哪些部门制作的(警方、法院、检方、监狱等);

•现有统计数据的制作采用了哪些分类方法或数据/指标/变量清单;

•本国是否已有犯罪分类;

•本国的刑事犯罪统计数据是根据刑法及其他相关法律制作的吗;

•本国所有数据制作者是否正采用相同的分类方法或数据/指标/变量清单;

•数据制作是否使用了一套标准的概念和定义;

•统计数据是如何制作、处理、验证、分析和储存的;

•具体刑事犯罪相关信息是在哪一级别(如微观数据层面)录入和储存的;

•有没有微观数据的中央电子数据库;

•如果没有中央电子数据库,地区/州/省层面或特定机构/部门层面是否有电子数据库;

•本国是否定期制作、更新和传播关于犯罪和刑事司法统计数据的元数据;

•本国有哪些分门别类变量。

(2)由《犯罪统计的国际分类》国家工作组起草一份评估报告,对进行上述步骤后的发现进行总结。

(六)设计《国别工作计划》

(1)根据步骤(五)(1)开展的评估,《犯罪统计的国际分类》国家工作组应起草一份详细的《犯罪统计的国际分类》实施《国别工作计划》。

(2)《犯罪统计的国际分类》的实施需要开展各个层面的工作。这些工作必须在《国别工作计划》中予以明确。

• 将现有分类方法或数据/指标/变量清单与《犯罪统计的国际分类》中的类型/定义进行对比；

• 制作本国犯罪类型与《犯罪统计的国际分类》类型之间的对应表；

• 协调所有数据制作方；

• 确保数据制作和传播的协调性和全面性。

(3)根据本国犯罪统计的现状,《犯罪统计的国际分类》的实施可能需要采取额外措施。这些措施可能包括以下几个方面。

• 将额外分门别类变量纳入数据记录/处理程序；

• 评估和调整数据收集和处理体系。

(4)《国别工作计划》应明确《犯罪统计的国际分类》逐步实施过程中的所有步骤、活动和产出。考虑到本国犯罪统计体系发展现状和本机构/本组织现有框架,《国别工作计划》还可明确不同/中期阶段和目标。

•《国别工作计划》应明确需要开展的工作、由谁开展、什么时候开展等问题；

• 如相关,《国别工作计划》应包含财务考量；

•《国别工作计划》应根据联合国毒罪办制作的《〈犯罪统计的国际分类〉实施手册》通过对应表详细描述本国犯罪与《犯罪统计的国际分类》类型之间的映射；

•《国别工作计划》应根据联合国毒品和犯罪问题办公室制作的《〈犯罪统计的国际分类〉实施手册》详细描述分门别类变量的记录情况。

(七)《国别工作计划》的逐步实施

根据规定的步骤、活动和产出,逐步实施本国的《国别工作计划》。

(八)产出的制作

根据《犯罪统计的国际分类》的要求,制作经过修订的统计数据,逐步扩大数据范围并提高数据详细程度。根据联合国毒罪办的《〈犯罪统计的国际分类〉实施手册》和联合国犯罪趋势和刑事司法系统运作调查的要求,统计数据至少应包括以下项目。

• 刑事犯罪(源于执法记录和受害状况调查)；

● 故意杀人犯罪的受害人；

● 与执法机构有正式接触者；

● 被起诉者；

● 出庭受审者；

● 被定罪者；

● 被监禁者。

（九）根据《犯罪统计的国际分类》类型发布本国犯罪数据/报告

（十）向联合国毒品和犯罪问题办公室发送实施报告

第四节　犯罪行为的界线和《犯罪统计的国际分类》的范围

在2016年于维也纳召开的首次会议上，《犯罪统计的国际分类》技术顾问小组（Technical Advisory Group，TAG）就如何在刑事犯罪与未包含在《犯罪统计的国际分类》范围内的其他轻微违法行为之间划定标准界线这一问题探讨了各种可能性。就这一目的，这次会议的最终报告提到了三个选项。

● 仅将刑法/刑法典中规定的犯罪纳入《犯罪统计的国际分类》的正式方法；

● 由负责收集统计数据的机构（如警方、治安法院等）决定的方法；

● 根据相关犯罪类型可预见的惩罚/制裁严厉程度确定的方法。

本节目的是为《犯罪统计的国际分类》技术顾问小组建议的选项划出这种标准界线。本节详细阐述了不同法律体系下刑事犯罪与其他违反行为之间的差异，并探讨了一种行为何时应被视为犯罪并纳入《犯罪统计的国际分类》、何时应视为行政或其他违规行为并被排除在《犯罪统计的国际分类》之外这一问题，同时提供了案例研究作为说明。

一、理解《犯罪统计的国际分类》下的犯罪定义

和所有国际分类体系一样，《犯罪统计的国际分类》也以分类为目的对其主题进行了定义。在《犯罪统计的国际分类》中，犯罪的定义如下："尽管某些要素如'伤害'和'错误'都可与犯罪联系在一起，但它们在实际操作中仍无法对犯罪作出完整的定义。而且不同国家确立刑法时采用的方式方法和法律渊源存在着巨大差异，使得对犯罪作出一致、全面的定义几乎是不可能的。就何谓犯

罪而言,一个普遍承认的定义是,犯罪是指被定义为刑事犯罪并因此而面临法律惩罚的行为。被定义为犯罪的违法行为是由各国法律体系和犯罪法典(刑法典)等共同确定的。"

因此,《犯罪统计的国际分类》认为,犯罪是指人的行为违背或触犯各国刑事法律作出的限制、因而面临惩罚的行为。每一刑事犯罪的行为人都要对相关犯罪行为负责,无论该行为人是个人、公司还是机构。

对于一个需要以某种方式或形式对其内容实施操作的国际分类体系而言,这种犯罪定义是可以理解的。但是,对于什么是犯罪这个涵盖多方面的问题而言,这是一个相当形式主义的定义(Brodeur,2004,2)。一个更加详细的、更为普遍接受的、法律或实证主义的犯罪定义是,"犯罪是在违反刑法(成文法或案例法)且没有合理辩护或理由的情况下实施的且被国家作为重罪或轻罪予以制裁的故意作为或不作为行为"(Tappan,1960,10)——这个定义与《犯罪统计的国际分类》提供的定义类似。

Tappan 继续对行为与意图的一致性、辩护和辩解、矫正和制裁、重罪和轻罪、刑法的违反等问题进行了阐述。对刑事法律、刑事立法和刑事犯罪的阐述对于《犯罪统计的国际分类》范围的确定是有益的,因为这些都是有别于民事法律、行政违法行为和其他立法的特征。《犯罪统计的国际分类》提及行政违法的唯一一个地方是,《犯罪统计的国际分类》没有包含那些通常仅构成行政违法行为(如轻微交通违法行为)的活动类型。

《犯罪统计的国际分类》选择的犯罪定义方法"面临着以下挑战,即它通常难以认定法律规定的所有犯罪行为,特别是难以将这些行为与具有民事或行政法律影响的行为区分开来。事实上,定罪现象可因多种法律渊源并在多个层次——包括联邦和州法规、附属立法等层面——作为违反监管规定的制裁手段而发生,而在普通法体系下,还可因司法裁决发生"(Bisogno 等,2015,538)。

在划定《犯罪统计的国际分类》分类对象的范围时,一个主要问题是,在源于不同法律体系的违法行为中,哪些违法行为应被纳入这个以统计为目的而创建的犯罪分类体系中。所有法律体系都有一个共同点,即它们就非合规行为确立了界限,并规定在这些界限被打破的情况下予以制裁。实施这些制裁的目的,是为了遏止公众实施违法行为,并惩罚那些违法分子。"为将这一方法付诸实施,以制作尽可能准确和可比的数据,《犯罪统计的国际分类》将国内法律推行的、打破了人类行为界线而可予以惩罚的所有行为都认定为其基本分类单位。这意味着，被国内刑事法律定义为犯罪的所有行为至少在原则上都将被纳入《犯罪统计的国际分类》的范围。”(Bisogno 等,2015,538f)

二、确定本国犯罪行为的范围

在任何国家，当前法律规定即是《犯罪统计的国际分类》实施期间该国法律规定的犯罪行为被纳入《犯罪统计的国际分类》的所有犯罪活动的认定依据。《犯罪统计的国际分类》并不是塑造或变革各国立法的工具；它仅为统计目的而设计，旨在涵盖认定何谓犯罪行为的所有现有法律法规。

在原则上，特定国家背景下被当作犯罪处理的所有行为均应与《犯罪统计的国际分类》的某一类型对应起来，并在《犯罪统计的国际分类》实施期间被纳入该体系；在特定国家背景下未被当作犯罪处理的所有犯罪行为类型均可排除在实施范围之外。因此，旨在对行政违法行为进行监管的法律规定及被认定为不属于刑法的民事法规均应被排除在犯罪活动认定依据之外。

在实践中，由于成员国在犯罪行为的刑事化方面存在差异，因此造成了犯罪数据的不存在国际可比性问题。比如，对于同一行为而言，经常会导致国与国之间出现差异的一个《犯罪统计的国际分类》犯罪类型是 06 类行为，即涉及管制药物或其他精神活性物质的犯罪行为。如果某些物质的持有、购买、使用、种植或制作在某一国家时被当作刑事犯罪处理的，那这个国家的毒品相关犯罪总数可能会很高。但是，如果同一行为在另一国家更加普遍，却未被刑事化处理，则该数据在这个国家可能会是零。这并不是因为这个国家不存在毒品相关的犯罪行为，而是因为这些行为在这个国家被归入了行政法律法规的范畴，因而不会被纳入《犯罪统计的国际分类》(如严格遵循该体系规则的话)。因此，在根据《犯罪统计的国际分类》类型对国家、地区或全球数据进行解读时，这可能会成为一个重大问题。

与这个问题相关的另一个《犯罪统计的国际分类》类型为非致伤性交通违法行为(0907)，即未导致伤害或死亡的违反交通规则和交通法规的犯罪行为。这类行为包括道路车辆许可、注册、驾驶或道路适宜性等方面的违法行为、超速行驶行为及违反安全法规、车辆登记法规、驾驶许可法规的行为等。非致伤性交通违法行为在一些国家属于犯罪，但在另一些国家又不是犯罪。因此，如果某一级别的行政违法行为可能会对数据的可比性和解读造成相当大的影响，并因此而被纳入了《犯罪统计的国际分类》类型,如06部分或0907类,这类行政违法行为相关数据仍可在国家层面根据《犯罪统计的国际分类》进行制作和发布。

图2-2显示了特定国家法律背景下的犯罪活动与《犯罪统计的国际分类》建立映射关系的方法。如图所示,在某些刑事司法系统下,某些《犯罪统计的国际分类》类型未被认定为犯罪行为且被归入了行政法规的范畴B,而在其他刑事司法系统下,被认定为犯罪的某些行为又没有被纳入任何《犯罪统计的国际分类》类型D。这两类违法行为都需要特别注意。如前所述,B类违法行为可被排除在《犯罪统计的国际分类》实施范围之外,除非相关行政违法数据达到了一定规模;D类违法行为则应尽量归入《犯罪统计的国际分类》的剩余类型,以全面反映特定国家法律背景下被认定为犯罪的所有行为并对其进行分类。但是,如果可能,应尽可能不去使用剩余类型;而在必须使用的情况下,则应对整个分类体系进行全面评估,确认可行后方可使用。

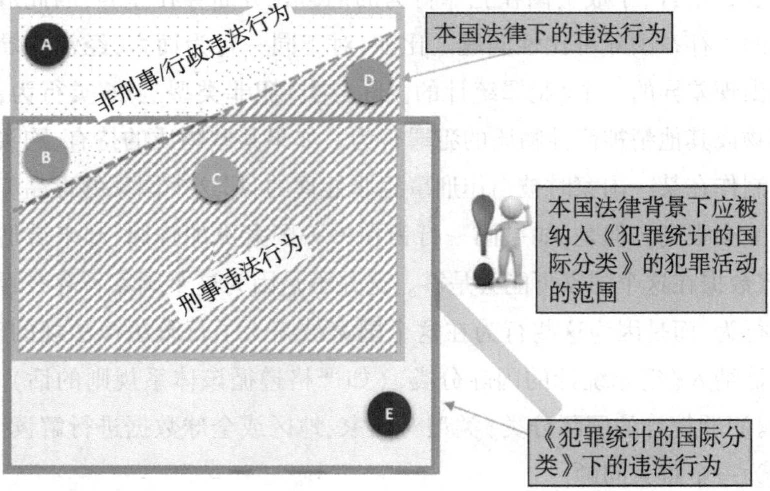

图2-2 本国法律规定的犯罪与《犯罪统计的国际分类》之间的映射图解

资料来源:United Nations Office on Drugs and Crime, *International Classification of Crime for Statistical Purposes implementation manual*(draft May 2018), p. 25。

从图2-2可知,A类行为在本国法律下不作刑事化处理且不用纳入《犯罪统计的国际分类》的行为(如行政或其他轻微违法行为),排除在《犯罪统计的国际分类》实施范围之外。B 类行为在本国法律下不作刑事化处理但需要纳入《犯罪统计的国际分类》的行为（如行政或其他轻微违法行为），如规模不大，可排除在《犯罪统计的国际分类》实施范围之外。C 类行为在本国法律下作为刑事犯罪处理且被明确间接纳入《犯罪统计的国际分类》的行为（完全或部分对应），包含在《犯罪统计的国际分类》实施范围之内。D 类行为在本国法律下作为刑事犯罪处理但未被明确间接纳入《犯罪统计的国际分类》的行为，包含在《犯罪统计的国际分类》实施范围之内，但需归入《犯罪统计的国际分类》剩余类型。E 类行为在本国法律下既非刑事犯罪，又非行政/其他轻微违法行为的行为类型，排除在《犯罪统计的国际分类》实施范围之外。

三、不同法律体系下刑事犯罪的范围

如果要考察法律规定及认定为刑事犯罪的违法行为的具体例子，我们可先从一组问题入手，评估不同国别法律背景下刑事犯罪的具体操作及其与其他违法行为之间的差异。这些问题包括以下几个方面。

- 该国法律体系采用了哪些违法行为类型；这些类型是如何定义的（如重罪、轻罪、抵触行为、简易程序违法行为、违规行为、行政违法行为等）。
- 哪些领域属于非刑事监管范畴（如环境犯罪、毒品犯罪、交通违法行为等）。
- 这些违法行为类型是否存在程序上的差异（如认定违法行为的机构、对违法行为进行起诉的机构、实施制裁的机构、程序特点、上诉手段等方面）。
- 这些违法行为类型在制裁类型或性质方面是否存在差异。

下列案例研究通过具体范例说明了一个问题，即在特定司法体系背景下，且在演变出了不同形式犯罪类型的基础上，世界各国是如何在不同法律体系下描述各类刑事犯罪的界限的这个问题。

（一）大陆法系案例研究

1. 法国案例研究

1810 年的《法国刑法典》（French Penal Code）首次对各类违法行为进行了分类，并将其明确分为刑事犯罪和一般违法行为。这部刑法典是 1791 年法国大革命期间首次对刑事法律进行法典化之后的又一次立法努力。与其颇具革命性的前身不同，1810 年的这部帝国刑法典（the code pénal impérial）提出了一种将违法行为一分为三的方法。后来，这种三分法又被其他大陆法

系国家所采用,成了被法兰西第一帝国占领过的许多国家刑事法律的基础。在第1条中,这部刑法典将三类违法行为分别定义为可处以罚款的违法行为(contravention)、可处以短期矫正刑罚的违法行为(délit)和可处以长期矫正刑罚的违法行为(crime)。(见图2-3)

这种按等级将违法行为分为三类的基本做法至今仍体现在《法国刑法典》第111-1条中。这一条之后的第111-2条还规定,可处以长期矫正刑罚的违法行为(crime)和轻罪(misdemeanour)是由法律认定的,而其适用惩罚也是由法律设定的;另外,可处以罚款的违法行为(contravention)是由法规认定的,其适用刑罚也是由法规在法律确立的界限内并根据法律确立的差异进行设置的。

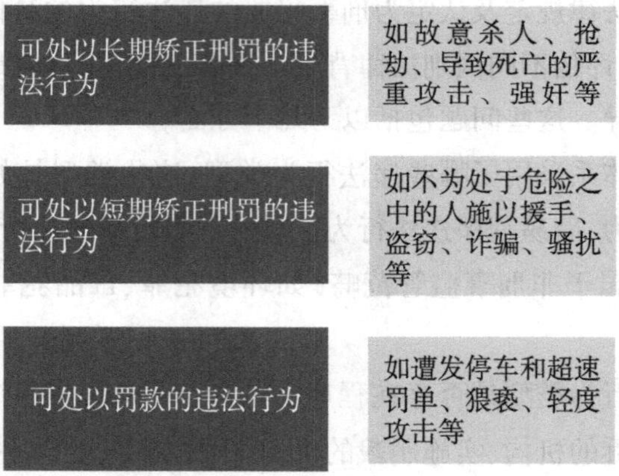

图2-3 法国法律下的违法行为分类

资料来源:United Nations Office on Drugs and Crime, *International Classification of Crime for Statistical Purposes implementation manual*(draft May 2018), p. 27。

在法国法律体系下,crime 和 délit 可归入《犯罪统计的国际分类》,而contravention 则应排除在《犯罪统计的国际分类》之外。即便某些 contravention(如轻度攻击)被纳入了某一《犯罪统计的国际分类》类型,这些违法行为也不用一一对应映射至《犯罪统计的国际分类》。

在法国法律下,contravention 是指违反法律、条约或当事方所订协议的行为。它是一种轻微违法行为,有别于 délit(侵权)或 crime(犯罪)。可被国家行政机构的代表处以不超过3000欧元罚款的、法律或法规下的出格行为即可视为 contravention。这种罚款还可辅以额外处罚(peine complémentaire)。

在contravention违法行为中，第5级是由警察法庭（police court）裁决的，而1～4级则是由社区法庭（neighborhood court）裁决的，与《法国刑事诉讼法典（French Criminal Procedure Code）》第521条下可处以短期矫正刑罚的违法行为和可处以长期矫正刑罚的违法行为由刑事法庭裁决的规定不同。任何轻微违法行为——即便其行为人为累犯，也可经简易程序处理（《法国刑事诉讼法典》第524条），可在没有根据法院命令进行事先听证的情况下由法官当场作出判决（《法国刑事诉讼法典》第525条）。如果当事人未就相关刑事令（criminal order）提出上诉，该判决即成为已决事件（res judicata），具有正当的判决效力（《法国刑事诉讼法典》第528－1条）。

在本质上，《法国刑事诉讼法典》规定的这种简易程序有别于可处以短期矫正刑罚的违法行为和可处以长期矫正刑罚的违法行为面临的公诉程序。由于这一原因，法国的《犯罪统计的国际分类》实施工作组决定将可处以罚款的违法行为这类违法行为排除在《犯罪统计的国际分类》之外。

2.德国案例研究

在德国，违法行为也按等级分为三类，即重罪违法行为（Verbrechen）、轻微违法行为（Vergehen）和监管类违法行为（Ordnungswidrigkeit）（见图2－4）。其中，前两类被视为犯罪行为，而监管类违法行为则属于不构成刑事犯罪的轻微违法行为。轻度威胁或损害他人合法权益的行为（如违反交通法或宵禁法）和违反行政规定的行为（如违法强制注册要求）通常都属于监管类违法行为。一般而言，刑事违法行为和监管类违法行为都可见于德国各种法律，它们大体上是以违法行为的严重程度进行区分的（Weigend，1988，71）。

尽管监管类违法行为仅被处以监管性质的罚款作为其违法处罚，但这类罚款并不包含刑事处罚措施内含的道德责备要素（Weigend，1988，68）。作为一种刑事制裁手段，罚款同样可适用于刑事犯罪的处罚，但在这种情况下，罚款被认为是一种形式较轻的、旨在替代监禁（不可适用于监管类违法行为）的惩罚。刑事犯罪适用的罚款不同于监管性质的罚款，因为前者被视为一种惩罚且具有深远影响，如相关违法行为将被记录在Bundeszentralregister（联邦中央公报）上。

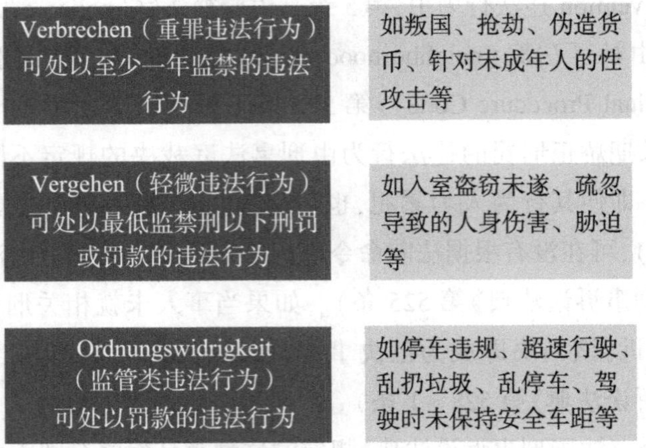

图 2－4　德国法律下的违法行为分类

资料来源：United Nations Office on Drugs and Crime, *International Classification of Crime for Statistical Purposes implementation manual*（draft May 2018）, p. 28。

在德国国内法律体系下，所有被认定为重罪和轻罪的行为都可纳入映射程序并在《犯罪统计的国际分类》中找到相应位置，而所有被认定属于监管类违法行为的行为均应被排除在《犯罪统计的国际分类》实施范围之外。

刑事违法行为与监管类违法行为之间的另一重要差异源于处置这两类违法行为时所遵循的不同程序。根据 ARO § 35（1）、（2）的规定，监管类违法行为的起诉和制裁由行政当局负责。行政罚款的金额是由具体法律规定的，但必须由负责调查和裁决相关事项的行政当局确定（Weigend, 1988, 77）。与此不同的是，《德国刑事诉讼法典》（German Code of Criminal Procedure）§ 152（1）、（2）规定了刑事违法行为的控诉机构和强制起诉原则。因此，刑事违法行为与监管类违法行为之间的差异并不仅仅存在于被监管事项方面，而且存在于管辖权方面。传统刑事违法行为通常是由属地最高统治者建立的高等法院裁决的，而行政违法行为则通常是由负责治安的地方当局制裁的（Weigend, 1988, 67）。

3. 芬兰案例研究

在芬兰，刑事化涉及大量轻微违法行为。即便是交通违法行为，惩罚也是刑事惩罚。只有简单的停车违法行为实现了去刑事化，目前不再是犯罪行为，转而开始以违规停车罚单制度作为惩罚。芬兰的刑法制度不仅适用范围广泛，而且所有违法行为没有基于严重程度的统一区分方法（比较法国法律体系下可处以长期矫正刑罚的违法行为、可处以短期矫正刑罚的违法行为和可处以罚款的违法行为之间的区别及德国法律体系下轻微违法行为,重罪违法行为和监管类违法行为之间的区别)。在实质意义上,所有可惩罚行为——从最严重的到最轻微的都是违法行为。但是,在程序上,这些违法行为仍进行了一些细分。因此,在实践中,大多数罚款惩罚都是通过简易刑罚程序进行的——这种程序可运用于最轻微的刑事案件(Koshinen,1988,174)。

在遵循了法国传统、德国传统或斯堪的纳维亚国家传统的其他民法法系或被人们视为民法法系与普通法法系并存的其他民法法系中,只要是刑法遵循了民法法系传统的情形,都存在着类似的法律规定。

(二)普通法法系案例研究

与采用民法法系的国家或参考了民法法系的混合法系国家不同,在采用普通法法系的国家,刑事违法行为界线的确定则没那么容易。比如,美国、加拿大和英国的英格兰和威尔士地区都有抵触行为(contravention)、侵犯行为(violation)和简易程序违法行为(summary offence)的区分,且这些违法行为的程序规则与可公诉违法行为的检控规则都不尽相同。

1. 美国案例研究

美国的刑事司法制度通常会对重罪(felony)和轻罪(misdemeanour)进行区分,而轻微违法行为或准犯罪行为则属于另一违法类型。这一类型下的违法行为通常是由地方法规或监管性质的成文法确立的,由陪审团进行审判的要求通常不适用于这一类型的违法行为。

130 多年前,美国最高法院在 Callan v. Wilson [127 U. S. 540(1888)]一案中裁决称,根据宪法发起的许多已裁决案件基本上都宣称由陪审团审判的权利仍是不可侵犯的,但还有一些轻微或轻度违法行为可能是以没有陪审团的简易方式处置的;相对于其他违法行为而言,如果在上诉法院赋予了被告以陪审团审判的权利,则该宪法要求即视为已经满足。在联邦层面,18 U.S. Code § 19 将轻微违法行为定义为 B 级轻罪、C 级轻罪或犯规行为(infraction),其最高罚款金额不得高于第 3571(b)(6)或(7)节就个人实施上述违法行为而规定的罚款金额或第 3571(c)(6)或(7)节就组织机构实施上述违法行为而规定的罚款金额。这意味着,被判有罪的人可处以罚款,但其罚款金额不能多于第 6 款就未造成死亡的 B 级或 C 级轻罪规定的、金额不超过 5000 美元的罚款或第

7 款就犯规行为(infraction)规定的、金额不超过 5000 美元的罚款中的较高者。

2. 英国案例研究

在英国,犯罪是根据其在法院审理或处置的方式进行分类的。简易程序违法行为,由治安官在治安法院审理的严重程度较低,通常面临级别较低的刑罚。可公诉违法行为,由法官或陪审团在王座法院审理的属于严重违法行为,通常面临严厉刑罚。可公诉违法行为通常还可进一步细分为叛国罪、其他重罪和轻罪三类。一项违法行为是否应归为重罪在法律上并没有连贯一致的认定原则。最后,还有可以任一方式审理的违法行为,既可在王座法院审理,也可在治安法院审理的违法行为。

实际上,所有国家都对刑事违法行为与行政违法行为进行了区分。因此,将违法行为分为两类,即重罪和可公诉违法行为这一类和轻微违法行为、犯规行为或简易程序违法行为这一类,可能是认定哪些违法行为应被纳入《犯罪统计的国际分类》统计数据的一种可行方式。

考虑到各国法律制度的特殊性,关于哪些违法行为应该排除在《犯罪统计的国际分类》之外的决策应该根据违法行为逐一进行。正式界线——如上所述且存在的情况下——可确保各国之间统计数据的高度可比性。但是,如果这种正式区分并不存在,根据惩罚/制裁的严厉程度进行选择也不失为一个可行之策,这种方法至少可大致将《犯罪统计的国际分类》定义的刑事违法行为与应予排除的行政违法行为区分开来。

第五节 创建对应表

在国别犯罪数据收集过程中《犯罪统计的国际分类》的逐步实施涉及一系列步骤,其中包括通过对应表将国别犯罪类型映射至《犯罪统计的国际分类》。本章描述的这个映射过程可作为将国别刑法典及其他相关立法、国别犯罪分类体系中的类型或国别犯罪数据/指标/变量清单等映射至《犯罪统计的国际分类》的模板。

本节首先就《犯罪统计的国际分类》的映射提出了程序性建议,并给出了具体步骤。之后,本节还提供了用于将本国犯罪和刑事司法统计体系纳入《犯罪统计的国际分类》的建议性对应表模板。

一、《犯罪统计的国际分类》的程序性建议

本质上，对应表是以表格形式对国别犯罪分类体系、国别刑法典或国别犯罪数据/指标/变量与《犯罪统计的国际分类》之间所有联系进行的描述。创建对应表的目的是建立《犯罪统计的国际分类》与现有国别体系之间的联系。对应表为各国在不改变数据提供者既定数据记录程序的情况下尽可能按照接近《犯罪统计的国际分类》规定的共同标准报告其数据提供了一种途径。

对应表系统回答了一个分类体系中的类型可在另一分类体系中的什么地方找到其对应类型且这种对应的程度如何这两个问题。

创建这种对应表的过程被称为映射。这个过程要求就国别犯罪和刑事司法统计体系中的每一违法行为或违法行为类型在《犯罪统计的国际分类》中找到最适当的对应违法行为类型。这意味着，国别体系中的任何刑法典条款、任何犯罪分类体系下的类型或任何犯罪指标或变量均应被归入相应的《犯罪统计的国际分类》类型。以诸如年龄、性别或所用枪支类型等其他指标进行了分类统计的国别指标无须单独映射，而只需被归入同一《犯罪统计的国际分类》类型。但是，通过使用细分标签，这些分类数据仍可归入《犯罪统计的国际分类》中的某一类型并显示为国别分类数据。

映射是一个详细过程，需要对《犯罪统计的国际分类》和当前国别犯罪分类体系都有深入了解，因为映射应以尽可能详细的方式进行。以《犯罪统计的国际分类》下的01 类型为例，可先从本国犯罪分类体系中找出归属于该类型的所有违法行为，然后将其列示于对应表中《犯罪统计的国际分类》01 类型的对应位置。将最详细的犯罪分类国别条款/类型/数据/指标/变量映射至最详细的《犯罪统计的国际分类》对应类型将产生比映射集合层面的数据更准确的结果。

创建《犯罪统计的国际分类》的完整对应表需要将本国所有违法行为映射至相应的《犯罪统计的国际分类》类型。

将任何国别犯罪统计数据映射至《犯罪统计的国际分类》时，第一步应该是在两个体系中描述最详细的级别之间建立联系，即将国别分类体系中描述最为详细的类型归入《犯罪统计的国际分类》中描述最为详细的相应类型。如果某一违法行为无法归入《犯罪统计的国际分类》下描述最为详细的级别，那么就有必要考虑其上一级别的类型。比如，为建立这种联系，首先应考察《犯罪统计的国际分类》中的第 4 级；如果找不到联系，则有必要考虑《犯罪统

计的国际分类》中的第 3 级,然后为第 2 级,最后考虑第 1 级犯罪类型。但是,需要指出的是,在《犯罪统计的国际分类》中,并非所有违法行为都被细分成了第 4 级(见图 2 – 5)。

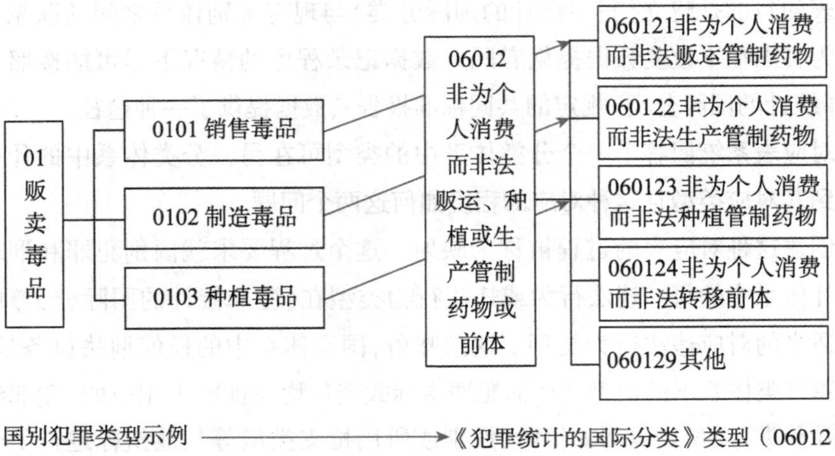

图 2 – 5　国别犯罪类型映射至《犯罪统计的国际分类》下第 4 级的情形

资料来源:United Nations Office on Drugs and Crime, *International Classification of Crime for Statistical Purposes implementation manual* (draft May 2018), p. 32。

图 2 – 5 通过集合性国别犯罪类型“(01)贩卖毒品”与《犯罪统计的国际分类》下的犯罪类型“(06012)非为个人消费而非法贩运、种植或生产管制药物或前体”之间的映射说明了国别犯罪类型与《犯罪统计的国际分类》类型之间的映射方法。

由于标准化概念的缺失及犯罪统计与立法之间的相互依赖关系,国别犯罪统计结构可能会存在很大的差异,且国别犯罪统计体系下经常会缺乏与《犯罪统计的国际分类》中最详细类型相对应的数据。因此,仔细考察国别犯罪分类体系下集合性犯罪类型内部的子集单位对于我们确定如何以合理近似方式将一个集合犯罪类型或多个集合犯罪类型之和映射至《犯罪统计的国际分类》下某一类型而言是非常必要的。但是,将集合性国别犯罪类型与《犯罪统计的国际分类》建立映射关系将降低统计结果的准确性,图 2 – 6 就凸显了这个问题。在这个案例中,一个被称为“受管制药物违法行为”的集合性国别犯罪类型包含了销售毒品、制造毒品、种植毒品、使用和持有毒品等违法行为。这一犯罪类型原本与《犯罪统计的国际分类》中的[1] 06012 类型很接近。但是,该国别犯罪类型还包含了使用和以自用为目的持有毒品的行为,而《犯罪统计的国际分类》则将自用和持有毒品的行为归入了 06011 这一类型。因此,在映射过程中,我们可将"受管制药物违法行为"这一类型中的使用和以自用为目的持有毒品的行为予以剔除,从而使其与《犯罪统计的国际分类》中相应类型 06012 之间的对应。但是,如果这两类毒品犯罪类型(自用类和非自用类)无法进行细分且只能作为一个整体与《犯罪统计的国际分类》某一类型进行对应的话,统计结果的准确性无疑会被降低。

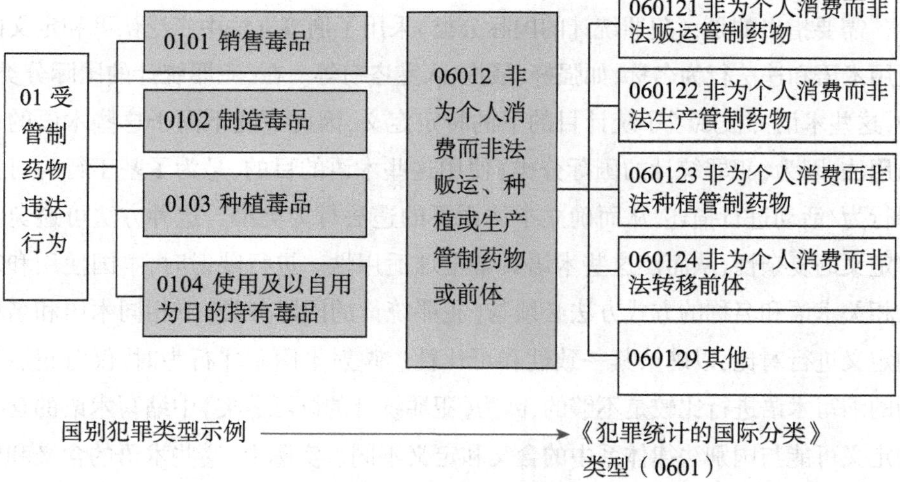

图 2-6 国别犯罪类型无法映射至《犯罪统计的国际分类》下第 4 级而直接映射至上一级即第 3 级的情形

为实现最佳联系,《犯罪统计的国际分类》为各国提供了一些帮助,因为作为一项国际分类体系,其目的就是协助各国将其国别犯罪统计体系纳入《犯罪统计的国际分类》。因此,《犯罪统计的国际分类》下的每一类型都列出了一串应予纳入相关类型的犯罪或行为/活动的例子。这些例子并非相关类型的子类型,而是相关犯罪类型下比较重要或普遍的违法行为,其目的是在创建对应表的过程中为国别违法行为或违法行为类型的归类提供现实指导。这些例子有助于区分《犯罪统计的国际分类》下的各个犯罪类型,而且可为映射过程提供指

① See United Nations Office on Drugs and Crime, *International Classification of Crime for Statistical Purposes implementation manual* (draft May 2018), p. 33.

导。此外,这些例子并没有穷尽所有违法行为,未来版本的《犯罪统计的国际分类》可能对这些例子进行进一步扩充。

与此同时,大多数类型都列出了一串应予排除的违法行为。这些违法行为都是应该归入其他地方的犯罪或行为/要素的例子,尽管它们与相关类型很相似。在每一被排除违法行为后面出现的,是该违法行为在《犯罪统计的国际分类》下本应归入的犯罪类型的代码。包括和排除情形都有助于强化违法行为的相互排斥性。它们一起划清了犯罪类型的界线,从而有助于确保某一行为/活动仅被归入一个犯罪类型。

需要指出的是,《犯罪统计的国际分类》采用了刑事立法中广泛认可和定义的通用术语和违法行为名称,如强奸、骚扰、入室盗窃等。在《犯罪统计的国际分类》中,这些术语都被赋予了统计目的下的特定定义,因此可能不同于这些术语的普遍用法,因为《犯罪统计的国际分类》使用这些术语的目的,是为了基于行为对犯罪行为/活动进行描述,从而确立本体系下的违法行为类型。这种方法可避免法律定义的复杂性,从而使这些术语具备全球适用性。进行映射时,本国使用和定义相关术语和名称的方式方法必须与《犯罪统计的国际分类》下相同术语和名称的定义进行对比,以确认其一致性和可比性。映射本国犯罪行为时,仅对犯罪行为的缩写术语进行比较是不够的,因为《犯罪统计的国际分类》中缩写术语的含义和定义可能与国别法律体系中的含义和定义不同。实际上,这些术语的含义和定义甚至在同一国家不同辖区之间也存在差异。映射本国刑法或其他相关立法、本国犯罪分类体系下的具体类型或本国犯罪数据/指标/变量清单时,必须审慎考虑《犯罪统计的国际分类》提供的完整行为/活动描述及所有说明性注释,即便《犯罪统计的国际分类》使用的术语和名称与本国相同。此外,《犯罪统计的国际分类》在其附件中提供了一份字母索引,列出了《犯罪统计的国际分类》囊括的所有违法行为,以便各国能够迅速、准确地找到相应的《犯罪统计的国际分类》代码。

在《犯罪统计的国际分类》中,所有级别都有相应的其他犯罪类型。这些类型都是以其他这一字眼标识的,如其他欺诈行为(07019),用于对无法映射至既定类型的违法行为进行分类。但是,其他类型的使用应尽可能慎重,且应在对整个分类体系进行全面评估后适用,以确保没有哪一可归入类型被遗漏。

在《犯罪统计的国际分类》的实施过程中,本国犯罪统计体系中的条款/类型/变量/指标与《犯罪统计的国际分类》之间可能会出现不完全对应的情形。

在这种情况下，映射将导致仅存在部分对应的类型出现，而对应表将是追踪和显示这种部分对应的关键。在《犯罪统计的国际分类》中同时属于两个或两个以上类型的一国违法行为应分别映射至不同的《犯罪统计的国际分类》类型，并在部分对应栏中用星号标注这种部分对应。部分对应的详情应在详情/说明栏进行说明。这些部分对应违法行为的处理方式将在第二阶段决定。

二、《犯罪统计的国际分类》映射的具体步骤

《犯罪统计的国际分类》映射的具体步骤说明如下：

1. 详细了解《犯罪统计的国际分类》及其所有类型，以及本国刑法及其他相关立法、刑事违法行为、犯罪分类体系或犯罪数据/指标/变量清单。

2. 相关条款/类型/数据/指标/变量（如海关违法行为、环境违法行为）可能包含在其他法律或警方、检方、法院和监狱之外的国家当局提供的数据集中。因此，应尽可能详细地摘录相关条款/类型/指标/变量，以便将其纳入《犯罪统计的国际分类》映射过程。

3. 将本国刑法及其他相关立法的所有相关条款、本国现有犯罪分类体系的所有类型或本国犯罪数据/指标/变量的所有清单与《犯罪统计的国际分类》的所有违法行为类型进行对比，并将不属于《犯罪统计的国际分类》范围之内的所有违法行为类型排除在外。

4. 对应表应按行将不同国别违法行为与《犯罪统计的国际分类》中的相应违法行为对应起来。

5. 从本国刑法及其他相关立法、本国犯罪分类体系或本国犯罪数据/指标/变量清单中最详细的类型开始。

6. 对第一项条款/第一个类型/第一个指标/第一个变量的缩写名称和定义与《犯罪统计的国际分类》中相应类型的名称和定义进行对比。

7. 在《犯罪统计的国际分类》、对应表模板或《犯罪统计的国际分类》附件2字母索引中寻找本国条款/类型/指标/变量的缩写名称，找到最相关的《犯罪统计的国际分类》类型。

8. 从最相关的1级《犯罪统计的国际分类》类型开始查找，然后进入更详细的2级和3级类型。如果可能，可追查至级别最低的4级类型，找出本国条款/类型/指标/变量在《犯罪统计的国际分类》中的具体对应类型。

9. 了解本国条款/类型/指标/变量欲建立映射关系的《犯罪统计的国际分

类》类型的基于行为/活动的定义,并将其与本国条款/类型/指标/变量的定义或描述进行比较。

10. 如本国条款/类型/指标/变量与某一《犯罪统计的国际分类》类型或类型名称和定义完全匹配,则将其归入该《犯罪统计的国际分类》类型。然后,对照《犯罪统计的国际分类》规定的可归入情形,以确认该对应关系,或根据《犯罪统计的国际分类》给出的可排除情形为本国条款/类型/指标/变量寻找更好的对应类型。

11. 如某一条款/类型/指标/变量涉及两个或两个以上的《犯罪统计的国际分类》类型,则考虑是否存在可进行单一归类的额外信息(微观数据、分门别类变量)。

12. 如本国刑法及其他相关立法、本国犯罪分类体系或本国犯罪数据/指标/变量清单非常详细,则很可能会出现多个条款/类型/指标/变量同时被映射至同一《犯罪统计的国际分类》类型的情形。在这种情况下,映射应在《犯罪统计的国际分类》的最低级别上进行。

13. 如本国条款/类型/指标/变量与《犯罪统计的国际分类》类型之间无法实现对应,则找出估计其在《犯罪统计的国际分类》中最佳归类的可能方法,并在详情/说明栏记录估计方法,作为元数据保存。

14. 如本国条款/类型/指标/变量是根据《犯罪统计的国际分类》标签体系中的某一标签进行分类的,则无须考虑相关标签的定义因素,直接将本国条款/类型/指标/变量映射至其在《犯罪统计的国际分类》中的最低级对应类型。比如,在网络诈骗作为单独指标出现而没有归入传统诈骗指标的情况下,相关行为应与其他所有传统诈骗指标一起归入《犯罪统计的国际分类》的诈骗(0701)类型。但是,在《犯罪统计的国际分类》编码体系下,还应采用网络犯罪相关违法行为的相应标签创建一个名为"0701Cy1"的新指标,专门用于指称网络诈骗。

15. 将无法映射至《犯罪统计的国际分类》相应类型的所有剩余条款/类型/指标/变量归入《犯罪统计的国际分类》相应级别的其他犯罪类型。但是,其他犯罪类型的使用应尽可能谨慎,且仅在对整个分类体系进行全面评估后方可适用,以确保现有可用《犯罪统计的国际分类》类型不被遗漏。

16. 对于某些《犯罪统计的国际分类》类型,如果本国签署并批准了《联合国反腐败公约》、加入了联合国反恐怖主义办公室并签署批准了其他联合国公约,则可简化映射程序。为此,请确认本国是否为上述公约的缔约国、本国法律是否根据上述公约的条款将其当作犯罪处理的违法行为也进行了刑事化处理、本国是否就上述入罪违法行为收集了统计数据等问题。

17. 确保将每一条款/类型/指标/变量归入相应的《犯罪统计的国际分类》类型，即便其归为其他犯罪这样的剩余类型。

18. 如因《犯罪统计的国际分类》明确不予收录或根据《犯罪统计的国际分类》提供的定义无法间接归入任一类型导致某一条款/类型/指标/变量无法映射至《犯罪统计的国际分类》，则将该条款/类型/指标/变量映射至《犯罪统计的国际分类》类型 1109，将其报告给联合国毒罪办，以便将来对《犯罪统计的国际分类》进行修订。

19. 对本国犯罪类型与《犯罪统计的国际分类》之间的映射逻辑进行逆向操作，以发现映射过程中可能出现的遗漏情形。为此，建议对映射进行逆向检查，即找出对应表中所有空缺的《犯罪统计的国际分类》类型，然后检查本国现有条款/类型/指标/变量（当属刑事违法行为）中是否存在可归入这些类型的情形。这一额外映射程序应独立于首轮映射程序进行，且仅应为质量控制这一目的进行。

20. 将对应表交付外部专家审查。

关于排查的步骤，见图 2－7。

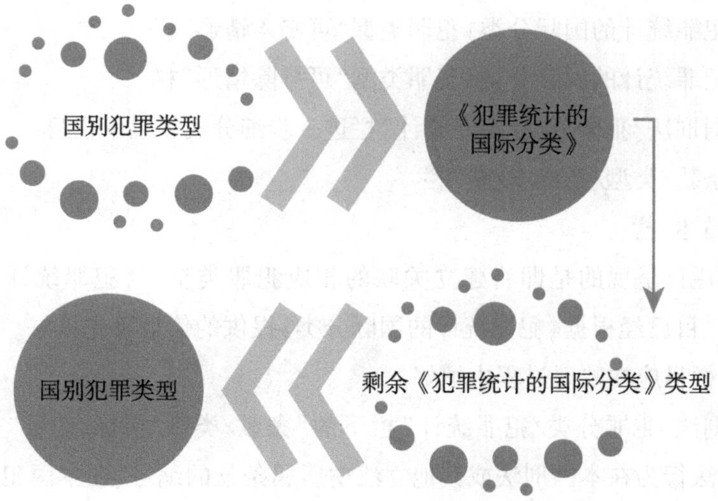

图 2－7 《犯罪统计的国际分类》类型的排查

资料来源：United Nations Office on Drugs and Crime, *International Classification of Crime for Statistical Purposes implementation manual* (draft May 2018), p. 36。

三、《犯罪统计的国际分类》对应表的设计

对应表模板简单易懂，且仅包含若干要素。《犯罪统计的国际分类》的 11 项 1 级类型在对应表模板中都有自己的单独表格，而相应类型的编号和名称都位于表格顶部。每个表格都有 6 个主要栏目。这些栏目分别为：

- 《犯罪统计的国际分类》犯罪类型
- 本国刑法/犯罪分类/犯罪统计
- 完全匹配
- 部分匹配
- 最近年份的本国犯罪数据
- 详情/说明

“《犯罪统计的国际分类》犯罪类型”这一栏目又细分成了以下栏目：

- 《犯罪统计的国际分类》犯罪类型“编号”栏
- 《犯罪统计的国际分类》犯罪类型“级别”栏
- 《犯罪统计的国际分类》犯罪类型“描述”栏
- 《犯罪统计的国际分类》犯罪类型“定义”栏
- 《犯罪统计的国际分类》犯罪类型“可归入情形”栏
- 《犯罪统计的国际分类》犯罪类型“可排除情形”栏

“本国刑法/犯罪分类/犯罪统计”栏进一步细分成了以下栏目：

- “条款/类型/指标/变量”栏
- “描述”栏

这些栏目呈现的是即将建立关联的相应犯罪类型。《犯罪统计的国际分类》相关栏目已经根据《犯罪统计的国际分类》提供的信息事先填好。

下列栏目应在映射过程中填好。

“本刑法/犯罪分类/犯罪统计”栏下的“条款/类型/指标/变量”分栏应填写相应违法行为在本国刑法或其他立法中所属条款的编号、在本国犯罪分类体系中所属类型的编号或在本国犯罪统计中所属指标/变量的编号。

“本国刑法/犯罪分类/犯罪统计”栏下的“描述”分栏应填写相应违法行为在本国刑法或其他立法中所属条款的标题或名称、在本国犯罪分类体系中所属类型的标题或名称或在本国犯罪统计中所属指标/变量的名称。

“完全匹配”栏：如本国犯罪类型与《犯罪统计的国际分类》中的相应类型完全匹配，则在本栏填写星号，表示该类型完全纳入了《犯罪统计的国际分类》相应类型。

“部分匹配”栏：如本国犯罪类型与《犯罪统计的国际分类》中的相应类型只是部分匹配，则在本栏填写星号。同时涉及两个或两个以上《犯罪统计的国际分类》类型的本国违法行为应分别映射至每一相关《犯罪统计的国际分类》类型，然后在“部分匹配”栏中用星号加以标示。只在一处标示部分匹配是不够的，所有涉及的《犯罪统计的国际分类》类型都应予以标注。任何部分映射的详细情况都应作为元数据提供，以便用户了解其局限性。

“最近年份的本国数据”栏应填写本国刑法条款下的相应指标/变量/数据点的数值。比如，如果所提供数据指的是警方记录在案的违法行为（如与《犯罪统计的国际分类》中0101故意杀人匹配的本国指标），则在该行报告最近一年警方记录在案的故意杀人数。如所报告数据指法院定罪数，则记录法院判决的故意杀人数（上诉前一审判决数）。此外，应在相应表格模板标题的适当字段明确显示数据的来源和含义（如违法行为数、被起诉人数、定罪数等）及相应参考年份。

“详情/说明”栏应就某些条款/类型/指标/变量为何只能实现部分对应这一问题进行说明。此外，还应用于说明任何偏离《犯罪统计的国际分类》定义的情形及必须进行估算的情形。

对应表模板包含了《犯罪统计的国际分类》所有级别下的全部320个违法行为类型。

四、《犯罪统计的国际分类》对应表模板

表2－2详细描述对应表的内容，为填写对应表提供了模板。

表 2－2　对应表模板

第1节导致死亡或意图导致死亡的行为											
《犯罪统计的国际分类》违法行为类型						本国刑法/犯罪分类/犯罪统计		完全匹配	部分匹配	最近年份的本国数据	详情/说明
代码	级别	描述	定义	可归入情形	可排除情形	条款/类型/指标/变量	描述				
0102	2	故意杀人	非法……	谋杀；[1]……	因……导致死亡						
0102	2	故意杀人未遂	试图……	试图……但未遂	共谋……						
0103	2	非故意杀人	非法……	严重攻击	无意识……						
01031	3	非预谋致人死亡	非法……	无意识……	运用所有……						
01032	3	过失致人死亡	非故意……	过失行为……	以犯罪方式……						
010321	4	车祸致人死亡	非故意……	导致死亡……	过失……						
010322	4	非车祸致人死亡	非故意……	重大疏忽	运用所有……						
0104	2	协助或教唆自杀	非法……	运用所有……							

续表

《犯罪统计的国际分类》违法行为类型						本国刑法/犯罪分类/犯罪统计		完全匹配	部分匹配	最近年份的本国数据	详情/说明
代码	级别	描述	定义	可归入情形	可排除情形	条款/类型/指标/变量	描述				
01041	3	协助自杀	故意……	医师……	……的死亡						
01049	3	其他协助或教唆自杀行为	导致……的行为	教唆……							
0105	2	安乐死	……的死亡	非自愿……	协助……						
0106	2	非法杀害胎儿	非法……	非法堕胎	合法……						

资料来源：United Nations Office on Drugs and Crime, *International Classification of Crime for Statistical Purposes implementation manual*(draft May 2018),p. 39。

五、映射过程中对应表模板的使用方法

按照上述步骤进行《犯罪统计的国际分类》映射并填写“本国刑法/犯罪分类/犯罪统计”栏中所有表格时，可能要根据需要增加表格行数，以便将本国所有违法行为/违法行为类型映射至《犯罪统计的国际分类》。

增加行数时，只需在相应《犯罪统计的国际分类》编码下方插入新行，然后使用“本国刑法/犯罪分类/犯罪统计”栏提供相关违法行为在本国刑法或其他立法中多出的条款、在本国犯罪分类体系中多出的类型或在本国犯罪统计中多出的指标/变量编号。

对应表模板提供了将本国刑法全部或部分映射至《犯罪统计的国际分类》的国家的案例。这些案例不仅说明了不同国家体系之间可能存在的较大

差异,而且说明了《犯罪统计的国际分类》不同类型之间可能存在的较大差异。

这些将本国犯罪和刑事司法统计体系映射至《犯罪统计的国际分类》的真实案例为各国即将实施的任务提供了指导。

在初步实施阶段,各国可能会碰到本国犯罪分类体系和类型与《犯罪统计的国际分类》类型之间不兼容的问题。因此,映射活动将导致部分匹配情形的出现,而对应表将是追踪和说明这些部分匹配情形的关键。

在下文就仅侵犯财产的行为提供的范例中(见表2－3),本国犯罪类型盗窃机动交通工具部件或内容物(0813)与《犯罪统计的国际分类》中的以下两个犯罪类型即盗窃陆地机动车辆的零部件(050213)和从车辆中盗窃个人财产(050222)分别存在部分对应关系。其中,盗窃陆地机动车辆的零部件(050213)类型包括盗窃汽车轮胎、引擎、传动装置、窗户及其他零件的行为,而从车辆中盗窃个人财产(050222)类型则包括吸取交通工具油气、盗窃交通工具中的钱包、盗窃交通工具中的电子设备、盗窃交通工具GPS设备、盗窃交通工具中的其他任何物件等行为。

表2－3 《犯罪统计的国际分类》第5节映射范例

仅侵犯财产的行为				
《犯罪统计的国际分类》违法行为类型	本国刑法/犯罪分类/犯罪统计		完全匹配	部分匹配
描述	条款	描述		
入室盗窃	0711	故意非法进入/强行闯入	*	
营业场所入室盗窃				
私人住宅入室盗窃				
永久私人住宅入室盗窃				
非永久私人住宅入室盗窃				
入室盗窃公共场所				
其他入室盗窃行为				
盗窃	08	盗窃		*

续表

仅侵犯财产的行为				
《犯罪统计的国际分类》违法行为类型	本国刑法/犯罪分类/犯罪统计		完全匹配	部分匹配
描述	条款	描述		
盗窃机动交通工具或其部件	081	机动交通工具盗窃及其相关违法行为		*
盗窃陆地机动车辆	0811	盗窃机动交通工具		
非法使用陆地机动车辆	0812	非法使用机动交通工具		
盗窃陆地机动车辆的零部件	0813	盗窃机动交通工具零件或内容物		*
其他盗窃机动车辆或其零部件的行为				
盗窃个人财产	082	盗窃(机动交通工具除外)		
从他人处盗窃个人财产	0821	从他人身上盗窃财产(暴力情形除外)		
盗窃交通工具上的个人财产	0813	盗窃机动交通工具零件或内容物		*
其他盗窃个人财产的行为	0829	盗窃(机动交通工具除外)——未另分类		*

资料来源：United Nations Office on Drugs and Crime, *International Classification of Crime for Statistical Purposes implementation manual* (draft May 2018), p. 40。

在上述范例中，由于该国犯罪分类体系未区分交通工具的零件和内容物，且缺乏额外信息（微观数据、分门别类变量）将该国该类违法行为归入单一《犯罪统计的国际分类》类型，因此该国该类犯罪类型与两个《犯罪统计的国际分类》类型都形成了部分匹配的关系。对应表不仅体现了该国该类犯罪与《犯罪统计的国际分类》类型之间的联系，而且指出了该国该类违法行为下其他违法行为的详情。

为避免重复计算，我们需要采用某种估算方法，将该国该类犯罪下的所有违法行为数在上述两个《犯罪统计的国际分类》类型之间进行分配。如采用了某种估算方法，关于这一估算过程的详情应作为元数据体现在“详情/说明”栏中。在没有估算方法的情况下,作为终极手段,我们还可采用另一潜在解决方案,将该国该类犯罪作为一个整体全部映射至上述两个《犯罪统计的国际分类》类型中的一个,然后指出其部分匹配关系,并在“详情/说明”栏中指出本类型还包含了哪些其他违法行为。在这种情况下,未被映射的《犯罪统计的国际分类》类型还应提供说明,指出相应违法行为已被映射至另一《犯罪统计的国际分类》类型。

目前,大多数国家的犯罪统计方法都是由本国的刑法体系决定的。在法律不统一的情况下,违法行为的定义差异是不可避免的,而相关国际比较永远都只能在这些差异的背景下进行。比如,一些国家认定攻击犯罪时可能需要以身体接触作为前提条件,而一些国家则不需要身体接触即可认定该犯罪行为。例如性骚扰。在国别法律中,性骚扰可能被定义为没有身体接触的性攻击行为。因此,性骚扰行为可映射至《犯罪统计的国际分类》的“非人身性侵犯(030122)”类型。相反,在表2-4关于《犯罪统计的国际分类》“造成伤害的性行为”范例中,国别犯罪类型“2005A1 性骚扰”却被映射到了《犯罪统计的国际分类》中的“人身性侵犯(030121)”类型,因为在该国国内立法中,性骚扰需要有身体接触行为。

表2-4 《犯罪统计的国际分类》第3节映射范例

3	性伤害行为					
《犯罪统计的国际分类》违法行为类型			本国刑法/犯罪分类/犯罪统计		完全匹配	部分匹配
代码	级别	描述	条款	描述		
0301	2	性暴力				
03012	3	性侵犯	200501	性虐待		*
03012			200503	性虐待未遂		*
03012			200601	针对儿童的性虐待		*
03012			200603	针对儿童的性虐待未遂		*
03012			200604	针对儿童的性虐待未遂		*
03012			200701	针对儿童的加重性虐待		*

续表

3	性伤害行为					
《犯罪统计的国际分类》违法行为类型			本国刑法/犯罪分类/犯罪统计		完全匹配	部分匹配
代码	级别	描述	条款	描述		
03012			200702	针对儿童的加重性虐待未遂		*
03012			200401	胁迫进行性行为		*
03012			200402	胁迫进行性行为未遂		*
030121	4	人身性侵犯	2005A1	性骚扰	*	
030122	4	非人身性侵犯				
030129	4	未另分类的其他性攻击				

资料来源：United Nations Office on Drugs and Crime, *International Classification of Crime for Statistical Purposes implementation manual*（draft May 2018）,p.41。

第六节　分门别类变量

为更加充分地了解每一违法行为的复杂性并制定循证政策，刑事司法系统需要收集分门别类变量相关信息。分门别类变量指对改善犯罪认定而言非常重要的一些犯罪特征，如犯罪活动的描述、受害人和行为人的特征等。《犯罪统计的国际分类》提出了一套最低限度的标准化变量，以便各国记录每一犯罪活动的重要特征，并在此基础上生成集合数据，然后就《犯罪统计的国际分类》下每一违法行为类型的受害人、行为人和特征进行有益分析。

《犯罪统计的国际分类》为更加充分地描述每一犯罪行为/活动或更加深入地描述犯罪行为人和受害人特征而提出的一套最低限度的分门别类变量。每一要素和变量都可能只涉及部分犯罪类型。每一分门别类变量名称前面的首字母缩写词为相应分门别类变量出现在犯罪记录时提供了一种速记形式（详见总论部分第一章表 1～3 分门别类变量）。

数据描述变量(Th/AA/Ac/CP/In)通常就个人参与违法行为的事实提供了更多信息。这些变量的实施是可取的,但与活动、受害人和行为人这些分门别类变量相比,其优先级别较低。此外,这些变量的实施还取决于威胁、协助/教唆、从犯/共犯、共谋/策划/准备、煽动等行为在国内层面的处理方式。如国内刑法未对这些要素进行规定,则收集到的数据很可能无法体现这些信息。因此,本国应将这些标签视为可能选项,而不是必须执行的内容,具体取决于本国区分主犯实施的违法行为或实施未遂的违法行为与以上述任一形式协助实施的违法行为的能力。总之,对现有数据结构的准确了解是运用这些数据补充标签的关键。

一、分门别类变量的价值

(一)分门别类变量的价值体现

犯罪和刑事司法统计数据有助于政府对公共支出和公共政策的现状、情形、发展趋势和社会影响等进行评估和监测。

由于这些分门别类变量相关信息要在记录犯罪事件时一开始就收集,因此我们可通过记录工具的设计对某些违法行为类型及相关标签进行组合,也可反其道而行之,预先阻止某些违法行为类型与某些标签之间的结合。在警方综合报告中,所有相关标签都要用于刑事违法行为相关信息的录入。

根据执法和刑事司法系统记录的数据进行统计分析时,最理想的情形是要有能够在整个系统中对案件和人员进行追踪的、基于“单位记录”(unit record)的数据库。为实现这种功能,刑事司法系统必须将这些标签用于其操作系统,并从第一级开始收集单位记录相关信息。只有这样,这些标签才可在任一期望级别上进行组合和汇总。

在数据收集、汇总和传输都是通过电子化数据捕获、存储、转移和整理手段自动进行的系统中,数据组织方式允许捕获和查询所有潜在细节的可能性往往更高。比如,某一刑事违法行为的所有相关细节,如行为人和受害人的特征等,都可被捕获并以电子方式储存在一个单位记录中。当然,只有在行为人已知或犯罪受害人或报告人能够描述出嫌疑人的情况下,行为人信息才能被记录在案。在以如此高的粒度创建单位记录的情况下,我们可以多种方式对数据进行汇总和整理,然后以表格形式制作出各种预期数据组合。之后,我们就可生成多种类型的统计产出。比如,我们可选择部分分门别类变量对违法行为数据进行细分,如按经济部门统计腐败违法行为、按受害人国籍统计人口贩运违法行为等。又如,我们可将分门别类变量与若干犯罪类型结合起来进行统计分析，如考察所有暴力违法行为受害人的性别和年龄，考察所有财产犯罪的地理位置等。

（二）不同国家的案例①

1. 德国的案例

德国联邦刑事警察局（Bundeskriminalamt）是通过一年一度的警方犯罪统计报告（Polizeiliche Kriminalstatistik）汇报德国警方的犯罪调查情况的。这份统计报告是根据专门的犯罪目录和所有联邦单位的相应机构收集的微观数据制作的。警方犯罪统计报告包含刑事犯罪的类型和宗数、发生地点和时间、结案情况及嫌疑人的年龄、性别、国籍及其它社会人口统计学特征等信息。

在已公布犯罪的统计表中，除所有犯罪宗数相关表格及按犯罪企图、规模和地点、枪支存在或使用、结案、嫌疑人等指标细分的表格外，还有关于犯罪发生时间的表格、按发生月份细分的表格、按通过互联网实施的刑事犯罪细分的表格及已结案案件的详细信息，包括嫌疑人的年龄和性别、单独作案与否、累犯状态、是否受非法药物影响、是否受酒精影响、是否使用枪支等等。

在联邦制国家，由于相关数据大部分都是从联邦组成单位收集的，因而会产生单位记录的结果。在数据汇总时，这种因单位记录形成的数据粒度能够赋予联邦机构以高度灵活性。但是，在国别犯罪记录体系当前实践中，分门别类变量的数量、机构和运用存在着巨大差异，且通常受各种因素的决定性影响，如具体政策需求、地方、区域和国家层面数据收集过程中的记录和处理能力、国家犯罪统计体系的发展和先进程度、数据收集的自动化和数字化程度等。特别是最后一条，即统计体系采用的是纸质系统、还是计算机系统这一标准，决定了一国犯罪统计体系能否支撑整个分门别类变量架构。

2. 美国的案例

在美国，美国联邦调查局（Federal Bureau of Investigation，FBI）是通过从全国所有执法机构收集数据的方式实施统一犯罪报告计划（Uniform Crime Reporting Program，UCR）的。统一犯罪报告计划中使用的数据来自联邦调查局采用的两项不同数据收集机制，即国家事件报告体系（National Incident-based

---

① See United Nations Office on Drugs and Crime, *International Classification of Crime for Statistical Purposes implementation manual*（draft May 2018），p. 43 – 44.

Reporting System, NIBRS)和总结报告体系(Summary Reporting System, SRS)。其中,国家事件报告体系为联邦机构提供了全国33%执法机构就具体违法行为收集的微观数据,且于2021年1月1日起成为统一犯罪报告计划的数据标准,而总结报告体系则为联邦机构提供了汇总数据。

在统一犯罪报告计划目前提供的数据中,抢劫犯罪是按照所使用武器的类型进行分类的。总结报告体系收集的4种武器类型分别为枪支、刀具或切削工具、其它武器和暴力。尽管这些类型已经能够就抢劫之类的暴力犯罪所使用的犯罪手法(modus operandi)和武器提供一些洞见,但作为这些数据主要来源的执法机构应该还有更为详细的、用于管理和统计目的的武器相关信息。

国家事件报告体系还提供了一个变量,即武器的存在与否,而不是武器的使用与否,并将执法机构收集的微观数据进行了更加详细的分类。

- 枪支,包括枪支、手枪、步枪、短枪和其它枪支及这些枪支的自动版,并按这些类型对相关数据进行了细分。
- 刀具/切削工具,包括刀具、切削工具、冰锥、螺丝刀、斧头等,但相关数据未按这些类型进行细分。
- 身体武器,包括手脚、拳头和其他身体武器,但相关数据未按这些类型进行细分。
- 所有其它武器,包括钝物、机动交通工具、毒药、爆炸物、火/燃烧设备、毒品/麻醉药物/安眠药、窒息、其它武器、未知武器等,但相关数据未按这些类型进行细分。
- 未涉及武器/暴力。

这些类型有助于对犯罪手法进行更加详细的分析。

此外,通过国家事件报告体系和总结报告体系提供给美国联邦调查局统一犯罪报告计划的被逮捕者数据还根据性别、年龄、种族和民族等因素进行了细分。尽管性别和年龄在《犯罪统计的国际分类》下是犯罪行为人和受害人的重要分门别类变量,但种族和民族相关数据的收集在国家层面也许有意义,这两个变量在国际层面却没有多大意义。此外,在《犯罪统计的国际分类》下,犯罪行为人和受害人的年龄状况和国籍对犯罪统计更加重要,因为这些变量都是建立在明确的法律决定这一基础上的。

二、分门别类变量的定义

下面就《犯罪统计的国际分类》下每一犯罪活动、受害人、行为人及数据描述/补充分门别类变量提供了详细描述。为了在国家层面将这些分门别类变量付诸实施并将其纳入犯罪和刑事司法数据记录体系，对违法行为进行分类时了解何时及如何运用这些分门别类变量是非常重要的。

（一）使用的武器类型（We）

“使用的武器类型（We）”这一标签根据违法行为中使用的主要武器类型对暴力犯罪进行了区分。

1. 枪支，即通过爆炸物作用发射、根据设计可通过爆炸物作用发射或可即刻改装并通过爆炸物作用发射固体、子弹或投掷物的任何可携带、有枪筒的武器，但不包括古董火器或其复制品。根据《犯罪统计的国际分类》，本国数据收集过程中采用的、用于识别本定义下所有武器的所有枪支类型（如按口径分类的手枪、步枪等）均应汇总和报告。

2. 刀具或尖锐物，即由刀刃和刀柄组成的工具。根据《犯罪统计的国际分类》，本国数据收集过程中采用的、用于识别本定义下所有武器的所有刀具类型（如战斗刀、剑、大砍刀等）均应汇总和报告。

3. 其他武器，至少包括钝物、用作武器的物体、弓和箭、弩、抛掷武器/物体、爆炸物、手、不构成刀具或尖锐物的武术工具等。根据《犯罪统计的国际分类》，本国数据收集过程中采用的、用于识别本定义下所有武器的所有其他武器类型（如钝物、用作武器的物体、弩等）均应汇总和报告。

4. 未知手段，仅适用于犯罪行为人使用的武器尚未确认的情形。

5. 不适用。

6. 不详。

（二）态势情境（SiC）

“态势情境（SiC）”这一标签提供了一些重要类型犯罪主体的信息。本变量用于记录在其他犯罪活动或其他社会互动背景下实施的违法行为的额外信息。

1. 有组织犯罪相关，即参与有组织犯罪集团系犯罪手法不可分割的组成部分这一情形。有组织犯罪集团指由 3 人或 3 人以上组成的、存续一段时间、共同实施一项或多项严重犯罪、以直接或间接获取经济或其他物质利益的结构化团体。在欧洲，一项更详细的定义认为，有组织犯罪集团至少必须具备下列特征中的6项，且其中4项必须为第①、③、⑤、⑪项。

①由2人以上进行协作；

②每人都有指定任务；

③长期或不定期存在[指稳定性和(潜在的)持久性]；

④有某种形式的纪律和管控；

⑤有实施严重刑事犯罪的嫌疑；

⑥在国际层面运作；

⑦使用暴力或适合恫吓的其他手段；

⑧采用商业或企业类架构；

⑨从事洗钱活动；

⑩对政治、媒体、公共管理机构、司法当局或经济实施影响；

⑪受利润和/或权力追求的支配。

需要指出的是，"有组织犯罪相关"特指犯罪的情境背景，而不是犯罪本身。它可以是指：(1)犯罪行为人或有嫌疑的行为人，如由3人或3人以上组成的有组织犯罪集团；(2)犯罪手法，如使用暴力或其他适合恫吓的手段等有组织犯罪集团常用的模式；(3)受害人，如受害人据信参与了有组织犯罪集团的情形。在国家层面，可能会有认定某一违法行为何时是在有组织犯罪情境下实施的这方面的既定做法。

2. 帮派相关，指参与帮派系犯罪实施手法不可分割的组成部分这种情形。帮派指根据存续的持久性、街头生活方式、青壮年成员组成、参与非法活动和群体认同等一套特征定义的群体。各国执法机构使用的帮派定义可能还包括其他要素，在某些情况下甚至会偏离这一通用定义。尽管有组织犯罪集团具有明确定义，但帮派却是一个较为宽泛的概念。不仅执法和情报机构可以有自己的定义，而帮派成员还可以帮派成员自称。

3. 公司犯罪相关，指参与公司或商业实体系犯罪实施手法不可分割的组成部分这种情形。这一背景意味着，犯罪行为人系公司/商业实体或其代表。

4. 亲密伴侣/家属相关：这一背景由犯罪行为人与受害人关系的性质确定。根据一般定义，亲密伴侣指与个人存在亲密个人关系的人，而亲密个人关系又以情感联结、日常接触、持续身体接触和/或性行为、夫妻身份、对各自生活的熟悉和了解等因素为特征。这种关系不需要涉及所有这些维度。亲密伴侣的例子如同性或异性之间当前或以前的配偶、男朋友或女朋友、约会伙伴或性伴侣。家庭成员包括血亲(如父母和子女)、其他在一起或没有在一起生活的血亲及因婚姻或收养关系产生的其他家庭成员或亲戚。住户成员包括与受害人在同一屋檐下生活的人。

5. 恐怖主义相关,指参与恐怖主义组织系犯罪实施手法不可分割的组成部分这种情形。恐怖主义组织是从事恐怖主义犯罪的团体。恐怖主义犯罪指根据普遍认可的反恐法律文件认定的或意图对平民或未积极参与武装冲突背景下敌对行动的其他任何人造成死亡或严重身体伤害且根据其性质或背景旨在恫吓某一群体或迫使某一政府或国际组织作出或不作出某一行为的任何行为。

6. 内乱,指一国内部两方或多方之间发生集体暴力敌对行为但尚未升级至内部武装冲突的情形。

7. 其他犯罪,指某一违法行为是在另一已知正在实施的违法行为的背景下实施的这一情形。

8. 不适用。

9. 不详。

(三)地理位置(Geo)

“地理位置(Geo)”这一标签能够区分犯罪在一国境内的具体位置,同时还能标识被记录为境外犯罪的违法行为。该变量用于记录犯罪实施的确切地标。它可以是任何国家中央以下级别的区划,也可以用于表示在一国境外实施但根据治外法权在本国调查和起诉因而记录在案的犯罪。

1. 必要的国家地理区划(一级、二级等),包括所有行政、政治或地理划分。任何国家以下区划均可适用本标签。

2. 境外:适用于在另一国家或国际水域实施、但根据治外法权在本国调查和起诉并记录在报告国的犯罪。治外法权指一国将境外实施的违法行为视同本国境内实施的能力。此外,这一分门别类变量还可用于犯罪受害情况调查。如受害人表示在境外遭遇过违法行为,即可适用该标签。

3. 不适用。

4. 不详。

(四)日期和时间(DaT)

"日期和时间(DaT)"这一标签能够准确识别任何刑事犯罪发生的日期和时间,且可用于构建人们感兴趣的衍生统计类型,如一天中某一时段发生的入室盗窃犯罪。在《犯罪统计的国际分类》中,国际通用的日期格式为dddd/mm/yyyy,而时间格式为24小时制。如因未采用电子记录形式导致准确时间的录入不可行,则应定义相应的时段(如00:00~06:00、06:00~12:00、12:00~18:00、18:00~24:00)。

(五)地点类型(Lo)

"地点类型(Lo)"这一标签按地点类型收集了犯罪地点相关数据,能够识别典型或普遍的犯罪地点(如家庭或监狱等)。与地理位置(Go)这一标签不同的是,本标签用于指代场所、建筑物、机构和开放区域的类型,而不是一个国家的行政、政治或地理区划。

1. 私人住宅:至少应定义为个人拥有或租赁的房地产(个人拥有的房子/私人住所)。

2. 开放区域、街道或公共交通工具:用于记录在任何开放区域(公园、森林等)、街道上不属于任何物业的任何地点或任何形式的公共交通工具上实施的违法行为。

3. 学校或其他教育机构。

4. 监狱、刑罚机构或矫正机构。

5. 机构式监护场所,包括普通医院、精神病医院、居住式护理机构/养老院、少年犯拘留所及其他机构式监护设施。

6. 其他商业或非住宅公共场所,包括向公众开放的商业场所(零售商店、餐馆餐厅、俱乐部、银行、服务站、购物中心等),不向公众开放的商业场所(办公楼、仓库、生产设施、建筑工地、机器存放点、耕地等),向公众开放的非住宅公共场所(博物馆、图书馆、公共服务机构等),不向公众开放的非住宅公共场所(如政府办公室、公共工程、军事设施等)。

7. 其他。

8. 不详。

(六)动机(Mot)

"动机(Mot)"这一标签凸显了几类政策相关性特别强的犯罪动机,特别是某些仇恨罪(因受害人特点、属性、信仰或价值观而实施的犯罪)的犯罪动机。动机这一标签不用于犯罪情境(SiC)标签。犯罪情境标签提供的是作为违法行为发生背景的犯罪或其他社会互动的类型这方面的信息,而动机标签提供的则是违法行为为什么发生或为什么针对某一特定受害人这方面的信息。

1. 非法获利,包括通过实施犯罪获得的任何经济利益或物质利益。

2. 仇恨,指因受害人特点、被赋予属性、被赋予信仰或价值观(如种族、宗教、民族、性取向等)而有针对性地实施的犯罪。受害人的特点或被赋予属性至少包括性、性别、性取向、年龄、语言、民族、残疾和/或种族等。受害人的信仰或价值观至少包括宗教信仰、政治观点和/或经济、社会观点。仇恨犯罪包括因种族主义、同性恋恐惧症等动机而实施的犯罪,以及专门针对异装癖者实施的犯罪。基于性别的犯罪及有明示或暗示政治动机的犯罪应排除在本项犯罪之外。种族歧视至少包括基于种族、肤色、血统或民族出生而进行任何区分、排斥、限制,从而阻碍或妨碍受害人按《消除一切形式种族歧视国际公约》规定的那样在公共生活的政治、经济、社会、文化或其他任何领域得到平等认可、享受或行使人权和基本自由的现象。同性恋恐惧症至少包括基于性取向而进行任何区分、排斥、限制,从而阻碍或妨碍受害人按《消除一切形式种族歧视国际公约》规定的那样在公共生活的政治、经济、社会、文化或其他任何领域得到平等认可、享受或行使人权和基本自由的现象。

3. 性别,指由社会构建的、被特定社会认为适当的性别相关角色、行为、活动和特征。基于性别的杀戮可包括因亲密伴侣暴力而杀害妇女、因魔法/巫术等指控而杀害妇女、以"荣誉"为名杀害妇女和女童、因嫁妆杀害妇女、以极端暴力形式杀害妇女、因性取向和性别认同而杀害妇女及其他具有象征意义(如剥夺受害人人性、完整性和认同等)且基于性别的杀害妇女和女童的犯罪现象。

4. 人际冲突,指人际/社会关系出现压力(包括因社会和文化规范相关摩擦产生的压力)情形下的不和谐现象。这一标签通常适用于存在既定关系的人(朋友、同事、熟人等)发生冲突进而导致暴力犯罪或其他刑事违法行为的情形。

5. 政治目的,至少包括意识形态群体或政治团体列出的、旨在影响当前及未来不久即将出现的政治报道和辩论的一系列问题。

6. 其他动机。

7. 不适用。

8. 不详。

(七)涉及网络犯罪(Cy)

“涉及网络犯罪(Cy)”这一标签旨在识别使用计算机实施的各种形式的犯罪(如互联网诈骗、网络跟踪或通过电子传播方式侵犯著作权等)。这一标签适用于计算机数据或计算机系统的使用构成犯罪手法不可分割组成部分的所有违法行为。在最低限度上,计算机数据应指以机器可读形式出现的、适合计算机/计算机系统处理的、任何形式的事实、信息或概念表述。在最低限度上,计算机/信息系统指根据计算机程序/信息编程自动处理计算机数据/信息/逻辑/算术/储存功能(包括计算机/信息系统储存/处理/检索/传输的计算机数据/信息)的单个设备或相互联系的设备(包括任何通信设施或设备及互联网)。在最低限度上,计算机程序/信息编程指能够使计算机/信息系统处理计算机数据/信息或实施某种功能/操作且能够为计算机/信息系统执行的机器可读指令。

1. 网络犯罪相关,适用于使用计算机实施的违法行为。

2. 非网络犯罪相关,适用于未使用计算机实施的所有违法行为。

3. 不适用。

4. 不详。

(八)报告者(Rep)

“报告者(Rep)”这一标签能够对所记录犯罪的报告渠道进行分析。比如,通过这一标签,人们可对某些犯罪由受害人或目击者举报或报案的次数更多,还是由警方发现的次数更多这样的问题进行分析。

1. 受害人。

2. 目击者(非受害人)。

3. 警方。

4. 其他执法机构。

5. 刑事司法机构。

6. 不详。

(九)有企图/已完成(At)

“有企图/已完成(At)”这一标签用于识别那些有犯罪企图但尚未实施的犯罪。有证据表明嫌疑人有实施犯罪的意图且已朝着完成犯罪的方向作出了某些行为的情形通常属于这类犯罪。

1. 有企图，适用于企图实施犯罪的情形。

2. 已完成，适用于犯罪已经完成的情形。

3. 不适用。

4. 不详。

（十）有威胁行为（Th）

“有威胁行为（Th）”这一标签适用于嫌疑人威胁过要实施相关违法行为的犯罪类型。比如，攻击这类犯罪的代码为02011，而标记为0201－1－Th的犯罪包含02011类犯罪中嫌疑人曾发出过攻击威胁的所有攻击犯罪。

（十一）有协助/教唆行为（AA）

“有协助/教唆行为（AA）”这一标签用于标识嫌疑人于所标识犯罪实施时不在现场，但在犯罪实施之前或之后知情，甚至可能通过建议、行动或经济支持等形式为犯罪实施提供了协助的情形。

（十二）有从犯/共犯行为（Ac）

“有从犯/共犯行为（Ac）”这一标签用于标识嫌疑人在所标识犯罪实施时在场且通过建议、行动或经济支持等形式为犯罪实施提供了协助的情形。

（十三）有共谋/策划/准备行为（CP）

“有共谋/策划/准备行为（CP）”这一标签用于标识嫌疑人作出了与他人共同谋划、配合或策划的任何行为以实施所标识犯罪的情形。

（十四）有煽动实施犯罪行为（In）

“有煽动实施犯罪行为（In）”这一标签用于标识嫌疑人煽动或劝说他人实施所标识犯罪的情形。

下列分门别类变量用于标识犯罪受害人及行为人的特征。

（十五）受害者/行为人性别（SV/SP）

“受害者/行为人性别（SV/SP）”这一标签是指根据世界卫生组织的性别定义确定一个人是男人还是女人的生物学和生理学特征，而不是社会构建意义上被称为“gender”的男女特征。

1. 男性。

2. 女性。

3. 不适用。

4. 不详。

(十六)受害者/行为人年龄(AV/AP)

“受害者/行为人年龄(AV/AP)”这一标签是指出生后以周岁计算的年龄。在实践中,所有受害者/行为人均以15岁为一档的年龄跨度归入了不同的年龄群体。

1. 0~14岁。

2. 15~29岁。

3. 30~44岁。

4. 45~59岁。

5. 60岁以上。

6. 不详。

(十七)受害者/行为人年龄地位(STV/STP)

“受害者/行为人年龄地位(STV/STP)”这一标签指区分成年人和未成年人的界线,通常为成年年龄。年龄地位实际上就是一个人在国内法律中的法律地位。

1. 未成年人,指低于某一年龄(通常为成年年龄)的人。在某些法律、法规或犯罪情境中,低于其他年龄限制(如自愿年龄线、饮酒年龄线、选举年龄线、驾驶年龄线)的人也可被视为未成年人。在特定国家背景下,未成年人的划分年龄可能与刑事责任年龄(作为少年审判或就某些犯罪而言视同儿童的年龄)相同。

2. 成年人,指超过某一年龄限制(通常为成年年龄)的人。超过年龄限制的人通常要承担全部刑事责任,可自由从事未成年人被禁止从事的行为,但同时也要承担未成年人不用承担的某些刑事责任。

3. 不适用。

4. 不详。

(十八)受害者与行为人之间的关系(ViP)

“受害者与行为人之间的关系(ViP)”这一标签指受害人与行为人之间的关系,它显示了犯罪情境和潜在动机等方面的重要背景信息。

1. 当前亲密伴侣/配偶。

2. 前亲密伴侣/配偶。

3. 血亲。

4. 其他住所成员。

5. 朋友。

6. 熟人。

7. 同事/工作关系。

8. 权威/监护关系(医生、护士、警察等)。

9. 受害人认识的其他人。

10. 受害人不认识的人。

11. 关系不详。

(十九)国籍(Cit)

"国籍(Cit)"这一标签指受害人或行为人的正式国籍地位。拥有双重国籍的人应归入本国公民类型。

1. 本国公民(包括双重国籍者)。

2. 外国公民。

3. 不适用。

4. 不详。

(二十)法律地位(LS)

"法律地位(LS)"这一标签用于标识所标识犯罪的受害人或行为人作为个人、公司或法律规定的其他实体的地位。该标签主要涉及两大类,(1)自然人,即任何人类;(2)法人,即法律实体。在法律中,自然人有别于法人。

其中,第(1)类自然人又可分为两类,①普通群众,指没有任何官方身份的自然人;②公职人员,指承担公共职能或提供法律规定的公共服务的自然人。这一标签仅在作为公职人员的受害人或行为人在履行公共职能时经历犯罪的情形。这些标签在区分《犯罪统计的国际分类》中腐败(0703)类犯罪或作为攻击(02011)类犯罪的加重因素时具有重要作用。

第(2)类法人也可分为两类,①私营实体,指有缔结协议或合约,承担义务并对非法活动负责能力的任何合法协会、公司、合伙企业、独资企业、信托或个人;②公共实体,指任何联邦、州或地方政府部门、组织或机构。

(二十一)迷醉状态(Int)

"迷醉状态(Int)"这一标签指受害者/行为人被害/实施犯罪时因下列受管制药物或其他精神活性物质而处于迷醉状态的情形。

1. 酒精。

2. 非法药物。

3. 两者兼而有之。

4. 其他。

5. 不适用。

6. 不详。

(二十二)企业受害人所属经济部门(ES)

“企业受害人所属经济部门(ES)”这一标签适用于作为企业类法律实体的受害人,具体指这类法律实体所属的经济活动部门。这里的部门应与《所有经济活动的国际标准行业分类》(第4版)中的部门相对应。具体而言,企业受害人所属的经济部门指《所有经济活动的国际标准行业分类》(第4版)中的A-U类部门。

(二十三)行为人的经济活动状况(EASt)

“行为人的经济活动状况(EASt)”这一标签指犯罪行为人实施相关犯罪时的经济活动状况。它为犯罪的社会经济学分析提供了重要背景信息。

1. 依赖性就业。

2. 自雇(无依赖性雇员)。

3. 雇主(有依赖性雇员)。

4. 失业。

5. 学生/学徒。

6. 家庭主妇/主夫。

7. 退休/残疾。

8. 不详。

(二十四)行为人累犯地位(Rec)

“行为人累犯地位(Rec)”这一标签用于标识所标识犯罪的行为人是否为累犯或惯犯。在大多数刑事司法系统中,累犯都是指之前实施过犯罪并被判有罪和/或在警方有犯罪记录可查的犯人。

1. 累犯。

2. 非累犯。

3. 不适用。

4. 不详。

在这些标签中,大多数只能就某些刑事犯罪提供细分数据。

某一标签基本上不适用于某一犯罪类型的情形与本章大多数标签下列出的不适用和不详选项不同。如果某一标签大体上适用于某一犯罪类型,但在某些情形下,该标签提供的选项没有一项适用于该类型下的某一犯罪,则应选择不适用。

比如,在敲诈或勒索(02051)案件中,如情境背景这一标签下的下列选项,即 SiC-1 有组织犯罪相关、SiC-2 帮派相关、SiC-4 公司犯罪相关、SiC-5 亲密伴侣/家属相关、SiC-6 恐怖主义相关、SiC-7 内乱、SiC-8 其他犯罪均不适用,则选项 9 不适用应用于标识该案背景。该案例适用于行为人非有组织犯罪集团、帮派或恐怖主义组织成员、非代表企业行事、非受害人亲密伴侣或家属、未实施与敲诈勒索相关其他犯罪的所有敲诈或勒索情形。简而言之,与上述选项不相关或没有联系的行为人实施的敲诈勒索犯罪均应编码为"02051SiC9"。选项 10 不详仅适用于犯罪情境背景未知且在调查过程中无法确定的情形。

选择不适用选项的另一例子,是适用于严重攻击(020111)类犯罪的"使用的武器类型(We)"这一标签。如果受害人遭受了严重身体伤害,但攻击过程既没有使用枪支,也没有使用其他任何武器,而使用的仅仅是握紧的拳头,则选项 5 不适用应用于显示该案中使用的武器类型。在这一情境中,选项 5 不适用表示没有使用任何武器。选项 4 未知手段表示肯定使用了武器,但到底是哪种武器仍不得而知。选项 6 不详表示不知道是否使用了武器。

三、分门别类变量的实施

在国别犯罪和刑事司法统计中,各种细分指标都可能用到,但这些细分指标在其他语境下可能并没有任何意义(如受害人种族、民族、受害人社会阶层等)。与此同时,并非所有标签都适用于所有犯罪类型(如未遂标签不适用于过失致人死亡;所使用武器类型或动机标签不适用于盗窃或诈骗;受害者年龄标签不适用于非法采木等)。因此,在犯罪类型与这些标签形成的组合中,只有部分是有意义且与政策相关的。本节阐述了如何使用分门别类变量生成有意义指标这一问题。

第一个应予适用的分门别类变量就是"未遂/既遂(At)",因为这一变量的使用可显著改变所分类犯罪的性质和统计数量。

作为一般规则,除故意杀人(0101)和故意杀人未遂(0102)外,《犯罪统计的国际分类》中的所有犯罪都可适用“未遂/既遂(At)”这一标签,以区分既遂和未遂犯罪。所有既遂犯罪都应符合《犯罪统计的国际分类》中相应犯罪类型的定义。比如,如警方发现非法制造的枪支弹药,则该犯罪应根据《犯罪统计的国际分类》的定义归入贩运枪支(090121)类型。由于弹药已非法制造出来,因此该犯罪属既遂。

如要将未遂犯罪映射至《犯罪统计的国际分类》的某一类型,则要证明嫌疑人有意图且已经作出了实施相关《犯罪统计的国际分类》犯罪类型所定义的犯罪的具体行为。比如,如受害人受到了人身性侵犯且嫌疑人有在没有获得合法同意的情况下进行性交的明确意图,则根据《犯罪统计的国际分类》规定,该事件应记录为强奸未遂 0301 - At1。即便该犯罪根据强奸罪定义(插入式性行为)尚未完成,但其仍应记录在《犯罪统计的国际分类》相应类型的未遂犯罪中。

“未遂/既遂(At)”这一标签应在违法行为被报告至当局、而当局为进行犯罪统计而将其记录在案时使用。警方在记录报案时使用这一标签可为统计分析提供一种可能性,即分别对未遂犯罪和既遂犯罪进行统计并生成独立汇总数据。比如,入室盗窃未遂,即企图进入某一场所行窃但未成功的违法行为,应记录为 0501 - At1,而入室盗窃既遂,即企图进入某一场所行窃且已成功的违法行为,应记录为 0501 - At2。如所有犯罪个案都以这种形式记录在案,则可分别就 0501 - At1 和 0501 - At2 这两类罪行生成相应的汇总数据。此外,这两个类型还可进一步与 0501 - At3 不适用和 0501 - At4 不详这两个类型合并成更高一级的犯罪类型,即“入室盗窃(0501)”。“入室盗窃(0501)”这一犯罪类型不区分未遂和既遂入室盗窃犯罪,也不区分犯罪完成程度不详的犯罪。所有入室盗窃行为,无论既遂还是未遂,都被并入了这个统一的入室盗窃犯罪类型。

报告犯罪总数时,如无其他规定,报告总数应包括 At1 未遂、At2 既遂、At3 不适用和 At4 不详这四类违法行为。就汇总数据而言,这些细分标签仅适用于只涉及未遂或既遂行为的变量这一原则适用于《犯罪统计的国际分类》规定的其他所有分门别类变量,如情境背景(SiC)、犯罪的地理位置(Geo)、网络犯罪相关(Cy)、犯罪地点(Lo)等。

《犯罪统计的国际分类》中的分门别类变量并没有穷尽犯罪数据的潜在细分标准。相反,《犯罪统计的国际分类》中的标签只是国别分门别类变量体系正在或计划映射至《犯罪统计的国际分类》时的最低限细分要求。这些标签的运用有助于就犯罪、犯罪行为人和受害人勾勒出一套统一的政策相关基本特征，从而对他们进行分析和比较。比如，采用相同的年龄分组标准有助于就犯罪受害人和行为人的年龄特定趋势进行跨国比较。同样，采用相同的受害者与行为人之间的关系细分标准（如当前亲密伴侣/配偶、前亲密伴侣/配偶、血亲等）可极大促进对暴力犯罪特征和趋势及其诱发因素和缓和因素进行的跨国分析。

但是，在各国犯罪记录体系当前实践中，分门别类变量的数量、结构和适用都存在着巨大差异，且经常取决于特定政策需求。因此，《犯罪统计的国际分类》下的分门别类变量项目可进行调整和延伸，以便其与其他已经在用的分类体系或变量保持一致，或适应特定需求。根据变量的用途，其他分类体系下多出来的细节层次可得以保留，然后进行汇总并与《犯罪统计的国际分类》下的变量项目进行匹配。

将《犯罪统计的国际分类》下的分门别类变量并入特定政策目的下现有数据要求的实际例子之一，是可持续发展目标指标"5.2.2 按年龄和发生地点分类统计，15 岁及以上妇女和女童在过去 12 个月内遭受除亲密伴侣之外的人实施的性暴力的比率"这一数据项的设计。

具体而言，《犯罪统计的国际分类》下的"地点类型（Lo）"这一标签必须与联合国文件《暴力侵害妇女行为统计数据编制准则：统计调查》建议的犯罪地点类型进行统一。该指南是联合国统计委员会暴力侵害妇女行为统计指标问题主席之友小组讨论后确定的，是专门为针对妇女暴力问题的统计设计的，主要聚焦于亲密伴侣暴力，且已被运用于针对妇女暴力相关问题的调查。

就可持续发展目标指标 5.2.2 而言，上述指南建议的统计指标过于繁复。尽管开始时人们认为这是其一大优点，因为统计指标越详细，就越容易与《犯罪统计的国际分类》下的"地点类型（Lo）"这一标签进行合并。但是，联合国毒罪办、联合国统计部和世界卫生组织进行协作后，在《犯罪统计的国际分类》"地点类型（Lo）"这一标签的基础上生成了一份合并目录，将上述指南建议的统计项目作为《犯罪统计的国际分类》"地点类型（Lo）"标签的子项目并入了《犯罪统计的国际分类》。

最后，合并目录中的统计项目进行了简化，形成了一份指标数量可控、可为各国普遍用于可持续发展目标指标 5.2.2 相关统计目的的目录（见表 2－5）。

表2-5 《犯罪统计的国际分类》下"地点类型(Lo)"这一标签下的统计项目与《暴力侵害妇女行为统计数据编制准则:统计调查》所建议统计项目之间的映射

《犯罪统计的国际分类》下"地点类型(Lo)"标签建议的统计项目	《暴力侵害妇女行为统计数据编制准则:统计调查》建议的统计项目	折中方案
1. 私人住所	1. 你自己的住宅或院子 2. 他的住宅或院子 3. 他人住宅或院子	1. 私人住所(包括自己的住宅或院子、他人住宅或院子)
2. 开放区域、街道或公共交通工具	4. 街道、胡同 5. 停车场 6. 汽车上 9. 农村地区、林子里、公园、露营场地 11. 中小学校、大学、校园 12. 公共交通工具	2. 开放区域、街道或公共交通工具(包括街道、胡同、停车场、公园、公共交通工具、其他开放区域等)
3. 学校或其他教育机构		3. 学校或其他教育机构
4. 监狱、刑罚机构或矫正机构		4. 机构背景(包括监狱、监护机构及其他情形)
5. 机构监护背景		
6. 其他非住宅商业或公共场所	7. 工作场所 8. 酒吧、舞场、台球房 10. 其他公共建筑 13. 其他(请说明)	5. 其他非住宅商业或公共场所(包括商业场所、办公建筑及其他情形)
7. 其他	98. 我不知道/我不记得了	6. 其他地点
8. 不详	99. 拒绝回答/没有答案	7. 不详

资料来源:United Nations Office on Drugs and Crime, *International Classification of Crime for Statistical Purposes implementation manual* (draft May 2018), p. 56。

尽管最终目录的数据项比《犯罪统计的国际分类》中"地点类型(Lo)"这一标签下的数据项少了一项,但两份目录是完全兼容的,因为《犯罪统计的国际分类》中"地点类型(Lo)"这一标签下的第4项和第5项可轻松并入合并目录中可持续发展目标相关指标(5.2.2)的第4项。

在映射本国犯罪记录机构采用的分门别类变量体系时,只要相关分门别类变量已经收集了详细数据,就应该且可以适用类似的处理方式(见表2-6)。

表2-6 国别体系中用于细分目的的地点类型示例

一份综合统计解决方案至少应在电子犯罪单位记录模板中适用最低限度的分门别类变量,从而使人们能够根据需要对相关分门别类变量进行任意组合并对相应的犯罪、行为人或受害人进行充分分析。在这里,我们仍然以犯罪地点为例,但将视野缩放回国家层面对分门别类变量的映射进行说明。在美国的国家事件报告体系中,数据元素9"地点类型"包含了46个具体类别。	
1. 航空/巴士/火车站点	23. 服务站/加油站
2. 银行/储蓄和贷款机构	24. 专门店
3. 酒吧/夜总会	25. 其它/未知
4. 教堂/犹太教堂/寺庙/清真寺	37. 废弃/破旧结构物
5. 商业/办公建筑	38. 游乐场
6. 工地	39. 舞台/体育场馆/露天市场/大剧场
7. 便利店	40. 独立于银行的ATM机房
8. 百货商店/折扣店	42. 营地/露营场地
9. 药店/医生办公室/医院	44. 日托设施
10. 野外/树林	46. 农场设施
11. 政府/公共建筑	47. 赌博设施/赌场/赛马场
12. 杂货店/超市	48. 工业场所
13. 公路/道路/胡同/街道/人行道	49. 军事设施
14. 酒店/汽车旅馆/其它等	50. 公园/操场
15. 拘留所/监狱/矫正设施	51. 休息区
16. 湖泊/水道/海滩	52. 校园—学院/大学
17. 酒类商店	53. 校园—中小学校
18. 停车场/下车区/车库	54. 避难所—由教会经营的/面向无家可归者的
19. 租赁存储设施	55. 购物中心
20. 住宅/住房	56. 部落领地
21. 餐馆	57. 社区中心
22. 中小学校/大学	58. 网络空间
这些地点类型全部可映射至《犯罪统计的国际分类》中"地点类型(Lo)"这一标签的7个项目中去。在映射实施过程中,选择较为受限的是就所有犯罪收集部分特征数据的情形(如单独统计少年犯的情形),而以扩大化方式收集部分主要犯罪的特征数据的情形则属于临时做法之一。	

如果利用《犯罪统计的国际分类》规定的分门别类变量将相关数据记录为高粒度的单位记录(unit record),那么,通过《犯罪统计的国际分类》下的标签,这些单位记录可汇总成新的、特定的犯罪类型。以本章探讨的例子为例,与街上发生的强奸未遂有关的所有单位记录都可汇总成一个在《犯罪统计的国际分

类》中代码为 0301 - At1 - Lo2 的新变量,其中,0301 表示《犯罪统计的国际分类》下的强奸犯罪类型,At1 这一标签表示该类犯罪属于未遂,尚未完成,而 Lo2 这一标签则表示该类犯罪行为是在开放区域、街道或公共交通工具上发生的。

在《犯罪统计的国际分类》下,我们甚至可用更多标签对这类犯罪进行进一步描述,并将具有相同特征的犯罪数据进行汇总。比如,在监狱中发生的、既遂的、帮派相关的、利用尖锐物体实施的且受害人为成年男性的所有严重攻击犯罪均可汇总到 020111 - At2 - SiC2 - We2 - Lo4 - SV1 - STV2 这一《犯罪统计的国际分类》代码下。

第七节　计数单位和计数规则

影响犯罪相关管理数据解读和可比性的一大关键因素是用于记录和统计犯罪及刑事司法过程的计数单位和计数规则。由于计数单位和规则目前尚无统一国际标准,因此国与国之间的差异使得跨国比较相当具有挑战性。总体而言,不同辖区之间——且在同一辖区内部不同机构之间——都存在众多用于记录犯罪和刑事司法数据的不同计数规则。这些差异通常是历史因素形成的,且存在于各国记录体系之中。

从本质上看,计数单位和计数规则相关问题与犯罪的定义和分类问题并不直接相关,因此并不在《犯罪统计的国际分类》的范围之内。但是,除犯罪分类外,《犯罪统计的国际分类》还可用于刑事司法过程相关其他活动或因素(如逮捕、起诉、定罪和监禁,以及作为行为人或受害人卷入的人员等),因此在实施《犯罪统计的国际分类》的同时,对各国计数单位和计数规则进行标准化处理是有益而无害的。况且,一些通用计数单位对于刑事司法系统不同组分之间流量和联系的衡量也至关重要。

联合国犯罪趋势和刑事司法系统运作(United Nations Survey of Crime Trends and Operations of the Criminal Justice System,UN-CTS)调查——全球首个即将充分实施《犯罪统计的国际分类》的犯罪记录工具——就如何将不同计数规则运用于某些计数单位从而收集上述调查中相关指标下的数据这一问题提出了建议。在各机构之间一致且在国际层面可比的体系中,哪些计数单位和计数规则的结合可为 UN-CTS 调查提供最准确的统计数字呢？上述建议就这一问题的答案提供了一些参考。

本节简要概述了刑事司法系统不同阶段计数单位和计数规则之间的差异，同时探讨了各国提交给 UN-CTS 调查及 UN-CTS 调查推荐的首选计数单位。

一、刑事司法系统不同阶段的计数单位和计数规则

（一）刑事司法系统不同阶段影响统计的因素

下列因素会影响刑事司法系统所有阶段的总体犯罪统计数据，因而会进一步影响各国之间和各国内部的犯罪统计数据比较。

1. 收集数据的时段。每一刑事司法机构可于其刑事司法过程不同阶段收集数据。比如，输入统计（input statistics）指当局首次记录犯罪时收集的数据；输出统计（output statistics）指犯罪调查完成之后收集的数据。

2. 统计中使用的计数单位。一般而言，每一刑事司法机构都会基于其运作要求使用自己的计数单位。比如，警方可能会使用指控、调查、犯罪、嫌疑人、受害人和事件等单位，而法院可能会使用案件、定罪和判决等单位。不同机构之间的数据联系需要以使用相同计数单位（如嫌疑人和被判有罪者等）为前提。

3. 主要犯罪规则的适用。在嫌疑人同时实施了若干犯罪的情况下，适用主要犯罪这一规则的国家只会记录其中最严重的那项犯罪，而未适用这一规则的国家则会分别记录这些同步犯罪，从而导致其所记录犯罪总宗数更高。适用主要犯罪这一规则对实际犯罪统计数的影响难以量化，但相对而言，这一规则对较严重犯罪统计的影响较小，而对较轻微犯罪统计的影响较大。

4. 多人共同实施同一犯罪情况下的计数方法。根据计数单位的不同，同一统计单位可能会包含多名犯罪行为人或受害人。比如，法院可能会以案件为单位报告犯罪情况，但一个案件可能会涉及多名犯罪嫌疑人，而警方则可能以犯罪嫌疑人为单位——而不是以案件或所实施犯罪为单位——记录相关犯罪。

5. 多项犯罪的计数方式。如某人被怀疑实施了一系列同类犯罪（如杀人），则这些犯罪既可记录为一项犯罪，也可记录为多项犯罪。

这些问题涉及刑事司法系统通常存在的四个不同阶段，每一阶段都有能够生成犯罪和刑事司法数据的不同机构。（见图 2－8）这四个阶段是以每一阶段中负责提供这些数据的主要机构命名的。

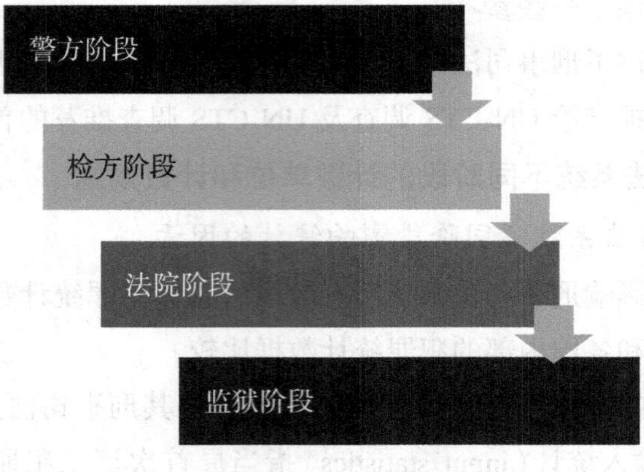

图 2-8　刑事司法系统的四个阶段

资料来源：United Nations Office on Drugs and Crime, *International Classification of Crime for Statistical Purposes implementation manual* (draft May 2018), p. 60。

除此之外，公共卫生机构和专门机构(如反腐机构、金融调查小组等)也可制作相关犯罪和刑事司法数据。

(二)刑事司法系统不同阶段的计数单位

犯罪和刑事司法统计可采用许多不同的统计单位。

1. 犯罪。这一单位仅被警方用于犯罪统计。每一违反刑法的行为——甚至是在同一犯罪活动中发生的违法行为——都可能会被警方单独记录和统计。

2. 案件。一个案件可能包括警方统计数据中同一犯罪活动下的多项刑事违法行为。在刑事司法系统后期，一个案件可能只针对一人或多人的一个刑事程序。

3. 调查。一项调查可能包括一系列案件。

4. 人。这是受害人、嫌疑人、被带到法庭接受审判的犯罪嫌疑人、已定罪犯罪人和监狱犯罪人的计数单位。

(三)以案件为计数单位的说明

为更好地说明问题，我们选择案件作为计数单位，以突显刑事司法系统各阶段可以收集统计信息的节点。在简化版典型刑事司法系统中观察某个刑事案件时，我们会发现，这个刑事案件的四个阶段都有可以收集统计信息的不同节点。这些输入统计和输出统计的典型时间节点如下。

1. 警方记录的犯罪

(1)刑事案件要么始于自然人向警方进行的举报或报案，要么始于警方通过自然人举报或报案之外的渠道了解了案情的专门执法机构进行的举报或报案。这一步骤收集的数据被称为输入统计数据,因为它们仍处于整个程序的初始阶段,警方受理的主张尚未接受任何评估。

(2)警方及其他专门执法机构对进入其视线的每一刑事案件进行调查。这一步骤收集的数据被称为过程统计数据。由于刑事案件已经得到处理,因此没有证据支持的主张可能已被排除在外。

(3)警方及其他专门执法机构结束对进入其视线的犯罪进行的调查。这一步骤收集的数据也被称为输出统计数据。只有经警方调查并确认的刑事案件才会被纳入其中。

一般而言,警方统计数据仅在上述三个潜在时间节点(见图 2 – 9)中的一个进行编制。

图 2 – 9　警方可记录数据并将其纳入犯罪统计的各个调查阶段

资料来源:United Nations Office on Drugs and Crime, *International Classification of Crime for Statistical Purposes implementation manual*(draft May 2018) ,p. 61。

2. 检方记录的犯罪

(1)警方将调查后的刑事案件提交给检察机关,并由后者登记造册。因此,这一步骤收集的数据可能与警方记录数据的步骤(3)所述数据完全相同。此外,专门执法机构可能有权自行对刑事案件提起检控,而其他机构(如税务机构、预审法官等)可能也拥有对刑事案件进行起诉的权力。于特定年份启动起诉程序的所有刑事案件均应纳入这一步骤收集的数据之中。这些数据被称为检控阶段的输入统计数据。在检控阶段,刑事案件可能会被重新归类。比如,在只能以另一罪行起诉嫌疑人的情况下,相关案件就可能被重新分类。

(2)检方还可放弃对嫌疑人的指控或通过转向措施结案。此外,检方还可将针对同一嫌疑人的不同指控作并案处理。这一步骤通常不收集任何数据。检方负责提出指控并将刑事案件提交法院审理。这一步骤收集的数据属于输出统计数据,通常与法院记录数据的步骤(1)所收集数据完全相同。

3. 法院记录的犯罪

(1)提交刑事法院的刑事案件是由法院登记后分配给法官审理的。这一步骤收集的数据属于输入统计数据,通常与检方记录数据的步骤(2)收集的数据完全相同。这些数据应仅包括一审数据,因为它们都是特定年份法院启动的新程序。

(2)提交给法院的每一刑事案件都应审理并作出最终裁判。裁判可以是无罪判决,也可以是有罪判决。这一步骤收集的数据属于输出数据,而裁判结果——无论是有罪判决,还是无罪判决——都应记录在案。

4. 监狱记录的犯罪

尽管警方、检方和法院可能使用不同的计数单位(如犯罪、案件、人员等),但监狱唯一可行的计数单位无疑是犯罪人。此外,警方、检方和法院提供的数据反映的是整个参照年份经过了这些阶段的所有刑事案件,而监狱数据反映的通常是特定报告日(如一年的最后一天)在押人数。

(1)如被法院认定有罪,接下来的量刑可能包括监禁刑。这一步骤收集的数据为监狱、刑罚机构或矫正机构关押的"被判刑人员"总数。这一数据包括所有被定罪人员,已被定罪但尚未判决的人和已被定罪但仍在等待上诉的人亦属此列。

(2)除监狱记录数据的步骤(1)收集的数据外,监狱还应分别就关押在监狱、刑罚机构或矫正机构但尚未判决或处于审前阶段的人提供单独数据。

(3)最后,监狱通常应收集被关押在监狱、刑罚机构或矫正机构的人员总数。在理想状态下,这一数据应为监狱记录数据的步骤(1)和步骤(2)收集的数据之和。一般而言,适用《犯罪统计的国际分类》的在押被判刑犯人是指领受了监禁刑罚的人;监狱应根据这些人最终判决认定的最严重罪行对他们进行分类。

由于犯罪统计指标是由许多不同主体在刑事司法系统的不同阶段生成的,因此,人们使用的计数单位多样。即便是同一辖区的数据,也可能使用了不同的计数单位。

同样,计数规则也会因辖区的不同而出现差异,在同一辖区内的不同机构之间,计数规则也可能不一致。这些差异意味着,即便犯罪活动的定义相同,不同机构对记录在案的同一批事件的统计结果仍可能不同。比如,在调查结束后记录犯罪的警察机构所记录的犯罪数通常要比刚接获报案时即记录和统计犯罪的警察机构要少。实际上,与调查初期即记录犯罪的机构相比,调查结束后才记录犯罪的机构积累的证据可能要更多。但是,由于许多案件最终可能因没有证据支持而被排除,它们记录的犯罪数反而会更少。

二、用于 UN-CTS 调查的首选计数单位和计数规则

(一)UN-CTS 修订前后的计数单位和技术规则

1. UN-CTS 修订前

根据成员国在 UN-CTS 调查修订之前提交的元数据,2014～2016 年,有约 2/3 的警方辖区将违法行为作为 UN-CTS 调查数据的计数单位。某些国家采用的计数单位还包括案件、调查等。但是,一个案件可能包括同一事件中发生的多项刑事违法行为(2014～2016 年有近 1/4 的辖区采用了案件这一单位),而一项调查则可能包括一系列案件(2014～2016 年只有 3% 的辖区采用了调查这一单位)(见图 2－10)。

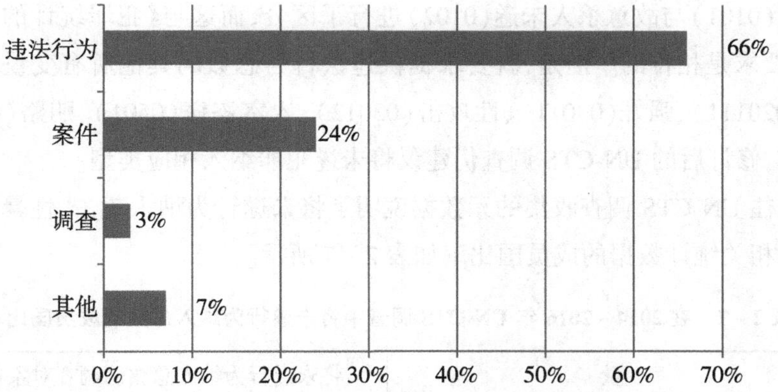

图 2－10　成员国就警方采用的计数单位向 2014～2016 年 UN-CTS 调查提交的元数据

资料来源:United Nations Office on Drugs and Crime, *International Classification of Crime for Statistical Purposes implementation manual* (draft May 2018), p. 64。

2. UN-CTS 修订后

在 2017 年的全球修订过程中,UN-CTS 调查进行了调整,以充分满足《犯罪统计的国际分类》的要求。而且,调整后的 UN-CTS 调查首次就许多统计指标提供了首选计数单位和相关计数规则方面的准则。正因为如此,UN-CTS 调查提出的建议是针对其要求提供的犯罪活动、受害人和行为人等细分数据的具体准则,而不是数据制作的一般准则。最重要的是,无论适用哪种计数单位和计数规则,它们在所有刑事司法阶段都应该是一致的,因为只有如此才能提高数据在国内外的可比性。

(二)以违法行为为计数单位及其相应的计数规则

就UN-CTS调查中要求各国根据《犯罪统计的国际分类》提供其犯罪统计数的那一部分而言,首选计数单位无疑是个体违法行为,在特定时间和特定地点发生的每一事件均应单独计数。这与《犯罪统计的国际分类》中分类单位即构成刑事犯罪的行为的定义是相符的。这意味着,每一犯罪行为均应视为刑事违法行为,而每一违法行为均应在犯罪统计中计数。

1.既遂和未遂的区分

在首选计数单位和规则下,UN-CTS调查并没有要求将未遂犯罪纳入统计。在2017年修订后的UN-CTS调查第1节关于故意杀人的章节中,故意杀人既遂(0101)与故意杀人未遂(0102)进行了区分,而这与《犯罪统计的国际分类》的要求是相符的。但是,就要求提供违法行为总数的其他所有变量如严重攻击(020111)、强奸(03011)、性攻击(03012)、入室盗窃(0501)、贿赂(07031)等而言,修订后的UN-CTS调查仍建议将未遂犯罪纳入相应类型。

以往UN-CTS调查收集的元数据说明了将未遂行为纳入攻击、性暴力和财产犯罪相关统计数据的成员国比率如表2-7所示。

表2-7 在2014~2016年UN-CTS调查中将未遂行为纳入总数的成员国比率

变量	将未遂行为纳入总数的调查对象比率
严重攻击	63%
性暴力总数	74%
强奸	59%
性攻击	67%
抢劫	68%
绑架	63%
盗窃	67%
盗窃机动车辆	63%
入室盗窃	69%
入室盗窃私人住所	69%

资料来源:United Nations Office on Drugs and Crime, *International Classification of Crime for Statistical Purposes implementation manual* (draft May 2018), p.64。

总体而言，约 2/3 的成员国将未遂行为纳入了它们向 UN-CTS 调查报告的违法行为总数中。因此，在《犯罪统计的国际分类》下，我们也建议将未遂行为纳入各类违法行为中。如果没有其他说明，《犯罪统计的国际分类》中任何犯罪类型的统计总数均应将所有潜在细分类型纳入，包括既遂和未遂类型。

2. 决定违法行为计数方法的因素

（1）主要犯罪规则的适用与否

在 UN-CTS 调查中，决定违法行为计数方法的第一项因素是主要犯罪规则的适用与否。UN-CTS 调查建议各国在统计违法行为总数时不要适用主要犯罪规则。这一建议符合《犯罪统计的国际分类》的要求和逻辑，即每一犯罪行为均单独构成一项刑事违法行为。这进一步意味着，如果同一事件中发生了多项犯罪行为，这些犯罪行为应作为单独违法行为分别计数。在一宗包含抢劫和杀人的案件中，如果不适用主要犯罪规则，则抢劫期间实施的抢劫和杀人行为在犯罪统计中均应作为单独罪行分别计为一项抢劫犯罪和一项杀人犯罪。

2014 ~ 2016 年成员国提交给 UN-CTS 调查的元数据显示，就警方记录的故意杀人和强奸犯罪数据而言，56% 的辖区在统计中只计算了最严重犯罪，而 41% 的辖区则分别统计了每一违法行为。有 3% 的辖区，主要犯罪规则的适用并不确定，或因犯罪类型的不同而不同（见图 2 – 11）。

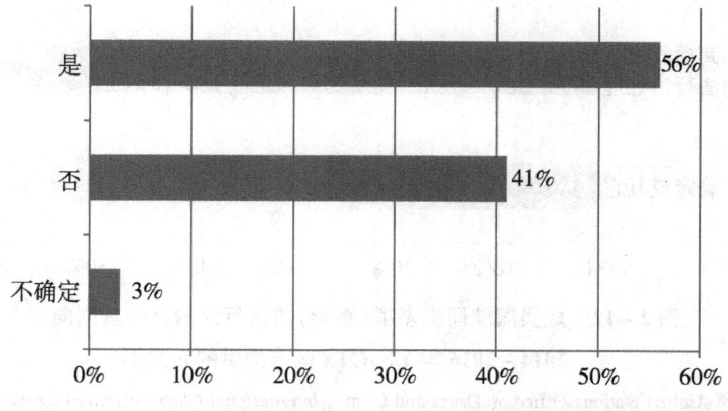

图 2 – 11　2014 ~ 2016 年成员国就警方在犯罪统计中适用主要犯罪规则的情况向 UN-CTS 调查提交的元数据

资料来源：United Nations Office on Drugs and Crime, *International Classification of Crime for Statistical Purposes implementation manual*（draft May 2018），p. 65。

(2)同类多项系列违法行为的计数方法

决定违法行为计数方法的第二项因素是同类多项系列违法行为的计数方法,UN-CTS 调查倾向于以犯罪行为或活动的实际数量统计多项、同类系列违法行为,而不是将其合并成一项违法行为进行统计。如在同一场合下接到了关于一系列攻击行为的举报,那么,将这些攻击行为记录为一次、两次还是多次攻击或以其他任何方法记录这些攻击对警方而言是非常重要的。

即便 2014~2016 年向 UN-CTS 调查提交了数据的大部分警方辖区都将一系列犯罪行为中的每一行为或事件进行了单独统计,但仍有 1/4 的辖区将同类系列违法行为作为单项犯罪进行了统计。另外,还有 20% 的辖区在这类犯罪的统计方法方面仍不确定,或者说采用了包含不同标准的其他规则对系列违法行为进行统计。只有在同一人被怀疑实施了针对同一受害人的所有犯罪的情况下或同一人被怀疑实施了所有犯罪且没有自然人作为受害人的情况下,多项违法行为才可被作为单项犯罪进行统计。违法行为实施的时限、违法行为报告的时间、违法行为类型或其在违法行为等级架构中的层次等都是一些国家确立系列同类违法行为统计规则时采用过的其他标准(见图 2-12)。

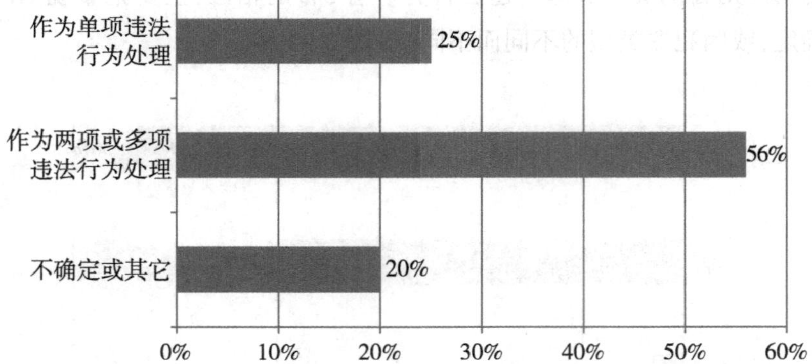

图 2-12 成员国就同类多项(系列)违法行为的计数规则向 2014~2016 年 UN-CTS 调查提供的元数据

资料来源:United Nations Office on Drugs and Crime, *International Classification of Crime for Statistical Purposes implementation manual*(draft May 2018),p. 66。

(3)多人实施的违法行为的计数方法

决定违法行为计数方法的第三个因素是警方如何统计多人实施的违法行为。UN-CTS 调查建议将多人实施的同一违法行为统计为一项违法行为。

但在一些国家，这类违法行为的记录方法仍然存在差异，在三人一起实施抢劫的情况下，一些辖区将其统计为一项违法行为，而一些国家则将其统计为三项违法行为。为统计目的计，了解这桩抢劫案到底被警方统计成了一项还是三项违法行为或有没有其他处置方式是非常重要的。成员国在 2014 ~ 2016 年向 UN-CTS 调查提供了数据的 85%，即大部分辖区都遵循了将多人实施的犯罪行为统计为单项违法行为的建议，但仍有 11% 的辖区是按参与犯罪的人数统计的（见图 2 – 13）。

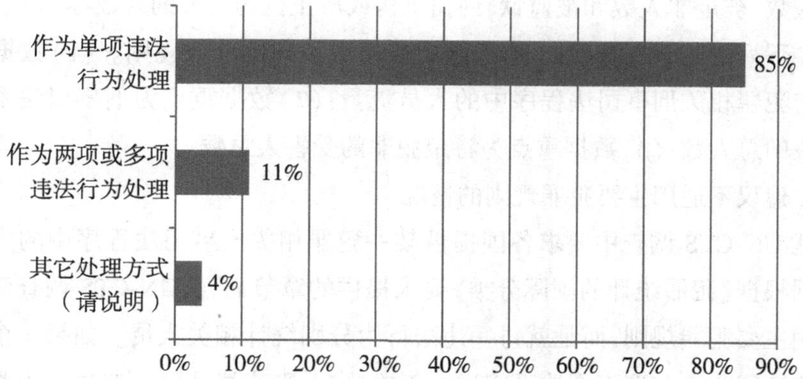

图 2 – 13　成员国就多人实施同一违法行为情况下的计数规则向 2014 ~ 2016 年 UN-CTS 调查提供的元数据

资料来源：United Nations Office on Drugs and Crime, *International Classification of Crime for Statistical Purposes implementation manual*（draft May 2018），p. 67。

在国际层面的犯罪统计中，只要这种计数规则的差异仍然存在，那么，不适用主要犯罪规则辖区的犯罪统计数据可能就要高于适用主要犯罪规则辖区的犯罪统计数据；将多项系列违法行为统计为多项单独违法行为辖区的犯罪统计数据可能就要高于将其统计为单项违法行为辖区的犯罪统计数据；按人头将多人实施的同一违法行为统计为多项违法行为辖区的犯罪统计数据可能就要高于将其统计为单项违法行为辖区的犯罪统计数据。因此，就《犯罪统计的国际分类》定义的犯罪——至少是部分犯罪——适用统一的计数规则可以为刑事违法行为统计数据的制作提供标准化计数规则，同时，与仅仅适用相同的犯罪定义和犯罪类型相比，还可实现更高程度的数据可比性。

需要指出，本章所有详细规定都适用于所有违法行为计数单位。但是，其他计数单位可能还适用其他计数规则。

(三)以人为计数单位及其相应的计数规则

除违法行为外,人也是犯罪统计中最重要的计数单位之一。计数规则应明确规定何时将人作为计数单位、如何统计人数、人数的统计中应包括哪些内容等问题。在警方统计犯罪数据这一层面,计数单位人——比方说——可用于统计与警方有正式接触的嫌疑人和犯罪人的数量,但也可用于统计受害人的数量。在刑事司法系统后期程序中,计数单位人还可用于统计被起诉人数、在刑事法庭接受审判的人数、被定罪人数和被监狱、刑罚机构或矫正机构关押的人数等。

在下列情况下,UN-CTS 调查倾向于使用不同的计数规则。(1)数据重点为特定犯罪相关刑事司法程序中的人员流量;(2)数据重点为刑事司法系统特定阶段的总人数;(3)数据重点为特定犯罪的受害人总数。

1. 建议不适用主要犯罪规则的情况

就 UN-CTS 调查中要求各国提供某一犯罪相关刑事司法程序中的人流相关数据根据《犯罪统计的国际分类》要求提供的章节而言,UN-CTS 调查建议不要适用主要犯罪规则,而是就每一违法行为分别统计相关人员。如果一个人因多项违法行为而与刑事司法系统进行正式接触,则建议就每一违法行为类型分别对这个人进行计数。同样,如果一个人在一年内无论因何犯罪类型被定罪多次,则建议就每一定罪对这个人进行计数。这项规则特别适用于统计与刑事司法系统有正式启动、被起诉、被定罪或因特定《犯罪统计的国际分类》犯罪而被关押的人数。在这种情况下,UN-CTS 调查建议的计数规则与其在前文中就犯罪这一计数单位建议的计数规则相似。在同一事件中出现不同违法行为的情况下,所有违法行为类型均应分别统计。对于实施这些违法行为的人的统计而言,这项规则同样适用。因同类多项(系列)违法行为而被记录在案的人应就每一单项违法行为分别计数,不同场合下因同类单独违法行为被多次记录在案的人应就每一单项违法行为分别计数。

例如,如果一个人因故意杀人和强奸两项罪行而与刑事司法系统进行正式接触,则在统计与刑事司法系统有正式接触的人数时,这个人应就故意杀人犯罪被统计一次,同时还应就强奸犯罪被统计一次。如果一个人因盗窃机动交通工具、盗窃商店和损坏公共财产等犯罪而被起诉,则在统计被起诉人数时,这种情形应统计为三人因《犯罪统计的国际分类》下的犯罪类型 5 仅侵犯财产的行为而被起诉。

2. 建议适用主要犯罪规则的情况之一

就 UN-CTS 调查中要求各国提供刑事司法程序任何特定阶段的总人数(根据《犯罪统计的国际分类》要求计算)的部分而言,计数规则应做出改变,以防止重复统计。为计算总数,主要犯罪规则应予适用。之前因同类多项系列违法行为而被分别计数的人此时应统计为一人,之前因在不同场合一年中多次被统计的人此时也应统计为一人。正式进入刑事司法系统、被起诉、在刑事法庭接受审判、被定罪、被关押的人数时,这一规则尤其适用。

例如,如果一个人在一年中数次因严重攻击被定罪,则在统计被定罪总人数时,应统计为一人。如果一个人在一年中分别因入室盗窃和贿赂两项罪行被起诉,则在统计被起诉总人数时,应统计为一人。

在以往的 UN-CTS 调查中,元数据并没有按犯罪大类或小类进行区分。成员国只是被要求回答一个问题,即哪些机构在统计人数时适用了主要犯罪规则。结果,大部分响应了 2014～2016 年 UN-CTS 调查的辖区在统计人数时都适用了主要犯罪规则(见图 2－14)。

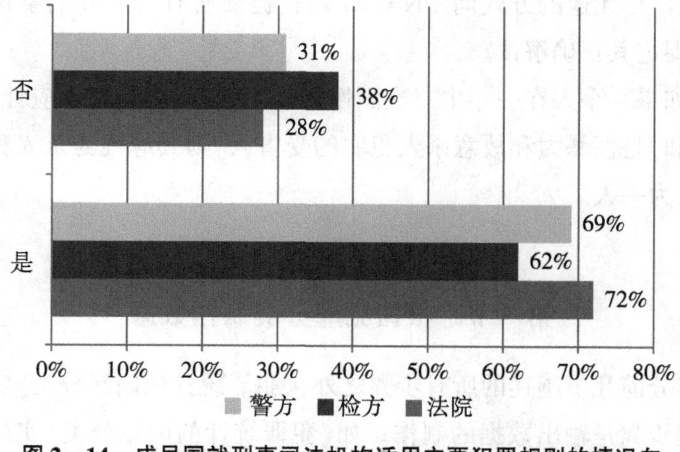

图 2－14　成员国就刑事司法机构适用主要犯罪规则的情况向 2014～2016 年 UN-CTS 调查提供的元数据

资料来源:United Nations Office on Drugs and Crime, *International Classification of Crime for Statistical Purposes implementation manual*(draft May 2018),p. 69。

3. 建议适用主要犯罪规则的情况之二

在 UN-CTS 调查中,人作为计数单位存在的一项特殊情形是受害人的统计,特别是故意杀人、严重攻击、性暴力和性剥削等犯罪受害人的人数统计。在理想情况下,所有辖区都应能够提供杀人犯罪受害人的人数,以便使跨辖区比较更具意义。

就 UN-CTS 调查中要求成员国按《犯罪统计的国际分类》要求提交某类违法行为受害人总数的章节而言,UN-CTS 调查建议成员国适用主要犯罪规则,以确保每名受害人只统计一次,而不论其受害次数。如果一个人随着时间的推移在一系列同类犯罪中受害,则建议将这一系列同类犯罪的受害人计为一人。如果一个人在同一事件中因多次同类犯罪而受害,也建议将同一时间发生的这些多次犯罪的受害人计为一人。

尽管 UN-CTS 调查就其特定部分的首选计数单位提供了说明,但成员国实际使用的计数单位有时可能会偏离这些建议。联合国毒罪办希望就计数规则这一问题进一步开展工作,以便在未来工作中为这一领域的标准和良好实践提供指导。在人们就犯罪记录和统计适当规则相关标准达成广泛一致之前,成员国都必须以详尽无遗的方式向 UN-CTS 调查提交所有犯罪和刑事司法数据的元数据,以促进其正确解读。

例如,如果一个人在一年中三次因性剥削而受害,则受害人应计为一人;如果一个人同时是性暴力和故意杀人犯罪的受害人,则其应视为杀人犯罪的受害人且受害人为一人。

第八节　根据犯罪分类制作数据

除本部分前几节阐述的所有步骤之外,《犯罪统计的国际分类》实施过程中的另一关键步骤是输出数据的制作。如《犯罪统计的国际分类》实施路线图所述,实施《犯罪统计的国际分类》的目的是使每个国家都能根据《犯罪统计的国际分类》的要求制作经过修订的统计数据,并在遵循《犯罪统计的国际分类》的前提下逐步扩大数据范围并提高数据详尽程度。

一、收据收集类型

（一）UN-CTS 数据

UN-CTS 调查充当了这一目标能否实现的一个重要参照物，因为它提出了一个指标清单，并要求成员国根据这些指标定期提供相关数据。在最低限度上，各国均应就《犯罪统计的国际分类》下的每一级犯罪类型制作下列项目的数据：（1）刑事违法行为的数量；（2）与刑事司法系统有正式接触的人数；（3）被起诉人数；（4）被审判人数；（5）被定罪人数；（6）被监禁人数。

（二）《犯罪统计的国际分类》数据

UN-CTS 数据包括依照《犯罪统计的国际分类》收集的某些犯罪的相关数据，还包括刑事司法系统运作的其他一些数据。除 UN-CTS 调查外，各国还就许多《犯罪统计的国际分类》级别按犯罪类型收集了相关数据。

尽管这些指标是改善犯罪数据质量、一致性和可比性的最低要求，但《犯罪统计的国际分类》还可作为增进人们对犯罪推动和诱发因素理解的工具。在《犯罪统计的国际分类》提出的一整套分门别类变量得到切实实施的情况下尤其如此。如果在犯罪统计中使用这些标签，除第六节详细阐述的其他分门别类变量外，人们将可进一步按犯罪背景（如有组织犯罪相关、帮派相关、恐怖主义相关等），犯罪动机（如仇恨犯罪、性别或经济动机），犯罪机制（如枪支、刀具或其他手段）等标准对刑事违法行为进行识别和分析。

二、依照《犯罪统计的国际分类》对数据收集采用单位记录系统

特别是在上述分门别类变量方面，联合国毒罪办强烈建议各国就刑事司法系统所有阶段的所有计数单位依照《犯罪统计的国际分类》使用单位记录系统。与汇总数据收集体系相比，单位记录数据收集体系具有若干重大优势。

（一）单位记录系统的优势

首先，单位记录数据的详尽程度要高得多，能够显著提高数据分析的灵活性。其次，由于这种数据允许人们就任意变量的组合进行交叉制表（cross-tabulation），因而能够回答汇总数据收集方法所不能回答的许多特殊问题。此外，单位记录数据大大改善了系统通过验证规则和程序对数据质量进行核实的能力。通过查阅每一单位记录，人们即可发现和纠正一系列数据质量问题。因此，在资源允许的情况下，单位记录数据收集方法应优先于汇总数据收集方法而被采用。

就《犯罪统计的国际分类》的实施而言，使用了《犯罪统计的国际分类》分

门别类变量的单位记录能够使各国在任何级别上对数据进行组合和汇总。特别是对发展中国家及尚未使用计算机数据收集系统的国家而言,《犯罪统计的国际分类》的实施为他们考虑彻底变革其现有记录体系或根据《犯罪统计的国际分类》的要求改编新的记录体系提供了机会。

(二)《刑事司法统计系统发展手册》的补充

如2003年《刑事司法统计系统发展手册》(Manual for the Development of a System of Criminal Justice Statistics)所述,收集单位记录犯罪数据的过程与汇总数据收集方法存在相当大的差异。在单位记录方法下,犯罪信息仍由地方警察记录,但由于数据是按个案特征收集的,因此不能使用计数表(tally sheet),而需就每一案件分别填写相关表格。

《刑事司法统计系统发展手册》还为警方和法院提供了单位记录犯罪数据收集表样本。这些表格可进行改编并用于《犯罪统计的国际分类》下的犯罪类型。在理想状态下,这些表格应以电子方式进行处理并输入电子数据库,但也可用于纸质系统。尽管如此,所有统计系统——即便是没有单位记录且没有计划在数据收集领域中引入单位记录的系统——都可从《犯罪统计的国际分类》的实施包括犯罪、受害人和行为人相关分门别类变量的实施中受益。在基于汇总数据的统计系统中使用《犯罪统计的国际分类》标签时,审查数据汇总的级别非常重要。在汇总过程中,应考虑并计划就《犯罪统计的国际分类》规定的标签对相关指标进行细分,然后新建相应的表格。如未收集到需要的信息,还需考虑对记录过程作出调整。

在联合国毒罪办持续收集数据的过程中,情境特定特征相关数据的可获性和质量在拉丁美洲、非洲和亚洲的许多国家仍然严重受限,即便是故意杀人这样记录充分的犯罪也如此,而其他类型的犯罪就更不用说了。因此,倡导和使用符合《犯罪统计的国际分类》要求的情境特定标签将有利于改善犯罪数据的分析价值,从而有利于打击和预防犯罪。

(三)单位记录系统与汇总收集数据的比较

就案件在法院系统的审理时间而言,两种数据收集系统可分别提供哪些信息。

1. 汇总数据收集体系

在汇总数据收集体系下,人们可统计出事先确定的各类审理时限各包含了多少案件。为说明这一问题,我们假设共有三类审理时限,即少于6个月、6个月至1年、1年以上。根据这三个时限,我们就可确定案件审理时间的分布情况。也就是说,我们可统计出案件审理时间少于6个月的案件数,但可能无法统计出审理时间为1个月或5个月的案件数。同样,我们可以统计出审理时间超过了一年的案件数,但可能无法统计出审理时间为2年或3年的案件数。

2. 单位记录数据收集体系

在单位记录数据收集体系中,数据是在各记录层面存在的。单位记录数据收集方法可收集首次出庭的日期和案件处理完毕的日期。有了这两个日期,计算法院审理过的所有案件的审理时间并统计任一规定时限内的案件数就成为了一种可能。为此,我们只要确定自己感兴趣的审理时限,然后查询数据库,就可以找出各类审理时限的案件数。比如,如果需要审理时间为6个月的案件的分布信息,只要查询数据库,我们就可以找出在1个月、2个月、3个月、4个月、5个月和6个月内审理完毕的案件并进行统计。如果需要更多细节,我们还可对搜索进行修改,即可统计出审理时间为5天、10天、15天的案件数。

三、在国际报告中采用《犯罪统计的国际分类》定义取得的可见成果

《犯罪统计的国际分类》的主要目标之一,是提高犯罪统计数据的一致性和国际可比性。因此,在讨论《犯罪统计的国际分类》下的数据制作时,考察《犯罪统计的国际分类》中的定义对国际和地区层面数据报告产生的影响和效果是恰当的。由于《犯罪统计的国际分类》为不同辖区统计数据的系统制作和比较提供了一个统一框架,因此,根据《犯罪统计的国际分类》报告的数据应该比根据各国定义报告的数据具有更大的可比性。

本节提供了一些《犯罪统计的国际分类》实施前后统计数字发生变化的例子。这些例子中的数据都是各国向2015年和2016年联合国犯罪趋势和刑事司法系统运作情况调查提交的数据,是各国根据《犯罪统计的国际分类》的定义对国别数据进行汇总后生成的。

目前,世界各国在犯罪统计中对接《犯罪统计的国际分类》的热情升温,且已经反映在全球层面可比数据质量的提升和数量的增加上了。在2017年的UN-CTS调查中,根据《犯罪统计的国际分类》的定义和类型报告犯罪数据的国家更多了。与此同时,2017年UN-CTS调查的反馈还表明,就《犯罪统计的国际分类》和UN-CTS调查中包含的非常规犯罪收集一致数据的工作仍需加强。

(一)俄罗斯

在定义的变化将如何影响各国报告给联合国毒罪办的数据方面,最好的例子莫过于俄罗斯向2016年UN-CTS调查提交的数据了。根据《犯罪统计的国际分类》的定义,俄罗斯内政部修正了表2-8所列该国2010~2014年间向联合国报告的故意杀人犯罪(0101)和严重攻击犯罪(020111)的统计数据。①

表2-8 俄罗斯向2016年UN-CTS调查提交的故意杀人犯罪(0101)违法行为数据的修正情况

	年份	2010	2011	2012	2013	2014
故意杀人犯罪(0101)违法行为	旧数据	13,555	12,641	11,835	10,935	10,425
	新数据	22,897	21,506	19,881	18,464	17,414
	差异	+9342	+8865	+8046	+7529	+6989

由于将《俄罗斯联邦刑法典》第111(4)条(蓄意对他人健康造成严重伤害,且由于过失导致受害人的死亡)规定的所有犯罪都纳入了故意杀人犯罪类型,因此,俄罗斯报告的故意杀人犯罪数出现了增加。同样,由于第111(4)条规定的所有犯罪如今都归入了故意杀人犯罪,因此表2-9所列俄罗斯报告的严重攻击犯罪数出现了同等数量的下降。②

表2-9 俄罗斯向2016年UN-CTS调查提交的严重攻击犯罪(020111)违法行为数据的修正情况

	年份	2010	2011	2012	2013	2014
严重攻击犯罪(020111)违法行为	旧数据	39,745	38,512	37,091	34,786	32,899
	新数据	30,403	29,647	29,045	27,257	25,910
	差异	-9342	-8865	-8046	-7529	-6989

(二)德国

同样的变化也可见于德国提交给2015年UN-CTS调查的数据。根据《犯罪统

① See United Nations Office on Drugs and Crime, *International Classification of Crime for Statistical Purposes implementation manual* (draft May 2018), p. 72.

② See United Nations Office on Drugs and Crime, *International Classification of Crime for Statistical Purposes implementation manual* (draft May 2018), p. 72.

计的国际分类》的定义，德国联邦刑事犯罪调查局(Bundeskriminalamt)对该国2009～2013年间的故意杀人犯罪(0101)和严重攻击犯罪(020111)数量进行了修订。

根据德国的对应表，故意杀人犯罪包括特定加重情节下的谋杀既遂行为(刑法典第211节)，谋杀(刑法典第212节)，减轻情节下的谋杀(刑法典第213节)，应受害人请求实施的杀人(刑法典第216节)和导致死亡的身体伤害(刑法典第227、231节)，但不包括过失杀人(刑法典第222节)，伴随死亡的强奸/性胁迫(刑法典第178节)和导致死亡的抢劫(刑法典第251节)等犯罪。由于之前表2－10 2009～2013年的报告都没有将导致死亡的身体伤害纳入故意杀人类型，因此德国提供了2009年之后的修正数据。

表2－10　德国向2015年UN-CTS调查提交的故意杀人犯罪(0101)违法行为数据的修正情况

	年份	2009	2010	2011	2012	2013
故意杀人犯罪(0101)违法行为	旧数据	628	601	614	538	531
	新数据	721	699	689	619	623
	差异	+93	+98	+75	+81	+92

由于导致死亡的身体伤害根据《犯罪统计的国际分类》的定义被纳入了故意杀人犯罪，因此故意杀人犯罪数出现了增加。相应地，严重攻击犯罪数出现了下降。但是，这种下降不仅仅是因为导致死亡的身体伤害犯罪被纳入了故意杀人类型，而且是因为严重攻击犯罪的定义发生了其他变化。

德国报告的严重攻击犯罪数据包括了危险且严重的身体伤害犯罪(刑法典第224、226、231节)和女性生殖器官切割犯罪(刑法典第226a节)，但没有包括导致死亡的身体伤害(刑法典第227、231节)，虐待被监护人(刑法典第225节)，故意轻微身体伤害(刑法典第223节)和过失/非故意身体伤害(刑法典第229节)等犯罪。由于之前报告的2009～2013年的严重攻击犯罪数据包括了故意轻微身体伤害犯罪，因此表2－11德国对2009年之后的数据进行了修正。①

① See United Nations Office on Drugs and Crime, *International Classification of Crime for Statistical Purposes implementation manual* (draft May 2018), p. 73.

表 2－11　德国向 2015 年 UN-CTS 调查提交的严重攻击犯罪(020111)
违法行为数据的修正情况

严重攻击犯罪(020111)违法行为	年份	2009	2010	2011	2012	2013
	旧数据	519, 010	515, 853	513, 458	520, 005	506, 616
	新数据	149, 301	142, 903	139, 091	136, 077	127, 869
	差异	－369, 709	－372, 950	－374, 367	－383, 928	－378, 747

(三)瑞典

瑞典提交给 2016 年 UN-CTS 调查的严重攻击犯罪数甚至出现了更加显著的下降。根据《犯罪统计的国际分类》的定义,瑞典国家预防犯罪委员会(Brå)提交的表 2－12 对该国 2010～2014 年间的严重攻击犯罪(020111)数据进行了修正。在此之前,该国的严重攻击犯罪数据包含了严重和轻微袭两种类型。①

表 2－12　瑞典向 2016 年 UN-CTS 调查提交的严重攻击犯罪(020111)
违法行为数据的修正情况

严重攻击犯罪(020111)违法行为	年份	2010	2011	2012	2013	2014
	旧数据	87, 854	89, 457	87, 052	80, 374	83, 324
	新数据	5594	5684	5338	4659	4570
	差异	－82, 260	－83, 773	-81, 714	－75, 715	－78, 754

关于严重攻击(020111)与轻微攻击(020111)区分方法方面的进一步建议,请参见第九节“具体违法行为的归类”。

根据《犯罪统计的国际分类》对严重攻击犯罪的定义进行的调整导致俄罗斯报告的相关数据下降了 22%,同时导致德国报告的相关数据下降了 73%,而瑞典报告的数据甚至下降了 94%。

(四)澳大利亚

同样,在非暴力犯罪领域,根据《犯罪统计的国际分类》的定义对数据进行的调整也带来了更高的数据准确性和更大的数据可比性。表 2－13 为澳大利

① See United Nations Office on Drugs and Crime, *International Classification of Crime for Statistical Purposes implementation manual* (draft May 2018), p. 73.

亚统计局向2016年UN-CTS调查提交的数据,显示了“盗窃陆地机动交通工具”这一犯罪相关定义和报告数据的变化。澳大利亚之前在这一犯罪类型下报告的数据包括了非法使用机动交通工具(偷车兜风)这一罪行,而在《犯罪统计的国际分类》中,这项犯罪被排除在了盗窃陆地机动交通工具这一犯罪类型之外。因此,新的定义反映了这一变化,使澳大利亚数据使用的定义与《犯罪统计的国际分类》使用的定义保持了一致。①

表2-13 澳大利亚向2016年UN-CTS调查提交的盗窃陆地机动交通工具罪(050211)违法行为数据的修正情况

	年份	2010	2011	2012	2013	2014
050211违法行为	旧数据	54,819	56,074	58,559	52,508	50,186
	新数据	47,584	49,581	52,324	47,491	45,080
	差异	-7235	-6493	-6235	-5017	-5106

而且,澳大利亚的数据还包括了盗窃陆地机动交通工具未遂这一罪行,因为偷盗陆地机动交通工具未遂与故意损坏陆地机动交通工具犯罪之间难以区分。

第九节 特定犯罪的分类

对于大部分刑事犯罪而言,基于行为/活动的描述及可归入和可排除情形说明足以将其归入适当的犯罪类型。但是,一些犯罪的归类却可能需要额外说明。比如,制药犯罪、伪造药物犯罪和药物掺假犯罪看似相同,实则应归属于不同的犯罪类型。

由于《犯罪统计的国际分类》是一个理想主义的层级式犯罪分类体系,而各国的刑事犯罪类型对应的却是经自然演变而形成的刑法,因此国内犯罪类型可能无法与《犯罪统计的国际分类》规定的犯罪类型完全对应,且映射过程中产生的问题有时可能是无法解决的。换句话说,对于无法与《犯罪统计的国际分类》完全对应的国内犯罪类型而言,可能会没有完美的映射解决方案。在这种情况

① See United Nations Office on Drugs and Crime, *International Classification of Crime for Statistical Purposes implementation manual* (draft May 2018), p. 73.

下,我们建议一国境内的所有刑事司法机构能够进行协商,然后找出最佳的、所有机构都一致适用的映射解决方案。此外,我们还建议,相关国家能够参考手册中的良好实践或其他国家采用的方案(如参考《犯罪统计的国际分类》虚拟平台)。最后,相关国家还可向联合国毒罪办发出请求,要求其提供建议,后者可能会给出直接建议或将其问题移交给《犯罪统计的国际分类》技术咨询小组。

发布《犯罪统计的国际分类》欧盟指南(2017 年版)后,欧洲统计局(Eurostat)目前正就特定犯罪的分类起草新的指南,将就其他国际公约条款和立法所定犯罪(如贩卖枪支、网络犯罪、腐败、基于性别的暴力、伪造等)的映射提供更多指导。

在将国别犯罪类型映射至《犯罪统计的国际分类》的过程中,各国就特定犯罪的映射提出了一些问题,而本部分是联合国毒罪办就这些特定犯罪的映射提供一些建议。

一、《犯罪统计的国际分类》中第 1 节特定犯罪的分类

(一)故意杀人(0101)

1. 单独、孤立事件

因恐怖主义发生的杀戮应该归入故意杀人犯罪,尽管许多国家将其排除在故意杀人范畴之外。在美国,911 恐怖攻击事件的受害人就没有被视为故意杀人犯罪的受害者。在 2001 年的《统一犯罪报告计划》中,美国联邦调查局将 911 恐怖攻击的受害人作为特殊受害人进行了单独处理。之所以将恐怖攻击的受害人排除在故意杀人犯罪数据之外,一方面是因为恐怖攻击的独特性质;另一方面也是因为恐怖攻击受害人的数量本身会对统计数据产生巨大影响,使得任何趋势分析变得毫无意义。毕竟,911 恐怖攻击只是一个单独的、孤立的事件。但是,在《2013 年全球凶杀案研究》(Global Study on Homicide 2013)中,联合国毒罪办则将 911 恐怖攻击的受害人列入了美国杀人犯罪受害人的统计数据中。对于西班牙 2004 年 3 月 11 日发生的恐怖攻击事件的受害人,联合国毒罪办也采取了同样的处理方式。

一般而言,恐怖攻击的受害人应该且事实上确实被纳入了杀人犯罪数据。挪威 2011 年记录的 111 项杀人犯罪就是最明显的例子。挪威将于特岛和奥斯陆发生的恐怖攻击的 77 名受害人纳入了该国的杀人犯罪数据,尽管这些攻击具有独特性,属于孤立事件,尽管这些数据对趋势分析具有重大影响。因为一

般情况下，挪威每年只有30项左右的杀人犯罪。此外，纽约市警察局也将2017年10月该市发生的恐怖攻击的受害人纳入了杀人犯罪数据。

单独、孤立事件应该纳入杀人数据——即便这样做会对趋势分析产生影响。但是，一国境内具有武装冲突特征的持续攻击和冲突的受害人则应作为冲突死亡者单独统计，而不应归入杀人统计数据中［参见与武装冲突有关的非法杀人(0107)］，即便这种武装冲突具有不对称性也一样。

2. 路上死亡的移民

在路上死亡的移民不应纳入故意杀人统计数据，但相关辖区将其死亡事件作为故意杀人犯罪处理的情形除外。如果死亡是因出境国、接收国或其他任何国家的任何执法机构实施的故意杀人行为导致的，则与其他任何杀人犯罪一样，受害人应纳入相关辖区的故意杀人统计数据中。如没有任何国家声称对死亡的移民拥有管辖权或没有发现执法机构的任何刑事不端行为，则不应纳入。

3. 杀婴

在许多辖区，杀婴是一种特殊的故意杀人犯罪。这并不是因为婴儿本身的年龄很小，而是因为这类犯罪发生时，母亲可能仍与婴儿有情感联结，从而导致杀婴的母亲具有一定的减轻情节。婴儿这一术语来自拉丁语中的“infantis”这个形容词，意为“无语的”或“不会表达的”，但也有“新出生的”这一意义。世界卫生组织将婴儿死亡率定义为一岁以下婴儿的死亡率。因此，在《犯罪统计的国际分类》中，杀婴这一术语具有相同的定义，杀婴是指杀害一岁以下儿童的犯罪已经成为了一项广泛共识。因此，杀婴应该纳入故意杀人(0101)，正如其他所有故意杀害已出生活人的犯罪应该纳入故意杀人犯罪一样。在统计学意义上，将杀婴与故意杀人区分开来是没有必要的，而考虑法庭上具有重要意义的减轻情节也是没有必要的。在《犯罪统计的国际分类》中，与杀婴不同的犯罪类型是非法杀害胎儿(0106)。

如果想对故意杀人(0101)犯罪进行进一步的细分，各国可以这样做，正如其他所有《犯罪统计的国际分类》类型那样。但是，只有遵循了《犯罪统计的国际分类》提出的标准，这种细分才会有意义。如果故意杀人(0101)项下报告的各类犯罪还有各种亚类，则必须确保这些亚类具有相互排斥性，且必须确保没有重复统计。比如，如果一项谋杀被归入了“雇佣杀人”(sicariato)，则不应再将其归入“杀害女性”(femicidio)或“谋杀”(asesinato)。如果这些类型在本质上不是相互排斥的,则必须有明确的规则说明一项犯罪为什么被归入了某一类型,而没有被归入另一类型。通过使用《犯罪统计的国际分类》中可归入情形和可排除情形那样的说明,这一点是可以做到的。

4. 攻击犯罪的受害人因攻击而在医院死亡

如攻击犯罪的受害人因攻击而在医院死亡,该死亡事件应记录为故意杀人犯罪。如受害人在一国遭受攻击,然后又被转移至另一国医院,且在另一国医院中死亡,则取决于接收国当局是否对受害人死亡原因展开调查。如接收国展开调查,则其可能得出有人实施了犯罪这一结论。此时,受害人即应归入《犯罪统计的国际分类》下的杀人受害者行列。当然,接收国当局还可将案件移交回攻击事件最初发生的辖区,并由最初辖区记录该杀人犯罪。最终,该杀人犯罪可能在两个辖区的记录中均有体现。

如果一个人因攻击受伤并因该攻击导致的伤害于数月后在医院死亡,则调查当局应将该严重攻击犯罪重新归入故意杀人犯罪。如该案件已于前一年被记录为严重攻击犯罪,则前一年的严重攻击犯罪记录应予作废,并将其重新记录为当年的故意杀人犯罪。任何时候,只要怀疑或证实有人实施了犯罪,即应将该犯罪记录在案,即便相关案件在受害人下葬数年后又被重新归入了故意杀人犯罪且受害人死亡证明上写的是其他不同原因。一般而言,犯罪的记录时间应为犯罪被发现之时,而不是向前追溯至犯罪实施之时。

5. 法人杀人(corporate homicide)

在现实中,法人杀人(corporate homicide)在所有辖区都不存在。但是,通过使用犯罪行为人法律地位(LS)这一《犯罪统计的国际分类》标签,人们在理论上是可以将法人杀人犯罪记录在案并进行统计的。正常情况下,刑事犯罪都需要有自然人如相关公司的负责人来实施故意杀人犯罪。即便人们已就法人可负刑事责任这一观点达成了共识,但就法人有杀人的犯罪意图这一点而言,人们却难以达成共识。在大多数辖区,法人中作出杀人决定的那个自然人——而不是法人本身——往往就是应对犯罪负责的那个人。过失致人死亡的情形与此不同,因为其没有杀人意图。在大多数国家,法人很可能要对《犯罪统计的国际分类》下的很大一部分犯罪负责。

(二)与武装冲突有关的非法杀人(0107)

与武装冲突有关的非法杀人(0107)指武装冲突情形下发生的但未构成战

争罪的非法杀戮。因此,这一犯罪类型与武装冲突的具体情境有关。应该注意的是,这里的武装冲突还没有构成国际法定义的战争。可以明确的是,下列犯罪不属于与武装冲突有关的非法杀人,即武装冲突过程中实施的、构成《犯罪统计的国际分类》中0101类型所对应的故意杀人犯罪的杀戮、与武装冲突相关的、构成《犯罪统计的国际分类》中11013类型所对应的战争罪的杀戮。

《犯罪统计的国际分类》中的0107犯罪类型是一个剩余类型。有了这一类型,各国即可对作为"普通"犯罪的故意杀人、战争罪和战斗人员在武装冲突中实施的、在国内立法中被视为刑事犯罪的杀戮进行区分,而处于武装冲突状态的国家就有了报告与该国安全局势相关的非法杀戮的渠道。

二、《犯罪统计的国际分类》中第2节特定犯罪的分类

(一)严重攻击(020111)和轻微攻击(020112)的区分

1. 严重攻击(020111)

严重外力作用(serious physical force)和严重身体伤害(serious bodily injury)是《犯罪统计的国际分类》下严重攻击犯罪的两大区分标准。正常情况下,任何犯罪要被归入《犯罪统计的国际分类》中的严重攻击(020111)类型,这两大标准都要满足。但是,也有一些只满足一项标准的情形,如推搡或掌掴受害人、导致受害人失去平衡、倒地并遭受外伤的情形。尽管最初行为(推搡或掌掴)可能被归入轻微攻击,但攻击的结果却是严重身体伤害。因此,该行为最终应归入严重攻击类型。即便只满足了一项标准,相关攻击仍应归入严重攻击类型。

反过来,也可能出现对受害人身体施加了严重外力作用但没有导致严重身体伤害的情形。比如,将钝物作为武器击打受害人头部,但由于受害人穿戴了头盔之类的防护设备而没有遭受严重身体伤害的情形。枪击受害人,但由于受害人穿着防弹衣而没有遭受严重身体伤害的情形也属于此类。再次强调,即便只满足一项标准,但由于使用了武器,这样的攻击仍应归入严重攻击犯罪。

用作例子的上述犯罪的加重情节也是支持这样分类的原因之一。在攻击中使用了枪支之类的武器,但由于没打中受害人而未导致严重身体伤害的情形同样属于严重攻击犯罪。即便是朝天开枪,以此作为警告,使用了枪支这一事实甚至是枪支的存在本身都可在一些法律情境下构成加重情节,从而导致严重攻击犯罪。

2. 加重情节

各国定义的加重情节在《犯罪统计的国际分类》中并不存在。因此,各国最终不得不依赖各自在司法过程中所作的加重情节的定义及统计记录过程中对合理性的判断就严重攻击的归类作出决定。目前这个时候出台一份有效的、抽象的加重情节指导目录似乎并不可行,因为各国目前可能无法根据这些情节对其严重攻击犯罪进行细分。

一些分歧将一直存在。但是,这些分歧可以随着时间的推移逐步缩小。比如,各国可不断积累和整理被归入或排除于《犯罪统计的国际分类》中各犯罪类型的违法行为或加重因素的元数据,直到可行的统一定义出现为止。到那时,加重情节就会有一个统一的判断标准了。

3. 不确定严重或轻微

如不确定某一攻击是否应视为严重或轻微,则可笼统将其归入攻击(02011)这一高一级的犯罪类型。如某一国家在法律或统计意义上没有对严重攻击和轻微攻击进行区分,则可直接适用攻击(02011)这一类型。但是,如果这些细节存在且可用于区分不同程度的攻击,则这些细节应予适用。否则的话,某些层次的细节和信息将在映射至《犯罪统计的国际分类》的过程中丢失。

(二)有害物质的施用

如果受害人出现严重身体伤害,则故意施用有害物质的行为应归入严重攻击(020111)中的投毒(poisoning)类型。导致受害人住院治疗或需要医学干预的故意施用有害物质的任何行为均应这样处理。但是,如果有害物质没有导致身体伤害或仅导致受害人出现不需要医学照护的轻微伤害,则故意施用有害物质的行为应归入轻微攻击(020112)中的下药(drugging)类型。

(三)业务过失(02062)和危害工作健康和安全的行为(09021)

业务过失的行为和危害工作健康和安全的行为都可造成身体伤害,或在职业背景下有造成身体伤害的可能性。这两类犯罪的主要区别在于,业务过失这一犯罪行为的责任人为个人,而危害健康和安全这一犯罪行为的责任人为公司或机构。比如,制造含有小零件的产品,因而对儿童造成了危险这样的行为即可归入危害工作健康和安全的行为(0902)。另外,自雇类(或专业类)玩具制造商未正确组装产品,进而导致使用该产品的儿童遭受危险的行为则应归入业务过失(02062)类型。

（四）诱拐未成年人（02021）（abduction of a minor）和绑架（020221）（kidnapping）

诱拐未成年人（02021）指非法带走、藏匿或羁押未成年人、使其脱离其合法监护人或父母的行为。犯罪的行为人通常为对儿童没有排他性监护权的另一父/母、合法监护人或家庭成员，其犯罪目的不是索要赎金，而是非法获得孩子的监护权。它与绑架（020221）不同，因为绑架是指非法带走和羁押他人并以受害人的释放为条件获得非法收益的行为。

比如，如果一个没有独立监护权的父亲把自己的孩子带走并要求支付赎金才将孩子放回，这个案件即可视为绑架。另外，如果一个父亲不服法庭的监护权判决而将孩子带走，但并没有要求支付赎金，则该案件属于诱拐未成年人。

（五）贩运人口（0204）

贩运人口（0204）的定义包括三个要素，即行为、手段和目的。其中，行为指招募、运输、转移、藏匿或接收人口；手段指威胁或实际使用武力、胁迫、诱拐、欺诈、欺骗、滥用权力或利用受害人弱点，或向控制受害人的人给予金钱或利益等；目的则包括剥削（包括性剥削）、强迫劳动或摘取器官等。在受害人为成年人的情况下，缺少这三个要素中的任何一个，相关犯罪就不能视为贩运人口。如果这三个要素中的任何一个缺失，犯罪类型即发生变化，不能再归入贩运人口类型。因此，只有在行为和手段上都满足上述要素的情况下，性剥削犯罪才能归入以性剥削为目的的贩运人口犯罪（02041）。否则，相关犯罪就只能归入针对成年人的性剥削犯罪（03021）。同样，如另外两大要素缺失，强迫劳动也只能归入强迫劳动（02032），而不是以强迫劳动为目的的贩运人口。

应该注意的是，贩卖儿童与贩运人口的定义稍有不同。贩卖儿童指以剥削为目的招募、运输、转移、藏匿或接收儿童的行为，而特定手段（武力、胁迫、欺骗等）的使用并非构成贩卖儿童犯罪的必要条件。

（六）诽谤或侮辱（0209）和妨碍司法（08061）

在英语中，诽谤指利用恶意算计过的虚假指控或错误陈述损害另一个人声誉的行为。在《犯罪统计的国际分类》中，诽谤被列入了可归入诽谤或侮辱犯罪类型（0209）的行为清单。所谓诽谤或侮辱，是指以损害他人声誉、受尊重地位、受信任状况或诱发敌对或不适意见或感受为目的的恶意评论、行为或通信（口头或其他形式的）。将诽谤归入这一犯罪类型的原因在于，诽谤的重点是损害他人声誉，而不是虚假指控这样的司法程序。

妨碍司法(08061)包括误导司法进程、提供虚假证词/作伪证、提供虚假信息等行为。它被归入了针对司法体系的行为(0806)这一类型，即破坏执法部门或司法体系运作的行为类型。在诽谤或侮辱犯罪(0209)中，受害人为他人，而在妨碍司法(08061)犯罪中，受损害的是司法体系及其正当程序，而不是个人声誉。

三、《犯罪统计的国际分类》中第3节特定犯罪的分类

(一)儿童卖淫(030222)和卖淫罪(08021)

儿童卖淫(030222)和卖淫罪(08021)之间的主要差异在于，由于儿童的年龄状况、法律限制和合意的缺乏，前者被人们视为对受害人有害，而后者则没有这种害处。与公开猥亵罪(public indecency)相似，卖淫罪(08021)是有悖于公众、公共秩序和普遍认可的公共性标准(以国内法存在这些标准为前提)的行为。这些标准和规定的实施通常是为了防止出现可能冒犯公众的行为或被禁性行为[如卖淫罪(08021)犯罪中性与金钱的交易]。

即便卖淫罪违反了标准和法律规定，人们仍认为它们对受害人并没有害，即行为人并没有对受害人造成严重伤害。任何时候，只要犯罪行为人中对受害人使用了武力或威胁，该行为应归入针对成年人的性剥削(03021)——该类犯罪包括招募、怂恿或介绍人卖淫等行为；如贩运人口的三大要素全部具备，则应归入以性剥削为目的的贩运人口(02041)类型。

就儿童而言，"寻求性服务"(soliciting sexual services)应归入儿童卖淫(030222)犯罪，因为这是以获得性服务为目的的未遂行为。就成年人而言，"寻求性服务"应归入卖淫罪(08021)犯罪。

(二)针对儿童的性剥削(03022)

强迫儿童观看性行为或观看色情作品应归入针对儿童的其他性剥削(030229)犯罪，因为这可以说是以个人满足为目的的剥削儿童行为。可以推测的是，行为人从儿童观看性行为或观看色情作品的行为中获得了生理上的利益，而这是剥削的应有之意。

(三)其他形式的儿童性剥削(030229)与"引诱儿童"

在《犯罪统计的国际分类》中，"引诱儿童"并非一个独立犯罪类型，而是作为可归入针对儿童的其他性剥削(030229)的例子而被列出的一项行为。通常，

它是指为协助另一性犯罪的实施而作出的行为。“引诱”指以某种方式——特别是提供某种形式的回报——诱使儿童作出某种行为或前往某个地方的行为。成年人给小孩子糖果，诱使小孩子跟他走就是最好的例子。当然，这一行为本身可能已经构成犯罪，因为它通常是以协助另一性质犯罪的实施为目的作出的。

四、《犯罪统计的国际分类》中第4节特定犯罪的分类

（一）抢劫运输途中的贵重物品或货物（04012）

要将某一犯罪归入抢劫运输途中的贵重物品或货物这一类型，并不需要以抢劫发生时货物正处于运动状态为条件。实际上，抢劫可以发生在交通工具已经停下的时候，比如交通工具停在红绿灯口、路障或检查点前的时候。抢劫运输途中的贵重物品或货物（04012），包括抢劫汽车或车辆（040121）和其他抢劫运输途中的贵重物品或货物的行为（040129），必须区别于抢劫他人（04011）这一犯罪，因为这种抢劫没有涉及汽车或卡车，也必须区别于针对企业或机构的抢劫，因为这种抢劫的受害人是静态物体。

如果发生在长途汽车、火车或飞机上的抢劫是以个人的财物为目标并以非法夺走或获得钱包、手机、手表、钱袋甚至是行李为目标，则其应归入抢劫他人（04011）类型，或者更具体地说，应归入在公共场所抢劫他人（040111）类型，而不是归入抢劫运输途中的贵重物品或货物（04012）类型。如果要将抢劫运输途中的贵重物品或货物（如行李箱）的行为归入其他抢劫运输途中的贵重物品或货物的行为（040129）这一类型，相关贵重物品或货物在被使用武力或威胁使用武力非法夺走时必须处于飞机或巴士公司的管理之下。

（二）抢劫（0401）、敲诈或勒索（02051）与在公共场所抢劫他人（040111）

敲诈或勒索（02051）指行为人以非立即实现的威胁迫使受害人作出特定行为（包括放弃财产或金钱）的情形。这意味着，财产或金钱的放弃不是犯罪实施时发生或作为犯罪实施即时后果出现的。只要威胁作出后立即伴以财产或金钱的移交，相关行为即应归入抢劫（0401）这一类型。

如果威胁是当着受害人的面作出的，如在公共场所威胁个人的情形，且由于该威胁，某一贵重物品被迫易手，则该犯罪行为应归入在公共场所抢劫他人（040111）这一类型，尽管行为人并未使用武力、而是使用武力威胁非法获得该贵重物品的。

五、《犯罪统计的国际分类》中第5节特定犯罪的分类

本部分主要涉及入室盗窃(0501)与盗窃(0502)的区分。

入室盗窃(0501)与盗窃(0502)非常相似。实施盗窃或实施盗窃的意图是所有入室盗窃犯罪的要素之一。但是,入室盗窃还涉及未获允许非法进入他人管理的场所这一要素。这意味着,未经允许且以使用或未使用武力的形式进入某一建筑物或其他场所实施盗窃或意图实施盗窃的所有行为均应自动归为入室盗窃(0501)这一类型。入室盗窃犯罪定义的一个主要方面是,被闯入的物体必须是建筑物、住所或其他场所。这意味着,被闯入物体必须是静态物体。一般而言,入室盗窃不适用于交通工具,因为交通工具是运动物体。就这点而言,通过进入交通工具实施盗窃的行为不应归为入室盗窃(0501),而应归入从车辆中盗窃个人财产(050222)这一类型。此外,未获允许非法进入并非犯罪手段组成部分的其他所有盗窃行为均应归入相应的盗窃犯罪类型。比如,在合法获得许可进入私人住宅情况下实施的盗窃应归入其他盗窃个人财产的行为(050229),而商店行窃则应归入盗窃商店(050231)这一类型。

作为居住或私人场所,住宅包括各种形式的住房或居所。比如,如果满足入室盗窃(0501)的各项要素,盗窃移动住宅也应归入入室盗窃。尽管移动住宅原则上属于移动物体,但它们通常被用作静态住宅。因此,入室盗窃诸如移动住宅的行为应该归入私人住宅入室盗窃(05012)这一类型或其相应亚类,如永久私人住宅入室盗窃(050121)、非永久私人住宅入室盗窃(050122)等。

就酒店房间、拖车和帐篷而言,盗窃犯罪的分类则更为复杂,因为这些场所通常并不是静态住宅。尽管如此,在用作住宅的情况下,哪怕只是临时的,盗窃这些地点的行为均应归入其他入室盗窃行为(05019)这一类型。

从技术上讲,如果拖车或移动住宅处于运输过程中、挂在汽车后和/或停在公共空间且未用作住所,则盗窃这些设施的行为应归入从车辆中盗窃个人财产(050222)这一类型。

而且,盗窃犯罪如盗窃私人财产(05022)与盗窃企业财产(05023)中所盗窃财产的类型在认定盗窃类型时的重要性要高于盗窃的形式(认定犯罪属于盗窃而非入室盗窃或抢劫之后)。比如,如果载重拖车被非法打开且其在运货物在司机不在场或不知道的情况下被盗走,则根据所盗窃财产类型,该事件应归入其他盗窃企业财产的行为(050239)。

六、《犯罪统计的国际分类》中第 6 节特定犯罪的分类

本部分重点是涉及管制药物或其他精神活性物质的行为(第 6 节)。

《犯罪统计的国际分类》致力于覆盖所有犯罪表现形式。这意味着,《犯罪统计的国际分类》可能会包含一些在某些国家并非犯罪行为的犯罪类型。在培训中反复出现的话题之一,是《犯罪统计的国际分类》中的第 6 节,即涉及管制药物或其他精神活性物质的行为这一类型。

在《犯罪统计的国际分类》中,受管制药物都是指《国际药物管制公约》(UN Drug Control Conventions)管制的药物。具体而言,受管制药物指 1961 年《麻醉品单一公约》(Single Convention on Narcotic Drugs)及其修正案和 1971 年《精神药物公约》(Convention on Psychotropic Substances)列述的麻醉药品和精神药物。非法药物(illicit drug)的称呼意味着,他们也是受管制药物。

这一原则同样适用于前体,即经常用于非法制造 1988 年《禁止非法贩运麻醉药品和精神药物公约》(Convention against Illicit Traffic in Narcotic Drugs and Psychotropic Substances)定义的麻醉药品和精神药物的物质。

即便《犯罪统计的国际分类》将受管制药物定义为麻醉药品和精神药物,世界各国对联合国公约的执行仍然存在差异。一些药物的持有、购买、使用、种植或生产在一些国家可能是非法的,但在另一些国家可能又是合法的。

七、《犯罪统计的国际分类》中第 7 节特定犯罪的分类

(一)欺诈(0701)和通过转为己有的方式实施盗窃(05029)

在通过转为己有的方式实施盗窃这一可归入其他盗窃行为(05029)的犯罪行为与欺诈(0701)之间,实际上只隔着一层薄纸。为实施通过转为己有(conversion)的方式实施盗窃这一犯罪,行为人首先要以合法方式从他人那里获得实物或资金。这通常是以租赁协议、租约或类似的书面或口头合约实现的。一旦持有他人财产或资金,行为人在没有获得原所有人许可的情况下将其转化为自己的财产或资金。

比如,一个人租了两天车,约定时间到了却不还车,而是将其据为己有或将其出售给第三方并截留其收益,仿佛这车就是自己的所有物一样。这就是本类型犯罪的典型例子。

它与欺诈(0701)犯罪的区别在于,在通过转为己有方式实施盗窃这一犯罪中,行为人是以合法方式持有财产或资金的,而在欺诈犯罪中,行为人是通过非

法手段如欺骗或不诚实行为获得财产或资金的。

仍以上述租车例子为例,车子的原所有人可向法院提起行为人通过转为己有方式实施盗窃的指控,而买车的第三方则可就行为人提起欺诈指控,因为行为人卖的不是他自己的车,而是以欺骗手段使其相信车是他自己的。

(二)腐败(0703)

《联合国反腐败公约》要求各国在国内刑法中将某些腐败行为作为犯罪处理。与以往的国际文件不同,该公约将大量行为进行了刑事化处理。这些行为范围广泛,从贿赂到贪污公款,再到影响力交易和腐败收入的藏匿和洗白等,不一而足。

在《犯罪统计的国际分类》中,腐败(0703)这一类型下的犯罪行为都是以《联合国反腐败公约》规定的定义进行认定的。应归入0703这一类型的犯罪行为包括国内公职人员的行贿和受贿、外国公职人员及国际公共组织官员的行贿和受贿、私营部门的行贿和受贿以及0703类型下3级和4级犯罪类型所列的其他可归入行为。这些犯罪行为至少都以《联合国反腐败公约》的某一条款为依据并与其有联系。

贿赂(07031)指直接或间接向公职人员或私营部门机构主管或人员承诺、提供、给予不当利益或向其索取或收受其不当利益,使其在履行职务的过程中作为或不作为的行为。这一定义相当宽泛,涉及了《联合国反腐败公约》的三项条款,即贿赂国内公职人员(第15条)、贿赂外国公职人员及国际公共组织官员(第16条)、私营部门内的贿赂(第21条)。

《犯罪统计的国际分类》并不按接受贿赂的人的类型区分贿赂犯罪。但是,为《联合国反腐败公约》计,《犯罪统计的国际分类》区分行贿和受贿。

行贿(070311)指直接或间接向公职人员或私营部门机构主管或人员承诺、提供、给予不当得利,使其在履行职务的过程中作为或不作为的行为。这一定义包含行贿公职人员(《联合国反腐败公约》第15a条)、行贿外国公职人员及国际公共组织的官员(《联合国反腐败公约》第16.1条)及行贿私营部门人员(《联合国反腐败公约》第21a条)等行为。

受贿(070312)指公职人员或私营部门机构主管或人员直接或间接索取或收受不当利益,从而在履行职务过程中作为或不作为的行为。这一定义包括公职人员的受贿(《联合国反腐败公约》第15b条)、外国公职人员及国际公共组织官员的受贿(《联合国反腐败公约》第16.2条)、私营部门的受贿(《联合国反腐败公约》第21b条)等犯罪行为。

就贿赂犯罪而言,一个人通过使用武力、威胁、恐吓、威胁曝光不利信息或威胁损害名誉等方式要求另一人采取任何行动的行为均应排除在本类型之外。即便其属于犯罪行为,其构成的也是胁迫罪,应归入《犯罪统计的国际分类》的0205这一类型的犯罪。

除贿赂外,《犯罪统计的国际分类》在腐败条目下还列出了四项犯罪行为,即贪污(07032)、滥用职权(07033)、影响力交易(07034)和资产非法增加(07035)。此外,还有一个其他腐败行为(07039)类型,用于收容07031~07035类犯罪类型中未予描述或分类的所有腐败行为,包括利益冲突、不诚实挪用(dishonest appropriation)等行为。由于大部分联合国成员国都已批准《联合国反腐败公约》,因此相应犯罪类型应该已经纳入各国国内法。

(三)伪造/假冒(0702)、侵犯知识产权(0503)和海盗行为(11012)

伪造/假冒(0702)犯罪的焦点为假冒支付手段(07021),包括假冒现金支付手段(070211)和假冒非现金支付手段(070212)。

仿制产品犯罪指创作、制造、销售、传播或持有有商标、专利、许可或其他保护的产品的仿制品或用于制造某一产品的虚假仿冒品的工具的行为。其中,知识产权、商标和专利采用的都是世界知识产权组织(World Intellectual Property Organization,WIPO)规定的基本定义。仿制产品犯罪应归入《犯罪统计的国际分类》的07022犯罪类型。该类型包含所有仿制产品犯罪(包、鞋、药物和处方药等都被明确列入了本类)、持有用于制作仿制产品的物品或工具或仿制药物、仿制医药产品等行为。因此,本类犯罪只涉及作为实体货物和材料的产品。《犯罪统计的国际分类》明确将药物掺假(02071)、走私货物(08044)和知识产权犯罪(0503)等犯罪排除在本犯罪类型之外。

《犯罪统计的国际分类》0503类犯罪类型中的知识产权犯罪指非法拷贝、使用、复制或以其他方式侵犯版权、专利、商标或其他知识产权的行为。其中,0702类犯罪类型中世界知识产权组织的相关定义同样适用。知识产权犯罪包括知识产权盗窃、侵犯版权、非法侵占版权、计算机软件盗版、未构成伪造或仿制犯罪的工业间谍等行为。

《犯罪统计的国际分类》中的假冒产品罪行(07022)与知识产权犯罪

(0503)之间的主要区别是,07022 类犯罪类型仅适用于侵犯知识产权且可予以没收的实体产品。以物理方式创作、制造、传播或持有受商标、专利、许可或其他形式保护的产品的仿制品,即 07022 类所述犯罪行为,被排除在了知识产权犯罪(0503)之外。因此,0503 类犯罪类型仅适用于侵犯知识产权但没有制作实体货物的行为,如侵犯版权、非法侵占版权、计算机软件盗版或工业间谍等。

作为一项单独犯罪,海盗这一术语在《犯罪统计的国际分类》中的用法完全不同。在《犯罪统计的国际分类》11012 犯罪类型下,海盗犯罪指私人船只或飞机上的船员或乘客出于私人目的、在公海上对另一船只或飞机或其装载的人员或财产或对任何国家管辖范围之外任何地方的船只、飞机、人员或财产实施暴力、羁押或劫掠的行为,包括参与、煽动或协助这类犯罪的行为。海盗(11012)不适用于知识产权犯罪。

此外,《犯罪统计的国际分类》中的伪造/假冒(0702)包括伪造/假冒文件(07023),特别是护照、签证和签名的行为,以及作为剩余类型的其他伪造/假冒行为(07029)。

(四)药物和医药产品犯罪

《犯罪统计的国际分类》包含了涉及药物和医药产品的各种犯罪。这些犯罪被归入了不同犯罪类型。其中,涉及仿制(counterfeiting)或伪造(forging)药物和医药产品的行为被归入了假冒产品犯罪(07022),而其他所有医药产品犯罪则被归入了危害工作健康和安全的行为(09021)这一犯罪类型。这里所谓的其他所有医药产品犯罪行为包括未按监管要求储存、运输和配送医疗产品、向没有权利持有产品的人提供/出售医药产品、制造、进口、出口和销售不满足国家标签和成分标准的医药产品、制造、进口、出口和销售未获得许可证的医药产品等行为。

通过往食品中添加外来物质、劣质物质或惰性物质或将食品中有价值的成分或必要成分排斥在外或移除的方式对药物进行掺假或使药物不再纯净,从而使其具备虚假疗效或价值或掩盖其瑕疵的行为被归入了危害健康的行为(02071)。这些行为与药物掺假之间的差异在于这些危险犯罪行为造成的身体伤害或造成身体伤害的可能性。仿制产品这一行为本身并不会直接对人体造成伤害,而危害工作健康和安全的行为则是由机构或公司而不是个人实施的。

同样,个人发布、处理或经营伪造处方的犯罪行为并不属于医药产品犯罪,而属于涉及受管制药物、精神活性物质或前体的其他非法行为(06019)。

（五）假冒/伪造签证和护照(07023)和移民相关行为(0805)

移民相关行为,如偷运移民、非法越界等犯罪行为,通常涉及假护照、假签证及其他虚假证件。《犯罪统计的国际分类》将使用这类证件的行为与创造、制造、仿制、伪造或销售这类证件的行为作了区分处理。使用假冒、伪造或盗窃证件进入一个国家的行为被归入了其他移徙相关非法行为(08059)这一犯罪类型,而创作、制造、伪造、仿制或销售这类证件的行为则归入了伪造/假冒证件行为(07023)这一犯罪类型。

（六）涉及犯罪所得的行为(0704)

涉及犯罪所得的行为涵盖了任何犯罪活动的收益。这一定义来自《联合国反腐败公约》,包括接收、操作或处理直接或间接通过实施犯罪产生或得到的资金或财产的行为。但是,作为收益来源的犯罪的类型,《犯罪统计的国际分类》并没有进一步明确,只是在07042亚类中特别提到了非法贩运文化财产这一犯罪行为,并将持有、接收、操作、处置、销售或贩运被盗货物、使用被盗零件生产其他货物、隐藏被盗货物等行为纳入了涉及犯罪收益的其他行为(07049)这一剩余犯罪类型。

八、《犯罪统计的国际分类》中第8节特定犯罪的分类

本部分主要涉及走私烟酒、走私货物(08044)、违反公共收入规定的行为(08041)和进出口犯罪(08042)之间的差异。

走私烟酒的行为应排除在涉及烟酒或其他受管制物质的非法行为(0602)这一犯罪类型之外,同时还应排除在进出口犯罪(08042)和海关犯罪(08041)这两个犯罪类型之外。实际上,走私烟酒的行为应归入走私犯罪(08044)。

走私犯罪(08044)永远都会导致逃税这一结果(在《犯罪统计的国际分类》中,逃税行为本身被归入了08041这一类型),正如所有进出口犯罪(08042)最终都会导致逃税一样。但是,除违反税法外,进出口犯罪和走私犯罪两者还侵犯了一个国家的对外边境管理制度。走私货物(08044)、违反商业或金融法规的行为(08042)和违反公共收入规定的行为(08041)都属于违反公共收入或监管规定的行为(0804)。因此,侵害国家收入都是08044和08042这两类犯罪类型的应有之意,但侵犯海关边境管理制度这一额外要素则是它们分别构成独立

犯罪类型的主要原因。除此之外，走私犯罪还有另一不同定义要素，而将其与进出口犯罪区分开来的正是这一要素。走私货物（08044）犯罪的定义规定，该行为必须是“以任何隐秘方式”实施的。要构成走私犯罪，相关货物不仅要在没有支付关税的情况下跨越了海关边境，而且还必须处于隐藏或隐蔽状态。构成走私货物（08044）犯罪的三大要素如下：（1）越过边境；（2）未申报且未支付关税；（3）作出了隐藏货物且避免被发现的额外努力。

如果没有作出隐藏货物的额外努力，则相关犯罪只能归入违反商业或金融法规的行为（08042）这一犯罪类型下的进出口犯罪。

九、《犯罪统计的国际分类》中第 9 节特定犯罪的分类

（一）兵役犯罪（归入 0904 类）与军事犯罪（排除在 0904 类之外）

在《犯罪统计的国际分类》中，兵役犯罪指逃避征兵（一国刑法中适用于普通人群的条款）相关犯罪。比如，在实施义务兵役制的国家，拒绝去军中服役的行为在刑法中属于可处罚行为。这类刑事犯罪应归入 0904 类，即兵役犯罪。

其他军事犯罪（如指挥官未按某种方式行事的行为）则可见诸于仅适用于服役人员的军法的某些特殊规定。由于《犯罪统计的国际分类》是一个以统计为目的的刑事犯罪分类体系，因此军事犯罪并非其重点。一般而言，军事犯罪属于军事法庭的管辖范畴。如果任何特定辖区将其视为刑事犯罪并将其纳入了常规的国家犯罪统计范围，则其目前应归入《犯罪统计的国际分类》中 1109 类的其他犯罪。如有必要将军事犯罪纳入统计，《犯罪统计的国际分类》未来可进行修订，并就军事犯罪规定一个单独类型。如果军事犯罪尚未视为刑事犯罪且不属于国家犯罪统计的范畴，则不应在《犯罪统计的国际分类》下进行报告。

（二）恐怖主义（0906）

如果不考虑后果而将某一恐怖主义行为单独入罪，则应将该行为归入恐怖主义（0906）这一类型或参与恐怖主义组织（09061）这一亚类。如果该行为与恐怖主义组织有明显联系的话，无论恐怖主义行为的归类是否考虑了其后果，如果造成了死亡或受伤，该行为即应归入《犯罪统计的国际分类》中的（0101）或（0102）类犯罪类型。

（三）非伤害性交通违法行为（0907）

本章第四节曾阐述过《犯罪统计的国际分类》的范围，以及重罪/轻罪与轻微违法行为、行政违法行为或简易程序违法行为之间的差异。如前所述，非致

伤性交通违法行为需要特别注意。在《犯罪统计的国际分类》中,0907 类犯罪类型指个人违反交通法典和交通法规但未导致伤亡的犯罪行为,包括道路交通工具许可、驾驶、注册或道路适宜性相关犯罪,超速行驶和违反安全法规、交通工具注册法规、驾驶许可法规等行为,但不包括任何伪造/假冒驾照、注册证明或其他证件的犯罪行为。0907 类犯罪类型包括交通违法行为,如无证驾驶、未注册驾驶等。如果要归入《犯罪统计的国际分类》统计范畴,则这些违法行为必须已被本国被视为犯罪行为。在许多国家,非致伤性交通违法行为——如 0907 类对应的可归入情形所列——可能并未被视作犯罪、重罪或轻罪,而是只作为行政违法行为、行政违规行为处理,因此不应纳入犯罪统计。

十、《犯罪统计的国际分类》中第 10 节特定犯罪的分类

(一)导致环境退化或自然资源退化的行为(1001)

退化这一术语被用于《犯罪统计的国际分类》中第 10 节针对自然环境的行为下的两个独立犯罪类型。其中,造成环境污染或退化的行为(1001)指导致自然环境污染的行为,而导致自然资源消耗或退化的行为(1004)则指导致自然资源、动植物物种、土地、水资源或大气非法开发或损耗的行为。

这两类犯罪之间的基本差异在于,1001 类犯罪类型中的犯罪往环境中添加了某些东西,而 1004 类犯罪类型中的犯罪则从环境中移除了某些东西。1001 类犯罪类型列举了大气、水和土壤污染等现象,具体包含通过噪音、震动、光、热或辐射等手段实施的污染,以及危险物质、核物质和化学物质相关犯罪等。1001 类犯罪类型明确排除了非法倾倒垃圾(1002)和非法采矿、非法伐木或其他导致自然资源损耗或退化的行为所导致的污染相关犯罪。这些行为应归入 1004 类犯罪类型,因为自然资源的损耗或过度开采导致了污染。这两个犯罪类型使用的退化这一术语均指污染/损耗的结果,而不是指犯罪行为本身。

(二)不是对环境进行直接破坏但属于不遵守保护环境法规的犯罪

就环境标准相关预防性法律而言,这些法律下的违法行为该如何归类取决于这些违法行为在特定法律制度下的处理方式。比如,违反空气过滤器安装法律的违法行为可归入《犯罪统计的国际分类》中的造成空气污染或退化的行为(10011)这一类型。也就是说,是否应归入《犯罪统计的国际分类》取决于违反该法律的行为或任何不遵守环境保护法规的行为是否被视为刑事犯罪。

十一、《犯罪统计的国际分类》中第 11 节特定犯罪的分类

身份罪(11021)

身份罪(status offence)不仅仅是亲权相关犯罪。实际上,它还包括因涉案者年龄导致犯罪的非法行为。事态犯罪的行为人可以是未成年人,也可以是成年人。

十二、其他特定犯罪的分类

(一)基于性别的暴力

基于性别的暴力通常被定义为因为某个人的性别(包括性别认同/表述)而对这个人实施的暴力或对特定性别的人影响过大的暴力。根据这一定义,基于性别的暴力并不是《犯罪统计的国际分类》中的一个犯罪类型。这个定义的前半部分,即因为某个人的性别而对这个人实施的暴力,需要暴力行为动机相关数据进行支撑。由于动机相关信息的缺失,这类暴力无法单独在《犯罪统计的国际分类》下进行分类。

这个定义的后半部分,即对特定性别的人影响过大的暴力,则可通过分门别类变量进行调查。受害人的性别比是暴力犯罪对某一性别影响是否过大的一项良好指标。受害人细分标签,即受害人的性别(SV)这一标签,是《犯罪统计的国际分类》中基于性别暴力指标的一项关键标识符。

《犯罪统计的国际分类》中没有被称为基于性别的暴力这一犯罪类型,但通过将其他犯罪类型与受害人的性别标签相结合,我们即可创造出基于性别的暴力这一指标。可以这样处理的《犯罪统计的国际分类》类型包括以下这些犯罪类型。

- 故意杀人(0101)
- 故意杀人未遂(0102)
- 非法杀害胎儿(0106)
- 攻击和威胁及所有较低级犯罪类型(0201)
- 强迫婚姻(020292)
- 奴役和剥削及所有较低级犯罪类型(0203)
- 贩运人口(TiP)和所有较低级犯罪类型(0204)
- 胁迫和所有较低级犯罪类型(0205)

• 意图引起恐惧或精神折磨的行为及所有较低级犯罪类型(0208)

• 诽谤或侮辱及所有较低级犯罪类型(0209)

• 歧视及所有较低级犯罪类型(0210)

• 侵犯他人的行为及所有较低级犯罪类型(0211)

• 性伤害行为及所有较低级犯罪类型(03)

• 针对人实施的抢劫(04011)

• 与武装冲突有关的性暴力(110133)

除受害人性别这一些细分标签外,受害者与行为人之间的关系(ViP)这一标签也可用于创建基于《犯罪统计的国际分类》的标准化指标,用以标识以受害者与行为人之间的关系定义的犯罪类型,如家庭暴力、亲密关系中的暴力等犯罪类型。

(二)网络犯罪

网络犯罪通常指计算机及其他电子信息系统作为工具或目标所涉及的大范围犯罪活动。在《犯罪统计的国际分类》中,计算机和信息系统至少指根据计算机/信息程序执行计算机数据自动处理/信息/算术/储存等功能的一台设备或相互联系的多台设备。计算机数据这一术语指机器可读的、适合计算机/信息系统处理的任何事实、信息或概念符号。

网络犯罪可分为三大类。

• 传统犯罪(如欺诈、伪造、特定身份盗窃等)

• 内容相关犯罪(如网上传播儿童色情、煽动种族仇恨等)

• 计算机和信息系统独特犯罪(如攻击信息系统、拒绝提供服务和恶意软件等)

其中,最后一类计算机和信息系统独特犯罪,在《犯罪统计的国际分类》中有一个对应章节,即第9节针对公共安全和国家安全的行为。涉及未经授权存取、拦截、干扰、滥用计算机数据或计算机系统的所有刑事犯罪均应归入这一类型下的一个亚类,即侵犯计算机信息系统的行为(0903)这一犯罪类型。

以计算机和其他电子信息系统作为工具的其他两大类网络犯罪,即诸如欺诈、伪造和身份盗窃之类的传统网络犯罪和诸如在线传播儿童色情、煽动种族仇恨等内容相关网络犯罪,在《犯罪统计的国际分类》中有着不同的归类方法。一些犯罪明确被排除在了侵犯计算机信息系统的行为(0903)这一类犯罪之外。

这类被排除情形及其在《犯罪统计的国际分类》中的对应类型如下。

- 通过计算机系统持有、传播或制作儿童色情(应归入《犯罪统计的国际分类》中的030221犯罪类型)
- 计算机软件盗窃或盗版(应归入0503犯罪类型)
- 通过计算机系统实施欺诈(应归入0701犯罪类型)
- 通过计算机实施盗窃(应归入0502犯罪类型)

在《犯罪统计的国际分类》中,这些网络犯罪的分类并没有考虑计算机及其他电子信息系统作为工具被使用这一事实。在上述案例中,通过计算机系统实施盗窃和计算机软件盗窃这两项犯罪都被归入了第5节仅侵犯财产的行为这一犯罪类型,其中前者被归入了盗窃(0502)这一亚类,而后者则被归入了侵犯知识产权犯罪(0503)这一亚类。第5节仅侵犯财产的犯罪行为抓住并描述了相关刑事犯罪的性质。但是,在《犯罪统计的国际分类》下,网络犯罪已经成了犯罪活动的一大显著特征。因此,网络犯罪的识别对于发现犯罪的政策相关特征和趋势至关重要。

这些犯罪的网络性质是通过一个分门别类变量即网络犯罪标签进行标识的。涉及网络犯罪(Cy)这一标签可用于识别《犯罪统计的国际分类》中通过计算机实施的各种犯罪。可适用网络犯罪这一标签的犯罪有互联网欺诈、网络跟踪、通过电子传播方式侵犯版权等。但是,如果是使用计算机实施的,则欧盟网络安全战略(EU Cybersecurity Strategy)中属于上述两大类网络犯罪的其他所有犯罪,即特定身份盗窃、传播儿童色情和煽动种族仇恨,也可适用《犯罪统计的国际分类》的网络犯罪相关这一标签。

第三章　欧盟实施联合国《犯罪统计的国际分类》的情况

联合国《犯罪统计的国际分类》的形成经历了一个长期的过程,欧盟自 2008 年起就参与到该进程中,提出了在全球一级开发犯罪分类系统的可能性。《联合国犯罪统计的国际分类》出台之后,欧盟委员会于 2017 年出版了《欧盟犯罪统计的国际分类指南》,以促进联合国《犯罪统计的国际分类》的实施。欧盟统计局公布的刑事犯罪数据已根据联合国《犯罪统计的国际分类》进行分类。欧盟统计局不仅会根据 UN-CTS 的调查问卷收集数据,而且也会收集欧盟委员会感兴趣的具体领域的其他数据。下一步还将把联合国《犯罪统计的国际分类》实施到犯罪记录和犯罪统计数据中。

第一节　实 施 准 备

为了促进联合国《犯罪统计的国际分类》的实施,欧盟委员会在多年参加联合国犯罪调查工作的基础上,于 2017 年出版了《欧盟犯罪统计的国际分类指南》。《欧盟犯罪统计的国际分类指南》具体介绍了联合国《犯罪统计的国际分类》的内容,以及实施联合国《犯罪统计的国际分类》的具体组织和技术任务,鼓励所有犯罪数据用户和数据提供者都参与进来,为指导欧洲国家实施《犯罪统计的国际分类》提供了重要参考。

一、欧盟参与联合国《犯罪统计的国际分类》工作的情况

如前所述,联合国《犯罪统计的国际分类》有着悠久的发展历史,主要始于1951 年。直到在联合国欧洲经济委员会和联合国毒罪办在 2008 年犯罪统计联合会议提出一项建议,在欧洲统计员会议的框架内开展犯罪分类工作,在国际一级制定用于统计目的的犯罪分类的努力才取得成果。联合国统计司于 2008 年 9 月组织了一个专家组,讨论了在全球一级开发犯罪分类系统的可能性。会议指出,欧盟一级的任何分类制度和其他跨国倡议都应与更广泛的全球数据收集相联系。

2009 年,欧洲统计员会议成立了一个由联合国毒罪办和欧洲经济委员会领导的工作队,以行为描述而不是法律代码为基础制定犯罪分类框架。第一个国际犯罪分类框架由该工作队制定,并于 2012 年由欧洲统计员会议批准。联合国统计委员会第 43 届会议和联合国预防犯罪和刑事司法委员会第 21 届会议讨论了制定完整的国际犯罪分类的建议。在联合国统计员会议和联合国预防犯罪和刑事司法委员会下届会议上,两个委员会都批准了与欧盟统计局和所有其他有关利益攸关方密切协商,为统计目的制定国际犯罪分类的计划。2012 年至 2014 年期间,联合国毒罪办组织了三次专家组会议,由欧盟统计局参加,以审查《犯罪统计的国际分类》的发展情况,并协调了两次测试《犯罪统计的国际分类》类别的全球试点活动。在此试点的基础上,2014 年,联合国毒罪办和联合国统计司向联合国会员国发送了《犯罪统计的国际分类》的最终草案。

二、出版《欧盟犯罪统计的国际分类指南》

为了促进《犯罪统计的国际分类》的实施,欧盟委员会于 2017 年出版了《欧盟犯罪统计的国际分类指南》。《欧盟犯罪统计的国际分类指南》介绍了《犯罪统计的国际分类》的结构,其分类原则及其与现有分类的关系,以促进《犯罪统计的国际分类》的实施。它简要概述了在国家一级成功实施《犯罪统计的国际分类》的具体组织和技术任务,这应当使所有犯罪数据用户和数据提供者都参与进来。该准则文件由九个部分的内容和两个附件组成,为指导欧洲国家实施《犯罪统计的国际分类》提供了重要参考。

这九个部分的内容分别为:(1)导言;(2)《犯罪统计的国际分类》概述;(3)《犯罪统计的国际分类》的结构;(4)分类原则;(5)使用其他属性进行分析(分门别类变量);(6)《犯罪统计的国际分类》与现有国际分类的关系;(7)如何

执行《犯罪统计的国际分类》;(8)联合国技术咨询小组;(9)将《犯罪统计的国际分类》纳入决策和监测。第一个附件提供了所有欧盟国家官方语言的《犯罪统计的国际分类》,第二个附件列出了欧洲的两个犯罪分类统计系统中的犯罪与《犯罪统计的国际分类》中无法与《犯罪统计的国际分类》中单个犯罪类别完全匹配的对应表。

其中,第1~6个部分的内容和第8部分的内容基本来自联合国《犯罪统计的国际分类》,在此不再赘述。第7部分是该准则的重点,参照联合国毒罪办关于《犯罪统计的国际分类》实施的建议,根据欧洲国家的情况做出了具体实施步骤。我们在下一节将重点介绍欧盟的实施步骤。

第二节　实施步骤

联合国毒罪办建议应完成具体的组织和技术任务,以确保成功实施《犯罪统计的国际分类》。这些建议是通用的,需要根据国家情况进行细节上的调整。有些任务可能已经完成,可能已经采取了一些政治、财政和组织支持措施。尽管如此,当实施者在《犯罪统计的国际分类》实施过程中决定需要做什么时,还是需要一些具体明确的步骤,因此欧盟制定了下列步骤。

一、具体的实施步骤

1. 建立机构和组织框架

(1)设立一个国家级国际刑事犯罪中心工作组,作为执行《犯罪统计的国际分类》的基础。工作组至少应包括犯罪和刑事司法统计领域的所有相关数据编制者。确保与国家统计当局和犯罪和刑事司法统计领域的相关数据编制者以及所有必要的政府协调,正式成立国家《犯罪统计的国际分类》工作组。

(2)国家《犯罪统计的国际分类》工作组应明确其职权范围,以协调、可持续和包容的方式推动《犯罪统计的国际分类》的实施。

(3)确定国家联络点。为确保实施过程的连续性并促进国际协调,国家联络点应属于联合国毒罪办设立的《犯罪统计的国际分类》技术咨询小组中的同一机构。

2. 提高认识

(1)确定犯罪和刑事司法统计领域的所有相关数据用户(其他政府机构、学术界、研究部门、私营部门、非政府组织)。与所有数据用户联系,并告知他们《犯罪统计的国际分类》及其实施情况。

(2)以联合国正式语言之一(阿拉伯语、中文、英语、法语、俄语、西班牙语)分发一份《犯罪统计的国际分类》副本,并说明实施《犯罪统计的国际分类》的理由和好处。

3. 国际协调与支持

(1)向联合国毒罪办通报设立国家级国际犯罪和犯罪问题中心工作组的情况。

(2)熟悉联合国毒罪办和相关区域组织为支持和协调《犯罪统计的国际分类》实施而制定的文书和工具。

(3)参与国际和区域活动,并寻求方法指导。

4. 准备技术工作

(1)熟悉联合国官方语言之一(阿拉伯语、中文、英语、法语、俄语、西班牙语)的《犯罪统计的国际分类》,或在相关和需要的情况下,将《犯罪统计的国际分类》翻译成本国语言。

(2)浏览《犯罪统计的国际分类》的内容。

• 确定《犯罪统计的国际分类》中在该国既不是刑事犯罪也不是行政违法行为的所有类别(根据联合国毒罪办的指导说明)。

• 确定《犯罪统计的国际分类》中所有不属于刑事犯罪但在该国属于行政违规行为的类别(根据联合国毒罪办的指导说明)。

• 由于前两个步骤,确定需要从国家类别到《犯罪统计的国际分类》的映射中排除的《犯罪统计的国际分类》类别,因为它们不是刑事犯罪,或者因为它们只是各自国家的行政违规行为。

5. 评估当前数据编制

(1)通过回答以下一组问题,探索国家犯罪统计数据的状态:

• 定期编制哪些关于犯罪和刑事司法的国家统计数字,哪些来源(警察、法院、检察院、监狱等)?

• 哪些数据/指标/变量的分类/列表用于生成现有统计数据?

• 是否有国家犯罪分类?

• 关于刑事犯罪的国家统计数字是否以《刑法典》和其他有关刑事立法为

基础？

• 是否所有国家数据编制者都使用相同的数据/指标/变量分类/清单？

• 是否有用于生成数据的定义和概念的标准命名法？

• 如何生成、处理、验证、分析和存储统计数据？

• 输入和储存的关于个人刑事犯罪的资料（微观数据）处于何种水平？

• 是否有微型数据的中央电子数据库？

• 如果不存在中央电子数据库，电子数据库是存在于区域/州/省一级，还是存在于个别机构/机关一级？

• 犯罪和刑事司法统计数据的元数据是否定期制作、更新和传播？

• 哪些分解变量可用？

（2）在国家《犯罪统计的国际分类》工作组起草的评估报告中总结前一步的结果。

6. 设计国家工作计划

（1）根据5（1）中进行的评估，《犯罪统计的国际分类》国家工作组应起草一份详细的《犯罪统计的国际分类》实施工作计划（一个模板将纳入联合国毒罪办《〈犯罪统计的国际分类〉实施手册》）

（2）《犯罪统计的国际分类》的实施需要在各级开展工作，这需要在国家工作计划中加以解决：

• 将现有分类/数据/指标/变量列表与《犯罪统计的国际分类》类别/定义进行比较。

• 制作从国家到《犯罪统计的国际分类》类别的对应表。

• 协调所有数据生产者。

• 确保协调和全面的数据制作和传播。

（3）《犯罪统计的国际分类》的实施可能需要根据该国国家犯罪统计数据的状况采取额外措施。这些可能包括：

• 在数据记录/处理中集成其他分解变量。

• 评估和调整数据收集和处理系统。

（4）国家工作计划将确定逐步执行《国际刑事社会计划》的所有步骤、活动和产出。可以确定不同的中间阶段和目标，这将适当考虑国家犯罪统计系统的发展状况以及现有的体制和组织框架：

• 国家工作计划将具体规定需要做些什么、由谁和在何时完成。

• 如果相关,国家工作计划将包括财务计划。

• 国家工作计划将根据联合国毒罪办《〈犯罪统计的国际分类〉实施手册》,通过对应表详细描述国家犯罪类型与《犯罪统计的国际分类》类别的对应关系。

• 国家工作计划将详细描述根据联合国毒罪办《〈犯罪统计的国际分类〉实施手册》记录分类变量的情况。

7. 逐步执行国家工作计划

根据确定的步骤、活动和产出,逐步执行国家工作计划。

8. 数据编制

编制经修订的统计数据,逐步扩大符合《犯罪统计的国际分类》的数据的范围和细节。根据联合国毒罪办《〈犯罪统计的国际分类〉实施手册》的要求,至少包括下列项目:

• 刑事犯罪(来自执法记录和受害调查)。

• 故意杀人的受害者。

• 正式接触的人员。

• 被起诉的人。

• 被带上法庭的人。

• 被定罪的人。

• 被关押在监狱中的人。

9. 根据《犯罪统计的国际分类》类别发布国家犯罪数据/报告

10. 向联合国毒罪办发送实施报告(按模板)

二、相关实施说明

如前所述,这些建议是通用的。因此,在前5点步骤中没有详细描述实施过程的技术步骤。但是在第5点和第6点步骤就如何评估目前的数据编制系统以及在国家工作计划中应包括哪些内容提供了一些具体指示。

联合国毒罪办建议第6(4)点所提及的对应表是《犯罪统计的国际分类》中与现有国家分类/数据/指标/变量清单中的所有犯罪相关联的所有犯罪类别的表格。创建这种对应表的过程在这里被称为映射,这是目前的核心任务。

摸底过程需要为《犯罪统计的国际分类》的每个犯罪类别确定国家系统中最合适的犯罪类别。在建立分类之间的联系时,第一步应始终是将一个分类的最详细类别与另一个分类中最详细的适当类别联系起来。因此，在需要时，可以将一个分类的组聚合到另一个分类的大多数相关聚合组。

要编制与《犯罪统计的国际分类》的完整对应表，就需要将现有国家分类/数据/指标/变量清单中的所有犯罪与适当的《犯罪统计的国际分类》类别对应起来。

确定最相关的《犯罪统计的国际分类》类别可以通过将刑事立法中的定义与基于行为/事件的定义进行比较来完成。除了类别名称之外，建议查看《犯罪统计的国际分类》中包含和排除项的完整描述。

每个《犯罪统计的国际分类》类别都有应列入相应类别的犯罪或行为/事件的例子。这些例子不是亚类，而是属于相应犯罪类别的重要或常见犯罪，目的是在建立对应表的同时，为犯罪的分配提供实际指导。它们应有助于区分犯罪类别之间的界限，并可以指导绘图过程。

该步骤强调，本部分中讨论的建议是临时性的，建议用户随时了解进一步的发展。欧盟还计划单独编写一份联合国毒罪办《〈犯罪统计的国际分类〉实施手册》，以提供关于匹配过程的指导和更多细节。

第三节　实施现状与展望

欧盟统计局在其年度犯罪和刑事司法数据收集中会处理欧洲国家的各种法律概念和刑事司法系统。欧洲国家之间的法律概念、刑事司法制度、数据和犯罪统计方法差别很大。每个国家都使用某种形式的刑事犯罪分类来编制国家犯罪统计数据。共同的定义、标准化的文书和方法缺乏限制了犯罪统计的可比性。使用共同的分类将使犯罪统计数字在各国之间更具可比性。因此，在欧洲一级实施《犯罪统计的国际分类》成为提高国家、欧洲和国际各级的分析能力和数据国际可比性的重要一步。

一、实施现状

欧盟统计局负责协调欧盟委员会的统计数字，并从欧洲统计系统的国家收集犯罪数据：欧盟、欧洲自由贸易联盟。欧盟统计局于 2007 年组织了 2005 年第一次犯罪和刑事司法数据收集工作，此后，犯罪和刑事司法数据每年在重点统计中公布。截至 2014 年，欧盟统计局与联合国毒罪办密切合作，联合收集欧盟统计局及联合国毒罪办关于犯罪和刑事司法的统计数据，以提高收集过程的效率。

欧盟统计局公布的刑事犯罪数据已根据《犯罪统计的国际分类》进行分类。欧盟统计局不仅会根据 UN-CTS 的调查问卷收集数据，而且也会收集欧盟委员会感兴趣的具体领域的其他数据。欧盟统计局根据 UN-CTS 的数据收集不断更新和修订，确保数据在一段时间内的一致性。目前的修订将对调查问卷中犯罪的定义和纳入进行一些更改，使数据收集与《犯罪统计的国际分类》和联合国可持续发展目标保持一致。对犯罪的分类和数据的再利用是数据收集的关键要素。

尽管联合国《犯罪统计的国际分类》适用于刑事司法程序所有阶段的所有形式的犯罪数据以及在犯罪受害情况调查中收集的数据。然而，各国刑法的差异和欧洲国家之间缺乏共同的定义仍然限制了犯罪数据的可比性。

二、未来展望

如前所述欧盟统计局公布的刑事犯罪数据已根据犯罪统计的国际分类进行分类。这第一个目标是通过在欧盟统计局及联合国毒罪办联合数据收集中按《犯罪统计的国际分类》类别要求提供数字来实现的。下一个目标是将《犯罪统计的国际分类》实施到犯罪记录和犯罪统计数据中。《犯罪统计的国际分类》适用于刑事司法程序所有阶段的所有形式的犯罪数据以及犯罪受害调查中收集的数据。这意味着全面实施《国际犯罪和犯罪记录法》应使所有犯罪数据用户和数据提供者参与进来。随着收到有关实施进度的更多反馈，欧盟统计局将提供有关最佳实践的更多信息。

欧盟还将出版一本小册子重点介绍《犯罪统计的国际分类》与一系列对欧盟政策具有重要意义的关键罪行的关系，而不仅仅是考虑到欧盟的政策，因为它的设计范围是全球性的，以国际商定的概念、定义和原则为基础，以便提高犯罪统计数字的一致性和国际可比性，并提高国家、区域和国际各级的分析能力。

第四章　中国实施联合国《犯罪统计的国际分类》的情况

根据国务院三定方案,我国司法部负责国家法治对外合作工作,包括联合国刑事司法领域相关工作,而联合国刑事司法统计工作是其中一个重要组成部分。具体工作由司法部国际合作局组织,司法部预防犯罪研究所配合执行与开展。为实施犯罪统计的国际分类,自从2013年联合国毒罪办推动《犯罪统计的国际分类》的起草工作开始,我国先后指定了参与联合国犯罪统计技术咨询小组的中方专家、为《犯罪统计的国际分类》中文版提供同行评审、参加联合国毒罪办组织的历次联合国犯罪统计相关会议并在中国举办了第三届亚太地区犯罪与刑事司法统计会议,目前已经成功开发出《中国犯罪统计的国际分类》(1.0版)标准文件,我国的实施进度在国际上居领先地位,很多做法受到联合国的赞赏。

第一节　我国参与联合国犯罪统计工作的概况

联合国刑事司法统计工作的主要内容是每年填报一次UN-CTS调查。该项调查的目的是收集刑事司法系统各主要组成部分的统计数据,到目前为止已经开展了近20次调查,调查结果在联合国网站公开。

2015年之后,为了响应联合国2015~2030年可持续发展目标提出的新的数据需求,联合国刑事司法统计工作有了新的变化。一是起草并于2016年初出台了《犯罪统计的国际分类》标准文件,按照行为类别对犯罪进行分类,根据同一统计标准对各国的犯罪总量进行统计,以便全面、准确掌握全部犯罪的犯罪趋势,并便于各国间的数据比较。2016~2019年又讨论制订了《〈犯罪统计的国际分类〉实施手册》,供各国在实践中参照执行。二是于2016~2018年更新UN-CTS的调查,使其符合《犯罪统计的国际分类》的分类标准并响应联合国可持续发展目标的数据需求,会员国根据更新后的UN-CTS调查问卷继续填报年度数据。三是于2018年开始进行《全球凶杀案研究》。

近年来,根据联合国毒罪办的要求,司法部预防犯罪研究所积极配合司法部国际合作局参与联合国刑事司法统计工作。主要包括:填报了2010~2016年UN-CTS调查,填报了2018年凶杀案全球数据调查,指定了UN-CTS调查中方联络员和《犯罪统计的国际分类》技术咨询小组专家,对《犯罪统计的国际分类》的中文译本进行了同行评审,参加了相关国际会议,对UN-CTS调查数据的更新、《犯罪统计的国际分类》的实施提出了相关建议,并将于2019年下半年主办第三届亚太地区犯罪和刑事司法统计会议,等等,上述工作均得到联合国毒罪办的赞赏和感谢。

第二节　我国实施联合国《犯罪统计的国际分类》介绍

我国司法部高度重视《犯罪统计的国际分类》的实施工作,此项工作的开展不仅是当前以及今后填报联合国犯罪趋势调查的必经程序,也是提高我国数据质量和增强国内、国际数据可比性的重要途径。经过多年来积极参与联合国犯罪统计工作的努力,目前,我国已经按照联合国《犯罪统计的国际分类》实施要求,组织专家和政法系统相关单位开发了《中国犯罪统计的国际分类》,将我国刑法所有罪名均匹配至《犯罪统计的国际分类》的结构中,为下一步开展相关数据统计做好的重要准备。

一、具体参与的联合国《犯罪统计的国际分类》工作的历程

2013年下半年,联合国毒罪办为了有效推动《犯罪统计的国际分类》的起草工作,邀请会员国指定熟悉刑事司法统计业务的专家组成技术咨询小组,司法部指定了中方《犯罪统计的国际分类》技术咨询小组专家,在起草实施过程中,负责答复联合国毒罪办相关询问,包括我国目前的犯罪分类、实施预期如何

等问卷答复。

2016年5月,《犯罪统计的国际分类》技术咨询小组中方专家参加了在奥地利维也纳举行的《犯罪统计的国际分类》技术咨询小组第一次会议,讨论《犯罪统计的国际分类》的具体实施挑战及应对问题,包括《犯罪统计的国际分类》实施现状最新报告、建立《犯罪统计的国际分类》对应表的经验和挑战、国际层面需要的《犯罪统计的国际分类》支持工具、相关《犯罪统计的国际分类》定义和变量操作、《犯罪统计的国际分类》技术咨询小组的职权范围、《犯罪统计的国际分类》未来出路等方面的内容。

2016年3~10月,中方根据联合国毒罪办要求,对《犯罪统计的国际分类》的英译中文译本进行了同行评审,该项工作历时半年多,修订约两百处,联合国中文翻译处接受了我们所有的修改内容,联合国毒罪办来函对中方工作表示感谢。

2016年10月,根据联合国毒罪办要求,我方为《犯罪统计的国际分类》提供封面设计的中文翻译。至此,《犯罪统计的国际分类》已经出版了英语、法语、德语、中文四种联合国官方语言的版本。

2016年11月,我方参加了由联合国毒罪办、联合国亚洲及太平洋经济社会理事会、泰国司法研究所和韩国犯罪学研究所联合组织的在韩国首尔举办的犯罪与刑事司法统计的发展及其对亚太地区可持续发展目标检测的贡献第二次地区会议,会上评估了亚太地区国家在犯罪与刑事司法统计数据的收集、制作和使用方面取得的最新进展,讨论了可持续发展目标对刑事司法统计提出的新要求,了解了《犯罪统计的国际分类》这一国际标准将如何为各国提供支持,讨论了犯罪与刑事司法数据制作方面的组织和制度安排,并就亚太地区设立犯罪与刑事司法统计高级研究中心的各种可能性进行了讨论。本次会议有效加深了各参会国家对《犯罪统计的国际分类》的认识,起到了积极推动《犯罪统计的国际分类》在各国实施的重要作用。

2016年11月,联合国毒罪办建成了《犯罪统计的国际分类》网络平台,《犯罪统计的国际分类》技术咨询小组专家均获得了登录名和登录密码,目前我方已经加入并登陆。该平台拟发挥以下功能:《犯罪统计的国际分类》及其执行经验交流论坛;《犯罪统计的国际分类》相关资料分享(论文、事件信息、技术文件、数据等);《犯罪统计的国际分类》执行过程中的问题解答论坛。

2017年12月，中方派员参加了由联合国毒罪办、联合国亚洲及太平洋经济社会理事会、韩国国家统计局、泰国司法研究所联合组织的在韩国大田举办的《犯罪统计的国际分类》实施培训班，培训班具体教授了各国建立《犯罪统计的国际分类》对应表过程的技术难题的解决和犯罪调查方法。在培训班上，我方按照要求报告了我国的犯罪分类、刑事法典规定的罪名、犯罪统计的相关部门情况、犯罪的行政报告数据以及犯罪调查情况。

2017年5～12月，根据联合国毒罪办的建议，以及多数国家的刑事司法统计工作均有国家统计局的参与的经验，经司法部批准，我方已经邀请国家统计局参与刑事司法统计工作并获得对方的同意和支持，这对于在我国成功实施《犯罪统计的国际分类》无疑是一个重要的进展。

2018年6月4～8日，第四届国际治理、犯罪和司法数据会议与第二届联合国犯罪趋势调查全球联络员、犯罪统计的国际分类技术咨询小组专家联席会议在秘鲁利马召开。经司法部批准，司法部国际合作局和预防犯罪研究所派员组成中方代表团参加了会议。

2019年10月29～31日，由联合国毒罪办和司法部主办的第三届亚太地区犯罪与刑事司法统计会议于在四川省成都市成功举办。这次会议由联合国毒罪办和中国司法部主办，司法部预防犯罪研究所承办，四川省司法厅和四川省监狱管理局协办。来自柬埔寨、印度尼西亚、巴基斯坦、泰国、韩国等16个国家和联合国毒罪办负责犯罪与刑事司法统计的官员，中国最高人民法院、最高人民检察院、司法部、国家统计局的有关部门领导和同志，中国人民公安大学、中央民族大学部分专家学者，共计60余名代表参加了会议。第三届亚太地区犯罪与刑事司法会议的主题是建立现代、高效的刑事司法统计制度。与会代表围绕会议主题，先后就亚太地区犯罪与刑事司法统计的最新进展与当前目标、联合国2015～2030年可持续发展目标的衡量指标、犯罪统计的国际分类、现代犯罪统计的新发展和新工具、联合国犯罪趋势调查、腐败调查方法等具体议题进行了热烈研讨和深入交流。会议最终形成八项重要成果，为推动《犯罪统计的国际分类》的实施发挥了重要作用。

二、实施内容

根据联合国毒罪办对犯罪趋势调查和犯罪统计的国际分类的最新改革情况，我国在实施《犯罪统计的国际分类》过程中具体开展了以下几项工作，最终成功开发了《中国犯罪统计的国际分类》。

1. 准备材料并发放相关单位和人员。将联合国《〈犯罪统计的国际分类〉实施手册》及其配套培训课件和相关资料翻译为中文译本；将《犯罪统计的国际分类》（中英文译本）以及《〈犯罪统计的国际分类〉实施手册》（中英文译本）装订成册；分别发送国家统计局、最高人民法院、最高人民检察院、公安部、司法部监狱管理局等相关联络单位以及相关专家。

2. 组建联络员和专家团队。请国家统计局、公安部、最高人民法院、最高人民检察院、司法部监狱管理局报送联络人员名单，组建联络人员团队；组织国家统计局、公安部、最高人民法院、最高人民检察院、司法部监狱管理局和国际合作局等单位联络人员召开跨部门会议，并组织刑法学专家、犯罪学专家、统计学专家以及统计工作人员召开会议并就《犯罪统计的国际分类》开展相关培训。

3. 按照联合国要求制作犯罪罪名对应表并编制和填报数据。由上述参加培训的专家和统计人员制作我国刑法所有罪名与《犯罪统计的国际分类》之间的对应表，必要时请求联合国毒罪办的技术援助；根据对应表编制数据并填报联合国 UN-CTS 调查表及其他联合国毒罪办要求的数据收集项目；根据实际需要组织专家评估及改善对应表中存在的问题并根据法律的修改和司法解释的变化对对应表进行更新。

第三节　未来工作展望

联合国刑事司法统计工作过程中的协调工作非常复杂，《犯罪统计的国际分类》的实施以及为了响应可持续发展目标所进行的 UN-CTS 的指标的增加，都对统计数据编制的专业性提出了很高的要求。在《犯罪统计的国际分类》实施过程中，我们对未来工作展开了以下思考与设计。

第一，在与我国相关规定和实践做法不相冲突的前提下，应当利用我方参与其中的《犯罪统计的国际分类》技术咨询小组并根据其职责范围积极履行相关职责，参与联合国毒罪办为此举行的相关实施推动和评估活动，为联合国毒罪办提供咨询，协助在国家层面推动实施《犯罪统计的国际分类》，并就启动和执行对分类的连续修订以使《犯罪统计的国际分类》保持最新状态。

第二，在《犯罪统计的国际分类》未来的修正中，针对联合国《犯罪统计的国际分类》的具体分类,我们拟提出相关不同意见。比如,分类对于故意杀人的描述是,以造成死亡或严重伤害为目的非法致人死亡。据此,故意伤害致人死亡的行为必然被归入故意杀人行为,作为故意杀人来进行统计。我们认为这项分类欠妥当,因为故意杀人与故意伤害相比,主观故意的内容不同,一般来说,故意杀人罪是各国刑法中规定的最严重的犯罪,如果把故意伤害致人死亡也归入故意杀人,统计结果容易导致各国犯罪严重化的倾向。因此,我们建议明确区分故意杀人与故意伤害致人死亡这两种行为,这也是我们国家以及大陆法系主要国家的做法。

第三,在我国国家层面实施联合国《犯罪统计的国际分类》,将是一个渐进的过程,根据《犯罪统计的国际分类》实施路线图,技术层面主要有以下几项任务和挑战需要应对:(1)要获取刑事司法程序不同阶段的原始数据;(2)需要根据我国刑法的修订更新《犯罪统计的国际分类》的分类类别,制作《犯罪统计的国际分类》和国内犯罪分类之间的新的对应表;(3)将原始数据与《犯罪统计的国际分类》一一对应进行整理和统计。

第四,为推动《犯罪统计的国际分类》在我国的实施,在组织架构方面,需要建立专门的工作小组进行统一协调,建议由司法部国际合作局组织成立专门的工作小组,由公安部、最高人民法院、最高人民检察院、司法部以及国家统计局等相关单位参加,并由熟悉统计专业和法律专业等专业的专家参与共同完成,司法部预防犯罪研究所一如既往配合司法部国际合作局执行相关任务。

第五,在《犯罪统计的国际分类》实施过程中,及时组织翻译联合国毒罪办的相关资料,并向参与《犯罪统计的国际分类》实施的利益相关方发送和宣传,必要时召开研讨会进行交流。

第六,根据联合国毒罪办的要求,组织召开公安部、最高人民法院、最高人民检察院、司法部联络人员及相关专家会议,评估及改善对应表中存在的问题并进行数据收集。

第七,开展根据对应表的数据收集及犯罪趋势研究工作。

第八,为了确保完整填报数据,以及整个国家机关内部刑事司法统计数据的准确性、一致性,并且汇聚统计专业的专业力量、提高数据获取的质量和力度,建议借鉴多数国家开展该项工作的经验,邀请国家统计局进一步深度参与此项工作,发挥其应有的作用。

下　　编

下编　导言

下编为读者具体呈现出了中国实施联合国《犯罪统计的国际分类》的核心成果，也就是建立了中国《刑法》分则的具体条款与联合国《犯罪统计的国际分类》之间的对应表，即《中国犯罪统计的国际分类》。该对应表是以我国《刑法》及其第十个修正案出台之前的刑法修正案和相关司法解释为依据完成的。

下编共十一章，每章的标题对应《犯罪统计的国际分类》的每一个1级类别，每章之下的每节的内容对应于1级类别之下的2、3、4级类别。下编的结构中，每节都包括三个部分：第一部分介绍《犯罪统计的国际分类》对该犯罪类别的类别描述、包含范围和排除情形。接着第二部分呈现出我国刑法条款与相应类别的犯罪的匹配情况。第三部分就是根据匹配情况制作的我国刑法条款与《犯罪统计的国际分类》的对应表。

需要指出，按照《犯罪统计的国际分类》实施要求，应当采取互斥原则，一个法条在对应表中只能出现一次。具体到我们国家，我国刑法的法条很复杂，例如我国《刑法》第151条有7个罪名，我们采取的原则就是如果同一条款中的罪名刑罚相同，那就按照一个法条处理，但是如果一个法条涉及多个罪名，但是不同罪名对应不同刑罚，那就按照多个罪名去匹配，也就是说，我们在匹配过程中不仅是采取了条文原则，更确切地说，应该是采取了条款匹配的原则。众所周知，中国刑法中规定了基本犯、加重犯、转化犯等犯罪形态，在匹配过程中，我们首先是按照基本犯进行匹配的，我国刑法中的转化犯、加重犯及注意规定都直接按照其指向对象进行匹配。

第五章　导致死亡或有意造成死亡的行为

第一节　故意杀人

一、《犯罪统计的国际分类》中的类别描述

在《犯罪统计的国际分类》中，“0101 故意杀人”的定义为：以造成死亡或严重伤害为目的，非法致人死亡。其包含范围为：谋杀[①]、荣誉杀人[②]、严重攻击致死[③]、恐怖主义活动导致死亡[④]、与嫁妆/彩礼有关的杀人[⑤]、杀害女性[⑥]、杀婴[⑦]、非预谋故意杀人[⑧]、法外杀人、执法人员/国家官员过度使用武力导致杀人[⑨]。

---

① 谋杀是以造成死亡或严重伤害为目的，非法致人死亡，包括预谋及（或）恶意预谋非法致人死亡。

② 荣誉杀人是指由于实际的或猜测的性不轨行为或行为越轨（包括通奸、婚外性行为或婚外怀孕），让家庭明显蒙羞，故为了报复或为了恢复家庭名誉，由亲属或其他关系密切的人实施的非法杀害。

③ 严重攻击致死是指明知有可能导致死亡或严重伤害而实施攻击非法致人死亡。

④ 恐怖主义活动导致死亡是指非战斗人员（非冲突方）实施旨在造成死亡或严重人身伤害的行为，根据其性质或相关情况来看，目的在于恐吓人口或迫使一国政府或国际组织采取或不采取任何行动，结果导致杀人。［联合国大会《制止向恐怖主义提供资助的国际公约》1999 年。A/RES/54/109，第 2(1b)条。］

⑤ 与嫁妆/彩礼有关的杀人是指与在结婚之前、期间或之后的任何时间提供或接收嫁妆/彩礼有关而非法杀害女性。嫁妆/彩礼是指婚姻一方向另一方提供的任何财产或资产。

⑥ 杀害女性是指因厌恶女性或性别原因而故意杀害女性。

⑦ 杀婴是指杀害不满一岁的婴儿。

⑧ 非预谋故意杀人是指以造成死亡为目的，非法致人死亡，但其中存在减轻责任的情形，例如挑衅。

⑨ 执法人员/国家官员超过国内和国际标准设定的、为了履行其职责而必要的最低限度使用武力而导致死亡。

排除情形:因法律干预致死[1]、正当防卫杀人[2]、故意杀人未遂(0102)、缺乏故意要素的杀人是非故意杀人(0103)、非过失或意外杀人[3](01031)、协助自杀或教唆自杀(0104)、非法杀害胎儿(0106)、安乐死(0105)。

二、中国相关罪名的匹配分析

根据《犯罪统计的国际分类》对"0101 故意杀人"的类别描述和我国《刑法》的规定,我国有 3 个罪名的情形可与其部分匹配:我国《刑法》第 232 条规定的故意杀人罪;我国《刑法》第 234 条第 2 款规定的故意伤害罪中的致人死亡的情形;我国《刑法》第 239 条第 2 款规定的绑架罪中杀害被绑架人或者故意杀害被绑架人致人死亡的情形。

我国《刑法》第 232 条规定了[故意杀人罪]:"故意杀人的,处死刑、无期徒刑或者十年以上有期徒刑;情节较轻的,处三年以上十年以下有期徒刑。"

从刑法理论上来说,故意杀人既遂标准是导致被害人的死亡,因此故意杀人的既遂与《犯罪统计的国际分类》对"0101 故意杀人"的类别描述一致,都是以造成死亡为目的非法致人死亡。然而,我国《刑法》第 232 条规定的故意杀人罪还存在故意杀人未遂的情形,也就是说,可能故意杀人的行为并没有造成被害人死亡的结果。由此看来,我国《刑法》第 232 条的规定比《犯罪统计的国际分类》中的"0101 故意杀人"更为宽泛,因此我国《刑法》第 232 条的规定与《犯罪统计的国际分类》中的"0101 故意杀人"部分匹配。

我国《刑法》第 234 条规定了[故意伤害罪]:"故意伤害他人身体的,处三年以下有期徒刑、拘役或者管制。犯前款罪,致人重伤的,处三年以上十年以下有期徒刑;致人死亡或者以特别残忍手段致人重伤造成严重残疾的,处十年以上有期徒刑、无期徒刑或者死刑。本法另有规定的,依照规定。"

根据我国《刑法》第 234 条第 2 款的规定,犯故意伤害罪,致人死亡的,符合《犯罪统计的国际分类》对"0101 故意杀人"的类别描述,但是,我国《刑法》第 234 条第 2 款除了规定故意伤害致人死亡的情形,还规定了故意伤害致人重伤

---

① 因法律干预致死是指警察或其他执法人员(包括执勤军人)在逮捕或试图逮捕违法者、制止骚乱、维持秩序及其他合法行动中,出于保护生命的必要而使用武力,从而致人死亡。

② 正当防卫杀人是指为了自卫或防卫其他人而杀人,且不这样做就不足以防止生命遭受迫在眉睫的死亡威胁或严重伤害威胁。

③ 非过失或意外杀人是指非法致人死亡,但仅有伤害的意图而无致人死亡或严重伤害的意图。

造成严重残疾的情形，因此，我国《刑法》第 234 条第 2 款与《犯罪统计的国际分类》中的“0101 故意杀人”类别部分匹配。

我国《刑法》第 239 条规定了[绑架罪]：“以勒索财物为目的绑架他人的，或者绑架他人作为人质的，处十年以上有期徒刑或者无期徒刑，并处罚金或者没收财产；情节较轻的，处五年以上十年以下有期徒刑，并处罚金。犯前款罪，杀害被绑架人的，或者故意伤害被绑架人，致人重伤、死亡的，处无期徒刑或者死刑，并处没收财产。”

根据我国《刑法》第 239 条第 2 款的规定，犯绑架罪并且杀害被绑架人，或者故意伤害被绑架人致人死亡的情形，符合《犯罪统计的国际分类》对“0101 故意杀人”的类别描述，但是，本款还规定了上述杀害被绑架人，或者故意伤害被绑架人致人重伤的情形，因此本款的规定比《犯罪统计的国际分类》中的“0101 故意杀人”更为宽泛，因此我国《刑法》第 239 条第 2 款的规定与《犯罪统计的国际分类》中的“0101 故意杀人”部分匹配。

三、《犯罪统计的国际分类》中国版对应表

表 5-1　故意杀人

《犯罪统计的国际分类》代码与犯罪类别	级别	国内刑法/犯罪分类	完全匹配	部分匹配	细节评注
0101 故意杀人	2	第 232 条　故意杀人罪	√		法条
		第 234 条第 2 款　故意伤害罪(致人死亡)		√	致人死亡
		第 239 条第 2 款绑架罪		√	杀害被绑架人或者故意伤害被绑架人，致人重伤、死亡

第二节　故意杀人未遂

一、《犯罪统计的国际分类》中的类别描述

在《犯罪统计的国际分类》中，“0102 故意杀人未遂”的定义为：以造成死亡或严重伤害为目的，企图非法致人死亡。其包含范围为：谋杀未遂、恐怖主义活

动导致死亡未遂、杀婴未遂、杀害女性未遂。

排除情形:共谋完成或实施非法杀害胎儿(0106)。

二、中国相关罪名的匹配分析

根据《犯罪统计的国际分类》对“0102 故意杀人未遂”的类别描述和我国《刑法》的规定,我国《刑法》第232条规定的故意杀人罪与之部分匹配,确切地说,我国故意杀人罪中的未遂的情形与之部分匹配。但是,此处我们并没有将其匹配进去。

尽管故意犯罪的犯罪形态包括犯罪的未遂是在刑法总则中规定的,《犯罪统计的国际分类》为了统计目的,更进一步说,是为了更详细地获取全球故意杀人罪的信息,因此将故意杀人未遂专门列为一类。而且,从整个《犯罪统计的国际分类》所列犯罪分类来看,对于除故意杀人之外的其他犯罪的犯罪形态没有单独分类。根据我国刑法的具体情况,我们国家实施《犯罪统计的国际分类》是针对刑法分则条款制定对应表,本着互斥的原则,我国《刑法》规定的故意杀人罪已经部分匹配到《犯罪统计的国际分类》中的“0101 故意杀人”,因此,此处不再重复匹配。

三、《犯罪统计的国际分类》中国版对应表

表5-2 故意杀人未遂

《犯罪统计的国际分类》代码与犯罪类别	级别	国内刑法/犯罪分类	完全匹配	部分匹配	细节评注
0102 故意杀人未遂	2	—			—

第三节 非故意杀人

一、《犯罪统计的国际分类》中的类别描述

在《犯罪统计的国际分类》中,“0103 非故意杀人”的定义为:非故意地致人死亡。其包含范围为:过失杀人、危险驾驶致人死亡、适用01031~01032中列出的所有包含范围。

（一）非过失杀人

在《犯罪统计的国际分类》中，“01031 非过失杀人”的定义为：非法致人死亡，但仅有伤害的意图而无致人死亡或严重伤害的意图。其包含范围为：意外杀人，人身伤害导致死亡但并无严重伤害的意图。

排除情形：适用 0103 中列出的全部排除情形。

（二）过失非预谋杀人

在《犯罪统计的国际分类》中，“01032 过失非预谋杀人”的定义为：因过失的行为或非自愿的行为（且该行为并非故意指向受害者）而导致的预料之外的死亡。[①] 其包含范围为：刑法上的过失非预谋杀人；企业非预谋杀人；车祸非预谋杀人；适用 010321 ~ 010322 中列出的全部包含范围。

排除情形：未导致死亡的过失行为（0206）；适用 0103 中的排除情形。

1. 车祸致人死亡

在《犯罪统计的国际分类》中，“010321 车祸致人死亡”的定义为：因驾驶车辆过程中的过失行为、鲁莽行为或非自愿行为（且该行为并非故意指向受害者）而导致的预料之外的死亡。[②] 其包含范围为：危险驾驶致人死亡；违反交通安全规则致人死亡；在酒精或药物影响下驾驶致人死亡；车祸非预谋杀人。

排除情形：与交通有关但未导致死亡的过失（02063）；在精神活性物质影响下驾驶车辆但未导致死亡（02072）；适用 01032 中列出的全部排除情形。

2. 非车祸致人死亡

在《犯罪统计的国际分类》中，“010322 非车祸致人死亡”的定义为：因过失的行为或非自愿的行为（且该行为并非故意指向受害者）而导致的预料之外的死亡。其包含范围为：重大过失非预谋杀人；导致死亡的业务过失。

排除情形：适用 01032 中列出的全部排除情形。

二、中国相关罪名的匹配分析

（一）非过失杀人的匹配分析

关于非过失杀人，由于这里的定义在我国属于意外事件，不以犯罪处理，因

① 过失是指未对他人给予作为一个明理或谨慎的人在同样情况下会给予的照顾，或者，采取的行动是一个明理或谨慎的人不会采取的行动。

② 车辆至少是指用于运送人或物的设备或结构，包括汽车、摩托车、卡车、公共汽车、火车、船舶、飞机、自行车、马、拖拉机等。

此,我国没有罪名与之匹配。

(二)过失非预谋杀人的匹配分析

根据《犯罪统计的国际分类》对“01032 过失非预谋杀人”的类别描述和我国《刑法》的规定,我国有一个罪名的情形可与其完全匹配,就是我国《刑法》第233条规定的过失致人死亡罪的情形。我国《刑法》第233条规定了[过失致人死亡罪]:“过失致人死亡的,处三年以上七年以下有期徒刑;情节较轻的,处三年以下有期徒刑。本法另有规定的,依照规定。”此外,还有28个罪名的情形可与其部分匹配:我国《刑法》第257条第2款规定的暴力干涉婚姻自由罪的情形;我国《刑法》第115条第1款规定的放火罪、决水罪、爆炸罪、投放危险物质罪、以危险方法危害公共安全罪的情形;我国《刑法》第115条第2款规定的失火罪、过失决水罪、过失爆炸罪、过失投放危险物质罪、过失以危险方法危害公共安全罪的情形;我国《刑法》第119条第1款规定的破坏交通工具罪、破坏交通设施罪、破坏电力设备罪、破坏易燃易爆设备罪的情形;我国《刑法》第119条第2款规定的过失损坏交通工具罪、过失损坏交通设施罪、过失损坏电力设备罪、过失损坏易燃易爆设备罪的情形;我国《刑法》第236条第3款第5项规定的强奸罪的情形;我国《刑法》第238条第2款规定的非法拘禁罪的情形;我国《刑法》第240条第1款第7项规定的拐卖妇女、儿童罪的情形;我国《刑法》第260条第2款规定的虐待罪的情形;我国《刑法》第263条第5项规定的抢劫罪的情形;我国《刑法》第300条第1款规定的组织、利用会道门、邪教组织、利用迷信致人重伤、死亡罪的情形;我国《刑法》第318条第1款第3项规定的组织他人偷越国(边)境罪造成被组织人重伤、死亡的情形;我国《刑法》第336条第1款规定的非法行医罪的情形;我国《刑法》第336条第2款规定的非法进行节育手术罪的情形。

我国《刑法》第257条第2款规定了[暴力干涉婚姻自由罪]:“犯前款罪,致使被害人死亡的,处二年以上七年以下有期徒刑。”本款规定了暴力干涉婚姻自由罪的致人死亡的情形,对于暴力干涉婚姻自由存在主观故意,但是对于导致被害人死亡存在过失,因此,本款规定与过失非预谋杀人罪完全匹配,但是暴力干涉婚姻自由罪还存在没有致人死亡的情形,因此,暴力干涉婚姻自由罪与过失非预谋杀人部分匹配。

我国《刑法》第115条第1款规定了[放火罪、决水罪、爆炸罪、投放危险物质罪、以危险方法危害公共安全罪]："放火、决水、爆炸以及投放毒害性、放射性、传染病病原体等物质或者以其他危险方法致人重伤、死亡或者使公私财产遭受重大损失的，处十年以上有期徒刑、无期徒刑或者死刑。"

我国《刑法》第115条第2款规定了[过失放火罪、过失决水罪、过失爆炸罪、过失投放危险物质罪、过失以危险方法危害公共安全罪]："过失犯前款罪的，处十年以上有期徒刑、无期徒刑或者死刑。"

我国《刑法》第119条第1款规定了[破坏交通工具罪、破坏交通设施罪、破坏电力设备罪、破坏易燃易爆设备罪]："破坏交通工具、交通设施、电力设备、燃气设备、易燃易爆设备，造成严重后果的，处十年以上有期徒刑、无期徒刑或者死刑。"

我国《刑法》第119条第2款规定了[过失损坏交通工具罪、过失损坏交通设施罪、过失损坏电力设备罪、过失损坏易燃易爆设备罪]："过失犯前款罪的，处三年以上七年以下有期徒刑；情节较轻的，处三年以下有期徒刑或者拘役。"

我国《刑法》第236条第3款规定了[强奸罪]："强奸妇女、奸淫幼女，有下列情形之一的，处十年以上有期徒刑、无期徒刑或者死刑：……（五）奸淫不满十周岁的幼女或者造成幼女伤害的……"

我国《刑法》第238条第2款规定了[非法拘禁罪]的转化："犯前款罪，致人重伤的，处三年以上十年以下有期徒刑；致人死亡的，处十年以上有期徒刑。使用暴力致人伤残、死亡的，依照本法第234条、第232条的规定定罪处罚。"

我国《刑法》第240条第1款规定了[拐卖妇女、儿童罪]："拐卖妇女、儿童的，处五年以上十年以下有期徒刑，并处罚金；有下列情形之一的，处十年以上有期徒刑或者无期徒刑，并处罚金或者没收财产；情节特别严重的，处死刑，并处没收财产：……（七）造成被拐卖的妇女、儿童或者其亲属重伤、死亡或者其他严重后果的……"

我国《刑法》第260条第2款规定了[虐待罪]："犯前款罪，致使被害人重伤、死亡的，处二年以上七年以下有期徒刑。"

我国《刑法》第263条规定了[抢劫罪]："以暴力、胁迫或者其他方法抢劫公私财物的，处三年以上十年以下有期徒刑，并处罚金；有下列情形之一的，处十年以上有期徒刑、无期徒刑或者死刑，并处罚金或者没收财产：……（五）抢劫致人重伤、死亡的……”

我国《刑法》第300条第1款规定了[规定的组织、利用会道门、邪教组织、利用迷信致人重伤、死亡罪]:“组织、利用会道门、邪教组织或者利用迷信蒙骗他人,致人重伤、死亡的,依照前款的规定处罚。”

我国《刑法》第318条第1款规定了[组织他人偷越国(边)境罪]:“组织他人偷越国(边)境的,处二年以上七年以下有期徒刑,并处罚金;有下列情形之一的,处七年以上有期徒刑或者无期徒刑,并处罚金或者没收财产:……(三)造成被组织人重伤、死亡的……”

我国《刑法》第336条第1款规定了[非法行医罪]:“未取得医生执业资格的人非法行医,情节严重的,处三年以下有期徒刑、拘役或者管制,并处或者单处罚金;严重损害就诊人身体健康的,处三年以上十年以下有期徒刑,并处罚金;造成就诊人死亡的,处十年以上有期徒刑,并处罚金。”

我国《刑法》第336条第2款规定了[非法进行节育手术罪]:“未取得医生执业资格的人擅自为他人进行节育复通手术、假节育手术、终止妊娠手术或者摘取宫内节育器,情节严重的,处三年以下有期徒刑、拘役或者管制,并处或者单处罚金;严重损害就诊人身体健康的,处三年以上十年以下有期徒刑,并处罚金;造成就诊人死亡的,处十年以上有期徒刑,并处罚金。”

如前所述,在过失非预谋杀人这类犯罪之下,还包括了更低一级的车祸致人死亡和非车祸致人死亡这两类犯罪,根据匹配的要求,在过失非预谋杀人行为里,应当尽量归入该行为所包含的更为低一级的犯罪,如果不能归入的,则一律归入了更为高级别的过失非预谋杀人。根据《犯罪统计的国际分类》对“01032 过失非预谋杀人”的类别描述,我国《刑法》第233条规定的过失致人死亡罪的情形与其完全匹配。我国《刑法》上述其余28个条款皆因其犯罪结果中的一部分符合“01032 过失非预谋杀人”的类别描述而与之部分匹配,具体来说,我国刑法中对上述28个条款的规定不限于该类犯罪规定的犯罪结果而比该类犯罪的规定更为宽泛。

1. 车祸致人死亡

根据《犯罪统计的国际分类》对“010321 车祸致人死亡”的类别描述和我国《刑法》的规定,我国有一个罪名的情形可与其部分匹配:我国《刑法》第133条规定的交通肇事罪的情形。

我国《刑法》第133条规定了[交通肇事罪]:“违反交通运输管理法规,因而发生重大事故,致人重伤、死亡或者使公私财产遭受重大损失的,处三年以下有期徒刑或者拘役;交通运输肇事后逃逸或者有其他特别恶劣情节的,处三年以上七年以下有期徒刑;因逃逸致人死亡的,处七年以上有期徒刑。”

与《犯罪统计的国际分类》对“010321 车祸致人死亡”的类别描述相比,我国《刑法》第133条规定的交通肇事罪的犯罪结果不仅仅限于致人重伤、死亡的情形,因此比《犯罪统计的国际分类》“010321 车祸致人死亡”的范围更广,因而与之部分匹配。

2. 非车祸致人死亡

根据《犯罪统计的国际分类》对“010322 非车祸致人死亡”的类别描述和我国《刑法》的规定,我国有14个条款的情形可与其部分匹配:我国《刑法》第131条规定的重大飞行事故罪的情形;我国《刑法》第132条规定的铁路运营安全事故罪的情形;我国《刑法》第134条第1款规定的重大责任事故罪的情形;我国《刑法》第134条第2款规定的强令、组织他人违章冒险作业罪的情形;我国《刑法》第135条规定的重大劳动安全事故罪的情形;我国《刑法》第135条之一规定的大型群众性活动重大安全事故罪的情形;我国《刑法》第136条规定的危险物品肇事罪的情形;我国《刑法》第137条规定的工程重大安全事故罪的情形;我国《刑法》第138条规定的教育设施重大安全事故罪的情形;我国《刑法》第139条规定的消防责任事故罪的情形;我国《刑法》第139条之一规定的不报、谎报安全事故罪的情形;我国《刑法》第335条规定的医疗事故罪的情形;我国《刑法》第408条规定的环境监管失职罪的情形;我国《刑法》第436条规定的武器装备肇事罪的情形。

我国《刑法》第131条规定了[重大飞行事故罪]:“航空人员违反规章制度,致使发生重大飞行事故,造成严重后果的,处三年以下有期徒刑或者拘役;造成飞机坠毁或者人员死亡的,处三年以上七年以下有期徒刑。”

我国《刑法》第132条规定了[铁路运营安全事故罪]:“铁路职工违反规章制度,致使发生铁路运营安全事故,造成严重后果的,处三年以下有期徒刑或者拘役;造成特别严重后果的,处三年以上七年以下有期徒刑。”

我国《刑法》第134条第1款规定了[重大责任事故罪]:“在生产、作业中违反有关安全管理的规定,因而发生重大伤亡事故或者造成其他严重后果的,处三年以下有期徒刑或者拘役；情节特别恶劣的，处三年以上七年以下有期徒刑。”

我国《刑法》第134条第2款规定了[强令、组织他人违章冒险作业罪]：“强令他人违章冒险作业，或者明知存在重大事故隐患而不排除，仍冒险组织作业，因而发生重大伤亡事故或者造成其他严重后果的，处五年以下有期徒刑或者拘役；情节特别恶劣的，处五年以上有期徒刑。”

我国《刑法》第135条规定了[重大劳动安全事故罪]：“安全生产设施或者安全生产条件不符合国家规定，因而发生重大伤亡事故或者造成其他严重后果的，对直接负责的主管人员和其他直接责任人员，处三年以下有期徒刑或者拘役；情节特别恶劣的，处三年以上七年以下有期徒刑。”

我国《刑法》第135条之一规定了[大型群众性活动重大安全事故罪]：“举办大型群众性活动违反安全管理规定，因而发生重大伤亡事故或者造成其他严重后果的，对直接负责的主管人员和其他直接责任人员，处三年以下有期徒刑或者拘役；情节特别恶劣的，处三年以上七年以下有期徒刑。”

我国《刑法》第136条规定了[危险物品肇事罪]：“违反爆炸性、易燃性、放射性、毒害性、腐蚀性物品的管理规定，在生产、储存、运输、使用中发生重大事故，造成严重后果的，处三年以下有期徒刑或者拘役；后果特别严重的，处三年以上七年以下有期徒刑。”

我国《刑法》第137条规定了[工程重大安全事故罪]：“建设单位、设计单位、施工单位、工程监理单位违反国家规定，降低工程质量标准，造成重大安全事故的，对直接责任人员，处五年以下有期徒刑或者拘役，并处罚金；后果特别严重的，处五年以上十年以下有期徒刑，并处罚金。”

我国《刑法》第138条规定了[教育设施重大安全事故罪]：“明知校舍或者教育教学设施有危险，而不采取措施或者不及时报告，致使发生重大伤亡事故的，对直接责任人员，处三年以下有期徒刑或者拘役；后果特别严重的，处三年以上七年以下有期徒刑。”

我国《刑法》第139条规定了[消防责任事故罪]：“违反消防管理法规，经消防监督机构通知采取改正措施而拒绝执行，造成严重后果的，对直接责任人员，处三年以下有期徒刑或者拘役；后果特别严重的，处三年以上七年以下有期徒刑。”

我国《刑法》第139条之一规定了[不报、谎报安全事故罪]："在安全事故发生后，负有报告职责的人员不报或者谎报事故情况，贻误事故抢救，情节严重的，处三年以下有期徒刑或者拘役；情节特别严重的，处三年以上七年以下有期徒刑。"

我国《刑法》第335条规定了[医疗事故罪]："医务人员由于严重不负责任，造成就诊人死亡或者严重损害就诊人身体健康的，处三年以下有期徒刑或者拘役。"

我国《刑法》第408条规定了[环境监管失职罪]："负有环境保护监督管理职责的国家机关工作人员严重不负责任，导致发生重大环境污染事故，致使公私财产遭受重大损失或者造成人身伤亡的严重后果的，处三年以下有期徒刑或者拘役。"

我国《刑法》第436条规定了[武器装备肇事罪]："违反武器装备使用规定，情节严重，因而发生责任事故，致人重伤、死亡或者造成其他严重后果的，处三年以下有期徒刑或者拘役；后果特别严重的，处三年以上七年以下有期徒刑。"

与《犯罪统计的国际分类》对"010322 非车祸致人死亡"的类别描述相比，我国《刑法》的上述14个条款的规定中因均属于结果犯或者情节犯而与之部分匹配。也就是说，我国刑法的规定比之范围更窄。

三、《犯罪统计的国际分类》中国版对应表

表5-3　非故意杀人

《犯罪统计的国际分类》代码与犯罪类别	级别	国内刑法/犯罪分类	完全匹配	部分匹配	细节评注
0103 非故意杀人	2	—			—
01031 非过失杀人	3	—			—
01032 过失非预谋杀人	3	第257条第2款暴力干涉婚姻自由罪		√	致使被害人死亡的
		第115条第1款放火罪、决水罪、爆炸罪、投放危险物质罪、以危险方法危害公共安全罪		√	致人死亡；致人重伤、死亡或者使公私财产遭受重大损失

续表

《犯罪统计的国际分类》代码与犯罪类别	级别	国内刑法/犯罪分类	完全匹配	部分匹配	细节评注
01032 过失非预谋杀人	3	第233条过失致人死亡罪	√		—
		第115条第2款失火罪、过失决水罪、过失爆炸罪、过失投放危险物质罪、过失以危险方法危害公共安全罪		√	同上
		第119条第1款		√	是第116、117、118条的结果加重犯
		第119条第2款过失损坏交通工具罪、过失损坏交通设施罪、过失损坏电力设备罪、过失损坏易燃易爆设备罪		√	同上
		第236条第3款第5项强奸罪		√	致使被害人重伤、死亡的
		第238条第2款非法拘禁罪	√		致人死亡的
		第240条第1款第7项拐卖妇女、儿童罪		√	造成被拐卖的妇女、儿童或者其亲属重伤、死亡或者其他严重后果的
		第260条第2款虐待罪		√	致使被害人重伤、死亡的
		第263条第5项抢劫罪		√	致人重伤、死亡的
		第300条第1款组织、利用会道门、邪教组织、利用迷信致人重伤、死亡罪		√	致人重伤、死亡的
		第318条第1款第3项组织他人偷越国(边)境罪		√	造成被组织人重伤、死亡的
		第336条第1款非法行医罪	√		造成就诊人死亡的
		第336条第2款非法进行节育手术罪	√		造成就诊人死亡的
010321 车祸致人死亡	4	第133条交通肇事罪		√	致人重伤、死亡的
		第131条重大飞行事故罪		√	造成人员死亡的
		第132条铁路运营安全事故罪		√	造成严重后果的

续表

《犯罪统计的国际分类》代码与犯罪类别	级别	国内刑法/犯罪分类	完全匹配	部分匹配	细节评注
010322 非车祸致人死亡	4	第 134 条第 1 款重大责任事故罪		√	发生重大伤亡事故
		第 134 条第 2 款强令、组织他人违章冒险作业罪		√	发生重大伤亡事故
		第 135 条重大劳动安全事故罪		√	发生重大伤亡事故
		第 135 条之一大型群众性活动重大安全事故罪		√	发生重大伤亡事故
		第 136 条危险物品肇事罪		√	造成严重后果
		第 137 条工程重大安全事故罪		√	造成重大安全事故
		第 138 条教育设施重大安全事故罪		√	发生重大伤亡事故
		第 139 条消防责任事故罪		√	造成严重后果的
		第 139 条之一不报、谎报安全事故罪		√	情节严重
		第 335 条医疗事故罪		√	造成就诊人死亡
		第 408 条环境监管失职罪		√	造成人身伤亡的严重后果的
		第 436 条武器装备肇事罪		√	致人死亡的

第四节　协助或教唆自杀

一、《犯罪统计的国际分类》中的类别描述

在《犯罪统计的国际分类》中，“0104 协助或教唆自杀”的定义为：故意促进或教唆他人自杀的非法行为。其包含范围为：适用 01041 ~ 01049 中列出的全部包含范围。

(一)协助自杀

在《犯罪统计的国际分类》中，“01041 协助自杀”的定义为：由协助死亡或

提供知识及(或)手段的他人加诸或协助自愿死亡的人完成意图的死亡。[①] 其包含范围为:医生协助自杀(但未构成安乐死);协助自杀。

排除情形:协助他人死亡且目的是无痛致死或减轻顽固性痛苦(0105);未能成功协助他人死亡(0109)。

(二)其他协助或教唆自杀的行为

在《犯罪统计的国际分类》中,“01042 其他协助或教唆自杀的行为”的定义为:01041 中未加描述的导致他人自杀的行为。

其包含范围为:采用劝说或其他方式教唆自杀。

二、中国相关罪名的匹配分析

与《犯罪统计的国际分类》中“0104 协助或教唆自杀”相对应,帮助犯和教唆犯是我国刑法总则中的规定,按照其在共同犯罪中的作用处理,因此我国刑法分则对其没有专设相关罪名,此处我国刑法无相关条款与其匹配。

三、《犯罪统计的国际分类》中国版对应表

表 5-4 协助或教唆自杀

《犯罪统计的国际分类》代码与犯罪类别	级别	国内刑法/犯罪分类	完全匹配	部分匹配	细节评注
0104 协助或教唆自杀	2	—			—
01041 协助自杀	3	—			—
01042 其他协助或教唆自杀的行为	3	—			—

第五节 安 乐 死

一、《犯罪统计的国际分类》中的类别描述

在《犯罪统计的国际分类》中,“0105 安乐死”的定义为:经本人同意或未经本

① 世界卫生组织健康发展中心:《老年人社区健康护理与服务术语表》。

人同意而使其死亡,目的是无痛致死、减轻顽固性痛苦,或者在绝症或不可逆昏迷的情况下,不防止自然死亡。[①] 其包含范围为:无自愿安乐死,非自愿安乐死。

排除情形:协助自愿死亡者死亡(0104)。

二、中国相关罪名的匹配分析

尽管安乐死在我国并不是合法化的行为,但是我国刑法也没有为安乐死行为专门规定一个罪名,该行为如果符合故意杀人或者其他犯罪的犯罪构成,则按照相关犯罪处理。因此,根据互斥原则,此处不再为其匹配。

三、《犯罪统计的国际分类》中国版对应表

表5-5　安乐死

《犯罪统计的国际分类》代码与犯罪类别	级别	国内刑法/犯罪分类	完全匹配	部分匹配	细节评注
0105 安乐死	2	—			—

第六节　非法杀害胎儿

一、《犯罪统计的国际分类》中的类别描述

在《犯罪统计的国际分类》中,"0106 非法杀害胎儿"的定义为:故意导致胎儿非法死亡。[②] 其包含范围为:非法堕胎;国家法律定义的堕胎罪行;隐瞒胎儿出生事实,秘密处理其遗体;故意流产和导致死胎;致使非法堕胎;违反堕胎法堕胎;强迫堕胎。[③]

排除情形:合法堕胎/合法杀害胎儿;缺乏医疗技术的人实施的人工流产(02071)。

二、中国相关罪名的匹配分析

堕胎在我国不构成犯罪,但是堕胎过程中可能构成的其他犯罪,比如造成对

① 世界卫生组织健康发展中心:《老年人社区健康护理与服务术语表》。

② 国家法律定义的胎儿非法死亡。禁止或限制导致胎儿死亡的依据可能是孕周、胎儿体重,或是在所有情形下均禁止,或是依据其他理由禁止。

③ 未经妇女事先知情和同意而对其实施堕胎;未经妇女事先知情和同意或事先了解程序而对其实施手术,目的或后果是终止其自然生育的能力。[《欧洲委员会预防和抵制暴力侵害妇女和家庭暴力公约》(《伊斯坦布尔公约》)第39条,2011年。]

堕胎者的故意伤害、过失致人死亡等犯罪，但是这类犯罪又与堕胎罪所侵犯的客体有所不同，依照相关犯罪处理即可。因此，此处我国刑法中没有条款与其匹配。

三、《犯罪统计的国际分类》中国版对应表

表 5－6　非法杀害胎儿

《犯罪统计的国际分类》代码与犯罪类别	级别	国内刑法/犯罪分类	完全匹配	部分匹配	细节评注
0106 非法杀害胎儿	2	—			—

第七节　与武装冲突有关的非法杀人

一、《犯罪统计的国际分类》中的类别描述

在《犯罪统计的国际分类》中，“0107 与武装冲突有关的非法杀人”的定义为：在武装冲突局势中非法杀人（但未构成战争罪）。其包含范围为：战斗人员杀人，国内法律认为构成刑事犯罪（并以此起诉）但未构成战争罪。

排除情形：在武装冲突期间实施的被视为故意杀人的杀人行为（0101）、与武装冲突有关的但构成战争罪的杀人行为（11013）。

二、中国相关罪名的匹配分析

我国刑法通篇没有明确关于武装冲突中的犯罪包括武装冲突中的非法杀人的规定，因此，没有相关罪名与《犯罪统计的国际分类》“0107 与武装冲突有关的非法杀人”相匹配。

三、《犯罪统计的国际分类》中国版对应表

表 5－7　与武装冲突有关的非法杀人

《犯罪统计的国际分类》代码与犯罪类别	级别	国内刑法/犯罪分类	完全匹配	部分匹配	细节评注
0107 与武装冲突有关的非法杀人	2	—			—

第八节　其他导致死亡或有意造成死亡的行为

一、《犯罪统计的国际分类》中的类别描述

在《犯罪统计的国际分类》中,“0109 其他导致死亡或有意造成死亡的行为”的定义为:0101～0107 中未加描述的导致他人死亡或有意造成他人死亡的行为。其包含范围为:未提供救助导致他人死亡。

排除情形:适用 0101～0107 中列出的全部排除情形。

二、中国相关罪名的匹配分析

《犯罪统计的国际分类》中“0109 其他导致死亡或有意造成死亡的行为”属于本章的兜底条款,我国刑法分则中导致死亡或有意导致死亡的情形非常多,能够一一匹配至前述更为具体的犯罪类别,因此,此处我国刑法中已无相关条款与其匹配。

三、《犯罪统计的国际分类》中国版对应表

表 5－8　与武装冲突有关的非法杀人

《犯罪统计的国际分类》代码与犯罪类别	级别	国内刑法/犯罪分类	完全匹配	部分匹配	细节评注
0109 其他导致死亡或有意造成死亡的行为	2	—			—

第六章　对人造成伤害或有意对人造成伤害的行为

第一节　攻击和威胁

一、《犯罪统计的国际分类》中的类别描述

在《犯罪统计的国际分类》中，“0201 攻击和威胁”的定义为：使用武力造成伤害或威胁造成伤害。其包含范围为：适用02011～02019 中列出的全部包含范围。

排除情形：严重攻击致死（0101）；所有性伤害行为（03）；使用武力夺走财产（04）；以武力相威胁，要求他人开展相关行动（0205）。

（一）攻击

在《犯罪统计的国际分类》中，“02011 攻击”的定义为：故意或鲁莽地对他人的身体进行打击。① 其包含范围为：适用020111～020112 中列出的全部包含范围。

排除情形：适用 0201 中列出的全部排除情形。

1. 严重攻击

在《犯罪统计的国际分类》中，“020111 严重攻击”的定义为：故意或鲁莽地对他人的人身进行严重的身体打击，导致严

---

① 鲁莽地行动，至少是指不考虑或不关心行动的结果而行事。

重的身体伤害。[①] 其包含范围为：造成严重的身体伤害；伤人；加重攻击；造成身体伤害且情节严重；殴打；腐蚀性液体袭击；残割女性生殖器；投毒；使用武器攻击；强迫绝育[②]；暴力获取人血、人体器官或人体组织。

排除情形：威胁造成严重的身体伤害（020121）、酷刑（11011）、02011 中列出的全部排除情形。

2. 轻微攻击

在《犯罪统计的国际分类》中，“020112 轻微攻击”的定义为：故意或鲁莽地对他人的人身进行轻微的身体打击，没有导致伤害或仅导致轻微的身体伤害。[③] 其包含范围为：造成轻微的身体伤害；一般攻击；推搡；掌掴；脚踢；拳打；下药或戳刺。

排除情形：威胁造成轻微的身体伤害（020122）、适用 02011 中列出的全部排除情形。

（二）威胁

在《犯罪统计的国际分类》中，“02012 威胁”的定义为：认为能够造成威胁的任何类型的威胁行为。[④] 其包含范围为：适用 020121 ~ 020122 中列出的全部包含范围。

排除情形：以武力相威胁，要求他人开展相关行动（0205）；威胁证人、司法人员或执法人员（08061）；威胁选民，影响他们的投票（08071）；以武力威胁夺走财产（0401）；所有性伤害行为（03）；通过威胁来招募、运输、转移、窝藏或接收人员，以便进行剥削（0204）；适用 0201 中的排除情形。

1. 严重威胁

在《犯罪统计的国际分类》中，“020121 严重威胁”的定义为：意图造成死亡

① 严重身体伤害，至少包括枪击伤或子弹伤、刀伤或刺伤、断肢、骨折或牙齿被打掉、内伤、被打晕，以及其他严重或危重伤害。严重身体打击，至少包括被枪击、被刺、被砍、被物体撞击、被抛物击中、中毒，以及其他可能导致严重身体伤害的打击。

② 未经妇女或男性事先知情和同意或事先了解程序而对其实施手术，目的或后果是终止其自然生育的能力。（欧洲委员会：《欧洲委员会预防和抵制暴力侵害妇女和家庭暴力公约》第 39 条，2011 年）

③ 轻微身体伤害，至少包括擦伤、割伤、划伤、牙齿碎裂、肿胀、被打得发青的眼圈及其他轻微的伤害。轻微身体打击，至少包括击打、掌掴、推搡、绊倒、撞到及其他可能导致轻微身体伤害的打击。

④ 威胁行为，至少是指让人害怕受到身体伤害或其他伤害的故意行为。

或严重伤害而威胁。[①] 其包含范围为:威胁造成死亡或严重伤害;威胁造成家人、朋友或其他人死亡或严重伤害。

排除情形:适用 02012 中列出的全部排除情形。

2. 轻微威胁

在《犯罪统计的国际分类》中,“020122 轻微威胁”的定义为:意图造成轻微伤害而威胁。[②] 其包含范围为:威胁造成轻微伤害;威胁造成家人或朋友轻微伤害。

排除情形:适用 02012 中列出的全部排除情形。

(三)其他攻击和威胁

在《犯罪统计的国际分类》中,“02019 其他攻击和威胁”的定义为:02011 ~ 02012 中未加描述或分类的造成伤害或威胁造成伤害的行为。

排除情形:适用 0201 中列出的全部排除情形。

二、中国相关罪名的匹配分析

(一)攻击的匹配分析

1. 严重攻击

根据《犯罪统计的国际分类》对“020111 严重攻击”的类别描述和我国《刑法》的规定,我国有两个条款的情形可与其部分匹配:一是我国《刑法》第 234 条第 1 款规定的故意伤害罪。二是我国《刑法》第 235 条规定的过失致人重伤罪的情形。

我国《刑法》第 234 条第 1 款规定了[故意伤害罪]:“故意伤害他人身体的,处三年以下有期徒刑、拘役或者管制。”

我国《刑法》第 235 条规定了[过失致人重伤罪]:“过失伤害他人致人重伤的,处三年以下有期徒刑或者拘役。本法另有规定的,依照规定。”

我国《刑法》第 234 条第 1 款规定的故意伤害罪和第 235 条规定的过失致人重伤罪均符合《犯罪统计的国际分类》对“020111 严重攻击”的类别描述,明显与其完全匹配。

2. 轻微攻击

根据《犯罪统计的国际分类》对“020112 轻微攻击”的类别描述和我国《刑

---

① 严重伤害,至少包括严重身体伤害或严重身体打击。

② 轻微伤害,至少包括轻微身体伤害或轻微身体打击。

法》的规定，我国有四个条款的情形可与其部分匹配：一是我国《刑法》第 293 条第 1 款第 1 项规定的寻衅滋事罪。二是我国《刑法》第 234 条第 1 款规定的故意伤害罪的情形。三是我国《刑法》第 260 条第 1 款规定的虐待罪的情形。四是我国《刑法》第 260 条之一规定的虐待被监护、看护人罪的情形。

我国《刑法》第 293 条第 1 款第 1 项规定了[寻衅滋事罪]："有下列寻衅滋事行为之一，破坏社会秩序的，处五年以下有期徒刑、拘役或者管制：(一)随意殴打他人，情节恶劣的。"

我国《刑法》第 234 条第 1 款规定了[故意伤害罪]："故意伤害他人身体的，处三年以下有期徒刑、拘役或者管制。"

我国《刑法》第 260 条第 1 款规定了[虐待罪]："虐待家庭成员，情节恶劣的，处二年以下有期徒刑、拘役或者管制。"

我国《刑法》第 260 条之一规定了[虐待被监护、看护人罪]："对未成年人、老年人、患病的人、残疾人等负有监护、看护职责的人虐待被监护、看护的人，情节恶劣的，处三年以下有期徒刑或者拘役。"

与《犯罪统计的国际分类》对"020112 轻微攻击"的类别描述相比，我国《刑法》的上述四个条款均因犯罪行为的方式、犯罪情节或犯罪对象的范围不同而与之部分匹配。

(二)其他攻击和威胁的匹配分析

根据《犯罪统计的国际分类》对"02019 其他攻击和威胁"的类别描述和我国《刑法》的规定，我国有一个罪名的情形可与其部分匹配，即我国《刑法》第 114 条规定的放火罪、决水罪、爆炸罪、投放危险物质罪、以危险方法危害公共安全罪。

我国《刑法》第 114 条规定了[放火罪、决水罪、爆炸罪、投放危险物质罪、以危险方法危害公共安全罪]："放火、决水、爆炸以及投放毒害性、放射性、传染病病原体等物质或者以其他危险方法危害公共安全，尚未造成严重后果的，处三年以上十年以下有期徒刑。"

与《犯罪统计的国际分类》对"02019 其他攻击和威胁"的类别描述相比，我国《刑法》第 114 条规定因限定了犯罪后果而与之部分匹配。

三、《犯罪统计的国际分类》中国版对应表

表 6－1　攻击和威胁

《犯罪统计的国际分类》代码与犯罪类别	级别	国内刑法/犯罪分类	完全匹配	部分匹配	细节评注
0201 攻击和威胁	2	—			—
02011 攻击	3	—			—
020111 严重攻击	4	第 234 条第 1 款故意伤害罪	√		故意伤害重伤的情况问题
		第 235 条过失致人重伤罪	√		—
020112 轻微攻击	4	第 293 条第 1 款第 1 项寻衅滋事罪		√	随意殴打他人，情节严重的（寻衅滋事罪在 08011）
		第 234 条第 1 款		√	所谓的严重的身体伤害或者轻微的身体伤害的理解
		第 260 条第 1 款虐待罪		√	虐待范围大
		第 260 条之一虐待被监护、看护人罪		√	—
02012 威胁	3	—			—
020121 严重威胁	4	—			—
020122 轻微威胁	4	—			—
02019 其他攻击和威胁	3	第 114 条放火罪、决水罪、爆炸罪、投放危险物质罪、以危险方法危害公共安全罪		√	尚未造成严重后果的

第二节　妨害自由的行为

一、《犯罪统计的国际分类》中的类别描述

在《犯罪统计的国际分类》中，“0202 妨害自由的行为”的定义为：剥夺或限制他人的行动或自由。[①] 其包含范围为：适用 02021～02029 中列出的全部包含范围。

① 自由，至少是指公共领域的自由、不被囚禁、压迫或专制统治的自由。（联合国：《世界人权宣言》，载联合国官网 2023 年 1 月 1 日，http://www.un.org/en/documents/udhr/。）

排除情形:奴役和剥削(0203);贩运人口(0204);妨害自由或控制言论的行为(0803);所有性行为(03)。

(一)诱拐未成年人

在《犯罪统计的国际分类》中,“02021 诱拐未成年人”的定义为:非法带走、藏匿或扣留未成年人,使其离开其法定监护人或父母有监护权的一方。其包含范围为:适用 020211 ~ 020219 中列出的全部包含范围。

排除情形:非法扣留他人且目的是要求非法获得赎金,以此赎回该人自由(020221)、非法收养(020291);适用 0202 中列出的全部排除情形。

1. 父母诱拐

在《犯罪统计的国际分类》中,“020211 父母诱拐”的定义为:无专有监护权的父亲或母亲诱拐未成年人。其包含范围为:国际父母诱拐;国内父母诱拐。

排除情形:适用 02021 中列出的全部排除情形。

2. 其他家庭成员诱拐

在《犯罪统计的国际分类》中,“020212 其他家庭成员诱拐”的定义为:非父母且无专有监护权的家庭其他成员诱拐未成年人。

排除情形:适用 02021 中列出的全部排除情形。

3. 法定监护人诱拐

在《犯罪统计的国际分类》中,“020213 法定监护人诱拐”的定义为:非父母、非家庭成员且无专有监护权的法定监护人诱拐未成年人。

排除情形:适用 02021 中列出的全部排除情形。

4. 其他诱拐未成年人的行为

在《犯罪统计的国际分类》中,“020219 其他诱拐未成年人的行为”的定义为:020211 ~ 020213 中未加描述或分类的其他诱拐未成年人的行为。

排除情形:适用 02012 中列出的全部排除情形。

(二)剥夺自由

在《犯罪统计的国际分类》中,“02022 剥夺自由”的定义为:违背他人意愿而进行非法扣留。其包含范围为:绑架;非法限制;劫持;适用 020221 ~ 020229 中列出的全部包含范围。

排除情形:诱拐未成年人(02021);适用 0202 中列出的全部排除情形。

1. 绑架

在《犯罪统计的国际分类》中，“020221 绑架”的定义为：违背他人意愿而非法扣留和带走他人（包括使用武力、威胁、欺诈或引诱等方式），目的是要求非法获得赎金、任何其他经济利益或其他物质利益以赎回自由，或迫使某人做或不做某事。其包含范围为：绑架；快速绑架。

排除情形：诱拐未成年人（02021）、贩运人口（0204）、非法收养（020291）、劫持人质（020222）；适用02022中列出的全部排除情形。

2. 非法限制

在《犯罪统计的国际分类》中，“020222 非法限制”的定义为：违背他人意愿而非法扣留他人（包括使用武力、威胁、欺诈或引诱等方式），但没有将其转移到其他地方。其包含范围为：劫持人质；错误拘禁；非法剥夺自由；非法扣留；强迫失踪。①

排除情形：诱拐未成年人（02021）；贩运人口（0204）；非法收养（020291）；强迫婚姻（020292）；非法扣留他人且目的是要求非法获得赎金，以此赎回该人自由（020221）；适用02022中列出的全部排除情形。

3. 劫持

在《犯罪统计的国际分类》中，“020223 劫持”的定义为：使用武力或以武力相威胁，非法扣押车辆及其乘客。其包含范围为：劫持飞机、汽车、公共汽车、船只或其他机动车辆。

排除情形：与电子或通讯有关的劫持（0903）；私人船舶或飞机上的船员或乘客为私人目的，在公海上对另一船舶、飞机或对船舶或飞机上的人或财产实施暴力、扣留、强奸或掠夺（11012）；盗窃机动车辆或其他类型的盗窃（0502）；抢劫（0401）；适用02022中列出的全部排除情形。

4. 其他剥夺自由的行为

在《犯罪统计的国际分类》中，“020229 其他剥夺自由的行为”的定义为：020221～020223中未加描述或分类的剥夺自由行为。

---

① 强迫失踪是指以下情况：“政府不同部门或不同级别的官员，或一些代表政府行事或得到政府直接或间接支持、同意或默许的有组织团体或个人，违背其本人的意愿而予以逮捕、扣留或绑架，或剥夺他们的自由，随后又拒绝透露有关人员的命运或下落，或拒绝承认剥夺了他们的自由，结果将这些人置于法律保护之外。”联合国：《保护所有人不遭受强迫失踪的宣言》，联合国大会1992年12月18日第47/133号决议。

排除情形：适用 02022 中列出的全部排除情形。

(三)其他妨害自由的行为

在《犯罪统计的国际分类》中，“02029 其他妨害自由的行为”的定义为：02021～02022 中未加描述分类的妨害自由的行为。其包含范围为：非法收养；强迫婚姻；适用 020291～02039 中列出的全部包含范围。

排除情形：适用 0202 中列出的全部排除情形。

1. 非法收养

在《犯罪统计的国际分类》中，“020291 非法收养”的定义为：非法收养儿童和/或为了收养而非法安排、协助或控制儿童。[①] 其包含范围为：收养欺诈；非法收养。

排除情形：诱拐未成年人(02021)；贩运人口(0204)；劫持人质(020222)；适用 02029 中列出的全部排除情形。

2. 强迫婚姻

在《犯罪统计的国际分类》中，“020292 强迫婚姻”的定义为：未经有效同意的婚姻，或是在恐吓、武力、欺诈、胁迫、威胁、欺骗、使用药物或酒精、滥用权力、或利用弱势地位的情况下同意的婚姻。[②] 其包含范围为：强迫婚姻；童婚。

排除情形：诱拐未成年人(02021)；以强迫婚姻为目的而贩运人口(02049)、劫持人质(020222)、奴役和剥削(0203)；适用 02029 中列出的全部排除情形。

3. 其他妨害自由的行为

在《犯罪统计的国际分类》中，“020299 其他妨害自由的行为”的定义为：020291～020292 中未加描述或分类的妨害自由的行为。

排除情形：诱拐未成年人(02021)、贩运人口(0204)、劫持人质(020222)；适用 02029 中列出的全部排除情形。

二、中国相关罪名的匹配分析

(一)诱拐未成年人的匹配分析

根据《犯罪统计的国际分类》对“020211 父母诱拐”的类别描述和我国《刑

---

① 参见联合国经济和社会事务部：《儿童收养：趋势与政策》，载联合国官网 2009 年 1 月 1 日，http://www.un.org/esa/population/publications/adoption2010/child_adoption.pdf。

② 参见联合国提高妇女地位司：《强迫婚姻和早婚：关注中欧和东欧及前苏联国家以及其他国家的相关法律》；彻丽尔、托马斯所编的专家文件，载联合国官网 2009 年 1 月 1 日，http://www.un.org/womenwatch/daw/egm/vaw_legislation_2009/Expert Paper EGMGPLHP_Cheryl Thomas revised_.pdf。

法》的规定，我国有两个条款的情形可与其部分匹配：一是我国《刑法》第240条规定的拐卖妇女、儿童罪的情形。二是我国《刑法》第262条规定的拐骗儿童罪的情形。

我国《刑法》第240条规定了[拐卖妇女、儿童罪]："拐卖妇女、儿童的，处五年以上十年以下有期徒刑，并处罚金；有下列情形之一的，处十年以上有期徒刑或者无期徒刑，并处罚金或者没收财产；情节特别严重的，处死刑，并处没收财产：(一)拐卖妇女、儿童集团的首要分子；(二)拐卖妇女、儿童三人以上的；(三)奸淫被拐卖的妇女的；(四)诱骗、强迫被拐卖的妇女卖淫或者将被拐卖的妇女卖给他人迫使其卖淫的；(五)以出卖为目的，使用暴力、胁迫或者麻醉方法绑架妇女、儿童的；(六)以出卖为目的，偷盗婴幼儿的；(七)造成被拐卖的妇女、儿童或者其亲属重伤、死亡或者其他严重后果的；(八)将妇女、儿童卖往境外的。拐卖妇女、儿童是指以出卖为目的，有拐骗、绑架、收买、贩卖、接送、中转妇女、儿童的行为之一的。"

我国《刑法》第262条规定了[拐骗儿童罪]："拐骗不满十四周岁的未成年人，脱离家庭或者监护人的，处五年以下有期徒刑或者拘役。"

与《犯罪统计的国际分类》对"020211 父母诱拐"的类别描述相比，我国《刑法》中上述两个条款的犯罪行为或者犯罪对象符合其中的部分规定，与之部分匹配。

(二)剥夺自由的匹配分析

1. 绑架

根据《犯罪统计的国际分类》对"020221 绑架"的类别描述和我国《刑法》的规定，我国有一个条款的情形可与其完全匹配，即我国《刑法》第239条规定的绑架罪的情形。

我国《刑法》第239条规定了[绑架罪]："以勒索财物为目的绑架他人的，或者绑架他人作为人质的，处十年以上有期徒刑或者无期徒刑，并处罚金或者没收财产；情节较轻的，处五年以上十年以下有期徒刑，并处罚金。犯前款罪，杀害被绑架人的，或者故意伤害被绑架人，致人重伤、死亡的，处无期徒刑或者死刑，并处没收财产。以勒索财物为目的偷盗婴幼儿的，依照前两款的规定处罚。"

我国《刑法》第239条规定的绑架罪符合《犯罪统计的国际分类》对

"020221 绑架"的类别描述,与其完全匹配。

2. 非法限制

根据《犯罪统计的国际分类》对"020222 非法限制"的类别描述和我国《刑法》的规定,我国有一个罪名的情形可与其部分匹配,即我国《刑法》第 238 条规定的非法拘禁罪的情形。

我国《刑法》第 238 条规定了[非法拘禁罪]:"非法拘禁他人或者以其他方法非法剥夺他人人身自由的,处三年以下有期徒刑、拘役、管制或者剥夺政治权利。具有殴打、侮辱情节的,从重处罚。犯前款罪,致人重伤的,处三年以上十年以下有期徒刑;致人死亡的,处十年以上有期徒刑。使用暴力致人伤残、死亡的,依照本法第二百三十四条、第二百三十二条的规定定罪处罚。为索取债务非法扣押、拘禁他人的,依照前两款的规定处罚。国家机关工作人员利用职权犯前三款罪的,依照前三款的规定从重处罚。"

我国《刑法》第 238 条规定的非法拘禁罪符合《犯罪统计的国际分类》"020222 非法限制"的行为方式之一,与其部分匹配。

3. 劫持

根据《犯罪统计的国际分类》对"020223 劫持"的类别描述和我国《刑法》的规定,我国有两个条款的情形可与其完全匹配:一是我国《刑法》第 121 条规定的劫持航空器罪的情形。二是我国《刑法》第 122 条规定的劫持船只、汽车罪的情形。

我国《刑法》第 121 条规定了[劫持航空器罪]:"以暴力、胁迫或者其他方法劫持航空器的,处十年以上有期徒刑或者无期徒刑;致人重伤、死亡或者使航空器遭受严重破坏的,处死刑。"

我国《刑法》第 122 条规定了[劫持船只、汽车罪]:"以暴力、胁迫或者其他方法劫持船只、汽车的,处五年以上十年以下有期徒刑;造成严重后果的,处十年以上有期徒刑或者无期徒刑。"

我国《刑法》中上述两个条款规定的犯罪行为与《犯罪统计的国际分类》对"020223 劫持"的类别描述一致,与其完全匹配。

(三)其他妨碍自由的行为

1. 非法收养

根据《犯罪统计的国际分类》对"020291 非法收养"的类别描述和我国《刑

法》的规定,我国有一个罪名的情形可与其部分匹配,即我国《刑法》第241条规定的收买被拐卖的妇女、儿童罪的情形。

我国《刑法》第241条规定了[收买被拐卖的妇女、儿童罪]:“收买被拐卖的妇女、儿童的,处三年以下有期徒刑、拘役或者管制。”

我国《刑法》第241条规定的收买被拐卖的妇女、儿童罪在犯罪行为的方式上符合《犯罪统计的国际分类》对“020291 非法收养”的类别描述,但其犯罪对象不仅仅限定为儿童,还包括妇女,比“020291 非法收养”规定范围的更为宽泛,因此与之部分匹配。

2. 强迫婚姻

根据《犯罪统计的国际分类》对“020292 强迫婚姻”的类别描述和我国《刑法》的规定,我国有一个罪名的情形可与其部分匹配,即我国《刑法》第257条第1款规定的暴力干涉婚姻自由罪的情形。

我国《刑法》第257条第1款规定了[暴力干涉婚姻自由罪]:“以暴力干涉他人婚姻自由的,处二年以下有期徒刑或者拘役。”

与《犯罪统计的国际分类》对“020292 强迫婚姻”的类别描述相比,我国《刑法》第257条第1款规定的暴力干涉婚姻自由罪因其将犯罪行为方式限定了暴力形式而比“020292 强迫婚姻”的犯罪行为的范围更窄,与其部分匹配。

3. 其他妨害自由的行为

根据《犯罪统计的国际分类》对“020299 其他妨害自由的行为”的类别描述和我国《刑法》的规定,我国有三个条款的情形可与其部分匹配:一是我国《刑法》第242条规定的聚众阻碍解救被收买的妇女、儿童罪的情形。二是我国《刑法》第258条规定的重婚罪的情形。三是我国《刑法》第259条规定的破坏军婚罪的情形。

我国《刑法》第242条规定了[聚众阻碍解救被收买的妇女、儿童罪]:“聚众阻碍国家机关工作人员解救被收买的妇女、儿童的首要分子,处五年以下有期徒刑或者拘役;其他参与者使用暴力、威胁方法的,依照前款的规定处罚。”

我国《刑法》第258条规定了[重婚罪]:“有配偶而重婚的,或者明知他人有配偶而与之结婚的,处二年以下有期徒刑或者拘役。”

我国《刑法》第259条规定了[破坏军婚罪]:“明知是现役军人的配偶而与之同居或者结婚的,处三年以下有期徒刑或者拘役。”

与《犯罪统计的国际分类》对“020299 其他妨害自由的行为”的类别描述相比，我国《刑法》的上述三个条款不仅限定了犯罪行为的方式而且限定了犯罪对象，因此与之部分匹配。

三、《犯罪统计的国际分类》中国版对应表

表 6-2 妨害自由的行为

《犯罪统计的国际分类》代码与犯罪类别	级别	国内刑法/犯罪分类	完全匹配	部分匹配	细节评注
0202 妨害自由的行为	2	—			—
02021 诱拐未成年人	3	—			—
020211 父母诱拐	4	第 240 条拐卖妇女、儿童罪		√	法条，选择罪名
		第 262 条拐骗儿童罪		√	法条
020212 其他家庭成员诱拐	4	—			—
020213 法定监护人诱拐	4	—			—
020219 其他诱拐未成年人的行为	4	—			—
02022 剥夺自由	3	—			—
020221 绑架	4	第 239 条绑架罪	√		法条
020222 非法限制	4	第 238 条非法拘禁罪		√	法条
020223 劫持	4	第 121 条劫持航空器罪	√		法条
		第 122 条劫持船只、汽车罪	√		法条
020229 其他剥夺自由的行为	4	—			—
02029 其他妨害自由的行为	3	—			—
020291 非法收养	4	第 241 条收买被拐卖的妇女、儿童罪		√	法条
020292 强迫婚姻	4	第 257 条第 1 款暴力干涉婚姻自由罪		√	法条

续表

《犯罪统计的国际分类》代码与犯罪类别	级别	国内刑法/犯罪分类	完全匹配	部分匹配	细节评注
020299 其他妨害自由的行为	4	第 242 条聚众阻碍解救被收买的妇女、儿童罪		√	法条
		第 258 条重婚罪		√	法条
		第 259 条破坏军婚罪		√	法条

第三节　奴役和剥削

一、《犯罪统计的国际分类》中的类别描述

在《犯罪统计的国际分类》中，“0203 奴役和剥削”的定义为：剥夺或限制他人的行动，目的是对其进行剥削以获得经济收入或其他收益（但未构成贩运人口）。其包含范围为：适用 02031 ~ 02039 中列出的全部包含范围。

排除情形：贩运人口（0204）；性剥削（0302）；强迫婚姻（020292）；违反劳动法的行为（0808）。

（一）奴役

在《犯罪统计的国际分类》中，“02031 奴役”的定义为：非法抓捕、获得或处置他人，目的是使其处于特殊地位或处境，以至于能够对其行使附属于所有权的任何或全部权力；在以出售或交换为目的而获得奴隶的活动中涉及的所有行为；在以出售或交换为目的而获得奴隶后，以出售或交换的方式处置奴隶过程中的所有行为；以及交易或运输奴隶的任何行为。其包含范围为：奴役；债奴；契约劳动或劳役；强制劳役。

排除情形：以给予任何处罚为威胁，非法让他人非自愿地开展工作或服务（02032）；适用 0203 中列出的全部排除情形。

（二）强迫劳动

在《犯罪统计的国际分类》中，“02032 强迫劳动”的定义为：以给予任何处罚为威胁，非法让他人非自愿地开展工作或服务。其包含范围为：适用 020321 ~ 020329 中列出的全部包含范围。

排除情形：奴役（02031）、以强迫劳动或服务为目的而贩运人口（02042）；适用0203中列出的全部排除情形。

1. 家政服务强迫劳动

在《犯罪统计的国际分类》中，“020321 家政服务强迫劳动”的定义为：为第三方私人家庭提供服务的强迫劳动。其包含范围为：强迫家务劳动；家务劳动剥削。

排除情形：适用02032中列出的全部排除情形。

2. 工业服务强迫劳动

在《犯罪统计的国际分类》中，“020322 工业服务强迫劳动”的定义为：为工业提供服务的强迫劳动。① 其包含范围为：农业、建筑业、制造业、娱乐业、渔业、血汗工厂、农场的强迫劳动。

排除情形：适用02032中列出的全部排除情形。

3. 国家或军队的强迫劳动

在《犯罪统计的国际分类》中，“020323 国家或军队的强迫劳动”的定义为：为国家或军队提供服务的强迫劳动。其包含范围为：劳改营非法劳动。

排除情形：招募或征募儿童兵（110135）；适用02032中列出的全部排除情形。

4. 其他强迫劳动

在《犯罪统计的国际分类》中，“020329 其他强迫劳动”的定义为：020321～020323中未加描述或分类的强迫劳动。其包含范围为：强迫乞讨。

排除情形：适用02032中列出的全部排除情形。

（三）其他奴役和剥削行为

在《犯罪统计的国际分类》中，“02039 其他奴役和剥削行为”的定义为：02031～02032中未加描述或分类的奴役和剥削。

排除情形：适用0203中列出的全部排除情形。

二、中国相关罪名的匹配分析

（一）奴役的匹配分析

根据《犯罪统计的国际分类》对“02031 奴役”的类别描述和我国《刑法》的

---

① 国际劳工组织：《1930年强迫劳动公约》（第29号）、《强迫或强制劳动公约》（生效日期：1932年5月1日）。

规定，我国有三个条款的情形可与其部分匹配：一是我国《刑法》第244条规定的强迫劳动罪的情形；二是我国《刑法》第244条之一规定的雇用童工从事危重劳动罪的情形；三是我国《刑法》第234条之一规定的组织出卖人体器官罪的情形。

我国《刑法》第244条规定了［强迫劳动罪］："以暴力、威胁或者限制人身自由的方法强迫他人劳动的，处三年以下有期徒刑或者拘役，并处罚金；情节严重的，处三年以上十年以下有期徒刑，并处罚金。明知他人实施前款行为，为其招募、运送人员或者有其他协助强迫他人劳动行为的，依照前款的规定处罚。单位犯前两款罪的，对单位判处罚金，并对其直接负责的主管人员和其他直接责任人员，依照第一款的规定处罚。"

我国《刑法》第244条之一规定了［雇用童工从事危重劳动罪］："违反劳动管理法规，雇用未满十六周岁的未成年人从事超强度体力劳动的，或者从事高空、井下作业的，或者在爆炸性、易燃性、放射性、毒害性等危险环境下从事劳动，情节严重的，对直接责任人员，处三年以下有期徒刑或者拘役，并处罚金；情节特别严重的，处三年以上七年以下有期徒刑，并处罚金。有前款行为，造成事故，又构成其他犯罪的，依照数罪并罚的规定处罚。"

我国《刑法》第234条之一规定了［组织出卖人体器官罪］："组织他人出卖人体器官的，处五年以下有期徒刑，并处罚金；情节严重的，处五年以上有期徒刑，并处罚金或者没收财产。"

与《犯罪统计的国际分类》对"02031 奴役"的类别描述相比，我国《刑法》的上述三个条款规定的犯罪行为方式均被包含在该类犯罪中，均与其部分匹配。

（二）其他强迫劳动的匹配分析

根据《犯罪统计的国际分类》对"020329 其他强迫劳动"的类别描述和我国《刑法》的规定，我国有两个条款的情形可与其部分匹配：一是我国《刑法》第262条之一规定的组织残疾人、儿童乞讨罪的情形；二是我国《刑法》第262条之二规定的组织未成年人进行违反治安管理活动罪的情形。

我国《刑法》第262条之一规定了［组织残疾人、儿童乞讨罪］："以暴力、胁迫手段组织残疾人或者不满十四周岁的未成年人乞讨的，处三年以下有期徒刑或者拘役，并处罚金；情节严重的，处三年以上七年以下有期徒刑，并处罚金。"

我国《刑法》第262条之二规定了［组织未成年人进行违反治安管理活动

罪]:“组织未成年人进行盗窃、诈骗、抢夺、敲诈勒索等违反治安管理活动的,处三年以下有期徒刑或者拘役,并处罚金;情节严重的,处三年以上七年以下有期徒刑,并处罚金。”

与《犯罪统计的国际分类》对“020329 其他强迫劳动”的类别描述相比,我国《刑法》中的上述三个条款均因限定了犯罪对象而与其部分匹配。

三、《犯罪统计的国际分类》中国版对应表

表 6－3　奴役和剥削

《犯罪统计的国际分类》代码与犯罪类别	级别	国内刑法/犯罪分类	完全匹配	部分匹配	细节评注
0203 奴役和剥削	2	—			—
02031 奴役	3	第 244 条强迫劳动罪		√	法条
		第 244 条之一雇用童工从事危重劳动罪		√	法条
		第 234 条之一组织出卖人体器官罪		√	法条
02032 强迫劳动	3				
020321 家政服务强迫劳动	4	—			—
020322 工业服务强迫劳动	4	—			—
020323 国家或军队的强迫劳动	4	—			—
020329 其他强迫劳动	4	第 262 条之一组织残疾人、儿童乞讨罪		√	法条
		第 262 条之二组织未成年人进行违反治安管理活动罪		√	法条
02039 其他奴役和剥削行为	3	—			—

第四节　贩运人口

一、《犯罪统计的国际分类》中的类别描述

在《犯罪统计的国际分类》中,“0204 贩运人口”的定义为:通过实际使用或

威胁使用武力或其他形式的胁迫，或通过诱拐、欺诈、欺骗、滥用权力，或利用弱势地位的方式，或通过给予或收受酬金或利益以取得控制权人的同意，从而招募、运送、转移、窝藏或接收人员，以便对其进行剥削。剥削至少应包括：意图营利使人卖淫，或其他形式的性剥削、强迫劳动或服务、奴役或类似奴役的活动、劳役或摘除器官。[①] 其包含范围为：贩运成年人；贩运儿童；适用02041～02049中列出的全部包含范围。

排除情形：奴役（02031）；强迫劳动（02032）；违反劳动法的行为（0808）；强迫婚姻（020292）；所有性伤害行为（03）；攻击和威胁（0201）；妨害自由的行为（0202）；违反公共秩序性标准的行为（0802）；偷运移民及其他移民罪行（0805）。

（一）以性剥削为目的而贩运人口

在《犯罪统计的国际分类》中，“02041 以性剥削为目的而贩运人口”的定义为：为了性剥削而贩运人口。其包含范围为：以性剥削为目的而贩运人口；以意图营利使人卖淫为目的而贩运人口；以商业性剥削为目的而贩运人口。

排除情形：未构成贩运人口的对成年人的性剥削（03021）；适用0204中列出的全部排除情形。

（二）以强迫劳动或服务为目的而贩运人口

在《犯罪统计的国际分类》中，“02042 以强迫劳动或服务为目的而贩运人口”的定义为：为了强迫劳动或服务而贩运人口。[②] 其包含范围为：以强迫劳动为目的而贩运人口；以奴役或类似活动为目的而贩运人口；以契约劳役为目的而贩运人口；以家务劳动为目的而贩运人口。

排除情形：适用0204中列出的全部排除情形。

（三）以摘除器官为目的而贩运人口

在《犯罪统计的国际分类》中，“02043 以摘除器官为目的而贩运人口”的定

① 联合国：《联合国打击跨国有组织犯罪公约关于预防、禁止和惩治贩运人口特别是妇女和儿童行为的补充议定书》。

② 服务至少是指被威胁者非自愿开展的工作。参见国际劳工组织：《1930年强迫劳动公约》（第29号）、《强迫或强制劳动公约》（生效日期：1932年5月1日）。

义为:为了摘除器官而贩运人口。[①] 其包含范围为:以摘除器官为目的而贩运人口;以摘除肝脏为目的而贩运人口。

排除情形:危害健康的行为(02061);危害健康和安全的行为(0902);适用0204中列出的全部排除情形。

(四)为其他目的而贩运人口

在《犯罪统计的国际分类》中,"02034 为其他目的而贩运人口"的定义为:02041～02043中未加描述或分类的、为了其他剥削目的而贩运人口。其包含范围为:以强迫婚姻为目的而贩运人口;以得到骆驼骑手为目的而贩运人口;以实施犯罪为目的而贩运人口。

排除情形:适用0204中列出的全部排除情形。

二、中国相关罪名的匹配分析

根据《犯罪统计的国际分类》对"0204 贩运人口"的类别描述和我国《刑法》的规定,我国有一个罪名的情形可与其部分匹配:我国《刑法》第240条规定的拐卖妇女、儿童罪的情形。

我国《刑法》第240条规定了[拐卖妇女、儿童罪]:"拐卖妇女、儿童的,处五年以上十年以下有期徒刑,并处罚金;有下列情形之一的,处十年以上有期徒刑或者无期徒刑,并处罚金或者没收财产;情节特别严重的,处死刑,并处没收财产:(一)拐卖妇女、儿童集团的首要分子;(二)拐卖妇女、儿童三人以上的;(三)奸淫被拐卖的妇女的;(四)诱骗、强迫被拐卖的妇女卖淫或者将被拐卖的妇女卖给他人迫使其卖淫的;(五)以出卖为目的,使用暴力、胁迫或者麻醉方法绑架妇女、儿童的;(六)以出卖为目的,偷盗婴幼儿的;(七)造成被拐卖的妇女、儿童或者其亲属重伤、死亡或者其他严重后果的;(八)将妇女、儿童卖往境外的。拐卖妇女、儿童是指以出卖为目的,有拐骗、绑架、收买、贩卖、接送、中转妇女、儿童的行为之一的。"

与《犯罪统计的国际分类》对"0204 贩运人口"的类别描述相比,我国《刑法》第240条规定的拐卖妇女、儿童罪因其将犯罪行为限定为拐卖,将犯罪对象限定为妇女、儿童而被"0204 贩运人口"包含在内,与其部分匹配。

---

① 器官是人体中可相互区分的重要组成部分,由不同的组织构成,以维持其结构、血管化和发展高度自动的生理功能的能力。参见世界卫生组织:《捐赠与移植全球术语和定义表》。

三、《犯罪统计的国际分类》中国版对应表

表6-4　奴役和剥削

《犯罪统计的国际分类》代码与犯罪类别	级别	国内刑法/犯罪分类	完全匹配	部分匹配	细节评注
0204 贩运人口	2	第240条拐卖妇女、儿童罪		√	法条;要注意和02021诱拐未成年人的关系问题
02041 以性剥削为目的而贩运人口	3	—			—
02042 以强迫劳动或服务为目的而贩运人口	3	—			—
02043 以摘除器官为目的而贩运人口	3	—			—
02034 为其他目的而贩运人口	3	—			—

第五节　胁　迫

一、《犯罪统计的国际分类》中的类别描述

在《犯罪统计的国际分类》中,"0205 胁迫"的定义为:通过使用武力、威胁、恐吓、威胁泄露危及名誉的信息,或威胁进行诽谤等手段,要求实施某种行为。其包含范围为:胁迫、敲诈、勒索;适用02051~02059中列出的全部包含范围。

排除情形:胁迫他人实施性行为及任何性伤害行为(03);使用武力、威胁、或以武力相威胁,夺走财产(0401);贩运人口(0204);奴役和剥削(0203);攻击和威胁(0201);意图引起恐惧或精神折磨的行为(0207);威胁证人、司法人员或执法人员(08061);威胁选民,影响他们的投票(08071);诽谤或侮辱(0209)。

(一)敲诈或勒索

在《犯罪统计的国际分类》中,"02051 敲诈或勒索"的定义为:通过书面或

口头的威胁，要求实施某种行为。[1] 其包含范围为：敲诈个人、企业或机构。

排除情形：适用0205 中列出的全部排除情形。

(二)其他胁迫行为

在《犯罪统计的国际分类》中，“02059 其他胁迫行为”的定义为：02051 中未加描述或分类的胁迫行为。

排除情形：适用0205 中列出的全部排除情形。

二、中国相关罪名的匹配分析

根据《犯罪统计的国际分类》对“02051 敲诈或勒索”的类别描述和我国《刑法》的规定，我国有一个罪名的情形可与其部分匹配，即我国《刑法》第274 条规定的敲诈勒索罪的情形。

我国《刑法》第274 条规定了[敲诈勒索罪]：“敲诈勒索公私财物，数额较大或者多次敲诈勒索的，处三年以下有期徒刑、拘役或者管制，并处或者单处罚金；数额巨大或者有其他严重情节的，处三年以上十年以下有期徒刑，并处罚金；数额特别巨大或者有其他特别严重情节的，处十年以上有期徒刑，并处罚金。”

与《犯罪统计的国际分类》对“02051 敲诈或勒索”的类别描述相比，我国《刑法》第274 条规定的敲诈勒索罪因限定了犯罪行为的方式和犯罪行为的对象而与之部分匹配。

三、《犯罪统计的国际分类》中国版对应表

表6－5　胁迫

《犯罪统计的国际分类》代码与犯罪类别	级别	国内刑法/犯罪分类	完全匹配	部分匹配	细节评注
0205 胁迫	2	—			—
02051 敲诈或勒索	3	第274 条敲诈勒索罪		√	法条
02059 其他胁迫行为	3	—			—

① 相关行动至少包括没收财产、没收现金，或提供服务或福利。书面或口头威胁是指威胁泄露信息、威胁进行诽谤、威胁使用武力、威胁造成身体伤害、威胁开展刑事诉讼。

第六节 过 失

一、《犯罪统计的国际分类》中的类别描述

在《犯罪统计的国际分类》中，“0206 过失”的定义为：因过失、鲁莽或粗心的行为而造成或有可能造成的人身伤害。其包含范围为：适用 02061 ~ 02069 中列出的全部包含范围。

排除情形：过失造成的非预谋杀人（01032）、因危险行为而造成或导致人身伤害（0207）。

（一）对被照顾人员的过失

在《犯罪统计的国际分类》中，“02061 对被照顾人员的过失”的定义为：在法律上负有义务或责任的人因其在照顾义务上发生的过失而造成或有可能造成的人身伤害。① 其包含范围为：适用 020611 ~ 020619 中列出的全部包含范围。

排除情形：适用 0206 中列出的全部排除情形。

1. 对被照顾儿童的过失

在《犯罪统计的国际分类》中，“020611 对被照顾儿童的过失”的定义为：在法律上负有义务或责任的人因其在照顾义务上发生的过失而对儿童造成或有可能造成的人身伤害。其包含范围为：忽视被照顾的儿童；照管儿童不周；遗弃儿童。

排除情形：适用 02061 中列出的全部排除情形。

2. 对其他被照顾的受抚养人的过失

在《犯罪统计的国际分类》中，“020612 对其他被照顾的受抚养人的过失”的定义为：在法律上负有义务或责任的人因其在照顾义务上发生的过失而对被抚养的成年人造成或有可能造成的人身伤害。② 其包含范围为：忽视老年人；忽视被照顾的成年人；忽视被照顾的老年人；遗弃需要照顾的老年人。

---

① 照顾义务至少是要求对他人及公众应当保持一个理性的人在此情形下应有的警惕、注意、谨慎和审慎。

② 受抚养人至少是指依靠其他人照顾和支持，如果这种照顾和支持撤除，就会身陷危险之中的人。

排除情形：适用02061中列出的全部排除情形。

3. 对被照顾人员的其他过失

在《犯罪统计的国际分类》中，“020619 对被照顾人员的其他过失”的定义为：020611～020612中未加描述或分类的、在法律上负有义务或责任的人因其在照顾义务上发生的过失而造成或有可能造成的人身伤害。其包含范围为：与家庭有关的过失；违反对家庭负有的义务；未满足对服务人员/徒弟的需求。

排除情形：与妥善照管宠物有关的过失（10091）；适用02061中列出的全部排除情形。

（二）业务过失

在《犯罪统计的国际分类》中，“02062 业务过失”的定义为：因没有履行一个从事本职业的明理人应履行的职业义务而造成或有可能造成的人身伤害。其包含范围为：开处方中的医疗过失；医疗程序中的重大过失行为；职业不当行为；在履行职业职责过程中的重大过失行为；飞行员、船长及其他车辆专业操作人员的刑事过失。

排除情形：导致死亡的职业过失（010322）；适用0206中列出的全部排除情形。

（三）与驾驶车辆有关的过失

在《犯罪统计的国际分类》中，“02063 与驾驶车辆有关的过失”的定义为：因控制车辆过程中过失、鲁莽或粗心的行为而造成或有可能造成的人身伤害。其包含范围为：过失地驾驶或操作车辆；边驾车边发短信；与操作机动车辆过程中应力行小心义务有关的过失；造成身体伤害的肇事逃逸。

排除情形：飞行员、船长及其他车辆专业操作人员的刑事过失（02062）；在精神活性物质的影响下操作车辆（02072）；因过失驾驶行为而致人死亡（010321）；适用0206中列出的全部排除情形。

（四）其他过失行为

在《犯罪统计的国际分类》中，“02069 其他过失行为”的定义为：02061～02063类别中未加描述或分类的、因过失、鲁莽或粗心的行为而造成或有可能造成的人身伤害。其包含范围为：未向伤者提供援助；行人过失犯罪。

排除情形：适用0206中列出的全部排除情形。

二、中国相关罪名的匹配分析

根据《犯罪统计的国际分类》对“02062 业务过失”的类别描述和我国《刑法》的规定，我国有十三个条款的情形可与其部分匹配：一是我国《刑法》第 131 条规定的重大飞行事故罪的情形。二是我国《刑法》第 132 条规定的铁路运营安全事故罪的情形。三是我国《刑法》第 134 条第 1 款规定的重大责任事故罪的情形。四是我国《刑法》第 134 条第 2 款规定的强令、组织他人违章冒险作业罪的情形。五是我国《刑法》第 135 条规定的重大劳动安全事故罪的情形。六是我国《刑法》第 135 条之一规定的大型群众性活动重大安全事故罪的情形。七是我国《刑法》第 136 条规定的危险物品肇事罪的情形。八是我国《刑法》第 137 条规定的工程重大安全事故罪的情形。九是我国《刑法》第 138 条规定的教育设施重大安全事故罪的情形。十是我国《刑法》第 139 条规定的消防责任事故罪的情形。十一是我国《刑法》第 139 条之一规定的不报、谎报安全事故罪的情形。十二是我国《刑法》第 334 条第 2 款规定的采集、供应血液、制作、供应血液制品事故罪的情形。十三是我国《刑法》第 335 条规定的医疗事故罪的情形。

我国《刑法》第 131 条规定了[重大飞行事故罪]：“航空人员违反规章制度，致使发生重大飞行事故，造成严重后果的，处三年以下有期徒刑或者拘役；造成飞机坠毁或者人员死亡的，处三年以上七年以下有期徒刑。”

我国《刑法》第 132 条规定了[铁路运营安全事故罪]：“铁路职工违反规章制度，致使发生铁路运营安全事故，造成严重后果的，处三年以下有期徒刑或者拘役；造成特别严重后果的，处三年以上七年以下有期徒刑。”

我国《刑法》第 134 条第 1 款规定了[重大责任事故罪]：“在生产、作业中违反有关安全管理的规定，因而发生重大伤亡事故或者造成其他严重后果的，处三年以下有期徒刑或者拘役；情节特别恶劣的，处三年以上七年以下有期徒刑。”

我国《刑法》第 134 条第 2 款规定了[强令、组织他人违章冒险作业罪]：“强令他人违章冒险作业，或者明知存在重大事故隐患而不排除，仍冒险组织作业，因而发生重大伤亡事故或者造成其他严重后果的，处五年以下有期徒刑或者拘役；情节特别恶劣的，处五年以上有期徒刑。”

我国《刑法》第 135 条规定了[重大劳动安全事故罪]：“安全生产设施或者

安全生产条件不符合国家规定,因而发生重大伤亡事故或者造成其他严重后果的,对直接负责的主管人员和其他直接责任人员,处三年以下有期徒刑或者拘役;情节特别恶劣的,处三年以上七年以下有期徒刑。”

我国《刑法》第 135 条之一规定了[大型群众性活动重大安全事故罪]:“举办大型群众性活动违反安全管理规定,因而发生重大伤亡事故或者造成其他严重后果的,对直接负责的主管人员和其他直接责任人员,处三年以下有期徒刑或者拘役;情节特别恶劣的,处三年以上七年以下有期徒刑。”

我国《刑法》第 136 条规定了[危险物品肇事罪]:“违反爆炸性、易燃性、放射性、毒害性、腐蚀性物品的管理规定,在生产、储存、运输、使用中发生重大事故,造成严重后果的,处三年以下有期徒刑或者拘役;后果特别严重的,处三年以上七年以下有期徒刑。”

我国《刑法》第 137 条规定了[工程重大安全事故罪]:“建设单位、设计单位、施工单位、工程监理单位违反国家规定,降低工程质量标准,造成重大安全事故的,对直接责任人员,处五年以下有期徒刑或者拘役,并处罚金;后果特别严重的,处五年以上十年以下有期徒刑,并处罚金。”

我国《刑法》第 138 条规定了[教育设施重大安全事故罪]:“明知校舍或者教育教学设施有危险,而不采取措施或者不及时报告,致使发生重大伤亡事故的,对直接责任人员,处三年以下有期徒刑或者拘役;后果特别严重的,处三年以上七年以下有期徒刑。”

我国《刑法》第 139 条规定了[消防责任事故罪]:“违反消防管理法规,经消防监督机构通知采取改正措施而拒绝执行,造成严重后果的,对直接责任人员,处三年以下有期徒刑或者拘役;后果特别严重的,处三年以上七年以下有期徒刑。”

我国《刑法》第 139 条之一规定了[不报、谎报安全事故罪]:“在安全事故发生后,负有报告职责的人员不报或者谎报事故情况,贻误事故抢救,情节严重的,处三年以下有期徒刑或者拘役;情节特别严重的,处三年以上七年以下有期徒刑。”

我国《刑法》第 334 条第 2 款规定了[采集、供应血液、制作、供应血液制品事故罪]:“经国家主管部门批准采集、供应血液或者制作、供应血液制品的部门,不依照规定进行检测或者违背其他操作规定,造成危害他人身体健康后果的,对单位判处罚金,并对其直接负责的主管人员和其他直接责任人员,处五年以下有期徒刑或者拘役。”

我国《刑法》第 335 条规定了[医疗事故罪]:“医务人员由于严重不负责任,造成就诊人死亡或者严重损害就诊人身体健康的,处三年以下有期徒刑或者拘役。”

与《犯罪统计的国际分类》对“02062 业务过失”相比,我国《刑法》的上述十三个条款中,最后两个条款,即第 334 条第 2 款和第 335 条与其完全匹配,其余十一个条款均来自我国《刑法》分则第二章危害公共安全罪,均为造成特定危害结果的结果犯,因此与《犯罪统计的国际分类》“02062 业务过失”部分匹配。

三、《犯罪统计的国际分类》中国版对应表

表 6-6 过失

《犯罪统计的国际分类》代码与犯罪类别	级别	国内刑法/犯罪分类	完全匹配	部分匹配	细节评注
0206 过失	2	—			—
02061 对被照顾人员的过失	3	—			—
020611 对被照顾儿童的过失	4	—			—
020612 对其他被照顾的受抚养人的过失	4	—			—
020619 对被照顾人员的其他过失	4	—			—
02062 业务过失	3	第 131 条重大飞行事故罪		√	与 010322 非车祸致人死亡相同,能否考虑 010322 结果是死亡,而这里是“造成或者可能造成的人身伤害”
		第 132 条铁路运营安全事故罪		√	—
		第 134 条第 1 款重大责任事故罪		√	—
		第 134 条第 2 款强令、组织他人违章冒险作业罪		√	—

续表

《犯罪统计的国际分类》代码与犯罪类别	级别	国内刑法/犯罪分类	完全匹配	部分匹配	细节评注
02062 业务过失	3	第 135 条重大劳动安全事故罪		√	—
		第 135 条之一大型群众性活动重大安全事故罪		√	—
		第 136 条危险物品肇事罪		√	—
		第 137 条工程重大安全事故罪		√	—
		第 138 条教育设施重大安全事故罪		√	—
		第 139 条消防责任事故罪		√	—
		第 139 条之一不报、谎报安全事故罪		√	—
		第 334 条第 2 款采集、供应血液、制作、供应血液制品事故罪		√	—
		第 335 条医疗事故罪		√	—
02063 与驾驶车辆有关的过失	3	—			—
02069 其他过失行为	3	—			—

第七节　危险行为

一、《犯罪统计的国际分类》中的类别描述

在《犯罪统计的国际分类》中，“0207 危险行为”的定义为：因危险行为或明知可能导致伤害的行为而造成或有可能造成的人身伤害。[①] 其包含范围为：适用 02071～02079 中列出的全部包含范围。

排除情形：危险行为或导致死亡的行为（01）、过失行为导致的人身伤害

① 危险行为至少是指能够或很可能造成身体伤害或其他伤害的行为。

(0206)。

(一)危害健康的行为

在《犯罪统计的国际分类》中,“02071 危害健康的行为”的定义为:因危险的行为而危害健康及(或)有危害健康的可能性。[①] 其包含范围为:食品或药品掺假[②];销售有毒食品或饮料;非法采购、出售或经销胶水、溶剂或其他有可能醉后滥用的物质;非法传播艾滋病毒/艾滋病。

排除情形:因忽视职业义务而伤害他人健康(02062);伪造药品和处方产品(07022);适用 0207 中列出的全部排除情形。

(二)在精神活性物质的影响下操作车辆

在《犯罪统计的国际分类》中,“02072 在精神活性物质的影响下操作车辆”的定义为:在精神活性物质或其他管制药物的影响下操作车辆,对他人造成或有可能造成人身伤害。其包含范围为:在酒精或药物影响下驾驶或操作车辆时造成伤害;适用 020721 ~020729 中列出的全部包含范围。

排除情形:在精神活性物质的影响下操作车辆致人死亡(010321);非伤害性的交通违法行为(0907);涉及管制药物或前体的非法行为(0601);以嬉戏方式驾驶机动车辆或其他非法使用机动车辆的行为(050212);与操作车辆有关的过失(02063);适用 0207 中列出的全部排除情形。

1. 在酒精的影响下操作车辆

在《犯罪统计的国际分类》中,“020721 在酒精的影响下操作车辆”的定义为:在酒精的影响下操作车辆,并对他人造成或有可能造成人身伤害。其包含范围为:在酒精的影响下驾驶;在酒精的影响下导致交通事故。

排除情形:涉及酒精的非法行为(0602);适用 02072 中列出的全部排除情形。

2. 在违禁药物的影响下操作车辆

在《犯罪统计的国际分类》中,“020722 在违禁药物的影响下操作车辆”

---

① 健康至少是指没有生病或受伤。

② 食品或药品掺假是指为了给人留下错误的印象或显示虚假的价值,或为了隐藏缺陷,向食品加入外来的、劣质的或惰性的物质,或排出或去除食品中的宝贵成分或必要成分,导致食品不纯。参见粮食及农业组织:《关于食品立法的视角和指导意见——一个新订食品示范法》,载联合国粮农组织官网 2005 年 12 月 31 日,http://www.fao.org/fileadmin/user_upload/legal/docs/ls87 - e.pdf。

的定义为：在违禁药物的影响下操作车辆并对他人造成或有可能造成人身伤害。其包含范围为：在违禁药物的影响下驾驶；在违禁药物的影响下导致事故。

排除情形：涉及管制药物或前体的非法行为（0601）；适用 02072 中列出的全部排除情形。

3. 在其他精神活性物质的影响下操作车辆

在《犯罪统计的国际分类》中，“020729 在其他精神活性物质的影响下操作车辆”的定义为：在其他精神活性物质的影响下操作车辆并对他人造成或有可能造成人身伤害。

排除情形：涉及管制药物或其他精神活性物质但未构成操作车辆的行为（06）；适用 02072 中列出的全部排除情形。

（三）其他危险行为

在《犯罪统计的国际分类》中，“02079 其他危险行为”的定义为：02071～02072 类别中未加描述或分类的、因危险行为而造成或有可能造成的人身伤害。其包含范围为：设置捕人陷阱。

排除情形：适用 0207 中列出的全部排除情形。

二、中国相关罪名的匹配分析

（一）危害健康的行为的匹配分析

根据《犯罪统计的国际分类》对“02071 危害健康的行为”的类别描述和我国《刑法》的规定，我国有五个条款的情形可与其部分匹配：一是我国《刑法》第 141 条规定的生产、销售、提供假药罪的情形。二是我国《刑法》第 142 条规定的生产、销售、提供劣药罪的情形。三是我国《刑法》第 143 条规定的生产、销售不符合安全标准的食品罪的情形。四是我国《刑法》第 144 条规定的生产、销售有毒、有害食品罪的情形。五是我国《刑法》第 360 条规定的传播性病罪的情形。

我国《刑法》第 141 条规定了［生产、销售、提供假药罪］：“生产、销售假药的，处三年以下有期徒刑或者拘役，并处罚金；对人体健康造成严重危害或者有其他严重情节的，处三年以上十年以下有期徒刑，并处罚金；致人死亡或者有其他特别严重情节的，处十年以上有期徒刑、无期徒刑或者死刑，并处罚金或者没收财产。药品使用单位的人员明知是假药而提供给他人使用的，依照前款的规定处罚。"

我国《刑法》第142条规定了[生产、销售、提供劣药罪]:"生产、销售劣药,对人体健康造成严重危害的,处三年以上十年以下有期徒刑,并处罚金;后果特别严重的,处十年以上有期徒刑或者无期徒刑,并处罚金或者没收财产。药品使用单位的人员明知是劣药而提供给他人使用的,依照前款的规定处罚。"

我国《刑法》第143条规定了[生产、销售不符合安全标准的食品罪]:"生产、销售不符合食品安全标准的食品,足以造成严重食物中毒事故或者其他严重食源性疾病的,处三年以下有期徒刑或者拘役,并处罚金;对人体健康造成严重危害或者有其他严重情节的,处三年以上七年以下有期徒刑,并处罚金;后果特别严重的,处七年以上有期徒刑或者无期徒刑,并处罚金或者没收财产。"

我国《刑法》第144条规定了[生产、销售有毒、有害食品罪]:"在生产、销售的食品中掺入有毒、有害的非食品原料的,或者销售明知掺有有毒、有害的非食品原料的食品的,处五年以下有期徒刑,并处罚金;对人体健康造成严重危害或者有其他严重情节的,处五年以上十年以下有期徒刑,并处罚金;致人死亡或者有其他特别严重情节的,依照本法第一百四十一条的规定处罚。"

我国《刑法》第360条规定了[传播性病罪]:"明知自己患有梅毒、淋病等严重性病卖淫、嫖娼的,处五年以下有期徒刑、拘役或者管制,并处罚金。"

我国《刑法》上述五个条款中,前四个条款都来自我国《刑法》分则第三章第一节生产、销售伪劣商品罪,因这四个条款规定的犯罪均为结果犯,要求达到一定的犯罪结果(如对人体健康造成严重危害)才构犯罪,从而与《犯罪统计的国际分类》"02071 危害健康的行为"部分匹配。除此之外,我国《刑法》第360条规定的传播性病罪也因对犯罪行为凡是的限定而与之部分匹配。

(二)在酒精的影响下操作车辆的匹配分析

根据《犯罪统计的国际分类》对"020721 在酒精的影响下操作车辆"的类别描述和我国《刑法》的规定,我国有一个罪名的情形可与其部分匹配,即我国《刑法》第133条之一规定的危险驾驶罪的情形。

我国《刑法》第133条之一规定了[危险驾驶罪]:"在道路上驾驶机动车,

有下列情形之一的，处拘役，并处罚金：(一)追逐竞驶，情节恶劣的；(二)醉酒驾驶机动车的；(三)从事校车业务或者旅客运输，严重超过额定乘员载客，或者严重超过规定时速行驶的；(四)违反危险化学品安全管理规定运输危险化学品，危及公共安全的。机动车所有人、管理人对前款第三项、第四项行为负有直接责任的，依照前款的规定处罚。有前两款行为，同时构成其他犯罪的，依照处罚较重的规定定罪处罚。"

与《犯罪统计的国际分类》对"020721 在酒精的影响下操作车辆"的类别描述相比，我国《刑法》第 133 条之一规定的危险驾驶罪因犯罪行为的范围更广而与之部分匹配。

(三)其他危险行为

根据《犯罪统计的国际分类》对"02079 其他危险行为"的类别描述和我国《刑法》的规定，我国有两个条款的情形可与其部分匹配：一是我国《刑法》第 146 条规定的生产、销售不符合安全标准的产品罪的情形；二是我国《刑法》第 148 条规定的生产、销售不符合卫生标准的化妆品罪的情形。

我国《刑法》第 146 条规定了[生产、销售不符合安全标准的产品罪]："生产不符合保障人身、财产安全的国家标准、行业标准的电器、压力容器、易燃易爆产品或者其他不符合保障人身、财产安全的国家标准、行业标准的产品，或者销售明知是以上不符合保障人身、财产安全的国家标准、行业标准的产品，造成严重后果的，处五年以下有期徒刑，并处销售金额百分之五十以上二倍以下罚金；后果特别严重的，处五年以上有期徒刑，并处销售金额百分之五十以上二倍以下罚金。"

我国《刑法》第 148 条规定了[生产、销售不符合卫生标准的化妆品罪]："生产不符合卫生标准的化妆品，或者销售明知是不符合卫生标准的化妆品，造成严重后果的，处三年以下有期徒刑或者拘役，并处或者单处销售金额百分之五十以上二倍以下罚金。"

与《犯罪统计的国际分类》对"02079 其他危险行为"的类别描述相比，我国《刑法》上述两个条款的规定均因限定了犯罪后果而与之部分匹配。

三、《犯罪统计的国际分类》中国版对应表

表 6－7 危险行为

《犯罪统计的国际分类》代码与犯罪类别	级别	国内刑法/犯罪分类	完全匹配	部分匹配	细节评注
0207 危险行为	2	—			—
02071 危害健康的行为	3	第 141 条生产、销售、提供假药罪		✓	对人体健康造成严重危害致人死亡
		第 142 条生产、销售、提供劣药罪		✓	对人体健康造成严重危害
		第 143 条生产、销售不符合安全标准的食品罪		✓	足以造成严重失误中毒事故
		第 144 条生产、销售有毒、有害食品罪		✓	对人体健康造成严重危害致人死亡
		第 360 条传播性病罪		✓	法条
02072 在精神活性物质的影响下操作车辆	3	—			—
020721 在酒精的影响下操作车辆	4	第 133 条之一危险驾驶罪		✓	法条，范围更大
020722 在违禁药物的影响下操作车辆	4	—			—
020729 在其他精神活性物质的影响下操作车辆	4	—			—
02079 其他危险行为	3	—			—
		第 146 条生产、销售不符合安全标准的产品罪		✓	造成严重后果
		第 148 条生产、销售不符合卫生标准的化妆品罪		✓	造成严重后果

第八节　意图引起恐惧或精神折磨的行为

一、《犯罪统计的国际分类》中的类别描述

在《犯罪统计的国际分类》中，“0208 意图引起恐惧或精神折磨的行为”的定义为：由人的行为引起的恐惧或精神折磨。

精神折磨至少是指精神或心理的痛苦。其包含范围为：欺凌；网络欺凌；非性骚扰；不停地给人打电话；适用 02081～02089 中列出的全部包含范围。

排除情形：涉及表达被管控社会信仰和规范的行为(08032)；故一人损害他人的名誉、尊严及所给信任，或引发敌意或不愉快的观点或感受的故意语言、行为或交流（口头或其他形式）(0209)。

（一）骚扰

在《犯罪统计的国际分类》中，“02081 骚扰”的定义为：骚扰或意图骚扰他人的行为。[①] 其包含范围为：骚扰；分享具有冒犯性质的材料；适用 020811～020819 中列出的全部包含范围。

排除情形：性骚扰(030122)；通过使用武力、威胁、恐吓、威胁泄露危及名誉的信息或威胁进行诽谤等手段，要求实施某种行为(0205)；攻击和威胁(0201)；意图损害他人名誉的交流(0209)；适用 0208 中列出的全部排除情形。

1. 工作场所的骚扰

在《犯罪统计的国际分类》中，“020811 工作场所的骚扰”的定义为：工作场所中的或相关工作中的同事、上司或其他合作者进行的骚扰。其包含范围为：工作场所骚扰；工作场所聚众滋扰；工作场所中的欺凌。

排除情形：适用 02081 中列出的全部排除情形。

2. 其他骚扰

在《犯罪统计的国际分类》中，“020819 其他骚扰”的定义为：并非在工作场所以及并非与工作有关的骚扰。其包含范围为：工作场所之外的聚众滋扰或欺

---

① 骚扰至少是指明知行为具有冒犯性而仍对他人作出的冒犯不当行为。这包括贬低、轻视或造成人身羞辱或使人难堪的令人反感或不被接受的行为。参见联合国：《防止骚扰政策》，载联合国官网 2023 年 1 月 1 日，http://www.un.org/womenwatch/osagi/UN_system_policies/(FAO)Policy_on_the_prevention_of_harassment.pdf。

凌;未构成盯梢骚扰行为的恐吓电话;私人妨扰;引起惊恐或困扰的行为。

排除情形:适用02081中列出的全部排除情形。

(二)盯梢骚扰

在《犯罪统计的国际分类》中,“02082 盯梢骚扰”的定义为:不受欢迎的交流、跟踪或盯梢。其包含范围为:网络盯梢骚扰;盯梢骚扰。

排除情形:性盯梢骚扰(030122);非法和无理地侵犯他人隐私(0211);适用0208中列出的全部排除情形。

(三)其他意图引起恐惧或精神折磨的行为

在《犯罪统计的国际分类》中,“02089 其他意图引起恐惧或精神折磨的行为”的定义为:02081~02082类别中未加描述或分类的、引起恐惧或精神折磨的行为。其包含范围为:心理暴力。

排除情形:适用0208中列出的全部排除情形。

二、中国相关罪名的匹配分析

(一)意图引起恐惧或精神折磨的行为的匹配分析

根据《犯罪统计的国际分类》对“0208 意图引起恐惧或精神折磨的行为”的类别描述和我国《刑法》的规定,我国有一个罪名的情形可与其部分匹配,即我国《刑法》第293条规定的寻衅滋事罪的情形。

我国《刑法》第293条规定了[寻衅滋事罪]:“有下列寻衅滋事行为之一,破坏社会秩序的,处五年以下有期徒刑、拘役或者管制:(一)随意殴打他人,情节恶劣的;(二)追逐、拦截、辱骂、恐吓他人,情节恶劣的;(三)强拿硬要或者任意损毁、占用公私财物,情节严重的;(四)在公共场所起哄闹事,造成公共场所秩序严重混乱的。纠集他人多次实施前款行为,严重破坏社会秩序的,处五年以上十年以下有期徒刑,可以并处罚金。”

《犯罪统计的国际分类》“0208 意图引起恐惧或精神折磨的行为”属于2级类别,在此之下还有3级和4级犯罪类别,但是,我国《刑法》第293条规定的寻衅滋事罪可以说是一个口袋罪,包含范围广,因其犯罪行为方式均不能与此处的三个级别的犯罪类别完全匹配,并且其犯罪行为的范围比0208之下的3级和4级类别更为宽泛,因此,将我国《刑法》第293条规定的寻衅滋事罪放在《犯罪统计的国际分类》“0208 意图引起恐惧或精神折磨的行为”中与其部分匹配更为合适。

（二）其他意图引起恐惧或精神折磨的行为的匹配分析

根据《犯罪统计的国际分类》对“02089 其他意图引起恐惧或精神折磨的行为”的类别描述和我国《刑法》的规定，我国有一个罪名的情形可与其部分匹配，即我国《刑法》第 243 条规定的诬告陷害罪的情形。

我国《刑法》第 243 条规定了［诬告陷害罪］：“捏造事实诬告陷害他人，意图使他人受刑事追究，情节严重的，处三年以下有期徒刑、拘役或者管制；造成严重后果的，处三年以上十年以下有期徒刑。国家机关工作人员犯前款罪的，从重处罚。不是有意诬陷，而是错告，或者检举失实的，不适用前两款的规定。”

与《犯罪统计的国际分类》对“02089 其他意图引起恐惧或精神折磨的行为”的类别描述相比，我国《刑法》第 243 条规定的诬告陷害罪因对其犯罪主观方面限定在意图使他人受刑事追究而与该类犯罪部分匹配。

三、《犯罪统计的国际分类》中国版对应表

表 6－8　意图引起恐惧或精神折磨的行为

《犯罪统计的国际分类》代码与犯罪类别	级别	国内刑法/犯罪分类	完全匹配	部分匹配	细节评注
0208 意图引起恐惧或精神折磨的行为	2	第 293 条寻衅滋事罪		√	与前边有重复
02081 骚扰	3	—			—
020811 工作场所的骚扰	4	—			—
020819 其他骚扰	4	—			—
02082 盯梢骚扰	3	—			—
02089 其他意图引起恐惧或精神折磨的行为	3	第 243 条诬告陷害罪		√	意图使他人受刑事追究第 245 条

第九节　诽谤或侮辱

一、《犯罪统计的国际分类》中的类别描述

在《犯罪统计的国际分类》中，“0209 诽谤或侮辱”的定义为：一人损害他人

的名誉、尊严和所给信任，或引发敌意或不愉快的观点或感受的故意语言、行为或交流(口头或其他形式)。其包含范围为：口头诽谤；书面诽谤；侮辱；中伤；诋谤；适用02091~02099中列出的全部包含范围。

排除情形：为了要求实施某种行为而威胁进行诽谤或侮辱(0205)；不恰当的行为(但没有损害他人名誉的意图)(0208)。

(一)由于受害者的特征或被归于的属性而进行诽谤或侮辱

在《犯罪统计的国际分类》中，“02091 由于受害者的特征或被归于的属性而进行诽谤或侮辱”的定义为：由于受害者的特征或口头诽谤；书面诽谤属性而进行诽谤或侮辱。[①] 其包含范围为：口头诽谤；书面诽谤；侮辱；中伤；诋毁。

排除情形：为了要求实施某种行为而威胁进行诽谤或侮辱(0205)、不恰当的行为(但没有损害他人名誉的意图)(0208)。

(二)由于受害者的信仰或价值观而进行诽谤或侮辱

在《犯罪统计的国际分类》中，“02092 由于受害者的信仰或价值观而进行诽谤或侮辱”的定义为：由于受害者的信仰或价值观而进行诽谤或侮辱。[②] 其包含范围为：基于信仰、政治观点、社会观点或经济观点而进行诽谤或侮辱。

排除情形：受害者的信仰和价值观属于刺激因素(是动机标签)的犯罪；基于信仰或价值观而作出的非法区分、排斥、限制或偏好(0210)；0209中列出的全部排除情形。

(三)其他诽谤或侮辱

在《犯罪统计的国际分类》中，“02099 其他诽谤或侮辱”的定义为：02091~02092类别中未加描述或分类的诽谤或侮辱。其包含范围为：基于其他原因而进行的口头诽谤、书面诽谤、侮辱、中伤、诋毁；诽谤或侮辱名誉和尊严。

排除情形：适用0209中列出的全部排除情形。

二、中国相关罪名的匹配分析

(一)诽谤或侮辱的匹配分析

根据《犯罪统计的国际分类》对“0209 诽谤或侮辱”的类别描述和我国《刑法》的规定，我国有一个罪名的情形可与其完全匹配，即我国《刑法》第246条规

---

① 特征和属性至少包括性别、性取向、年龄、语言、民族、残疾及(或)种族。

② 信仰或价值观至少包括宗教信仰、政治观点及(或)经济社会观点。

定的侮辱罪、诽谤罪的情形。

我国《刑法》第 246 条规定了[侮辱罪、诽谤罪]:“以暴力或者其他方法公然侮辱他人或者捏造事实诽谤他人,情节严重的,处三年以下有期徒刑、拘役、管制或者剥夺政治权利。前款罪,告诉的才处理,但是严重危害社会秩序和国家利益的除外。通过信息网络实施第一款规定的行为,被害人向人民法院告诉,但提供证据确有困难的,人民法院可以要求公安机关提供协助。”

《犯罪统计的国际分类》“0209 诽谤或侮辱”属于 2 级类别,在此之下还有三个 3 级类别,尽管我们在匹配过程中尽量匹配到级别更低的更为具体的犯罪类别,但是,从我国《刑法》第 246 条规定的侮辱罪、诽谤罪的行为方式来看,可以完全匹配到该类犯罪,因此,在这里与其完全匹配。

(二)由于受害者的信仰或价值观而进行诽谤或侮辱的匹配分析

根据《犯罪统计的国际分类》对“02092 由于受害者的信仰或价值观而进行诽谤或侮辱”的类别描述和我国《刑法》的规定,我国有一个罪名的情形可与其部分匹配,即我国《刑法》第 250 条规定的出版歧视、侮辱少数民族作品罪的情形。

我国《刑法》第 250 条规定了[出版歧视、侮辱少数民族作品罪]:“在出版物中刊载歧视、侮辱少数民族的内容,情节恶劣,造成严重后果的,对直接责任人员,处三年以下有期徒刑、拘役或者管制。”

与《犯罪统计的国际分类》对“02092 由于受害者的信仰或价值观而进行诽谤或侮辱”的类别描述相比,我国《刑法》第 250 条规定因对犯罪对象的限定而与其部分匹配。

三、《犯罪统计的国际分类》中国版对应表

表 6－9　诽谤或侮辱

《犯罪统计的国际分类》代码与犯罪类别	级别	国内刑法/犯罪分类	完全匹配	部分匹配	细节评注
0209 诽谤或侮辱	2	第 246 条侮辱罪、诽谤罪	√		法条
02091 由于受害者的特征或被归于的属性而进行诽谤或侮辱	3	—			—

续表

《犯罪统计的国际分类》代码与犯罪类别	级别	国内刑法/犯罪分类	完全匹配	部分匹配	细节评注
02092 由于受害者的信仰或价值观而进行诽谤或侮辱	3	第250条出版歧视、侮辱少数民族作品罪		√	法条
02099 其他诽谤或侮辱	3	—			—

第十节 歧 视

一、《犯罪统计的国际分类》中的类别描述

在《犯罪统计的国际分类》中,"0210 歧视"的定义为:基于某人或某群体的种族、肤色、年龄、性别、语言、宗教、观点、血统、国籍或民族而作出的区分、排斥、限制、不合法待遇或优待,从而阻碍或妨碍平等承认、享受和行使政治、经济、社会、文化或任何其他公共生活领域内的人权和基本自由。① 其包含范围为:人身歧视;群体歧视;基于被归于的信仰和价值观或者被归于的属性和特征而进行的歧视;适用02101～02109中列出的全部包含范围。

排除情形:涉及言论自由或言论控制的行为(0803)。

(一)人身歧视

在《犯罪统计的国际分类》中,"02101 人身歧视"的定义为:加诸人的歧视和不合法待遇。其包含范围为:对他人的工作歧视、工资歧视、住房歧视。

排除情形:群体歧视(02102)。

(二)群体歧视

在《犯罪统计的国际分类》中,"02102 群体歧视"的定义为:对某一群体整体进行的歧视和不合法对待。其包含范围为:对群体的工作歧视、工资歧视、住房歧视;基于性别、年龄、残疾、种族、性取向、宗教、政治观点、社会经济观点而

① 联合国:《消除一切形式种族歧视国际公约》,载联合国人权委员会官网2023年1月1日,http://www.ohchr.org/EN/ProfessionalInterest/Pages/CERD.asp&xgt。

进行的群体歧视。

排除情形：涉及群体言论自由或群体言论控制的行为（0803）；人身歧视（02101）。

（三）其他歧视

在《犯罪统计的国际分类》中，“02109 其他歧视”的定义为：02101～02102类别中未加描述或分类的歧视和不合法待遇。其包含范围为：鼓动他人对某人或某群体进行歧视。

排除情形：适用0210 中列出的全部排除情形。

二、中国相关罪名的匹配分析

（一）群体歧视

根据《犯罪统计的国际分类》对“02102 群体歧视”的类别描述和我国《刑法》的规定，我国有一个罪名的情形可与其部分匹配：我国《刑法》第 251 条规定的非法剥夺公民宗教信仰自由罪、侵犯少数民族风俗习惯罪的情形。

我国《刑法》第 251 条规定了[非法剥夺公民宗教信仰自由罪、侵犯少数民族风俗习惯罪]：“国家机关工作人员非法剥夺公民的宗教信仰自由和侵犯少数民族风俗习惯，情节严重的，处二年以下有期徒刑或者拘役。”

我国《刑法》第 251 条规定的非法剥夺公民宗教信仰自由罪、侵犯少数民族风俗习惯罪来自我国《刑法》分则第四章侵犯公民人身权利、民主权利罪，因其对犯罪行为方式的限定而部分符合《犯罪统计的国际分类》对“02102 群体歧视”的类别描述，与其部分匹配。

（二）其他歧视

根据《犯罪统计的国际分类》对“02109 其他歧视”的类别描述和我国《刑法》的规定，我国有一个罪名的情形可与其部分匹配：我国《刑法》第 249 条规定的煽动民族仇恨、民族歧视罪的情形。

我国《刑法》第 249 条规定了[煽动民族仇恨、民族歧视罪]：“煽动民族仇恨、民族歧视，情节严重的，处三年以下有期徒刑、拘役、管制或者剥夺政治权利；情节特别严重的，处三年以上十年以下有期徒刑。”

我国《刑法》第 249 条规定的煽动民族仇恨、民族歧视罪因将煽动性为的对象限定在民族仇恨、民族歧视而部分符合《犯罪统计的国际分类》“02109 其他歧视”的犯罪对象，与其部分匹配。

三、《犯罪统计的国际分类》中国版对应表

表 6-10 歧视

《犯罪统计的国际分类》代码与犯罪类别	级别	国内刑法/犯罪分类	完全匹配	部分匹配	细节评注
0210 歧视	2	—			—
02101 人身歧视	3	—			—
02102 群体歧视	3	第 251 条非法剥夺公民宗教信仰自由罪、侵犯少数民族风俗习惯罪		√	法条
02109 其他歧视	3	第 249 条煽动民族仇恨、民族歧视罪		√	法条

第十一节 侵犯他人的行为

一、《犯罪统计的国际分类》中的类别描述

在《犯罪统计的国际分类》中，“0211 侵犯他人的行为”的定义为：非法和无理地侵犯他人隐私或其他权利。[①] 其包含范围为：适用 02111～02119 中列出的全部包含范围。

排除情形：侵犯计算机数据或计算机系统且不是侵犯他人隐私的行为（0903）；对他人进行不受欢迎的跟踪、盯梢或交流（02082）；侵犯性隐私或其他性行为（03）；侵犯财产（0509）。

（一）侵犯隐私

在《犯罪统计的国际分类》中，“02111 侵犯隐私”的定义为：侵犯或侵扰隐私。其包含范围为：侵犯隐私；侵犯邮件秘密；窃听电话；侵入独处或私人问题；侵入私人计算机文件；干扰邮件。

排除情形：适用 0211 中列出的全部排除情形。

（二）其他侵犯他人的行为

在《犯罪统计的国际分类》中，“02119 其他侵犯他人的行为”的定义为：

① 隐私至少是指一个人的个人自主权或不被其他人观察或打扰的状态。

02111 中未加描述或分类的、非法和无理地侵犯他人隐私或其他权利的行为。其包含范围为:毁损遗体;贩运人体器官但未构成以摘除器官或组织为目的而贩运人口的行为;破坏坟墓;非法使用遗体;挖掘坟墓。

排除情形:适用 0211 中列出的全部排除情形。

二、中国相关罪名的匹配分析

(一)侵犯隐私的匹配分析

根据《犯罪统计的国际分类》对"02111 侵犯隐私"的类别描述和我国《刑法》的规定,我国有七个条款的情形可与其部分匹配:一是我国《刑法》第 252 条规定的侵犯通信自由罪的情形。二是我国《刑法》第 253 条规定的私自开拆、隐匿、毁弃邮件、电报罪的情形。三是我国《刑法》第 253 条之一规定的侵犯公民个人信息罪的情形。四是我国《刑法》第 288 条规定的扰乱无线电通讯管理秩序罪的情形。五是我国《刑法》第 177 条之一第 2 款规定的窃取、收买、非法提供信用卡信息罪的情形。六是我国《刑法》第 304 条规定的故意延误投递邮件罪的情形。七是我国《刑法》第 245 条规定的非法搜查罪、非法侵入住宅罪的情形。

我国《刑法》第 252 条规定了[侵犯通信自由罪]:"隐匿、毁弃或者非法开拆他人信件,侵犯公民通信自由权利,情节严重的,处一年以下有期徒刑或者拘役。"

我国《刑法》第 253 条规定了[私自开拆、隐匿、毁弃邮件、电报罪]:"邮政工作人员私自开拆或者隐匿、毁弃邮件、电报的,处二年以下有期徒刑或者拘役。犯前款罪而窃取财物的,依照本法第二百六十四条的规定定罪从重处罚。"

我国《刑法》第 253 条之一规定了[侵犯公民个人信息罪]:"违反国家有关规定,向他人出售或者提供公民个人信息,情节严重的,处三年以下有期徒刑或者拘役,并处或者单处罚金;情节特别严重的,处三年以上七年以下有期徒刑,并处罚金。违反国家有关规定,将在履行职责或者提供服务过程中获得的公民个人信息,出售或者提供给他人的,依照前款的规定从重处罚。窃取或者以其他方法非法获取公民个人信息的,依照第一款的规定处罚。单位犯前三款罪的,对单位判处罚金,并对其直接负责的主管人员和其他直接责任人员,依照各该款的规定处罚。"

我国《刑法》第 288 条规定了[扰乱无线电通讯管理秩序罪]:"违反国家规

定，擅自设置、使用无线电台(站)，或者擅自使用无线电频率，干扰无线电通讯秩序，情节严重的，处三年以下有期徒刑、拘役或者管制，并处或者单处罚金；情节特别严重的，处三年以上七年以下有期徒刑，并处罚金。单位犯前款罪的，对单位判处罚金，并对其直接负责的主管人员和其他直接责任人员，依照前款的规定处罚。”

我国《刑法》第 177 条之一第 2 款规定了[窃取、收买、非法提供信用卡信息罪]：“窃取、收买或者非法提供他人信用卡信息资料的，依照前款规定处罚。银行或者其他金融机构的工作人员利用职务上的便利，犯第二款罪的，从重处罚。”

我国《刑法》第 304 条规定了[故意延误投递邮件罪]：“邮政工作人员严重不负责任，故意延误投递邮件，致使公共财产、国家和人民利益遭受重大损失的，处二年以下有期徒刑或者拘役。”

我国《刑法》第 245 条规定了[非法搜查罪、非法侵入住宅罪]：“非法搜查他人身体、住宅，或者非法侵入他人住宅的，处三年以下有期徒刑或者拘役。司法工作人员滥用职权，犯前款罪的，从重处罚。”

与《犯罪统计的国际分类》对“02111 侵犯隐私”的类别描述相比，我国《刑法》的上述七个条款基本来自我国《刑法》分则第四章侵犯公民人身权利、民主权利罪和第六章妨害社会管理秩序罪，且均因犯罪行为侵犯的对象有所限定而与其部分匹配。

(二)其他侵犯他人的行为的匹配分析

根据《犯罪统计的国际分类》对“02119 其他侵犯他人的行为”的类别描述和我国《刑法》的规定，我国有一个罪名的情形可与其部分匹配，即我国《刑法》第 302 条规定的盗窃、侮辱、故意毁坏尸体、尸骨、骨灰罪的情形。

我国《刑法》第 302 条规定了[盗窃、侮辱、故意毁坏尸体、尸骨、骨灰罪]：“盗窃、侮辱、故意毁坏尸体、尸骨、骨灰的，处三年以下有期徒刑、拘役或者管制。”

我国《刑法》第 302 条规定的盗窃、侮辱、故意毁坏尸体、尸骨、骨灰罪符合《犯罪统计的国际分类》“02119 其他侵犯他人的行为”包含范围中的某几种行为方式，与其部分匹配。

三、《犯罪统计的国际分类》中国版对应表

表6-11　侵犯他人的行为

《犯罪统计的国际分类》代码与犯罪类别	级别	国内刑法/犯罪分类	完全匹配	部分匹配	细节评注
0211 侵犯他人的行为	2	—			—
02111 侵犯隐私	3	第252条侵犯通信自由罪		√	法条
		第253条私自开拆、隐匿、毁弃邮件、电报罪		√	—
		第253条之一侵犯公民个人信息罪		√	—
		第177条之一第2款窃取、收买、非法提供信用卡信息罪		√	—
		第288条扰乱无线电通讯管理秩序罪		√	无线电和电话
		第304条故意延误投递邮件罪		√	—
		第245条非法搜查罪、非法侵入住宅罪		√	法条
02119 其他侵犯他人的行为	3	第302条盗窃、侮辱、故意毁坏尸体、尸骨、骨灰罪		√	法条

第十二节　对人造成伤害或有意对人造成伤害的行为

一、《犯罪统计的国际分类》中的类别描述

在《犯罪统计的国际分类》中，“0219 其他对人造成伤害或有意对人造成伤害的行为”的定义为：0201～0211 类别中未加描述或分类的、对人造成伤害或有意对人造成伤害的行为。其包含范围为：身体虐待或精神虐待。

排除情形：适用0201～0211 中列出的全部排除情形。

二、中国相关罪名的匹配分析

根据《犯罪统计的国际分类》对“0219 其他对人造成伤害或有意对人造成伤害的行为”的类别描述和我国《刑法》的规定，我国有两个条款的情形可与其

部分匹配：一是我国《刑法》第 261 条规定的遗弃罪的情形；二是我国《刑法》第 277 条规定的妨害公务罪的情形。

我国《刑法》第 261 条规定了［遗弃罪］："对于年老、年幼、患病或者其他没有独立生活能力的人，负有扶养义务而拒绝扶养，情节恶劣的，处五年以下有期徒刑、拘役或者管制。"

我国《刑法》第 277 条规定了［妨害公务罪］："以暴力、威胁方法阻碍国家机关工作人员依法执行职务的，处三年以下有期徒刑、拘役、管制或者罚金。以暴力、威胁方法阻碍全国人民代表大会和地方各级人民代表大会代表依法执行代表职务的，依照前款的规定处罚。在自然灾害和突发事件中，以暴力、威胁方法阻碍红十字会工作人员依法履行职责的，依照第一款的规定处罚。故意阻碍国家安全机关、公安机关依法执行国家安全工作任务，未使用暴力、威胁方法，造成严重后果的，依照第一款的规定处罚。"

与《犯罪统计的国际分类》对"0219 其他对人造成伤害或有意对人造成伤害的行为"的类别描述相比，我国《刑法》第 261 条规定的遗弃罪和第 277 条规定的妨害公务罪的犯罪行为的方式均可归入该类别，成为其中的行为方式之一，因此，与其部分匹配。

三、《犯罪统计的国际分类》中国版对应表

表 6－12　其他对人造成伤害或有意对人造成伤害的行为

《犯罪统计的国际分类》代码与犯罪类别	级别	国内刑法/犯罪分类	完全匹配	部分匹配	细节评注
0219 其他对人造成伤害或有意对人造成伤害的行为	2	第 261 条遗弃罪		√	—
		第 277 条妨害公务罪		√	暴力、威胁

第七章　性伤害行为

第一节　性　暴　力

一、《犯罪统计的国际分类》中的类别描述

在《犯罪统计的国际分类》中，“0301 性暴力”的定义为：非对方自愿的性行为；试图发生性行为；或未经对方有效同意或在恐吓、武力、欺诈、胁迫、威胁、欺骗、使用药物或酒精、滥用权力或利用弱势地位取得同意后，带有不想要的性关注的接触或交流。其包含范围为：适用 03011 ~ 03012 中列出的全部包含范围。

排除情形：滥用弱势地位、权力或信任，或使用武力或以武力相威胁，从他人的卖淫或性行为中获取金钱利益、社会利益或政治利益（0302）；胁迫（0205）；卖淫犯罪、色情犯罪及其他违反公共秩序性标准的行为，如未构成强奸的乱伦以及裸露癖（0802）；攻击和威胁（0201）；未构成性伤害行为的奴役和剥削（0203）；以性剥削为目的而贩运人口（02041）；骚扰和盯梢骚扰（0208）。

（一）强奸

在《犯罪统计的国际分类》中，“03011 强奸”的定义为：未经对方有效同意或在恐吓、武力、欺诈、胁迫、威胁、欺骗、使用药物或酒精、滥用权力、利用弱势地位，或给予或接受利益而取

得同意后,发生的性插入。[①] 其包含范围为:适用 030111 ~ 030119 中列出的全部包含范围。

排除情形:适用 0301 中列出的全部排除情形。

1. 以暴力强奸

在《犯罪统计的国际分类》中,"030111 以暴力强奸"的定义为:未经对方有效同意以暴力加诸对方的性插入。其包含范围为:对身体施暴进行的性插入。

排除情形:法定强奸(030113);适用 03011 中列出的全部排除情形。

2. 非以暴力强奸

在《犯罪统计的国际分类》中,"030112 非以暴力强奸"的定义为:未经对方有效同意但未施加暴力而加诸对方的性插入。其包含范围为:采用欺骗手段发生性关系;借助药物的强奸;未使用暴力但非经双方同意的性插入。

排除情形:法定强奸(030113);适用 03011 中列出的全部排除情形。

3. 法定强奸

在《犯罪统计的国际分类》中,"030113 法定强奸"的定义为:与不满法定同意年龄的人或依法不能作出同意的人发生的性插入,无论其是否同意。其包含范围为:与不满同意年龄的人发生性关系;与不能作出同意的人发生性关系。

排除情形:适用 03011 中列出的全部排除情形。

4. 其他强奸

在《犯罪统计的国际分类》中,"030119 其他强奸"的定义为:030111 ~ 030113 中未加描述或分类的强奸。

排除情形:适用 03011 中列出的全部排除情形。

(二)性侵犯

在《犯罪统计的国际分类》中,"03012 性侵犯"的定义为:非对方自愿的性行为、试图发生性行为,或带有不想要的性关注的接触或交流(但尚未构成强奸)。其包含范围为:借助药物实施的性侵犯;性骚扰;违背婚姻伴侣的意愿对婚姻伴侣实施的性侵犯;对无助者的性侵犯;适用 030121 ~ 030129 中列出的全部包含范围。

排除情形:强奸(03011);适用 0301 中列出的全部排除情形。

---

① 性插入至少是指使用任何身体器官或物体插入外阴、肛门或嘴。

1. 人身性侵犯

在《犯罪统计的国际分类》中，“030121 人身性侵犯”的定义为：通过身体接触进行的性侵犯。其包含范围为：借助药物实施的性侵犯；非对方自愿的触摸或抚摸；滥用职位进行的性侵犯。

排除情形：适用 03012 中列出的全部排除情形。

2. 非人身性侵犯

在《犯罪统计的国际分类》中，“030122 非人身性侵犯”的定义为：未通过身体接触进行的性侵犯。其包含范围为：性骚扰、性威胁。

排除情形：适用 03012 中列出的全部排除情形。

3. 别处未加分类的其他性侵犯

在《犯罪统计的国际分类》中，“030129 别处未加分类的其他性侵犯”的定义为：030121～030122 类别中未加描述或分类的性侵犯。其包含范围为：窥阴癖。[①]

排除情形：适用 03012 中列出的全部排除情形。

（三）其他性暴力行为

在《犯罪统计的国际分类》中，“03019 其他性暴力行为”的定义为：03011～03012 类别中未加描述或分类的性暴力。

排除情形：适用 0301 中列出的全部排除情形。

二、中国相关罪名的匹配分析

（一）强奸的匹配分析

根据《犯罪统计的国际分类》对“03011 强奸”的类别描述和我国《刑法》的规定，我国有一个罪名的情形可与其部分匹配，即我国《刑法》第 236 条规定的强奸罪的情形。

我国《刑法》第 236 条规定了[强奸罪]：“以暴力、胁迫或者其他手段强奸妇女的，处三年以上十年以下有期徒刑。奸淫不满十四周岁的幼女的，以强奸论，从重处罚。强奸妇女、奸淫幼女，有下列情形之一的，处十年以上有期徒刑、无期徒刑或者死刑：（一）强奸妇女、奸淫幼女情节恶劣的；（二）强奸妇女、奸淫幼女多人的；（三）在公共场所当众强奸妇女、奸淫幼女的；（四）二人以上轮奸的；（五）奸淫不满十周岁的幼女或者造成幼女伤害的；（六）致使被害人重伤、

① 窥阴癖是指通过偷看不知情的半裸的、全裸的或正在进行性行为的人而获得性满足。

死亡或者造成其他严重后果的。”

我国《刑法》规定的强奸罪符合《犯罪统计的国际分类》对“03011 强奸”的类别描述，与之完全匹配。

(二)性侵犯的匹配分析

根据《犯罪统计的国际分类》对“03012 性侵犯”的类别描述和我国《刑法》的规定，我国有一个罪名的情形可与其部分匹配：我国《刑法》第 237 条第 1 款规定的强制猥亵、侮辱罪的情形。

我国《刑法》第 237 条第 1 款规定了[强制猥亵、侮辱罪]：“以暴力、胁迫或者其他方法强制猥亵他人或者侮辱妇女的，处五年以下有期徒刑或者拘役。聚众或者在公共场所当众犯前款罪的，或者有其他恶劣情节的，处五年以上有期徒刑。”

三、《犯罪统计的国际分类》中国版对应表

表 7-1 性暴力

《犯罪统计的国际分类》代码与犯罪类别	级别	国内刑法/犯罪分类	完全匹配	部分匹配	细节评注
0301 性暴力	2	—			—
03011 强奸	3	第 236 条强奸罪	√		法条
030111 以暴力强奸	4	—			—
030112 非以暴力强奸	4	—			—
030113 法定强奸	4	—			—
030119 其他强奸	4	—			—
03012 性侵犯	3	第 237 条第 1 款强制猥亵、侮辱罪		√	法条
030121 人身性侵犯	4	—			—
030122 非人身性侵犯	4	—			—
030129 别处未加分类的其他性侵犯	4	—			—
03019 其他性暴力行为	3	—			—

第二节 性 剥 削

一、《犯罪统计的国际分类》中的类别描述

在《犯罪统计的国际分类》中，“0302 性剥削”的定义为：滥用弱势地位、权力或信任，或使用武力或以武力相威胁，从他人的卖淫或性行为中获取金钱利益、社会利益或政治利益。① 其包含范围为：适用 03021～03029 中列出的全部包含范围。

排除情形：强奸(03011)；性暴力(0301)；卖淫犯罪、色情犯罪及其他违反公共秩序性标准的行为(例如乱伦和裸露癖)(0802)；滥用职权(07033)；攻击和威胁(0201)；未构成性伤害行为的奴役和剥削(0203)；以性剥削为目的而贩运人口(02041)；骚扰和盯梢骚扰(0207)；身份罪(11021)。

(一)对成年人的性剥削

在《犯罪统计的国际分类》中，“03021 对成年人的性剥削”的定义为：对成年人的性剥削。其包含范围为：招募、诱使或促使他人卖淫；拉皮条；维持、管理或故意资助妓院；在明知的情况下租用或租赁房屋或其他场所用于他人卖淫。

排除情形：适用 0302 中列出的全部排除情形。

(二)对儿童的性剥削

在《犯罪统计的国际分类》中，“03022 对儿童的性剥削”的定义为：对儿童的性剥削。其包含范围为：持有儿童色情制品、制作儿童色情制品、招募、引诱或促使儿童卖淫；拉皮条；维持、管理或故意资助妓院进行儿童卖淫；在明知的情况下租用或租赁房屋或其他场所用于儿童卖淫；适用 030221～030229 中列出的全部包含范围。

排除情形：法定强奸(030113)；适用 0302 中列出的全部排除情形。

1. 儿童色情

在《犯罪统计的国际分类》中，“030221 儿童色情”的定义为：促使、安排、协助或控制儿童制作儿童色情制品及(或)持有、传播、广播、传输、展示或销售儿

---

① 卖淫至少是指以金钱或其他形式的报酬来交换性活动。

童色情制品。[①] 其包含范围为：持有儿童色情制品；分享儿童色情制品；制作儿童色情制品；下载儿童色情制品、从儿童那里获得性意象或其他形式的儿童虐待材料。

排除情形：色情犯罪（08022）；适用 03022 中列出的全部排除情形。

2. 儿童卖淫

在《犯罪统计的国际分类》中，"030222 儿童卖淫"的定义为：招募、诱使及（或）促使儿童卖淫或获得童妓的性服务。[②] 其包含范围为：付款接受儿童性服务；招募、诱使或促使儿童卖淫；拉皮条；维持、管理或故意资助妓院进行儿童卖淫；在明知的情况下租用或租赁房屋或其他场所用于儿童卖淫。

排除情形：适用 03022 中列出的全部排除情形。

3. 性诱儿童

在《犯罪统计的国际分类》中，"030223 性诱儿童"的定义为：与儿童联系，随后开展实质行动，促成为性目的见面。[③] 其包含范围为：网络引诱；通过互联网与儿童联系并让他们接触露骨性材料；亲自出面联系儿童，让他们逐渐接触露骨性材料。

排除情形：适用 0302 中列出的全部排除情形。

4. 其他形式的儿童性剥削

在《犯罪统计的国际分类》中，"030229 其他形式的儿童性剥削"的定义为：030221～030223 类别中未加描述或分类的儿童性剥削。其包含范围为：严重猥亵儿童；引诱儿童；强迫儿童观看性行为或观看色情制品；儿童性旅游[④]。

排除情形：适用 03022 中列出的全部排除情形。

---

① 儿童色情至少是指直观呈现或描绘进行露骨性行为的儿童，参与或进行露骨性行为的看起来是儿童的真人，或者参与露骨性行为的虚拟儿童的逼真形象。（《欧洲委员会保护儿童免遭性剥削和性虐待公约》第 20 条）。

② 《联合国儿童权利公约关于买卖儿童、儿童卖淫和儿童色情制品的任择议定书》（2000 年）第 3（1）I（b）条。

③ 欧洲委员会：《对儿童的性暴力——欧洲立法框架及欧洲委员会公约和欧盟政策概述》，载欧洲委员会官网 2023 年 1 月 1 日，http://www.coe.int/t/dg3/children/1in5/Source/PublicationSexualViolence/Ruelle.pdf。

④ 儿童性旅游是指从某地到其他地方旅游并在那里与儿童开展性行为的人对儿童进行的商业性剥削。

(三)其他性剥削行为

在《犯罪统计的国际分类》中,“03029 其他性剥削行为”的定义为:03021 ~ 03022 类别中未加描述或分类的性剥削。

排除情形:适用 0302 中列出的全部排除情形。

二、中国相关罪名的匹配分析

(一)对成年人的性剥削

根据《犯罪统计的国际分类》对“03021 对成年人的性剥削”的类别描述和我国《刑法》的规定,我国有三个条款的情形可与其部分匹配:一是我国《刑法》第 358 条第 1 款规定的组织卖淫罪、强迫卖淫罪的情形。二是我国《刑法》第 358 条第 2 款规定的协助组织卖淫罪的情形。三是我国《刑法》第 359 条第 1 款规定的引诱、容留、介绍卖淫罪的情形。

我国《刑法》第 358 条第 1 款规定了[组织卖淫罪、强迫卖淫罪]:“组织、强迫他人卖淫的,处五年以上十年以下有期徒刑,并处罚金;情节严重的,处十年以上有期徒刑或者无期徒刑,并处罚金或者没收财产。组织、强迫未成年人卖淫的,依照前款的规定从重处罚。犯前两款罪,并有杀害、伤害、强奸、绑架等犯罪行为的,依照数罪并罚的规定处罚。”

我国《刑法》第 358 条第 2 款规定了[协助组织卖淫罪]:“为组织卖淫的人招募、运送人员或者有其他协助组织他人卖淫行为的,处五年以下有期徒刑,并处罚金;情节严重的,处五年以上十年以下有期徒刑,并处罚金。”

我国《刑法》第 359 条第 1 款规定了[引诱、容留、介绍卖淫罪]:“引诱、容留、介绍他人卖淫的,处五年以下有期徒刑、拘役或者管制,并处罚金;情节严重的,处五年以上有期徒刑,并处罚金。”

我国《刑法》的上述三个条款符合《犯罪统计的国际分类》“03021 对成年人的性剥削”的类别描述,与其完全匹配。

(二)对儿童的性剥削

1. 儿童色情

根据《犯罪统计的国际分类》对“030221 儿童色情”的类别描述和我国《刑法》的规定,我国有四个条款的情形可与其部分匹配:一是我国《刑法》第 363 条第 1 款规定的制作、复制、出版、贩卖、传播淫秽物品牟利罪的情形。二是我国《刑法》第 363 条第 2 款规定的为他人提供书号出版淫秽书刊罪的情形。三是我国《刑法》第364条规定的传播淫秽物品罪、组织播放淫秽音像制品罪的情形。四是我国《刑法》第365条规定的组织淫秽表演罪的情形。

我国《刑法》第363条第1款规定了[制作、复制、出版、贩卖、传播淫秽物品牟利罪]:“以牟利为目的,制作、复制、出版、贩卖、传播淫秽物品的,处三年以下有期徒刑、拘役或者管制,并处罚金;情节严重的,处三年以上十年以下有期徒刑,并处罚金;情节特别严重的,处十年以上有期徒刑或者无期徒刑,并处罚金或者没收财产。”

我国《刑法》第363条第2款规定了[为他人提供书号出版淫秽书刊罪]:“为他人提供书号,出版淫秽书刊的,处三年以下有期徒刑、拘役或者管制,并处或者单处罚金;明知他人用于出版淫秽书刊而提供书号的,依照前款的规定处罚。”

我国《刑法》第364条规定了[传播淫秽物品罪、组织播放淫秽音像制品罪]:“传播淫秽的书刊、影片、音像、图片或者其他淫秽物品,情节严重的,处二年以下有期徒刑、拘役或者管制。组织播放淫秽的电影、录像等音像制品的,处三年以下有期徒刑、拘役或者管制,并处罚金;情节严重的,处三年以上十年以下有期徒刑,并处罚金。制作、复制淫秽的电影、录像等音像制品组织播放的,依照第二款的规定从重处罚。向不满十八周岁的未成年人传播淫秽物品的,从重处罚。”

我国《刑法》第365条规定了[组织淫秽表演罪]:“组织进行淫秽表演的,处三年以下有期徒刑、拘役或者管制,并处罚金;情节严重的,处三年以上十年以下有期徒刑,并处罚金。”

与《犯罪统计的国际分类》对“030221 儿童色情”的类别描述相比,我国《刑法》的上述四个条款因犯罪行为的方式的限定或者犯罪行为的对象的不同而与之部分匹配。

2. 儿童卖淫

根据《犯罪统计的国际分类》对“030222 儿童卖淫”的类别描述和我国《刑法》的规定,我国有一个罪名的情形可与其部分匹配:我国《刑法》第359条第2款规定的引诱幼女卖淫罪的情形。

我国《刑法》第359条第2款规定了[引诱幼女卖淫罪]:“引诱不满十四周岁的幼女卖淫的,处五年以上有期徒刑,并处罚金。”

我国《刑法》第359条第2款规定的引诱幼女卖淫罪因犯罪行为的对象是幼女，与儿童存在区别，比儿童的范围更窄，因此与《犯罪统计的国际分类》"030222 儿童卖淫"部分匹配。

3. 其他形式的儿童性剥削

根据《犯罪统计的国际分类》对"030229 其他形式的儿童性剥削"的类别描述和我国《刑法》的规定，我国有两个条款的情形可与其部分匹配：一是我国《刑法》第237条第3款规定的猥亵儿童罪的情形；二是我国《刑法》第301条第2款规定的引诱未成年人聚众淫乱罪的情形。

我国《刑法》第237条第3款规定了［猥亵儿童罪］："猥亵儿童的，处五年以下有期徒刑；有下列情形之一的，处五年以上有期徒刑：（一）猥亵儿童多人或者多次的；（二）聚众猥亵儿童的，或者在公共场所当众猥亵儿童，情节恶劣的；（三）造成儿童伤害或者其他严重后果的；（四）猥亵手段恶劣或者有其他恶劣情节的。"

我国《刑法》第301条第2款规定了［引诱未成年人聚众淫乱罪］："引诱未成年人参加聚众淫乱活动的，依照前款的规定从重处罚。"

与《犯罪统计的国际分类》对"030229 其他形式的儿童性剥削"的类别描述相比，我国《刑法》的上述两个条款因犯罪行为方式的限定而与之部分匹配。

三、《犯罪统计的国际分类》中国版对应表

表7-2 性剥削

《犯罪统计的国际分类》代码与犯罪类别	级别	国内刑法/犯罪分类	完全匹配	部分匹配	细节评注
0302 性剥削	2	—			—
03021 对成年人的性剥削	3	第358条第1款组织卖淫罪、强迫卖淫罪	√		—
		第358条第2款协助组织卖淫罪	√		—
		第359条第1款引诱、容留、介绍卖淫罪	√		—
03022 对儿童的性剥削	3	—		√	—

续表

《犯罪统计的国际分类》代码与犯罪类别	级别	国内刑法/犯罪分类	完全匹配	部分匹配	细节评注
030221 儿童色情	4	第 363 条第 1 款制作、复制、出版、贩卖、传播淫秽物品牟利罪		√	对象包括成人和儿童
		第 363 条第 2 款为他人提供书号出版淫秽书刊罪		√	—
		第 364 条传播淫秽物品罪、组织播放淫秽音像制品罪		√	—
		第 365 条组织淫秽表演罪		√	—
030222 儿童卖淫	4	第 359 条第 2 款引诱幼女卖淫罪		√	儿童和幼女的差距
030223 性诱儿童	4	—			—
030229 其他形式的儿童性剥削	4	第 237 条第 3 款猥亵儿童罪		√	—
		第 301 条第 2 款引诱未成年人聚众淫乱罪		√	—
03029 其他性剥削行为	3	—			—

第三节　其他性伤害行为

一、《犯罪统计的国际分类》中的类别描述

在《犯罪统计的国际分类》中，“0309 其他性伤害行为”的定义为：0301 ~ 0302 类别中未加描述或分类的性伤害行为。

排除情形：性暴力（0301）；性剥削（0302）；胁迫（0203）；卖淫犯罪、色情犯罪及其他违反公共秩序性标准的行为（如乱伦和裸露癖）（0802）；滥用职权（07033）；攻击和威胁（0201）；未构成性伤害行为的奴役和剥削（0203）；以性剥削为目的而贩运人口（02041）；骚扰和盯梢骚扰（0207）；适用 0301 ~ 0302 中列出的全部排除情形。

二、中国相关罪名的匹配分析

根据《犯罪统计的国际分类》对“0309 其他性伤害行为”的类别描述和我国

《刑法》的规定，我国有一个罪名的情形可与其部分匹配，即我国《刑法》第152条第1款规定的走私淫秽物品罪的情形。

我国《刑法》第152条第1款规定了[走私淫秽物品罪]："以牟利或者传播为目的，走私淫秽的影片、录像带、录音带、图片、书刊或者其他淫秽物品的，处三年以上十年以下有期徒刑，并处罚金；情节严重的，处十年以上有期徒刑或者无期徒刑，并处罚金或者没收财产；情节较轻的，处三年以下有期徒刑、拘役或者管制，并处罚金。"

与《犯罪统计的国际分类》对"0309 其他性伤害行为"的类别描述相比，我国《刑法》第152条第1款规定的走私淫秽物品罪因犯罪行为的方式及犯罪对象的限定而与之部分匹配。

三、《犯罪统计的国际分类》中国版对应表

表7-3　其他性伤害行为

《犯罪统计的国际分类》代码与犯罪类别	级别	国内刑法/犯罪分类	完全匹配	部分匹配	细节评注
0309 其他性伤害行为	2	第152条第1款走私淫秽物品罪		√	—

第八章　涉及暴力攻击或威胁他人的侵犯财产行为

第一节　抢　劫

一、《犯罪统计的国际分类》中的类别描述

在《犯罪统计的国际分类》中，"0401 抢劫"的定义为：以永久或暂时地保留他人或组织的财产为目的，对他人使用武力或以武力相威胁，非法带走或获得财产。其包含范围为：以暴力方式盗窃；盗匪活动；土匪抢劫；适用 04011 ~ 04019 中列出的全部包含范围。

排除情形：入室盗窃、盗窃及其他仅侵犯财产的行为（05）；攻击和威胁（0201）；持有盗窃的钱物；接收、处理、处置、出售或贩运赃物；使用盗窃的零件来生产其他产品；藏匿赃物（0704）；损坏财产（0504）；绑架（02022）；通过书面或口头的威胁，要求实施某种行为（02051）。

（一）抢劫他人

在《犯罪统计的国际分类》中，"04011 抢劫他人"的定义为：通过与受害者的直接接触，抢劫受害者的个人财产。[①] 其包含范围为：适用 040111 ~ 040119 中列出的全部包含范围。

排除情形：适用 0401 中列出的全部排除情形。

---

① 个人财产至少是指个人除不动产以外的任何资产。

1. 在公共场所抢劫他人

在《犯罪统计的国际分类》中,“040111 在公共场所抢劫他人”的定义为:在公共场所抢劫他人的个人财产。[①] 其包含范围为:街头抢劫;行凶抢劫;武力夺包。

排除情形:适用 04011 中列出的全部排除情形。

2. 在私人场所抢劫他人

在《犯罪统计的国际分类》中,“040112 在私人场所抢劫他人”的定义为:在私人场所抢劫他人的个人财产。[②] 其包含范围为:在住宅入室盗窃过程中使用武力或以武力相威胁进行偷盗。

排除情形:适用 04011 中列出的全部排除情形。

3. 其他抢劫他人的行为

在《犯罪统计的国际分类》中,“040119 其他抢劫他人的行为”的定义为:040111 ~ 040112 类别中未加描述或分类的抢劫他人的行为。其包含范围为:在各种地方抢劫他人的行为。

排除情形:适用 04011 中列出的全部排除情形。

(二) 抢劫运输中的贵重物品或货物

在《犯罪统计的国际分类》中,“04012 抢劫运输中的贵重物品或货物”的定义为:抢劫运输中的财产。其包含范围为:适用 040121 ~ 040122 中列出的全部包含范围。

排除情形:适用 0401 中列出的全部排除情形。

1. 抢劫汽车或车辆

在《犯罪统计的国际分类》中,“040121 抢劫汽车或车辆”的定义为:在车辆运输途中抢劫车辆驾驶员或乘客。其包含范围为:劫持汽车;在运输途中抢劫车辆中的财产;抢劫出租车;抢劫护卫车;抢劫火车。

排除情形:盗窃机动车辆或其零部件(05021);适用 04012 中列出的全部排除情形。

2. 其他抢劫运输中的贵重物品或货物的行为

在《犯罪统计的国际分类》中,“040129 其他抢劫运输中的贵重物品或货物的

① 公共场所至少是指向所有人开放的地方。

② 私人场所至少是指专供私人目的使用的或专用于私人聚会且公众不能自由出入的地方。

行为”的定义为:040121 未描述或分类的、抢劫运输中的贵重物品或货物的行为。其包含范围为:抢劫高速公路上的货物。

排除情形:适用 04012 中列出的全部排除情形。

(三)抢劫设施或机构

在《犯罪统计的国际分类》中,“04013 抢劫设施或机构”的定义为:抢劫设施或机构。其包含范围为:适用 040131 ~ 040132 中列出的全部包含范围。

排除情形:适用 0401 中列出的全部排除情形。

1. 抢劫金融机构

在《犯罪统计的国际分类》中,“040131 抢劫金融机构”的定义为:抢劫金融机构。[①] 其包含范围为:抢劫银行;抢劫自动取款机。

排除情形:适用 04013 中列出的全部排除情形。

2. 抢劫非金融机构

在《犯罪统计的国际分类》中,“040132 抢劫非金融机构”的定义为:抢劫非金融机构。其包含范围为:抢劫邮局;抢劫加油站;抢劫企业;抢劫商店。

排除情形:适用 04013 中列出的全部排除情形。

(四)抢劫牲畜

在《犯罪统计的国际分类》中,“04014 抢劫牲畜”的定义为:从看管者处抢走牲畜。[②] 其包含范围为:抢劫牛、山羊、绵羊、鸡或其他牲畜;偷牛。

排除情形:盗窃牲畜(05025);适用 0401 中列出的全部排除情形。

(五)其他抢劫行为

在《犯罪统计的国际分类》中,“04019 其他抢劫行为”的定义为:04011 ~ 04014 类别中未加描述或分类的抢劫行为。

排除情形:适用 0401 中列出的全部排除情形。

二、中国相关罪名的匹配分析

根据《犯罪统计的国际分类》对“04011 抢劫他人”的类别描述和我国《刑法》的规定,我国有一个罪名的情形可与其部分匹配,即我国《刑法》第 263 条规

---

① 金融机构至少是指专门办理金融交易(包括投资、贷款和存款)的公开或私人的设施。

② 牲畜至少是指用作食品、纤维和用于劳动的被驯养动物,包括牛、羊、鸡、猪、马及其他品种。参见《联合国粮食及农业组织畜牧业统计》,载联合国粮农组织官网 2023 年 1 月 1 日,www. fao. org/.../eufao.../SUA_FBS_Workshop_Background_LivestockStatics。

定的抢劫罪的情形。

我国《刑法》第263条规定了[抢劫罪]："以暴力、胁迫或者其他方法抢劫公私财物的，处三年以上十年以下有期徒刑，并处罚金；有下列情形之一的，处十年以上有期徒刑、无期徒刑或者死刑，并处罚金或者没收财产：(一)入户抢劫的；(二)在公共交通工具上抢劫的；(三)抢劫银行或者其他金融机构的；(四)多次抢劫或者抢劫数额巨大的；(五)抢劫致人重伤、死亡的；(六)冒充军警人员抢劫的；(七)持枪抢劫的；(八)抢劫军用物资或者抢险、救灾、救济物资的。"

与《犯罪统计的国际分类》对"04011 抢劫他人"的类别描述相比，我国《刑法》第263条规定的抢劫罪中多了其他方法的抢劫，比该类别更为宽泛，因而与之部分匹配。

三、《犯罪统计的国际分类》中国版对应表

表8-1　抢劫

《犯罪统计的国际分类》代码与犯罪类别	级别	国内刑法/犯罪分类	完全匹配	部分匹配	细节评注
0401 抢劫	2	—			—
04011 抢劫他人	3	第263条抢劫罪		√	多了：其他方法
040111 在公共场所抢劫他人	4	—			—
040112 在私人场所抢劫他人	4	—			—
040119 其他抢劫他人的行为	4	—			—
04012 抢劫运输中的贵重物品或货物	3	—			—
040121 抢劫汽车或者车辆	4	—			—
040129 其他抢劫运输中的贵重物品或货物的行为	4	—			—
04013 抢劫设施或机构	3	—			—

续表

《犯罪统计的国际分类》代码与犯罪类别	级别	国内刑法/犯罪分类	完全匹配	部分匹配	细节评注
040131 抢劫金融机构	4	—			—
040132 抢劫非金融机构	4	—			—
04014 抢劫牲畜	3	—			—
04019 其他抢劫行为	3	—			—

第二节　其他涉及暴力攻击或威胁他人的侵犯财产的行为

一、《犯罪统计的国际分类》中的类别描述

在《犯罪统计的国际分类》中，“0409 其他涉及暴力攻击或威胁他人的侵犯财产的行为”的定义为：0401 中未加描述或分类的、涉及暴力攻击或威胁他人的侵犯财产行为。其包含范围为：从不明地点掠夺/抢夺；打劫。

排除情形：损坏财产（0504）；入室盗窃、盗窃及其他侵犯财产的行为（05）；攻击和威胁（0201）；持有盗窃的钱物；接收、处理、处置、出售或贩运赃物；使用盗窃的零件来生产其他产品；藏匿赃物（0704）；抢劫（0401）；绑架或劫持人质（02022）；适用 0401 中列出的全部排除情形。

二、中国相关罪名的匹配分析

根据《犯罪统计的国际分类》对“0409 其他涉及暴力攻击或威胁他人的侵犯财产行为”的类别描述和我国《刑法》的规定，我国有一个罪名的情形可与其部分匹配，即我国《刑法》第 226 条规定的强迫交易罪的情形。

我国《刑法》第 226 条规定了[强迫交易罪]：“以暴力、威胁手段，实施下列行为之一，情节严重的，处三年以下有期徒刑或者拘役，并处或者单处罚金；情节特别严重的，处三年以上七年以下有期徒刑，并处罚金：（一）强买强卖商品的；（二）强迫他人提供或者接受服务的；（三）强迫他人参与或者退出投标、拍卖的；（四）强迫他人转让或者收购公司、企业的股份、债券或者其他资产的；

(五)强迫他人参与或者退出特定的经营活动的。”

我国《刑法》第226条规定的强迫交易罪,因符合《犯罪统计的国际分类》对“0409其他涉及暴力攻击或威胁他人的侵犯财产行为”的类别描述但又不能完全涵盖该类别的犯罪行为,因此与之部分匹配。

三、《犯罪统计的国际分类》中国版对应表

表8-2　其他涉及暴力攻击或威胁他人的侵犯财产的行为

《犯罪统计的国际分类》代码与犯罪类别	级别	国内刑法/犯罪分类	完全匹配	部分匹配	细节评注
0409其他涉及暴力攻击或威胁他人的侵犯财产的行为	2	第226条强迫交易罪		√	—

第九章 仅侵犯财产的行为

第一节 入室盗窃

一、《犯罪统计的国际分类》中的类别描述

在《犯罪统计的国际分类》中，“0501 入室盗窃”的定义为：擅自进入建筑物/居所或其他场所（无论是否对建筑物/居所使用武力），意图实施盗窃或实际实施盗窃。其包含范围为：破门而入；以盗窃为目的的非法闯入；以盗窃为目的，采用欺骗方式进入；适用 05011 ~ 05019 中列出的全部包含范围。

排除情形：以永久或暂时地从他人或组织处夺走财产为目的，未经同意且未使用武力、武力威胁或暴力威胁、胁迫或欺骗，非法带走或获得财产（0502）；持有盗窃的钱物；接收、处理、处置、出售或贩运赃物；使用盗窃的零件来生产其他产品；藏匿赃物（0704）；损坏财产（0504）；以永久或暂时地保留他人或组织的财产为目的，使用武力或以武力相威胁，直接从他人处非法带走或获得财产（0401）。

（一）营业场所入室盗窃

在《犯罪统计的国际分类》中，“05011 营业场所入室盗窃”的定义为：营业场所的入室盗窃。[①] 其包含范围为：破门闯入

---

① 营业场所至少是指商业企业或工业企业坐落所在的构筑物或土地，包括办公楼、店铺、会所、银行、工厂、服务站、旅店、商场、零售商店、农场土地、仓库及其他土地或建筑物。

营业场所;驾车入室盗窃;非法进入企业,意图实施盗窃。

排除情形:适用0501中列出的全部排除情形。

(二)私人住宅入室盗窃

在《犯罪统计的国际分类》中,"05012 私人住宅入室盗窃"的定义为:私人住宅入室盗窃。[①] 其包含范围为:破门闯入住宅区;非法进入住宅区,意图实施盗窃;破门闯入住宅区并进行偷盗;对居所实施入室盗窃;对属于私人住宅的屋棚/车库实施入室盗窃;侵入住宅。

排除情形:适用0501中列出的全部排除情形。

1. 永久私人住宅入室盗窃

在《犯罪统计的国际分类》中,"050121 永久私人住宅入室盗窃"的定义为:对受害者一年中大部分时间惯常生活的私人住宅实施入室盗窃。其包含范围为:对受害者惯常居住的房屋、寓所或其他居所实施入室盗窃。

排除情形:适用0501中列出的全部排除情形。

2. 非永久私人住宅入室盗窃

在《犯罪统计的国际分类》中,"050122 非永久私人住宅入室盗窃"的定义为:对受害者一年中临时生活的私人住宅实施入室盗窃。其包含范围为:对避暑屋实施入室盗窃;对次级房屋实施入室盗窃;破门闯入旅店房间或其他临时租用场所并进行偷盗。

排除情形:适用0501中列出的全部排除情形。

(三)公共场所入室盗窃

在《犯罪统计的国际分类》中,"05013 公共场所入室盗窃"的定义为:公共场所入室盗窃。[②] 其包含范围为:破门闯入公共场所;非法进入公共物业,意图实施犯罪。

排除情形:适用0501中列出的全部排除情形。

(四)其他入室盗窃行为

在《犯罪统计的国际分类》中,"05019 其他入室盗窃行为"的定义为:05011~05013类别中未加描述或分类的入室盗窃行为。其包含范围为:对移动式房屋

① 私人住宅至少是指某人拥有、租用或租赁的不动产。

② 公共场所至少是指政府或其他公共机构拥有、租用或租赁的物业。

实施入室盗窃;对不能被确认为公共场所、私人场所或企业场所的场所实施入室盗窃。

排除情形:适用0501中列出的全部排除情形。

二、中国相关罪名的匹配分析

本节规定的犯罪类别无论从主观方面还是从客观行为来说,都非常类似于我国《刑法》中的盗窃罪,但是我国关于盗窃罪的规定与本章第二节的盗窃这一类别更为匹配,本着互斥的原则,此处不再匹配。

三、《犯罪统计的国际分类》中国版对应表

表9-1 入室盗窃

《犯罪统计的国际分类》代码与犯罪类别	级别	国内刑法/犯罪分类	完全匹配	部分匹配	细节评注
0501 入室盗窃	2	—			第245条侵入住宅不应在此,因为需要盗窃或者意图盗窃
05011 营业场所入室盗窃	3	—			—
05012 私人住宅入室盗窃	3	—			—
050121 永久私人住宅入室盗窃	4	—			—
050122 非永久私人住宅入室盗窃	4	—			—
05013 公共场所入室盗窃	3	—			—
05019 其他入室盗窃行为	3	—			—

第二节 盗 窃

一、《犯罪统计的国际分类》中的类别描述

在《犯罪统计的国际分类》中,"0502 盗窃"的定义为:以永久地从他人或组织处夺走财产为目的,未经同意且未使用武力、武力威胁或暴力威胁、胁迫或欺骗,非法带走或获得财产。其包含范围为:适用05021~05029中列出的全部包

含范围。

排除情形:持有盗窃的钱物;接收、处理、处置、出售或贩运赃物;使用盗窃的零件来生产其他产品;藏匿赃物(0704);通过欺骗或不诚实的行为,获得金钱或其他利益或逃避责任(0701);抢劫(0401);损坏财产(0504);擅自进入场所并实施盗窃(0501);盗窃知识产权(0503);身份盗用(07019)。

(一)盗窃机动车辆或其零部件

在《犯罪统计的国际分类》中,"05021 盗窃机动车辆或其零部件"的定义为:盗窃机动车辆或机动车辆的零部件。① 其包含范围为:适用050211 ~ 050219中列出的全部包含范围。

排除情形:抢劫汽车或车辆(040121);适用0502中列出的全部排除情形。

1. 盗窃陆地机动车辆

在《犯罪统计的国际分类》中,"050211 盗窃陆地机动车辆"的定义为:盗窃陆地机动车辆。其包含范围为:偷盗汽车、面包车或货车;盗窃摩托车。

排除情形:非法使用机动车辆(050212);盗窃机动车辆的零部件(050213);从机动车辆中盗窃个人财产(050221);适用05021中列出的全部排除情形。

2. 非法使用陆地机动车辆

在《犯罪统计的国际分类》中,"050212 非法使用陆地机动车辆"的定义为:以暂时地从他人或组织处夺走为目的,未经同意且未使用武力、武力威胁或暴力威胁、胁迫或欺骗,非法带走或获得陆地机动车辆。其包含范围为:以嬉戏方式驾驶。

排除情形:以永久夺走为目的,非法带走或获得机动车辆(050211);盗窃机动车辆的零部件(050213);盗窃船只、飞机和其他车辆(050219);从机动车辆中盗窃个人财产(050221);适用05021中列出的全部排除情形。

3. 盗窃陆地机动车辆的零部件

在《犯罪统计的国际分类》中,"050213 盗窃陆地机动车辆的零部件"的定义为:盗窃陆地机动车辆的零部件。其包含范围为:盗窃汽车轮胎、发动机、变

---

① 机动车辆是指由引擎或发动机驱动的所有自力推动式车辆,包括汽车、摩托车、船只和飞机。陆地机动车辆是指配备引擎、在陆路上行驶的所有陆地车辆,包括汽车、摩托车、公共汽车、卡车、施工车辆和农用车辆。车辆零部件是指专门设计用于车辆且对车辆的运行起重要作用的任何要件或替换要件,包括引擎、变速器、轮胎和车窗。

速器、车窗等。

排除情形:从机动车辆中抽取汽油或燃料或盗窃个人财产(050221);适用05021中列出的全部排除情形。

4. 其他盗窃机动车辆或其零部件的行为

在《犯罪统计的国际分类》中,"050219 其他盗窃机动车辆或其零部件的行为"的定义为:050211~050213类别中未加描述或分类的、盗窃机动车辆或机动车辆零部件的行为。其包含范围为:盗窃船只或飞机;盗窃船只或飞机的零部件。

排除情形:从机动车辆中抽取汽油或燃料或盗窃个人财产(050222);劫持汽车和飞机(020223);适用05021中列出的全部排除情形。

(二)盗窃个人财产

在《犯罪统计的国际分类》中,"05022 盗窃个人财产"的定义为:盗窃个人财产。其包含范围为:在非法进入的地方盗窃;适用050221~050229中列出的全部包含范围。

排除情形:盗窃陆地机动车辆或陆地机动车辆的零部件(05021);盗窃企业财产(05023);盗窃公共财产(05024);盗窃牲畜(05025);盗窃宠物(05025);适用0502中列出的全部排除情形。

1. 从他人处盗窃个人财产

在《犯罪统计的国际分类》中,"050221 从他人处盗窃个人财产"的定义为:盗窃他人携带的个人财产。其包含范围为:扒窃;未构成抢劫行为的抢包。

排除情形:盗窃自行车(050229);适用05022中列出的全部排除情形。

2. 从车辆中盗窃个人财产

在《犯罪统计的国际分类》中,"050222 从车辆中盗窃个人财产"的定义为:从车辆中盗窃个人财产。其包含范围为:从车辆中盗窃钱包;从车辆中盗窃电子设备;盗窃GPS装置;抽取天然气或汽油。

排除情形:盗窃陆地机动车辆的零部件(050213);适用05022中列出的全部排除情形。

3. 其他盗窃个人财产的行为

在《犯罪统计的国际分类》中,"050229 其他盗窃个人财产的行为"的定义为:050221~050222类别中未加描述或分类的盗窃个人财产。其包含范围为:

未破门而入的盗窃;盗窃居所外面的财产;对与居所之间没有连接门的车库或屋棚及封闭空间实施盗窃;盗窃自行车;盗窃宠物。

排除情形:适用05022中列出的全部排除情形。

(三)盗窃企业财产

在《犯罪统计的国际分类》中,"05023盗窃企业财产"的定义为:从企业中盗窃除车辆以外的动产。其包含范围为:吃霸王餐;未付款而离开;员工实施盗窃;适用050231~050239中列出的全部包含范围。

排除情形:营业场所入室盗窃(05011);抢劫设施或机构(04013);盗窃公共财产(05024);盗窃私人财产(05022);盗窃牲畜(05025);盗窃车辆或其零部件(05021);适用0502中的排除情形。

1.从店铺中盗窃

在《犯罪统计的国际分类》中,"050231从店铺中盗窃"的定义为:从零售场所盗窃企业财产。其包含范围为:入店行窃;从店铺中盗窃商品。

排除情形:适用05023中列出的全部排除情形。

2.其他盗窃企业财产的行为

在《犯罪统计的国际分类》中,"050239其他盗窃企业财产的行为"的定义为:从零售场所以外的其他场所盗窃企业财产。其包含范围为:员工盗窃企业/办公室用品;从自动售货机中盗窃;从旅店、饭店、电影院、娱乐场所、办公室、车间中盗窃。

排除情形:适用05023中列出的全部排除情形。

(四)盗窃公共财产

在《犯罪统计的国际分类》中,"05024盗窃公共财产"的定义为:盗窃除车辆以外的任何公共财产(动产)。[①] 其包含范围为:盗窃公共财产;盗窃公园设备。

排除情形:盗窃电力、水或其他公用事业服务(05026);抢劫设施或机构(04013);盗窃车辆或其零部件(05021);盗窃私人财产(05022);盗窃企业财产(05023);盗窃牲畜(05025);适用0502中列出的全部排除情形。

---

① 公共财产是指政府拥有的财产(不含不动产)。

(五)盗窃牲畜

在《犯罪统计的国际分类》中,“05025 盗窃牲畜”的定义为:盗窃牲畜。其包含范围为:盗窃牛、鸡、羊、鱼等。

排除情形:抢劫牲畜(04014);盗窃宠物(050229);适用 0502 中列出的全部排除情形。

(六)盗窃服务

在《犯罪统计的国际分类》中,“05026 盗窃服务”的定义为:盗窃服务。其包含范围为:盗窃电力、水或其他公用事业服务;盗窃电视信号/有线信号;逃票;逃避支付服务费用。

排除情形:欺诈(0701);适用 0502 中列出的全部排除情形。

(七)其他盗窃行为

在《犯罪统计的国际分类》中,“05029 其他盗窃行为”的定义为:05021 ~ 05026 类别中未加描述或分类的盗窃财产的行为。其包含范围为:盗窃邮件;转化构成的盗窃。

排除情形:适用 0502 中列出的全部排除情形。

二、中国相关罪名的匹配分析

(一)盗窃的匹配分析

根据《犯罪统计的国际分类》对“0502 盗窃”的类别描述和我国《刑法》的规定,我国有一个罪名的情形可与其部分匹配,即我国《刑法》第 264 条规定的盗窃罪的情形。

我国《刑法》第 264 条规定了[盗窃罪]:“盗窃公私财物,数额较大的,或者多次盗窃、入户盗窃、携带凶器盗窃、扒窃的,处三年以下有期徒刑、拘役或者管制,并处或者单处罚金;数额巨大或者有其他严重情节的,处三年以上十年以下有期徒刑,并处罚金;数额特别巨大或者有其他特别严重情节的,处十年以上有期徒刑或者无期徒刑,并处罚金或者没收财产。”

与《犯罪统计的国际分类》对“0502 盗窃”的类别描述相比,我国《刑法》规定的盗窃罪的对象包括公私财物,因犯罪对象的范围更大而与之部分匹配,并且直接归入 2 级类别,不再与更为低级别的类别重复匹配。

(二)盗窃个人财产的匹配分析

根据《犯罪统计的国际分类》对“05022 盗窃个人财产”的类别描述和我国

《刑法》的规定,我国有一个罪名的情形可与其部分匹配,即我国《刑法》第 267 条规定的抢夺罪的情形。

我国《刑法》第 267 条规定了[抢夺罪]:"抢夺公私财物,数额较大的,或者多次抢夺的,处三年以下有期徒刑、拘役或者管制,并处或者单处罚金;数额巨大或者有其他严重情节的,处三年以上十年以下有期徒刑,并处罚金;数额特别巨大或者有其他特别严重情节的,处十年以上有期徒刑或者无期徒刑,并处罚金或者没收财产。"

与《犯罪统计的国际分类》对"05022 盗窃个人财产"的类别描述相比,我国《刑法》规定的抢夺罪的抢夺对象包括公私财物,比该类别的犯罪对象更为广泛,因而与之部分匹配。

三、《犯罪统计的国际分类》中国版对应表

表 9-2 盗窃

《犯罪统计的国际分类》代码与犯罪类别	级别	国内刑法/犯罪分类	完全匹配	部分匹配	细节评注
0502 盗窃	2	第 264 条盗窃罪		﹀	盗窃公私财物,对象范围大
05021 盗窃机动车辆或其零部件	3	—			—
050211 盗窃陆地机动车辆	4	—			—
050212 非法使用陆地机动车辆	4	—			—
050213 盗窃陆地机动车辆的零部件	4	—			—
050219 其他盗窃机动车辆或其零部件的行为	4	—			—
05022 盗窃个人财产	3	第 267 条抢夺罪		﹀	抢夺公私财物,不仅限于抢包
050221 从他人处盗窃个人财产	4	—			—
050222 从车辆中盗窃个人财产	4	—			—

续表

《犯罪统计的国际分类》代码与犯罪类别	级别	国内刑法/犯罪分类	完全匹配	部分匹配	细节评注
050229 其他盗窃个人财产的行为	4	—			—
05023 盗窃企业财产	3	—			—
050231 从店铺中盗窃	4	—			—
050239 其他盗窃企业财产的行为	4	—			—
05024 盗窃公共财产	3	—			—
05025 盗窃牲畜	3	—			—
05026 盗窃服务	3	—			第 265 条按盗窃罪
05029 其他盗窃行为	3	—			—

第三节　侵犯知识产权

一、《犯罪统计的国际分类》中的类别描述

在《犯罪统计的国际分类》中，“0503 侵犯知识产权”的定义为：非法复印、使用、复制或以其他方式侵犯版权、专利、商标，或其他知识产权。[①] 其包含范围为：盗窃知识产权；侵犯版权；非法盗用版权；对计算机软件实施盗版行为；未构成假冒或伪造行为的工业间谍活动。

---

① 知识产权至少是指发明、文学艺术作品，以及商业中使用的符号、图像和名称。参见世界知识产权组织：《基本定义》，载世界知识产权组织官网，http://www. wipo. int/about-ip/en/studies/publications/ip_definitions. htm。专利是指授予发明（提供一种新的做事方式、或提供一种新的技术解决方案的产品或工艺）的专有权利。参见世界知识产权组织：《基本定义》，载世界知识产权组织官网，http://www. wipo. int/about-ip/en/studies/publications/ip_definitions. htm。版权是一个法律术语，是创作者对其文学艺术作品享有的权利。参见世界知识产权组织：《基本定义》，载世界知识产权组织官网，http://www. wipo. int/about-ip/en/studies/publications/ip_definitions. htm。商标是指一种特殊标志，用于表明某些产品或服务是具体人员或企业生产或提供的产品或服务。参见世界知识产权组织：《基本定义》，载世界知识产权组织官网，http://www. wipo. int/about-ip/en/studies/publications/ip_definitions. htm。

排除情形：制作、生产、传递或持有假冒的有商标的、有专利的、特许使用的、或其他受保护的产品（07022）；盗窃（0502）；持有盗窃的钱物；接收、处理、处置、出售或贩运赃物；使用盗窃的零件来生产其他产品；藏匿赃物（0704）；身份盗用（07019）；伪造/假冒（0702）；未构成对计算机软件实施盗版的侵犯计算机系统的行为（0903）。

二、中国相关罪名的匹配分析

根据《犯罪统计的国际分类》对“0503 侵犯知识产权”的类别描述和我国《刑法》的规定，我国有四个条款的情形可与其完全匹配：一是我国《刑法》第 213 条规定的假冒注册商标罪的情形；二是我国《刑法》第 216 条规定的假冒专利罪的情形；三是我国《刑法》第 217 条规定的侵犯著作权罪的情形；四是我国《刑法》第 219 条规定的侵犯商业秘密罪的情形。

我国《刑法》第 213 条规定了[假冒注册商标罪]：“未经注册商标所有人许可，在同一种商品、服务上使用与其注册商标相同的商标，情节严重的，处三年以下有期徒刑，并处或者单处罚金；情节特别严重的，处三年以上十年以下有期徒刑，并处罚金。”

我国《刑法》第 216 条规定了[假冒专利罪]：“假冒他人专利，情节严重的，处三年以下有期徒刑或者拘役，并处或者单处罚金。”

我国《刑法》第 217 条规定了[侵犯著作权罪]：“以营利为目的，有下列侵犯著作权或者与著作权有关的权利的情形之一，违法所得数额较大或者有其他严重情节的，处三年以下有期徒刑，并处或者单处罚金；违法所得数额巨大或者有其他特别严重情节的，处三年以上十年以下有期徒刑，并处罚金：(一)未经著作权人许可，复制发行、通过信息网络向公众传播其文字作品、音乐、美术、视听作品、计算机软件及法律、行政法规规定的其他作品的；(二)出版他人享有专有出版权的图书的；(三)未经录音录像制作者许可，复制发行、通过信息网络向公众传播其制作的录音录像的；(四)未经表演者许可，复制发行录有其表演的录音录像制品，或者通过信息网络向公众传播其表演的；(五)制作、出售假冒他人署名的美术作品的；(六)未经著作权人或者与著作权有关的权利人许可，故意避开或者破坏权利人为其作品、录音录像制品等采取的保护著作权或者与著作权有关的权利的技术措施的。”

我国《刑法》第 219 条规定了[侵犯商业秘密罪]：“有下列侵犯商业秘密行

为之一，情节严重的，处三年以下有期徒刑，并处或者单处罚金；情节特别严重的，处三年以上十年以下有期徒刑，并处罚金：（一）以盗窃、贿赂、欺诈、胁迫、电子侵入或者其他不正当手段获取权利人的商业秘密的；（二）披露、使用或者允许他人使用以前项手段获取的权利人的商业秘密的；（三）违反保密义务或者违反权利人有关保守商业秘密的要求，披露、使用或者允许他人使用其所掌握的商业秘密的。明知前款所列行为，获取、披露、使用或者允许他人使用该商业秘密的，以侵犯商业秘密论。本条所称权利人，是指商业秘密的所有人和经商业秘密所有人许可的商业秘密使用人。”

我国《刑法》的上述四个条款均来自我国《刑法》分则第三章第七节的侵犯知识产权罪，符合《犯罪统计的国际分类》对“0503 侵犯知识产权”的类别描述，均与其完全匹配。

三、《犯罪统计的国际分类》中国版对应表

表 9－3　侵犯知识产权

《犯罪统计的国际分类》代码与犯罪类别	级别	国内刑法/犯罪分类	完全匹配	部分匹配	细节评注
0503 侵犯知识产权	2	第 213 条假冒注册商标罪	√		—
		第 216 条假冒专利罪	√		—
		第 217 条侵犯著作权罪	√		—
		第 219 条侵犯商业秘密罪	√		—

第四节　损 坏 财 产

一、《犯罪统计的国际分类》中的类别描述

在《犯罪统计的国际分类》中，“0504 损坏财产”的定义为：故意破坏、损坏或污损财产。其包含范围为：纵火；以爆炸方式损坏财产；故意破坏财产；涂鸦；未构成危险行为或过失行为的破坏活动；非法水淹；未构成危险行为或过失行为的破坏活动；造成财产损坏的肇事逃逸；故意损坏机动车；适用 05041 ~ 05049 中列出的全部包含范围。

排除情形：破门闯入物业（0501）；损坏计算机系统或计算机数据被编为侵

犯计算机系统行为(0903);杀死或伤害动物(10091);破坏环境(10)。

(一)损坏公共财产

在《犯罪统计的国际分类》中,“05041 损坏公共财产”的定义为:故意破坏、损坏或污损公共财产。其包含范围为:破坏政府设施;损坏学校公共财产。

排除情形:适用 0504 中列出的全部排除情形。

(二)损坏个人财产

在《犯罪统计的国际分类》中,“05042 损坏个人财产”的定义为:故意破坏、损坏或污损个人财产。其包含范围为:破坏私人居所;损坏个人财产。

排除情形:适用 0504 中列出的全部排除情形。

(三)损坏企业财产

在《犯罪统计的国际分类》中,“05043 损坏企业财产”的定义为:故意破坏、损坏或污损企业财产。其包含范围为:破坏企业财产;损坏企业财产。

排除情形:适用 05042 中列出的全部排除情形。

(四)其他损坏财产的行为

在《犯罪统计的国际分类》中,“05049 其他损坏财产的行为”的定义为:05041 ~05043 类别中未加描述或分类的故意破坏、损坏或污损财产的行为。

排除情形:适用 0504 中列出的全部排除情形。

二、中国相关罪名的匹配分析

根据《犯罪统计的国际分类》对“0504 损坏财产”的类别描述和我国《刑法》的规定,我国有两个条款的情形可与其完全匹配或部分匹配:一是我国《刑法》第 275 条规定的故意毁坏财物罪的情形。二是我国《刑法》第 276 条规定的破坏生产经营罪的情形。

我国《刑法》第 275 条规定了[故意毁坏财物罪]:“故意毁坏公私财物,数额较大或者有其他严重情节的,处三年以下有期徒刑、拘役或者罚金;数额巨大或者有其他特别严重情节的,处三年以上七年以下有期徒刑。”

我国《刑法》第 276 条规定了[破坏生产经营罪]:“由于泄愤报复或者其他个人目的,毁坏机器设备、残害耕畜或者以其他方法破坏生产经营的,处三年以下有期徒刑、拘役或者管制;情节严重的,处三年以上七年以下有期徒刑。”

与《犯罪统计的国际分类》对“0504 损坏财产”的类别描述相比,我国《刑法》第 275 条的规定与其完全匹配。我国《刑法》第 276 条规定的破坏生产经营罪,由于规定了犯罪目的,其入罪条件比“0504 损坏财产”的条件更高,因而与“0504 损坏财产”部分匹配。

三、《犯罪统计的国际分类》中国版对应表

表 9－4 损坏财产

《犯罪统计的国际分类》代码与犯罪类别	级别	国内刑法/犯罪分类	完全匹配	部分匹配	细节评注
0504 损坏财产	2	第 275 条故意毁坏财物罪	√		—
		第 276 条破坏生产经营罪		√	特殊目的
05041 损坏公共财产	3	—			—
05042 损坏个人财产	3	—			—
05043 损坏企业财产	3	—			—
05049 其他损坏财产的行为	3	—			—

第五节 其他仅侵犯财产的行为

一、《犯罪统计的国际分类》中的类别描述

在《犯罪统计的国际分类》中,“0509 其他仅侵犯财产的行为”的定义为:0501～0504 类别中未加描述或分类的仅仅侵犯财产的行为。其包含范围为:非法挪用财产;擅自占用土地;非法获得住房或土地;非法侵入;强行进入并占领。

排除情形:损坏财产(0504);损坏计算机系统(0903);破坏环境(10);适用 0501～0504 中列出的全部排除情形。

二、中国相关罪名的匹配分析

根据《犯罪统计的国际分类》对“0509 其他仅侵犯财产的行为”的类别描述和我国《刑法》的规定,我国有五个罪名的情形可与其部分匹配:一是我国《刑法》第 268 条规定的聚众哄抢罪的情形;二是我国《刑法》第 270 条规定的侵占罪的情形;三是我国《刑法》第 272 条规定的挪用资金罪的情形;四是我国《刑法》第 273 条规定的挪用特定款物罪的情形;五是我国《刑法》第 266 条规定的

诈骗罪的情形。

我国《刑法》第268条规定了[聚众哄抢罪]:“聚众哄抢公私财物,数额较大或者有其他严重情节的,对首要分子和积极参加的,处三年以下有期徒刑、拘役或者管制,并处罚金;数额巨大或者有其他特别严重情节的,处三年以上十年以下有期徒刑,并处罚金。”

我国《刑法》第270条规定了[侵占罪]:“将代为保管的他人财物非法占为己有,数额较大,拒不退还的,处二年以下有期徒刑、拘役或者罚金;数额巨大或者有其他严重情节的,处二年以上五年以下有期徒刑,并处罚金。将他人的遗忘物或者埋藏物非法占为己有,数额较大,拒不交出的,依照前款的规定处罚。本条罪,告诉的才处理。”

我国《刑法》第272条规定了[挪用资金罪]:“公司、企业或者其他单位的工作人员,利用职务上的便利,挪用本单位资金归个人使用或者借贷给他人,数额较大、超过三个月未还的,或者虽未超过三个月,但数额较大、进行营利活动的,或者进行非法活动的,处三年以下有期徒刑或者拘役;挪用本单位资金数额巨大的,处三年以上七年以下有期徒刑;数额特别巨大的,处七年以上有期徒刑。”

我国《刑法》第273条规定了[挪用特定款物罪]:“挪用用于救灾、抢险、防汛、优抚、扶贫、移民、救济款物,情节严重,致使国家和人民群众利益遭受重大损害的,对直接责任人员,处三年以下有期徒刑或者拘役;情节特别严重的,处三年以上七年以下有期徒刑。”

我国《刑法》第266条规定了[诈骗罪]:“诈骗公私财物,数额较大的,处三年以下有期徒刑、拘役或者管制,并处或者单处罚金;数额巨大或者有其他严重情节的,处三年以上十年以下有期徒刑,并处罚金;数额特别巨大或者有其他特别严重情节的,处十年以上有期徒刑或者无期徒刑,并处罚金或者没收财产。本法另有规定的,依照规定。”

与《犯罪统计的国际分类》对“0509其他仅侵犯财产的行为”的类别描述相比,我国《刑法》上述五个条款的规定均因犯罪行为方式和行为对象的限定而与其部分匹配。

三、《犯罪统计的国际分类》中国版对应表

表 9－5　其他仅侵犯财产的行为

《犯罪统计的国际分类》代码与犯罪类别	级别	国内刑法/犯罪分类	完全匹配	部分匹配	细节评注
0509 其他仅侵犯财产的行为	2	第 268 条聚众哄抢罪		√	—
		第 270 条侵占罪			—
		第 272 条挪用资金罪		√	—
		第 273 条挪用特定款物罪		√	—
		第 266 条诈骗罪		√	—

第十章 涉及管制药物或其他精神活性物质的行为

第一节 涉及管制药物或前体的非法行为

一、《犯罪统计的国际分类》中的类别描述

在《犯罪统计的国际分类》中，“0601 涉及管制药物或前体的非法行为”的定义为：非法处理、持有、购买、使用、贩运、种植或生产管制药物或前体用于个人消费和非个人消费。[①] 其包含范围为：适用 06011～06019 中列出的全部包含范围。

排除情形：在精神活性物质的影响下操作车辆（02072）；在酒精或药物影响下驾驶致人死亡（010321）。

（一）非法持有、购买、使用、种植或生产管制药物用于个人消费

在《犯罪统计的国际分类》中，“06011 非法持有、购买、使用、种植或生产管制药物用于个人消费”的定义为：非法持有、购买、使用、种植或生产管制药物用于个人消费。其包含范围为：持有药物；使用药物；种植药物用于个人消费；适用 060111～060112 中列出的全部包含范围。

排除情形：适用 0601 中列出的全部排除情形。

---

① 管制药物是指经修订的《1961 年麻醉品单一公约》和《1971 年精神药物公约》附表所列的麻醉药品和精神药物。前体是指经常用于非法制造《1988 年禁止非法贩运麻醉药品和精神药物公约》定义的麻醉药品和精神药物的物质。

1. 非法持有、购买或使用管制药物用于个人消费

在《犯罪统计的国际分类》中，“060111 非法持有、购买或使用管制药物用于个人消费”的定义为：非法持有、购买或使用管制药物用于个人消费。其包含范围为：持有药物；使用药物。

排除情形：适用 06011 中列出的全部排除情形。

2. 非法种植或生产管制药物用于个人消费

在《犯罪统计的国际分类》中，“060112 非法种植或生产管制药物用于个人消费”的定义为：非法种植、生产、制造、提炼或配制管制药物用于个人消费。其包含范围为：种植药物用于个人消费。

排除情形：适用 06011 中列出的全部排除情形。

（二）非为个人消费而非法贩运、种植或生产管制药物或前体

在《犯罪统计的国际分类》中，“06012 非为个人消费而非法贩运、种植或生产管制药物或前体”的定义为：非法提供、许诺销售、经销、销售、交付、经纪、分派、调运、运输、进口、出口、种植、生产、制造、提炼或配制管制药物或前体，但与使用或持有药物用于个人消费无关。其包含范围为：非为个人消费而种植药物；生产药物；贩运药物；适用 060121 ~ 060129 中列出的全部包含范围。

排除情形：适用 0601 中列出的全部排除情形。

1. 非为个人消费而非法贩运管制药物

在《犯罪统计的国际分类》中，“060121 非为个人消费而非法贩运管制药物”的定义为：非法提供、许诺销售、经销、销售、交付、经纪、分派、调运、运输、进口或出口管制药物或前体，但与使用或持有药物用于个人消费无关。其包含范围为：药物交易、贩运药物；贩卖药物、通过互联网零售药物；组织、监督或管理药物经销企业；进口/出口违禁药物；销售、许诺销售、经销、推广、宣传违禁药物或前体；协助贩运药物。

排除情形：进出口犯罪（08042）；违反海关法罪（08041）；适用 06012 中的排除情形。

2. 非为个人消费而非法生产管制药物

在《犯罪统计的国际分类》中，“060122 非为个人消费而非法生产管制药物”的定义为：非法生产、制造、提炼或配制管制药物，但与使用或持有药物用于个人消费无关。其包含范围为：非法制造管制药物；非法煮熬管制药物；在秘密

实验室非法制造药物。

排除情形：非法种植或生产管制药物用于个人消费（060112）；适用06012中列出的全部排除情形。

3. 非为个人消费而非法种植管制药物

在《犯罪统计的国际分类》中，“060123 非为个人消费而非法种植管制药物”的定义为：非法种植管制药物，但与使用或持有药物用于个人消费无关。其包含范围为：非为个人消费而种植药物。

排除情形：非法种植或生产管制药物用于个人消费（060112）；适用06012中的排除情形。

4. 非为个人消费而非法转移前体

在《犯罪统计的国际分类》中，“060124 非为个人消费而非法转移前体”的定义为：非法制造、运输或经销前体，但与使用或持有药物用于个人消费无关。其包含范围为：非法转移前体化学品；贩运前体化学品。

排除情形：适用06012中列出的全部排除情形。

5. 其他非为个人消费而非法贩运、种植或生产管制药物或前体的行为

在《犯罪统计的国际分类》中，“060129 其他非为个人消费而非法贩运、种植或生产管制药物或前体的行为”的定义为：060121～060124类别中未加描述或分类的其他非为个人消费而非法贩运、种植或生产管制药物或前体的行为。其包含范围为：贩运用于非法制造、生产或种植管制药物的设备。

排除情形：适用06012中列出的全部排除情形。

（三）其他涉及管制药物或前体的非法行为

在《犯罪统计的国际分类》中，“06019 其他涉及管制药物或前体的非法行为”的定义为：06011～06012类别中未加描述或分类的非法处理、持有或使用管制药物或前体用于个人消费和非个人消费的行为。其包含范围为：开具、处理或交易伪造的或变造的处方；涉及吸毒用具的非法行为；鼓励消费管制药物；非法宣传管制物质。

排除情形：进出口犯罪（08042）；违反海关法罪（08041）；适用0601中列出的全部排除情形。

二、中国相关罪名的匹配分析

（一）非法持有、购买、使用、种植或生产管制药物用于个人消费的匹配分析

本类犯罪中规定的用于个人消费的情形在我国《刑法》中未被规定为犯罪行为，因此我国《刑法》没有相关条文与之匹配。

（二）非为个人消费而非法贩运、种植或生产管制药物或前体的匹配分析

1. 非为个人消费而非法贩运管制药物

根据《犯罪统计的国际分类》对“060121 非为个人消费而非法贩运管制药物”的类别描述和我国《刑法》的规定，我国有一个罪名的情形可与其部分匹配：我国《刑法》第 347 条规定的走私、贩卖、运输、制造毒品罪的情形。

我国《刑法》第 347 条规定了[走私、贩卖、运输、制造毒品罪]：“走私、贩卖、运输、制造毒品，无论数量多少，都应当追究刑事责任，予以刑事处罚。走私、贩卖、运输、制造毒品，有下列情形之一的，处十五年有期徒刑、无期徒刑或者死刑，并处没收财产：（一）走私、贩卖、运输、制造鸦片一千克以上、海洛因或者甲基苯丙胺五十克以上或者其他毒品数量大的；（二）走私、贩卖、运输、制造毒品集团的首要分子；（三）武装掩护走私、贩卖、运输、制造毒品的；（四）以暴力抗拒检查、拘留、逮捕，情节严重的；（五）参与有组织的国际贩毒活动的。走私、贩卖、运输、制造鸦片二百克以上不满一千克、海洛因或者甲基苯丙胺十克以上不满五十克或者其他毒品数量较大的，处七年以上有期徒刑，并处罚金。走私、贩卖、运输、制造鸦片不满二百克、海洛因或者甲基苯丙胺不满十克或者其他少量毒品的，处三年以下有期徒刑、拘役或者管制，并处罚金；情节严重的，处三年以上七年以下有期徒刑，并处罚金。单位犯第二款、第三款、第四款罪的，对单位判处罚金，并对其直接负责的主管人员和其他直接责任人员，依照各该款的规定处罚。利用、教唆未成年人走私、贩卖、运输、制造毒品，或者向未成年人出售毒品的，从重处罚。对多次走私、贩卖、运输、制造毒品，未经处理的，毒品数量累计计算。”

我国《刑法》第 347 条规定的行为范围比《犯罪统计的国际分类》对“060121 非为个人消费而非法贩运管制药物”的类别描述更为宽泛，更确切地说，我国《刑法》第 347 条的规定相当于《犯罪统计的国际分类》对“060121 非为个人消费而非法贩运管制药物”和“060112 非法种植或生产管制药物用于个人消费”的规定之和，鉴于每个条款在对应表中只出现一次，因此我们将我国《刑法》第 347 条规定放在此部分，作为部分匹配。

2. 非为个人消费而非法种植管制药物

根据《犯罪统计的国际分类》对“060123 非为个人消费而非法种植管制药物”的类别描述和我国《刑法》的规定，我国有一个罪名的情形可与其完全匹配：我国《刑法》第 351 条规定的非法种植毒品原植物罪的情形。

我国《刑法》第 351 条规定了[非法种植毒品原植物罪]：“非法种植罂粟、大麻等毒品原植物的，一律强制铲除。有下列情形之一的，处五年以下有期徒刑、拘役或者管制，并处罚金：（一）种植罂粟五百株以上不满三千株或者其他毒品原植物数量较大的；（二）经公安机关处理后又种植的；（三）抗拒铲除的。非法种植罂粟三千株以上或者其他毒品原植物数量大的，处五年以上有期徒刑，并处罚金或者没收财产。非法种植罂粟或者其他毒品原植物，在收获前自动铲除的，可以免除处罚。”

我国《刑法》本条的规定符合《犯罪统计的国际分类》对“060123 非为个人消费而非法种植管制药物”的类别描述，因此与之完全匹配。

3. 非为个人消费而非法转移前体

根据《犯罪统计的国际分类》对“060124 非为个人消费而非法转移前体”的类别描述和我国《刑法》的规定，我国有一个罪名的情形可与其部分匹配：我国《刑法》第 350 条规定的非法生产、买卖、运输制毒物品、走私制毒物品罪的情形。

我国《刑法》第 350 条规定了[非法生产、买卖、运输制毒物品、走私制毒物品罪]：“违反国家规定，非法生产、买卖、运输醋酸酐、乙醚、三氯甲烷或者其他用于制造毒品的原料、配剂，或者携带上述物品进出境，情节较重的，处三年以下有期徒刑、拘役或者管制，并处罚金；情节严重的，处三年以上七年以下有期徒刑，并处罚金；情节特别严重的，处七年以上有期徒刑，并处罚金或者没收财产。明知他人制造毒品而为其生产、买卖、运输前款规定的物品的，以制造毒品罪的共犯论处。单位犯前两款罪的，对单位判处罚金，并对其直接负责的主管人员和其他直接责任人员，依照前两款的规定处罚。”

与《犯罪统计的国际分类》对“060124 非为个人消费而非法转移前体”的类别描述相比，我国《刑法》第 350 条规定的行为范围更广，包括了走私行为，因此与其部分匹配。

4. 其他非为个人消费而非法贩运、种植或者生产管制药物或前体的行为

根据《犯罪统计的国际分类》对“060129 其他非为个人消费而非法贩运、种

植或生产管制药物或前体的行为”的类别描述和我国《刑法》的规定，我国有一个罪名的情形可与其部分匹配：我国《刑法》第352条规定的非法买卖、运输、携带、持有毒品原植物种子、幼苗罪的情形。

我国《刑法》第352条规定了[非法买卖、运输、携带、持有毒品原植物种子、幼苗罪]：“非法买卖、运输、携带、持有未经灭活的罂粟等毒品原植物种子或者幼苗，数量较大的，处三年以下有期徒刑、拘役或者管制，并处或者单处罚金。”

与《犯罪统计的国际分类》对“060129 其他非为个人消费而非法贩运、种植或生产管制药物或前体的行为”的类别描述相比，我国《刑法》第352条规定的前体的范围更宽，因此与之部分匹配。

（三）其他涉及管制药物或前体的非法行为的匹配分析

根据《犯罪统计的国际分类》对“06019 其他涉及管制药物或前体的非法行为”的类别描述和我国《刑法》的规定，我国有四个条款的情形可与其部分匹配：一是我国《刑法》第348条规定的非法持有毒品罪的情形；二是我国《刑法》第353条规定的引诱、教唆、欺骗他人吸毒罪及强迫他人吸毒罪的情形；三是我国《刑法》第354条规定的容留他人吸毒罪的情形；四是我国《刑法》第355条规定的非法提供麻醉药品、精神药品罪的情形。

我国《刑法》第348条规定了[非法持有毒品罪]：“非法持有鸦片一千克以上、海洛因或者甲基苯丙胺五十克以上或者其他毒品数量大的，处七年以上有期徒刑或者无期徒刑，并处罚金；非法持有鸦片二百克以上不满一千克、海洛因或者甲基苯丙胺十克以上不满五十克或者其他毒品数量较大的，处三年以下有期徒刑、拘役或者管制，并处罚金；情节严重的，处三年以上七年以下有期徒刑，并处罚金。”

我国《刑法》第353条规定了[引诱、教唆、欺骗他人吸毒罪][强迫他人吸毒罪]：“引诱、教唆、欺骗他人吸食、注射毒品的，处三年以下有期徒刑、拘役或者管制，并处罚金；情节严重的，处三年以上七年以下有期徒刑，并处罚金。强迫他人吸食、注射毒品的，处三年以上十年以下有期徒刑，并处罚金。引诱、教唆、欺骗或者强迫未成年人吸食、注射毒品的，从重处罚。”

我国《刑法》第354条规定了[容留他人吸毒罪]：“容留他人吸食、注射毒品的，处三年以下有期徒刑、拘役或者管制，并处罚金。”

我国《刑法》第355条规定了[非法提供麻醉药品、精神药品罪]：“依法从事生产、运输、管理、使用国家管制的麻醉药品、精神药品的人员，违反国家规定，向吸食、注射毒品的人提供国家规定管制的能够使人形成瘾癖的麻醉药品、精神药品的，处三年以下有期徒刑或者拘役，并处罚金；情节严重的，处三年以上七年以下有期徒刑，并处罚金。向走私、贩卖毒品的犯罪分子或者以牟利为目的，向吸食、注射毒品的人提供国家规定管制的能够使人形成瘾癖的麻醉药品、精神药品的，依照本法第三百四十七条的规定定罪处罚。单位犯前款罪的，对单位判处罚金，并对其直接负责的主管人员和其他直接责任人员，依照前款的规定处罚。"

我国《刑法》上述四个条款的规定均符合《犯罪统计的国际分类》对"06019 其他涉及管制药物或前体的非法行为"的类别描述，与之完全匹配。

三、《犯罪统计的国际分类》中国版对应表

表 10－1 涉及管制药物或前体的非法行为

《犯罪统计的国际分类》代码与犯罪类别	级别	国内刑法/犯罪分类	完全匹配	部分匹配	细节评注
0601 涉及管制药物或前体的非法行为	2	—			—
06011 非法持有、购买、使用、种植或生产管制药物用于个人消费	3	—			—
060111 非法持有、购买或使用管制药物用于个人消费	4	—			—
060112 非法种植或生产管制药物用于个人消费	4	—			—
06012 非为个人消费而非法贩运、种植或生产管制药物或前体	3	—			—

续表

《犯罪统计的国际分类》代码与犯罪类别	级别	国内刑法/犯罪分类	完全匹配	部分匹配	细节评注
060121 非为个人消费而非法贩运管制药物	4	第 347 条走私、贩卖、运输、制造毒品罪		√	060121 + 060122 = 第 347 条
060122 非为个人消费而非法生产管制药物	4	—			—
060123 非为个人消费而非法种植管制药物	4	第 351 条非法种植毒品原植物罪	√		—
060124 非为个人消费而非法转移前体	4	第 350 条非法生产、买卖、运输制毒物品、走私制毒物品罪		√	走私
060129 其他非为个人消费而非法贩运、种植或者生产管制药物或前体的行为	4	第 352 条非法买卖、运输、携带、持有毒品原植物种子、幼苗罪		√	前体范围大
06019 其他涉及管制药物或前体的非法行为	3	第 348 条非法持有毒品罪	√		—
		第 353 条引诱、教唆、欺骗他人吸毒罪及强迫他人吸毒罪	√		—
		第 354 条容留他人吸毒罪	√		—
		第 355 条非法提供麻醉药品、精神药品罪	√		—

第二节 涉及酒类、烟草或其他管制物质的非法行为

一、《犯罪统计的国际分类》中的类别描述

在《犯罪统计的国际分类》中,“0602 涉及酒类、烟草或其他管制物质的非法行为”的定义为:非法处理、持有或使用酒类、烟草产品或其他管制物质用于个人消费和非个人消费。其包含范围为:适用 06021 ~ 06029 中列出的全部包

含范围。

排除情形：在精神活性物质的影响下操作车辆（02072）；违反饮酒或吸烟年龄规定或向未成年人出售酒类或烟草产品（11021）；在药物或酒精影响下驾驶致人死亡（010321）；进出口犯罪（08042）；违犯海关法罪（08041）。

（一）非法生产、处理、持有或使用酒类产品

在《犯罪统计的国际分类》中，“06021 非法生产、处理、持有或使用酒类产品”的定义为：非法处理、持有、使用、生产、贩运或经销酒类产品用于个人消费和非个人消费。其包含范围为：非法酿酒；非法蒸酒；非法制酒；向醉酒者提供酒；适用 060211 ~ 060219 中列出的全部包含范围。

排除情形：适用 0602 中列出的全部排除情形。

1. 非法持有或使用酒类产品

在《犯罪统计的国际分类》中，“060211 非法持有或使用酒类产品”的定义为：非法持有或使用酒类产品用于个人消费。其包含范围为：非法持有、使用或消费酒类产品。

排除情形：违反饮酒年龄规定或向未成年人出售酒类产品（11021）；适用 06021 中列出的全部排除情形。

2. 非法生产、贩运或经销酒类产品

在《犯罪统计的国际分类》中，“060212 非法生产、贩运或经销酒类产品”的定义为：非法生产、销售、经销、交付、经纪、分派、调运、运输、进口或出口酒类产品，但并非用于个人消费。其包含范围为：违反采购酒类产品限制的犯罪行为；违反经销/销售酒类产品限制的犯罪行为。

排除情形：适用 06021 中列出的全部排除情形。

3. 其他非法生产、处理、持有或使用酒类产品的行为

在《犯罪统计的国际分类》中，“060219 其他非法生产、处理、持有或使用酒类产品的行为”的定义为：060211 ~ 060219 类别中未加描述或分类的非法处理、持有、使用、生产、贩运或经销酒类产品用于个人消费和非个人消费的行为。其包含范围为：非法宣传或推广酒类产品；鼓动非法消费酒类产品。

排除情形：适用 06021 中列出的全部排除情形。

（二）非法生产、处理、持有或使用烟草产品

在《犯罪统计的国际分类》中，“06022 非法生产、处理、持有或使用烟草产

品”的定义为:非法处理、持有、使用、生产、贩运或经销烟草产品用于个人消费和非个人消费。其包含范围为:适用060221~060229中列出的全部包含范围。

排除情形:适用0602中列出的全部排除情形。

1. 非法持有或使用烟草产品

在《犯罪统计的国际分类》中,“060221 非法持有或使用烟草产品”的定义为:非法持有或使用烟草产品用于个人消费。其包含范围为:在禁区持有、使用或消费烟草产品;在飞机上吸烟。

排除情形:违反吸烟或嚼烟年龄规定或向未成年人出售烟草产品(11021);适用06022中列出的全部排除情形。

2. 非法生产、贩运或经销烟草产品

在《犯罪统计的国际分类》中,“060222 非法生产、贩运或经销烟草产品”的定义为:非法生产、销售、经销、交付、经纪、分派、调运、运输、进口或出口烟草产品,但并非用于个人消费。其包含范围为:违反采购烟草产品限制的犯罪行为;违反经销/销售烟草产品限制的犯罪行为。

排除情形:适用06022中列出的全部排除情形。

3. 其他非法生产、处理、持有或使用烟草产品的行为

在《犯罪统计的国际分类》中,“060229 其他非法生产、处理、持有或使用烟草产品的行为”的定义为:060221~060222类别中未加描述或分类的非法处理、持有、使用、生产、贩运或经销烟草产品用于个人消费和非个人消费的行为。其包含范围为:非法宣传或推广烟草产品;鼓动非法使用烟草产品。

排除情形:适用06022中列出的全部排除情形。

(三)其他涉及酒类、烟草或其他管制物质的非法行为

在《犯罪统计的国际分类》中,“06029 其他涉及酒类、烟草或其他管制物质的非法行为”的定义为:06021~06022类别中未加描述或分类的非法处理、持有或使用酒类、烟草产品或其他管制物质用于个人消费和非个人消费的行为。其包含范围为:将管制物质用作兴奋剂;提供或消费医药产品或其他非法产品以提高体育成绩;鼓动他人使用兴奋剂;交易医药产品或其他管制物质。

排除情形:适用06021~06022中列出的全部排除情形。

二、中国相关罪名的匹配分析

关于本类犯罪,我国《刑法》无相关条款与之匹配。

三、《犯罪统计的国际分类》中国版对应表

表10－2　涉及酒类、烟草或其他管制物质的非法行为

《犯罪统计的国际分类》代码与犯罪类别	级别	国内刑法/犯罪分类	完全匹配	部分匹配	细节评注
0602 涉及酒类、烟草或其他管制物质的非法行为	2	—			—
06021 非法生产、处理、持有或使用酒类产品	3	—			—
060211 非法持有或使用酒类产品	4	—			—
060212 非法生产、贩运或经销酒类产品	4	—			—
060219 其他非法生产、处理、持有或使用酒类产品的行为	4	—			—
06022 非法生产、处理、持有或使用烟草产品	3	—			—
060221 非法持有或使用烟草产品	4	—			—
060222 非法生产、贩运或经销烟草产品	4	—			—
060229 其他非法生产、处理、持有或使用烟草产品的行为	4	—			—
06029 其他涉及酒类、烟草或其他管制物质的非法行为	3	—			—

第三节 其他涉及管制药物或其他精神活性物质的行为

一、《犯罪统计的国际分类》中的类别描述

在《犯罪统计的国际分类》中,“0609 其他涉及管制药物或其他精神活性物质的行为”的定义为:0601～0602 类别中未加描述或分类的涉及管制药物或其他精神活性物质的行为。

排除情形:在精神活性物质的影响下操作车辆(02072);违反饮酒或吸烟年龄规定或向未成年人出售酒类或烟草产品(11021);在酒精或药物影响下驾驶致人死亡(010321);进出口犯罪(8042);违犯海关法罪(08041);适用 0601～0602 中列出的全部排除情形。

二、中国相关罪名的匹配分析

在本类犯罪的兜底条款中,我国《刑法》无相关条款与之匹配。

三、《犯罪统计的国际分类》中国版对应表

表 10－3 其他涉及管制药物或其他精神活性物质的行为

《犯罪统计的国际分类》代码与犯罪类别	级别	国内刑法/犯罪分类	完全匹配	部分匹配	细节评注
0609 其他涉及管制药物或其他精神活性物质的行为	2	—			—

第十一章　涉及欺诈、欺骗或腐败的行为

第一节　欺　　诈

一、《犯罪统计的国际分类》中的类别描述

在《犯罪统计的国际分类》中，“0701 欺诈”的定义为：通过欺骗或不诚实的行为，获得金钱或其他利益、或逃避责任。其包含范围为：抵押贷款欺诈、金融欺诈、医疗骗术、假冒他人、身份盗用；持有、制作或使用假秤砣；适用 07011～07019 中的包含范围。

排除情形：以占有物主金钱为目的而获得金钱（但并非通过不诚实的行为）（0502）；破产欺诈、内线交易及其他违反商业金融规定的行为（08042）；选举欺诈（08079）；资产非法增加（07035）。

（一）金融欺诈

在《犯罪统计的国际分类》中，“07011 金融欺诈”的定义为：为获得个人利益而在金融交易中实施欺诈。这包括使用金融消费产品，例如，银行账户、信用卡、支票、赊账卡或网上银行系统。其包含范围为：银行欺诈；投资欺诈；支票/信用卡欺诈；赊账卡欺诈；网上银行欺诈；开具空头支票；适用 070111～070112 中列出的全部包含范围。

排除情形：隐匿、转移或掩饰犯罪所得的金融交易（07041）；贪污（07032）；适用 0701 中列出的全部排除情形。

1. 对国家实施金融欺诈

在《犯罪统计的国际分类》中，“070111 对国家实施金融欺诈”的定义为：对国家实施金融欺诈。其包含范围为：采购和承包欺诈；未构成医疗欺诈的虚假索赔欺诈。

排除情形：社会福利和税收欺诈（08041）；适用 07011 中列出的全部排除情形。

2. 对自然人或法人实施金融欺诈

在《犯罪统计的国际分类》中，“070112 对自然人或法人实施金融欺诈”的定义为：对自然人或法人实施金融欺诈。[①] 其包含范围为：抵押贷款欺诈；证券欺诈；投资欺诈；银行欺诈。

排除情形：适用 07011 中列出的全部排除情形。

（二）其他欺诈行为

在《犯罪统计的国际分类》中，“07019 其他欺诈行为”的定义为：07011 中未加描述或分类的欺诈行为。其包含范围为：持有、制作或使用假秤砣；未构成医疗事故或医疗过失的医疗欺诈或医疗骗术；欺诈性地不提供消费品或以欺诈方法取得商品；虚假账目；隐藏或销毁金钱；电信欺诈；保险欺诈；交易或专业人士无证/未经登记开业；身份盗用；虚假陈述身份或职业地位；假冒他人；假冒结婚；建立或实施传销；坑蒙拐骗。

排除情形：隐匿、转移或掩饰犯罪所得的金融交易（07041）；贪污（07032）；资产非法增加（07035）；税收欺诈（08041）；适用 0701 中列出的全部排除情形。

二、中国相关罪名的匹配分析

（一）金融欺诈

对自然人或法人实施金融欺诈

在本类犯罪规定之下，根据《犯罪统计的国际分类》对“070112 对自然人或法人实施金融欺诈”的类别描述和我国《刑法》的规定，我国有十个条款的情形可与其部分匹配：一是我国《刑法》第 175 条规定的高利转贷罪的情形；二是我国《刑法》第 175 条之一规定的骗取贷款、票据承兑、金融票证罪的情形；三是我

① 自然人是指在法律中与法人相区分的人。法人是指有能力订立协议或合同、承担义务、并对不法活动承担责任的合法协会、公司、合营公司、独资企业、信托或个人。

国《刑法》第 192 条规定的集资诈骗罪的情形；四是我国《刑法》第 193 条规定的贷款诈骗罪的情形；五是我国《刑法》第 194 条规定的票据诈骗罪、金融凭证诈骗罪的情形；六是我国《刑法》第 195 条规定的信用证诈骗罪的情形；七是我国《刑法》第 196 条规定的信用卡诈骗罪的情形；八是我国《刑法》第 197 条规定的有价证券诈骗罪的情形；九是我国《刑法》第 198 条规定的保险诈骗罪的情形；十是我国《刑法》第 176 条规定的非法吸收公众存款罪的情形。

我国《刑法》第 175 条规定了[高利转贷罪]："以转贷牟利为目的，套取金融机构信贷资金高利转贷他人，违法所得数额较大的，处三年以下有期徒刑或者拘役，并处违法所得一倍以上五倍以下罚金；数额巨大的，处三年以上七年以下有期徒刑，并处违法所得一倍以上五倍以下罚金。单位犯前款罪的，对单位判处罚金，并对其直接负责的主管人员和其他直接责任人员，处三年以下有期徒刑或者拘役。"

我国《刑法》第 175 条之一规定了[骗取贷款、票据承兑、金融票证罪]："以欺骗手段取得银行或者其他金融机构贷款、票据承兑、信用证、保函等，给银行或者其他金融机构造成重大损失的，处三年以下有期徒刑或者拘役，并处或者单处罚金；给银行或者其他金融机构造成特别重大损失或者有其他特别严重情节的，处三年以上七年以下有期徒刑，并处罚金。单位犯前款罪的，对单位判处罚金，并对其直接负责的主管人员和其他直接责任人员，依照前款的规定处罚。"

我国《刑法》第 192 条规定了[集资诈骗罪]："以非法占有为目的，使用诈骗方法非法集资，数额较大的，处三年以上七年以下有期徒刑，并处罚金；数额巨大或者有其他严重情节的，处七年以上有期徒刑或者无期徒刑，并处罚金或者没收财产。单位犯前款罪的，对单位判处罚金，并对其直接负责的主管人员和其他直接责任人员，依照前款的规定处罚。"

我国《刑法》第 193 条规定了[贷款诈骗罪]："有下列情形之一，以非法占有为目的，诈骗银行或者其他金融机构的贷款，数额较大的，处五年以下有期徒刑或者拘役，并处二万元以上二十万元以下罚金；数额巨大或者有其他严重情节的，处五年以上十年以下有期徒刑，并处五万元以上五十万元以下罚金；数额特别巨大或者有其他特别严重情节的，处十年以上有期徒刑或者无期徒刑，并处五万元以上五十万元以下罚金或者没收财产：(一)编造引进资金、项目等虚假理由的;(二)使用虚假的经济合同的;(三)使用虚假的证明文件的;(四)使用虚假的产权证明作担保或者超出抵押物价值重复担保的;(五)以其他方法诈骗贷款的。”

我国《刑法》第194条规定了[票据诈骗罪、金融凭证诈骗罪]:“有下列情形之一,进行金融票据诈骗活动,数额较大的,处五年以下有期徒刑或者拘役,并处二万元以上二十万元以下罚金;数额巨大或者有其他严重情节的,处五年以上十年以下有期徒刑,并处五万元以上五十万元以下罚金;数额特别巨大或者有其他特别严重情节的,处十年以上有期徒刑或者无期徒刑,并处五万元以上五十万元以下罚金或者没收财产:(一)明知是伪造、变造的汇票、本票、支票而使用的;(二)明知是作废的汇票、本票、支票而使用的;(三)冒用他人的汇票、本票、支票的;(四)签发空头支票或者与其预留印鉴不符的支票,骗取财物的;(五)汇票、本票的出票人签发无资金保证的汇票、本票或者在出票时作虚假记载,骗取财物的。使用伪造、变造的委托收款凭证、银行存单等其他银行结算凭证的,依照前款的规定处罚。”

我国《刑法》第195条规定了[信用证诈骗罪]:“有下列情形之一,进行信用证诈骗活动的,处五年以下有期徒刑或者拘役,并处二万元以上二十万元以下罚金;数额巨大或者有其他严重情节的,处五年以上十年以下有期徒刑,并处五万元以上五十万元以下罚金;数额特别巨大或者有其他特别严重情节的,处十年以上有期徒刑或者无期徒刑,并处五万元以上五十万元以下罚金或者没收财产:(一)使用伪造、变造的信用证或者附随的单据、文件的;(二)使用作废的信用证的;(三)骗取信用证的;(四)以其他方法进行信用证诈骗活动的。”

我国《刑法》第196条规定了[信用卡诈骗罪]:“有下列情形之一,进行信用卡诈骗活动,数额较大的,处五年以下有期徒刑或者拘役,并处二万元以上二十万元以下罚金;数额巨大或者有其他严重情节的,处五年以上十年以下有期徒刑,并处五万元以上五十万元以下罚金;数额特别巨大或者有其他特别严重情节的,处十年以上有期徒刑或者无期徒刑,并处五万元以上五十万元以下罚金或者没收财产:(一)使用伪造的信用卡,或者使用以虚假的身份证明骗领的信用卡的;(二)使用作废的信用卡的;(三)冒用他人信用卡的;(四)恶意透支的。前款所称恶意透支,是指持卡人以非法占有为目的,超过规定限额或者规定期限透支,并且经发卡银行催收后仍不归还的行为。”

我国《刑法》第197条规定了[有价证券诈骗罪]:"使用伪造、变造的国库券或者国家发行的其他有价证券,进行诈骗活动,数额较大的,处五年以下有期徒刑或者拘役,并处二万元以上二十万元以下罚金;数额巨大或者有其他严重情节的,处五年以上十年以下有期徒刑,并处五万元以上五十万元以下罚金;数额特别巨大或者有其他特别严重情节的,处十年以上有期徒刑或者无期徒刑,并处五万元以上五十万元以下罚金或者没收财产。"

我国《刑法》第198条规定了[保险诈骗罪]:"有下列情形之一,进行保险诈骗活动,数额较大的,处五年以下有期徒刑或者拘役,并处一万元以上十万元以下罚金;数额巨大或者有其他严重情节的,处五年以上十年以下有期徒刑,并处二万元以上二十万元以下罚金;数额特别巨大或者有其他特别严重情节的,处十年以上有期徒刑,并处二万元以上二十万元以下罚金或者没收财产:(一)投保人故意虚构保险标的,骗取保险金的;(二)投保人、被保险人或者受益人对发生的保险事故编造虚假的原因或者夸大损失的程度,骗取保险金的;(三)投保人、被保险人或者受益人编造未曾发生的保险事故,骗取保险金的;(四)投保人、被保险人故意造成财产损失的保险事故,骗取保险金的;(五)投保人、受益人故意造成被保险人死亡、伤残或者疾病,骗取保险金的。有前款第四项、第五项所列行为,同时构成其他犯罪的,依照数罪并罚的规定处罚。单位犯第一款罪的,对单位判处罚金,并对其直接负责的主管人员和其他直接责任人员,处五年以下有期徒刑或者拘役;数额巨大或者有其他严重情节的,处五年以上十年以下有期徒刑;数额特别巨大或者有其他特别严重情节的,处十年以上有期徒刑。保险事故的鉴定人、证明人、财产评估人故意提供虚假的证明文件,为他人诈骗提供条件的,以保险诈骗的共犯论处。"

我国《刑法》第176条规定了[非法吸收公众存款罪]:"非法吸收公众存款或者变相吸收公众存款,扰乱金融秩序的,处三年以下有期徒刑或者拘役,并处或者单处罚金;数额巨大或者有其他严重情节的,处三年以上十年以下有期徒刑,并处罚金;数额特别巨大或者有其他特别严重情节的,处十年以上有期徒刑,并处罚金。单位犯前款罪的,对单位判处罚金,并对其直接负责的主管人员和其他直接责任人员,依照前款的规定处罚。有前两款行为,在提起公诉前积极退赃退赔,减少损害结果发生的,可以从轻或者减轻处罚。"

从我国《刑法》上述十个条款的规定可以看出,与《犯罪统计的国际分类》

对“070112 对自然人或法人实施金融欺诈”的类别描述相比，我国《刑法》中有些条款的规定范围更窄，规定了数额较大等情形，有些条款规定了更为具体的领域或者犯罪工具，比如第 192 条的规定，因此，上述十个条款均与《犯罪统计的国际分类》“070112 对自然人或法人实施金融欺诈”部分匹配。

(二)其他欺诈行为

根据《犯罪统计的国际分类》对“07019 其他欺诈行为”的类别描述和我国《刑法》的规定，我国有十八个条款的情形可与其部分匹配或完全匹配：一是我国《刑法》第 179 条规定的擅自发行股票、公司、企业债券罪的情形。二是我国《刑法》第 185 条之一规定的背信运用受托财产罪、违法运用资金罪的情形。三是我国《刑法》第 186 条规定的违法发放贷款罪的情形。四是我国《刑法》第 187 条规定的吸收客户资金不入账罪的情形。五是我国《刑法》第 188 条规定的违规出具金融票证罪的情形。六是我国《刑法》第 189 条规定的对违法票据承兑、付款、保证罪的情形。七是我国《刑法》第 190 条规定的逃汇罪的情形。八是我国单行刑法规定的骗购外汇罪的情形。九是我国《刑法》第 221 条规定的损害商业信誉、商品声誉罪的情形。十是我国《刑法》第 220 条规定的虚假广告罪的情形。十一是我国《刑法》第 223 条规定的串通投标罪的情形。十二是我国《刑法》第 224 条规定的合同诈骗罪的情形。十三是我国《刑法》第 224 条之一规定的组织、领导传销活动罪的情形。十四是我国《刑法》第 279 条规定的招摇撞骗罪的情形。十五是我国《刑法》第 372 条规定的冒充军人招摇撞骗罪的情形。十六是我国《刑法》第 198 条规定的保险诈骗罪的情形。十七是我国《刑法》第 280 条之一规定的使用虚假身份证件、盗用身份证件罪的情形。十八是我国《刑法》第 284 条之一第 4 款规定的代替考试罪的情形。

我国《刑法》第 179 条规定了[擅自发行股票、公司、企业债券罪]：“未经国家有关主管部门批准，擅自发行股票或者公司、企业债券，数额巨大、后果严重或者有其他严重情节的，处五年以下有期徒刑或者拘役，并处或者单处非法募集资金金额百分之一以上百分之五以下罚金。单位犯前款罪的，对单位判处罚金，并对其直接负责的主管人员和其他直接责任人员，处五年以下有期徒刑或者拘役。”

我国《刑法》第 185 条之一规定了[背信运用受托财产罪、违法运用资金罪]：“商业银行、证券交易所、期货交易所、证券公司、期货经纪公司、保险公司或者其他金融机构,违背受托义务,擅自运用客户资金或者其他委托、信托的财产,情节严重的,对单位判处罚金,并对其直接负责的主管人员和其他直接责任人员,处三年以下有期徒刑或者拘役,并处三万元以上三十万元以下罚金;情节特别严重的,处三年以上十年以下有期徒刑,并处五万元以上五十万元以下罚金。社会保障基金管理机构、住房公积金管理机构等公众资金管理机构,以及保险公司、保险资产管理公司、证券投资基金管理公司,违反国家规定运用资金的,对其直接负责的主管人员和其他直接责任人员,依照前款的规定处罚。"

我国《刑法》第 186 条规定了[违反发放贷款罪]:"银行或者其他金融机构的工作人员违反国家规定发放贷款,数额巨大或者造成重大损失的,处五年以下有期徒刑或者拘役,并处一万元以上十万元以下罚金;数额特别巨大或者造成特别重大损失的,处五年以上有期徒刑,并处二万元以上二十万元以下罚金。银行或者其他金融机构的工作人员违反国家规定,向关系人发放贷款的,依照前款的规定从重处罚。单位犯前两款罪的,对单位判处罚金,并对其直接负责的主管人员和其他直接责任人员,依照前两款的规定处罚。关系人的范围,依照《中华人民共和国商业银行法》和有关金融法规确定。"

我国《刑法》第 187 条规定了[吸收客户资金不入账罪]:"银行或者其他金融机构的工作人员吸收客户资金不入账,数额巨大或者造成重大损失的,处五年以下有期徒刑或者拘役,并处二万元以上二十万元以下罚金;数额特别巨大或者造成特别重大损失的,处五年以上有期徒刑,并处五万元以上五十万元以下罚金。单位犯前款罪的,对单位判处罚金,并对其直接负责的主管人员和其他直接责任人员,依照前款的规定处罚。"

我国《刑法》第 188 条规定了[违规出具金融票证罪]:"银行或者其他金融机构的工作人员违反规定,为他人出具信用证或者其他保函、票据、存单、资信证明,情节严重的,处五年以下有期徒刑或者拘役;情节特别严重的,处五年以上有期徒刑。单位犯前款罪的,对单位判处罚金,并对其直接负责的主管人员和其他直接责任人员,依照前款的规定处罚。"

我国《刑法》第 189 条规定了[对违法票据承兑、付款、保证罪]:"银行或者其他金融机构的工作人员在票据业务中,对违反票据法规定的票据予以承兑、付款或者保证,造成重大损失的,处五年以下有期徒刑或者拘役;造成特别重大损失的,处五年以上有期徒刑。单位犯前款罪的,对单位判处罚金,并对其直接负责的主管人员和其他直接责任人员,依照前款的规定处罚。”

我国《刑法》第 190 条规定了[逃汇罪]:“公司、企业或者其他单位,违反国家规定,擅自将外汇存放境外,或者将境内的外汇非法转移到境外,数额较大的,对单位判处逃汇数额百分之五以上百分之三十以下罚金,并对其直接负责的主管人员和其他直接责任人员,处五年以下有期徒刑或者拘役;数额巨大或者有其他严重情节的,对单位判处逃汇数额百分之五以上百分之三十以下罚金,并对其直接负责的主管人员和其他直接责任人员,处五年以上有期徒刑。”

我国单行刑法规定了[骗购外汇罪]:“是指违反国家外汇管理法规,使用伪造、变造的海关签发的报关单、进口证明、外汇管理部门核准件等凭证和单据,或者重复使用海关签发的报关单、进口证明、外汇管理部门核准件等凭证和单据,或者以其他方式骗购外汇,数额较大的行为。骗购外汇行为,极易酿成本外币兑换的盲目与失控,造成外汇流失,影响国际收支,扭曲货币信息,进而动摇国家金融、经济的稳定。”

我国《刑法》第 221 条规定了[损害商业信誉、商品声誉罪]:“捏造并散布虚伪事实,损害他人的商业信誉、商品声誉,给他人造成重大损失或者有其他严重情节的,处二年以下有期徒刑或者拘役,并处或者单处罚金。”

我国《刑法》第 220 条规定了[虚假广告罪]:“广告主、广告经营者、广告发布者违反国家规定,利用广告对商品或者服务作虚假宣传,情节严重的,处二年以下有期徒刑或者拘役,并处或者单处罚金。”

我国《刑法》第 223 条规定了[串通投标罪]:“投标人相互串通投标报价,损害招标人或者其他投标人利益,情节严重的,处三年以下有期徒刑或者拘役,并处或者单处罚金。投标人与招标人串通投标,损害国家、集体、公民的合法利益的,依照前款的规定处罚。”

我国《刑法》第 224 条规定了[合同诈骗罪]:“有下列情形之一,以非法占有为目的,在签订、履行合同过程中,骗取对方当事人财物,数额较大的,处三年以下有期徒刑或者拘役,并处或者单处罚金;数额巨大或者有其他严重情节的,处三年以上十年以下有期徒刑,并处罚金;数额特别巨大或者有其他特别严重情节的,处十年以上有期徒刑或者无期徒刑,并处罚金或者没收财产:(一)以虚构的单位或者冒用他人名义签订合同的;(二)以伪造、变造、作废的票据或者其他虚假的产权证明作担保的;(三)没有实际履行能力,以先履行小额合同或者部分履行合同的方法,诱骗对方当事人继续签订和履行合同的;(四)收受对方当事人给付的货物、货款、预付款或者担保财产后逃匿的;(五)以其他方法骗取对方当事人财物的。"

我国《刑法》第224条之一规定了[组织、领导传销活动罪]:"组织、领导以推销商品、提供服务等经营活动为名,要求参加者以缴纳费用或者购买商品、服务等方式获得加入资格,并按照一定顺序组成层级,直接或者间接以发展人员的数量作为计酬或者返利依据,引诱、胁迫参加者继续发展他人参加,骗取财物,扰乱经济社会秩序的传销活动的,处五年以下有期徒刑或者拘役,并处罚金;情节严重的,处五年以上有期徒刑,并处罚金。"

我国《刑法》第279条规定了[招摇撞骗罪]:"冒充国家机关工作人员招摇撞骗的,处三年以下有期徒刑、拘役、管制或者剥夺政治权利;情节严重的,处三年以上十年以下有期徒刑。冒充人民警察招摇撞骗的,依照前款的规定从重处罚。"

我国《刑法》第372条规定了[冒充军人招摇撞骗罪]:"冒充军人招摇撞骗的,处三年以下有期徒刑、拘役、管制或者剥夺政治权利;情节严重的,处三年以上十年以下有期徒刑。"

我国《刑法》第198条规定了[保险诈骗罪]:"有下列情形之一,进行保险诈骗活动,数额较大的,处五年以下有期徒刑或者拘役,并处一万元以上十万元以下罚金;数额巨大或者有其他严重情节的,处五年以上十年以下有期徒刑,并处二万元以上二十万元以下罚金;数额特别巨大或者有其他特别严重情节的,处十年以上有期徒刑,并处二万元以上二十万元以下罚金或者没收财产:(一)投保人故意虚构保险标的,骗取保险金的;(二)投保人、被保险人或者受益人对发生的保险事故编造虚假的原因或者夸大损失的程度,骗取保险金的;(三)投保人、被保险人或者受益人编造未曾发生的保险事故,骗取保险金的;(四)投保人、被保险人故意造成财产损失的保险事故,骗取保险金的;(五)投保人、受益人故意造成被保险人死亡、伤残或者疾病,骗取保险金的。有前款第四项、第五项所列行为,同时构成其他犯罪的,依照数罪并罚的规定处罚。单位犯第一款罪的,对单位判处罚金,并对其直接负责的主管人员和其他直接责任人员,处五年以下有期徒刑或者拘役;数额巨大或者有其他严重情节的,处五年以上十年以下有期徒刑;数额特别巨大或者有其他特别严重情节的,处十年以上有期徒刑。保险事故的鉴定人、证明人、财产评估人故意提供虚假的证明文件，为他人诈骗提供条件的，以保险诈骗的共犯论处。”

我国《刑法》第 280 条之一规定了[使用虚假身份证件、盗用身份证件罪]：“在依照国家规定应当提供身份证明的活动中，使用伪造、变造的或者盗用他人的居民身份证、护照、社会保障卡、驾驶证等依法可以用于证明身份的证件，情节严重的，处拘役或者管制，并处或者单处罚金。有前款行为，同时构成其他犯罪的，依照处罚较重的规定定罪处罚。”

我国《刑法》第 284 条之一第 4 款规定了[代替考试罪]：“代替他人或者让他人代替自己参加第一款规定的考试的，处拘役或者管制，并处或者单处罚金。”

与《犯罪统计的国际分类》对“07019 其他欺诈行为”相比，我国《刑法》上述十八个条款的规定的内容，除了第 280 条之一与之完全匹配外，其他十七个条款的规定在内容上来说都可以作为本类犯罪的一个部分，与之部分匹配。

三、《犯罪统计的国际分类》中国版对应表

表 11－1 欺诈

《犯罪统计的国际分类》代码与犯罪类别	级别	国内刑法/犯罪分类	完全匹配	部分匹配	细节评注
0701 欺诈	2	—			—
07011 金融欺诈	3	—			—
070111 对国家实施金融欺诈	4	—			—
070112 对自然人或法人实施金融欺诈	4	第 175 条高利转贷罪		√	法条
		第 175 条之一骗取贷款、票据承兑、金融票证罪		√	—
		第 192 条集资诈骗罪		√	规定了具体的领域或者工具
		第 193 条贷款诈骗罪		√	—
		第 194 条票据诈骗罪、金融凭证诈骗罪		√	—
		第 195 条信用证诈骗罪		√	—
		第 196 条信用卡诈骗罪		√	—

续表

《犯罪统计的国际分类》代码与犯罪类别	级别	国内刑法/犯罪分类	完全匹配	部分匹配	细节评注
070112 对自然人或法人实施金融欺诈	4	第 197 条有价证券诈骗罪		√	—
		第 198 条保险诈骗罪		√	—
		第 176 条非法吸收公众存款罪		√	扰乱金融秩序
07019 其他欺诈行为	3	第 179 条擅自发行股票、公司、企业债券罪		√	未经批准,擅自发行
		第 185 条之一背信运用受托财产罪、违法运用资金罪		√	违背受托义务
		第 186 条违反发放贷款罪		√	—
		第 187 条吸收客户资金不入账罪		√	
		第 188 条违规出具金融票证罪			—
		第 189 条对违法票据承兑、付款、保证罪			—
		第 190 条逃汇罪			—
		骗购外汇罪			单行刑法规定
		第 221 条损害商业信誉、商品声誉罪		√	虚伪事实
		第 222 条虚假广告罪		√	虚假宣传
		第 223 条串通投标罪		√	—
		第 224 条合同诈骗罪		√	—
		第 224 条之一组织、领导传销活动罪		√	
		第 279 条招摇撞骗罪		√	法条
		第 372 条冒充军人招摇撞骗罪			—
		第 198 条保险诈骗罪			—
		第 280 条之一使用虚假身份证件、盗用身份证件罪	√		—
		第 284 条之一第 4 款代替考试罪			—

第二节 伪造/假冒

一、《犯罪统计的国际分类》中的类别描述

在《犯罪统计的国际分类》中,“0702 伪造/假冒”的定义为:制作、制造、销售、传递或持有假冒产品或用于制造假冒产品的工具。其包含范围为:欺诈性地制作或改变产品、文件或货币;欺诈性地制作、接收、获得或持有工具、物品、计算机程序及其他假冒手段;明知是假冒而进口、出口、运输、接收或获得假冒的产品、货币或文件;适用 07021 ~07029 中列出的全部包含范围。

排除情形:制作虚假身份或假冒他人(07019);使用伪造的签证(0805);持有、制作或使用假秤砣(07019);非法复印、使用、复制或以其他方式侵犯版权、专利、商标、或其他知识产权(0503);走私货物(08044)。

(一)假冒支付手段

在《犯罪统计的国际分类》中,“07021 假冒支付手段”的定义为:制作、制造、传递、使用或持有假冒的支付手段或者使用或不使用计算机系统制造这种假冒支付手段的工具。其包含范围为:假冒硬币或纸币;假冒邮票或门票;持有用于制作假冒支付手段的物品;假冒除现金以外的支付手段;适用 070211 ~070219 中列出的全部包含范围。

排除情形:适用 0702 中列出的全部排除情形。

1. 假冒现金支付手段

在《犯罪统计的国际分类》中,“070211 假冒现金支付手段”的定义为:制作、制造、传递、使用或持有假冒的现金支付手段或者使用或不用计算机系统制造这种假冒现金支付手段的工具。[①] 其包含范围为:欺诈性地制作或改变硬币或纸币;欺诈性地制作、接收、获得或持有工具、物品、计算机程序及其他用于假冒或改变硬币或纸币的手段;明知是假冒而进口、出口、运输、接收或获得假冒的纸币和硬币。

排除情形:假冒非现金支付手段(070219);金融欺诈(07011);涉及犯罪所

---

① 现金支付是指法律核准的纸币和硬币。

得的行为(0704);适用07021中列出的全部排除情形。

2.假冒非现金支付手段

在《犯罪统计的国际分类》中,“070212假冒非现金支付手段”的定义为:制作、制造、传递、使用或持有假冒的非现金支付手段或者使用或不用计算机系统制造这种假冒非现金支付手段的工具。[①] 其包含范围为:欺诈性地制作或改变非现金支付形式;欺诈性地制作、接收、获得或持有工具、物品、计算机程序及其他用于假冒或改变非现金支付形式的手段;明知是假冒而进口、出口、运输、接收或获得假冒的非现金支付形式。

排除情形:假冒现金支付手段(070211);金融欺诈(07011);涉及犯罪所得的行为(0704);适用07021中列出的全部排除情形。

(二)假冒产品罪行

在《犯罪统计的国际分类》中,“07022假冒产品罪行”的定义为:制作、制造、出售、传递或持有假冒的有商标的、有专利的、特许使用的、或以其他方式受保护的产品、或制造假冒产品的工具。其包含范围为:假冒产品罪行(包括包、鞋、药品和处方产品);持有用于制作假冒产品或工具的物品;假冒药品;假冒医药产品。

排除情形:药品掺假(02071);走私货物(08044);侵犯知识产权(0503);适用0702中列出的全部排除情形。

(三)伪造/假冒文件的行为

在《犯罪统计的国际分类》中,“07023伪造/假冒文件的行为”的定义为:制作、制造、出售、传递或持有假冒的或伪造的文件或者使用或不用计算机系统制造这种假冒/伪造文件的工具。其包含范围为:伪造或假冒文件;伪造或假冒护照;伪造签证或制作假冒的签证;伪造签名;欺诈性地制作、接收、获得或持有工具、物品、计算机程序及其他用于假冒或改变文件的手段;明知是假冒而进口、出口、运输、接收或获得假冒的文件。

排除情形:使用伪造/假冒的身份证件(0701);使用伪造/假冒的签证或护照以非法进入某国(0805);非法复印、使用、复制或以其他方式侵犯版权、专利、商标、或其他知识产权(0503);适用0702中列出的全部排除情形。

---

① 非现金支付是指非使用纸币或硬币的支付方式,例如信用卡、支票、虚拟货币及借记卡。

（四）其他伪造/假冒行为

在《犯罪统计的国际分类》中，“07029 其他伪造/假冒行为”的定义为：07021～07023 类别中未加描述或分类的制作、制造、传递、使用或持有虚假产品或制造虚假产品的工具。

排除情形：适用 0702 中列出的全部排除情形。

二、中国相关罪名的匹配分析

（一）假冒支付手段的匹配分析

1. 假冒现金支付手段

根据《犯罪统计的国际分类》对“070211 假冒现金支付手段”的类别描述和我国《刑法》的规定，我国有五个条款的情形可与其部分匹配或全部匹配：一是我国《刑法》第 170 条规定的伪造货币罪的情形；二是我国《刑法》第 171 条第 1 款规定的出售、购买、运输假币罪的情形；三是我国《刑法》第 171 条第 2 款规定的金融工作人员购买假币、以假币换取货币罪的情形；四是我国《刑法》第 172 条规定的持有、使用假币罪的情形；五是我国《刑法》第 173 条规定的变造货币罪的情形。

我国《刑法》第 170 条规定了［伪造货币罪］：“伪造货币的，处三年以上十年以下有期徒刑，并处罚金；有下列情形之一的，处十年以上有期徒刑或者无期徒刑，并处罚金或者没收财产：（一）伪造货币集团的首要分子；（二）伪造货币数额特别巨大的；（三）有其他特别严重情节的。”

我国《刑法》第 171 条第 1 款规定了［出售、购买、运输假币罪］：“出售、购买伪造的货币或者明知是伪造的货币而运输，数额较大的，处三年以下有期徒刑或者拘役，并处二万元以上二十万元以下罚金；数额巨大的，处三年以上十年以下有期徒刑，并处五万元以上五十万元以下罚金；数额特别巨大的，处十年以上有期徒刑或者无期徒刑，并处五万元以上五十万元以下罚金或者没收财产。”

我国《刑法》第 171 条第 2 款规定了［金融工作人员购买假币、以假币换取货币罪］：“银行或者其他金融机构的工作人员购买伪造的货币或者利用职务上的便利，以伪造的货币换取货币的，处三年以上十年以下有期徒刑，并处二万元以上二十万元以下罚金；数额巨大或者有其他严重情节的，处十年以上有期徒刑或者无期徒刑，并处二万元以上二十万元以下罚金或者没收财产；情节较轻的，处三年以下有期徒刑或者拘役，并处或者单处一万元以上十万元以下罚金。”

我国《刑法》第172条规定了[持有、使用假币罪]:“明知是伪造的货币而持有、使用,数额较大的,处三年以下有期徒刑或者拘役,并处或者单处一万元以上十万元以下罚金;数额巨大的,处三年以上十年以下有期徒刑,并处二万元以上二十万元以下罚金;数额特别巨大的,处十年以上有期徒刑,并处五万元以上五十万元以下罚金或者没收财产。”

我国《刑法》第173条规定了[变造货币罪]:“变造货币,数额较大的,处三年以下有期徒刑或者拘役,并处或者单处一万元以上十万元以下罚金;数额巨大的,处三年以上十年以下有期徒刑,并处二万元以上二十万元以下罚金。”

与《犯罪统计的国际分类》对“070211 假冒现金支付手段”的类别描述相比,我国《刑法》的上述五个条款中,除第171条第2款的规定将行为主体限定在金融工作人员,因此与《犯罪统计的国际分类》“070211 假冒现金支付手段”部分匹配之外,其余四个条款的规定均与之全部匹配。

2. 假冒非现金支付手段

根据《犯罪统计的国际分类》对“070212 假冒非现金支付手段”的类别描述和我国《刑法》的规定,我国有四个条款的情形可与其部分匹配:一是我国《刑法》第177条规定的伪造、变造金融票证罪的情形;二是我国《刑法》第177条之一第1款规定的妨害信用卡管理罪的情形;三是我国《刑法》第178条第1款规定的伪造、变造国家有价证券罪的情形;四是我国《刑法》第178条第2款规定的伪造、变造股票、公司、企业债券罪的情形。

我国《刑法》第177条规定了[伪造、变造金融票证罪]:“有下列情形之一,伪造、变造金融票证的,处五年以下有期徒刑或者拘役,并处或者单处二万元以上二十万元以下罚金;情节严重的,处五年以上十年以下有期徒刑,并处五万元以上五十万元以下罚金;情节特别严重的,处十年以上有期徒刑或者无期徒刑,并处五万元以上五十万元以下罚金或者没收财产:(一)伪造、变造汇票、本票、支票的;(二)伪造、变造委托收款凭证、汇款凭证、银行存单等其他银行结算凭证的;(三)伪造、变造信用证或者附随的单据、文件的;(四)伪造信用卡的。单位犯前款罪的,对单位判处罚金,并对其直接负责的主管人员和其他直接责任人员,依照前款的规定处罚。”

我国《刑法》第177条之一第1款规定了[妨害信用卡管理罪]:“有下列情

形之一,妨害信用卡管理的,处三年以下有期徒刑或者拘役,并处或者单处一万元以上十万元以下罚金;数量巨大或者有其他严重情节的,处三年以上十年以下有期徒刑,并处二万元以上二十万元以下罚金:(一)明知是伪造的信用卡而持有、运输的,或者明知是伪造的空白信用卡而持有、运输,数量较大的;(二)非法持有他人信用卡,数量较大的;(三)使用虚假的身份证明骗领信用卡的;(四)出售、购买、为他人提供伪造的信用卡或者以虚假的身份证明骗领的信用卡的。”

我国《刑法》第178条第1款规定了[伪造、变造国家有价证券罪]:“伪造、变造国库券或者国家发行的其他有价证券,数额较大的,处三年以下有期徒刑或者拘役,并处或者单处二万元以上二十万元以下罚金;数额巨大的,处三年以上十年以下有期徒刑,并处五万元以上五十万元以下罚金;数额特别巨大的,处十年以上有期徒刑或者无期徒刑,并处五万元以上五十万元以下罚金或者没收财产。”

我国《刑法》第178条第2款规定了[伪造、变造股票、公司、企业债券罪]:“伪造、变造股票或者公司、企业债券,数额较大的,处三年以下有期徒刑或者拘役,并处或者单处一万元以上十万元以下罚金;数额巨大的,处三年以上十年以下有期徒刑,并处二万元以上二十万元以下罚金。”

与《犯罪统计的国际分类》对“070212 假冒非现金支付手段”的类别描述相比,我国《刑法》规定的上述四个条款中,除第177条的规定与之完全匹配之外,其余三个条款均与之部分匹配。其中,第177条之一是由于规定的客观行为的范围更为宽泛,另外两个条款是由于犯罪行为的对象更为狭窄而与《犯罪统计的国际分类》“070212 假冒非现金支付手段”部分匹配。

(二)假冒产品罪行的匹配分析

根据《犯罪统计的国际分类》对“07022 假冒产品罪行”的类别描述和我国《刑法》的规定,我国有六个罪名的情形可与其部分匹配:一是我国《刑法》第140条规定的生产、销售伪劣产品罪的情形;二是我国《刑法》第145条规定的生产、销售不符合标准的医用器材罪的情形;三是我国《刑法》第147条规定的生产、销售伪劣农药、兽药、化肥、种子罪的情形;四是我国《刑法》第214条规定的销售假冒注册商标的商品罪的情形;五是我国《刑法》第215条规定的非法制造、销售非法制造的注册商标标识罪的情形;六是我国《刑法》第218条规定的销售侵权复制品罪的情形。

我国《刑法》第140条规定了[生产、销售伪劣产品罪]:"生产者、销售者在产品中掺杂、掺假,以假充真,以次充好或者以不合格产品冒充合格产品,销售金额五万元以上不满二十万元的,处二年以下有期徒刑或者拘役,并处或者单处销售金额百分之五十以上二倍以下罚金;销售金额二十万元以上不满五十万元的,处二年以上七年以下有期徒刑,并处销售金额百分之五十以上二倍以下罚金;销售金额五十万元以上不满二百万元的,处七年以上有期徒刑,并处销售金额百分之五十以上二倍以下罚金;销售金额二百万元以上的,处十五年有期徒刑或者无期徒刑,并处销售金额百分之五十以上二倍以下罚金或者没收财产。"

我国《刑法》第145条规定了[生产、销售不符合标准的医用器材罪]:"生产不符合保障人体健康的国家标准、行业标准的医疗器械、医用卫生材料,或者销售明知是不符合保障人体健康的国家标准、行业标准的医疗器械、医用卫生材料,足以严重危害人体健康的,处三年以下有期徒刑或者拘役,并处销售金额百分之五十以上二倍以下罚金;对人体健康造成严重危害的,处三年以上十年以下有期徒刑,并处销售金额百分之五十以上二倍以下罚金;后果特别严重的,处十年以上有期徒刑或者无期徒刑,并处销售金额百分之五十以上二倍以下罚金或者没收财产。"

我国《刑法》第147条规定了[生产、销售伪劣农药、兽药、化肥、种子罪]:"生产假农药、假兽药、假化肥,销售明知是假的或者失去使用效能的农药、兽药、化肥、种子,或者生产者、销售者以不合格的农药、兽药、化肥、种子冒充合格的农药、兽药、化肥、种子,使生产遭受较大损失的,处三年以下有期徒刑或者拘役,并处或者单处销售金额百分之五十以上二倍以下罚金;使生产遭受重大损失的,处三年以上七年以下有期徒刑,并处销售金额百分之五十以上二倍以下罚金;使生产遭受特别重大损失的,处七年以上有期徒刑或者无期徒刑,并处销售金额百分之五十以上二倍以下罚金或者没收财产。"

我国《刑法》第214条规定了[销售假冒注册商标的商品罪]:"销售明知是假冒注册商标的商品,违法所得数额较大或者有其他严重情节的,处三年以下有期徒刑,并处或者单处罚金;违法所得数额巨大或者有其他特别严重情节的,处三年以上十年以下有期徒刑,并处罚金。"

我国《刑法》第 215 条规定了[非法制造、销售非法制造的注册商标标识罪]:“伪造、擅自制造他人注册商标标识或者销售伪造、擅自制造的注册商标标识,情节严重的,处三年以下有期徒刑,并处或者单处罚金;情节特别严重的,处三年以上十年以下有期徒刑,并处罚金。”

我国《刑法》第 218 条规定了[销售侵权复制品罪]:“以营利为目的,销售明知是本法第二百一十七条规定的侵权复制品,违法所得数额巨大或者有其他严重情节的,处五年以下有期徒刑,并处或者单处罚金。”

《犯罪统计的国际分类》对“07022 假冒产品罪行”的类别描述,我国《刑法》规定的上述六个条款中,除第 218 条的规定由于其中的非法制造属于侵犯知识产权的行为而比其行为范围更为宽泛,因此与之部分匹配外,其余五个条款的规定均与其完全匹配。

(三)伪造/假冒文件的行为的匹配分析

根据《犯罪统计的国际分类》对“07023 伪造/假冒文件的行为”的类别描述和我国《刑法》的规定,我国有七个条款的情形可与其部分匹配:一是我国《刑法》第 174 条第 2 款规定的伪造、变造、转让金融机构经营许可证、批准文件罪的情形;二是我国《刑法》第 280 条第 1 款规定的伪造、变造、买卖国家机关公文、证件、印章罪,盗窃、抢夺、毁灭国家机关公文、证件、印章罪的情形;三是我国《刑法》第 280 条第 2 款规定的伪造公司、企业、事业单位、人民团体印章罪的情形;四是我国《刑法》第 280 条第 3 款规定的伪造、变造、买卖身份证件罪的情形;五是我国《刑法》第 319 条规定的骗取出境证件罪的情形;六是我国《刑法》第 320 条规定的提供伪造、变造的出入境证件罪,出售出入境证件罪的情形;七是我国《刑法》第 375 条第 1 款规定的伪造、变造、买卖武装部队公文、证件、印章罪,盗窃、抢夺武装部队公文、证件、印章罪的情形。

我国《刑法》第 174 条第 2 款规定了[伪造、变造、转让金融机构经营许可证、批准文件罪]:“伪造、变造、转让商业银行、证券交易所、期货交易所、证券公司、期货经纪公司、保险公司或者其他金融机构的经营许可证或者批准文件的,依照前款的规定处罚。”

我国《刑法》第 280 条第 1 款规定了[伪造、变造、买卖国家机关公文、证件、印章罪,盗窃、抢夺、毁灭国家机关公文、证件、印章罪]:“伪造、变造、买卖或者盗窃、抢夺、毁灭国家机关的公文、证件、印章的,处三年以下有期徒刑、拘役、管制或者剥夺政治权利，并处罚金；情节严重的，处三年以上十年以下有期徒刑，并处罚金。”

我国《刑法》第 280 条第 2 款规定了[伪造公司、企业、事业单位、人民团体印章罪]：“伪造公司、企业、事业单位、人民团体的印章的，处三年以下有期徒刑、拘役、管制或者剥夺政治权利，并处罚金。”

我国《刑法》第 280 条第 3 款规定了[伪造、变造、买卖身份证件罪]：“伪造、变造、买卖居民身份证、护照、社会保障卡、驾驶证等依法可以用于证明身份的证件的，处三年以下有期徒刑、拘役、管制或者剥夺政治权利，并处罚金；情节严重的，处三年以上七年以下有期徒刑，并处罚金。”

我国《刑法》第 319 条规定了[骗取出境证件罪]：“以劳务输出、经贸往来或者其他名义，弄虚作假，骗取护照、签证等出境证件，为组织他人偷越国(边)境使用的，处三年以下有期徒刑，并处罚金；情节严重的，处三年以上十年以下有期徒刑，并处罚金。单位犯前款罪的，对单位判处罚金，并对其直接负责的主管人员和其他直接责任人员，依照前款的规定处罚。”

我国《刑法》第 320 条规定了[提供伪造、变造的出入境证件罪][出售出入境证件罪]：“为他人提供伪造、变造的护照、签证等出入境证件，或者出售护照、签证等出入境证件的，处五年以下有期徒刑，并处罚金；情节严重的，处五年以上有期徒刑，并处罚金。”

我国《刑法》第 375 条第 1 款规定了[伪造、变造、买卖武装部队公文、证件、印章罪，盗窃、抢夺武装部队公文、证件、印章罪]：“伪造、变造、买卖或者盗窃、抢夺武装部队公文、证件、印章的，处三年以下有期徒刑、拘役、管制或者剥夺政治权利；情节严重的，处三年以上十年以下有期徒刑。”

与《犯罪统计的国际分类》对“07023 伪造/假冒文件的行为”的类别描述相比，我国《刑法》规定的上述七个条款中，除第 280 条第 2 款的规定与之完全匹配之外，其余六个条款的规定均与之部分匹配，原因是要么对于犯罪行为的规定更为狭窄，要么限定了犯罪对象，因此与《犯罪统计的国际分类》“07023 伪造/假冒文件的行为”部分匹配。

(四)其他伪造/假冒行为的匹配分析

根据《犯罪统计的国际分类》对“07029 其他伪造/假冒行为”的类别描述和我国《刑法》的规定，我国有八个条款的情形可与其部分匹配：一是我国《刑法》

第227条第1款规定的伪造、倒卖伪造的有价票证罪的情形；二是我国《刑法》第281条规定的非法生产、买卖警用装备罪的情形；三是我国《刑法》第283条规定的非法生产、销售专用间谍器材、窃听、窃照专用器材罪的情形；四是我国《刑法》第284条规定的非法使用窃听、窃照专用器材罪的情形；五是我国《刑法》第284条之一第1款规定的组织考试作弊罪的情形；六是我国《刑法》第284条之一第3款规定的非法出售、提供试题、答案罪的情形；七是我国《刑法》第375条第2款规定的非法生产、买卖武装部队制式服装罪的情形；八是我国《刑法》第375条第3款规定的伪造、盗窃、买卖、非法提供、非法使用武装部队车专用标志罪的情形。

我国《刑法》第227条第1款规定了[伪造、倒卖伪造的有价票证罪]："伪造或者倒卖伪造的车票、船票、邮票或者其他有价票证，数额较大的，处二年以下有期徒刑、拘役或者管制，并处或者单处票证价额一倍以上五倍以下罚金；数额巨大的，处二年以上七年以下有期徒刑，并处票证价额一倍以上五倍以下罚金。"

我国《刑法》第281条规定了[非法生产、买卖警用装备罪]："非法生产、买卖人民警察制式服装、车辆号牌等专用标志、警械，情节严重的，处三年以下有期徒刑、拘役或者管制，并处或者单处罚金。"

我国《刑法》第283条规定了[非法生产、销售专用间谍器材、窃听、窃照专用器材罪]："非法生产、销售专用间谍器材或者窃听、窃照专用器材的，处三年以下有期徒刑、拘役或者管制，并处或者单处罚金；情节严重的，处三年以上七年以下有期徒刑，并处罚金。"

我国《刑法》第284条规定了[非法使用窃听、窃照专用器材罪]："非法使用窃听、窃照专用器材，造成严重后果的，处二年以下有期徒刑、拘役或者管制。"

我国《刑法》第284条之一第1款规定了[组织考试作弊罪]："在法律规定的国家考试中，组织作弊的，处三年以下有期徒刑或者拘役，并处或者单处罚金；情节严重的，处三年以上七年以下有期徒刑，并处罚金。"

我国《刑法》第284条之一第3款规定了[非法出售、提供试题、答案罪]："为实施考试作弊行为，向他人非法出售或者提供第一款规定的考试的试题、答案的，依照第一款的规定处罚。"

我国《刑法》第375条第2款规定了[非法生产、买卖武装部队制式服装罪]："非法生产、买卖武装部队制式服装，情节严重的，处三年以下有期徒刑、拘役或者管制,并处或者单处罚金。”

我国《刑法》第 375 条第 3 款规定了[伪造、盗窃、买卖、非法提供、非法使用武装部队专用标志罪]:“伪造、盗窃、买卖或者非法提供、使用武装部队车辆号牌等专用标志,情节严重的,处三年以下有期徒刑、拘役或者管制,并处或者单处罚金;情节特别严重的,处三年以上七年以下有期徒刑,并处罚金。”

与《犯罪统计的国际分类》对“07029 其他伪造/假冒行为”的类别描述相比,我国《刑法》规定的上述八个条款中,前三个条款与之完全匹配,后五个条款由于犯罪行为侵害的对象有所限定,而与之部分匹配。

三、《犯罪统计的国际分类》中国版对应表

表 11－2　伪造/假冒

《犯罪统计的国际分类》代码与犯罪类别	级别	国内刑法/犯罪分类	完全匹配	部分匹配	细节评注
0702 伪造/假冒	2	—			—
07021 假冒支付手段	3	—			—
070211 假冒现金支付手段	4	第 170 条伪造货币罪	√		法条
		第 171 条第 1 款出售、购买、运输假币罪	√		法条
		第 171 条第 2 款金融工作人员购买假币、以假币换取货币罪		√	金融工作人员
		第 172 条持有、使用假币罪	√		法条
		第 173 条变造货币罪	√		法条
070212 假冒非现金支付手段	4	第 177 条伪造、变造金融票证罪	√		法条
		第 177 条之一第 1 款妨害信用卡管理罪		√	四个客观行为范围更大
		第 178 条第 1 款伪造、变造国家有价证券罪		√	对象:国家有价证券
		第 178 条第 2 款伪造、变造股票、公司、企业债券罪		√	对象

续表

《犯罪统计的国际分类》代码与犯罪类别	级别	国内刑法/犯罪分类	完全匹配	部分匹配	细节评注
07022 假冒产品罪行	3	第140条生产、销售伪劣产品罪	√		法条
		第145条生产、销售不符合标准的医用器材罪	√		法条
		第147条生产、销售伪劣农药、兽药、化肥、种子罪	√		法条
		第214条销售假冒注册商标的商品罪	√		—
		第215条非法制造、销售非法制造的注册商标标识罪		√	非法制造属于侵犯知识产权
		第218条销售侵权复制品罪	√		—
07023 伪造/假冒文件的行为	3	第174条第2款伪造、变造、转让金融机构经营许可证、批准文件罪		√	转让
		第280条第1款伪造、变造、买卖国家机关公文、证件、印章罪，盗窃、抢夺、毁灭国家机关公文、证件、印章罪		√	法条
		第280条第2款伪造公司、企业、事业单位、人民团体印章罪	√		—
		第280条第3款伪造、变造、买卖身份证件罪		√	买卖
		第319条骗取出境证件罪		√	出境证件
		第320条提供伪造、变造的出入境证件罪，出售出入境证件罪		√	提供行为
		第375条第1款伪造、变造、买卖武装部队公文、证件、印章罪，盗窃、抢夺武装部队公文、证件、印章罪		√	—

续表

《犯罪统计的国际分类》代码与犯罪类别	级别	国内刑法/犯罪分类	完全匹配	部分匹配	细节评注
07029 其他伪造/假冒行为	3	第 227 条第 1 款伪造、倒卖伪造的有价票证罪	√		—
		第 281 条非法生产、买卖警用装备罪	√		—
		第 283 条非法生产、销售专用间谍器材、窃听、窃照专用器材罪	√		—
		第 284 条非法使用窃听、窃照专用器材罪		√	其他
		第 284 条之一第 1 款组织考试作弊罪		√	—
		第 284 条之一第 3 款非法出售、提供试题、答案罪		√	—
		第 375 条第 2 款非法生产、买卖武装部队制式服装罪		√	对象限定
		第 375 条第 3 款伪造、盗窃、买卖、非法提供、非法使用武装部队专用标志罪		√	对象限定

第三节　腐　败

一、《犯罪统计的国际分类》中的类别描述

在《犯罪统计的国际分类》中，“0703 腐败”的定义为：《联合国反腐败公约》及其他国内国际反腐败法律文书规定的非法行为。其包含范围为：国家公职人员行贿和受贿；外国公职人员和国际公共组织官员行贿和受贿；私营部门中的行贿和受贿；适用 07031 ~ 07039 中列出的全部包含范围。

排除情形：通过使用武力、威胁、恐吓、威胁泄露危及名誉的信息、或威胁进行诽谤等手段，要求他人实施某种行为(0205)。

(一)贿赂

在《犯罪统计的国际分类》中,"07031 贿赂"的定义为:直接或间接向公职人员或私营部门实体的领导或工作人员许诺给予、提议给予或者实际给予或者从公职人员或私营部门实体的领导或工作人员那里直接或间接索取或收受不正当好处,以使该人在行使其职务时作为或者不作为。其包含范围为:贿赂国家公职人员,贿赂外国公职人员及国际公共组织官员;私营部门中的贿赂;适用070311~070312 中列出的全部包含范围。

排除情形:通过使用武力、威胁、恐吓、威胁泄露危及名誉的信息、或威胁进行诽谤等手段,要求或诱使他人实施贿赂(0205);适用 0703 中列出的全部排除情形。

1. 行贿

在《犯罪统计的国际分类》中,"070311 行贿"的定义为:直接或间接向公职人员或私营部门实体的领导或工作人员许诺给予、提议给予或实际给予不正当好处,以使该人员在行使其职务时作为或不作为。[①] 其包含范围为:向公职人员行贿;向外国公职人员及国际公共组织官员行贿;私营部门中的行贿。

排除情形:适用 07031 中列出的全部排除情形。

2. 受贿

在《犯罪统计的国际分类》中,"070312 受贿"的定义为:公职人员或私营部门实体领导或工作人员直接或间接索取或收受不正当好处,以使该人员在行使其职务时作为或不作为。[②] 其包含范围为:公职人员受贿;外国公职人员及国际公共组织官员受贿;私营单位领导受贿。

排除情形:适用 07031 中列出的全部排除情形。

(二)贪污

在《犯罪统计的国际分类》中,"07032 贪污"的定义为:公职人员或私营部

① 参见联合国毒品和犯罪问题办公室:《联合国反腐败公约》,载联合国毒品控制和犯罪预防办公室官网 2023 年 1 月 1 日,http://www.unodc.org/documents/treaties/UNCAC/Publications/Convention/08-50026_E.pdf。

② 参见联合国毒品和犯罪问题办公室:《联合国反腐败公约》,载联合国毒品控制和犯罪预防办公室官网 2023 年 1 月 1 日,http://www.unodc.org/documents/treaties/UNCAC/Publications/Convention/08-50026_E.pdf。

门实体的领导或工作人员贪污、挪用或侵犯因其职务而受托的任何财产、公共资金、私人资金、公共证券、私人证券或者任何其他贵重物品。[①] 其包含范围为：在公共部门中贪污；在私营单位中贪污；挪用；不诚实地兑换。

排除情形：非法带走不归自己保管的钱物或擅自带走财物（05）；为获得个人利益而在金融交易中实施欺诈（07011）；适用 0703 中列出的全部排除情形。

（三）滥用职权

在《犯罪统计的国际分类》中，"07033 滥用职权"的定义为：公职人员在履行职务时违反法律，实施或不实施一项行为，以为其本人或其他人员或实体获得不正当好处。[②] 其包含范围为：滥用职权；任人唯亲；滥用权力；滥用公职；滥用官职。

排除情形：适用 0703 中列出的全部排除情形。

（四）影响力交易

在《犯罪统计的国际分类》中，"07034 影响力交易"的定义为：直接或间接向公职人员许诺给予、提议给予或者实际给予不正当好处，或公职人员直接或间接索取或收受不正当好处，以使其滥用本人的实际影响力或者被认为具有的影响力，以获得不正当好处。[③] 其包含范围为：影响力交易。

排除情形：适用 0703 中列出的全部排除情形。

（五）资产非法增加

在《犯罪统计的国际分类》中，"07035 资产非法增加"的定义为：公职人员或私营部门领导的资产显著增加，但本人无法以其合法收入作出合理解释。其

---

① 贪污至少是指未经允许，欺诈性地带走归自己保管的金钱或财产，供自己使用。参见联合国毒品和犯罪问题办公室：《联合国反腐败公约》，载联合国毒品控制和犯罪预防办公室官网 2023 年 1 月 1 日，http://www.unodc.org/documents/treaties/UNCAC/Publications/Convention/08－50026_E.pdf。挪用至少是指未经允许，非法将归自己保管的金钱或财产供自己使用。参见联合国毒品和犯罪问题办公室：《联合国反腐败公约》，载联合国毒品控制和犯罪预防办公室官网 2023 年 1 月 1 日，http://www.unodc.org/documents/treaties/UNCAC/Publications/Convention/08－50026_E.pdf。

② 参见联合国毒品和犯罪问题办公室：《联合国反腐败公约》，载联合国毒品控制和犯罪预防办公室官网 2023 年 1 月 1 日，http://www.unodc.org/documents/treaties/UNCAC/Publications/Convention/08－50026_E.pdf。

③ 参见联合国毒品和犯罪问题办公室：《联合国反腐败公约》，载联合国毒品控制和犯罪预防办公室官网 2023 年 1 月 1 日，http://www.unodc.org/documents/treaties/UNCAC/Publications/Convention/08－50026_E.pdf。

包含范围为：资产非法增加。①

排除情形：欺诈(0701)；适用0703中列出的全部排除情形。

(六)其他腐败行为

在《犯罪统计的国际分类》中，“07039 其他腐败行为”的定义为：07031～07035类别中未加描述或分类的腐败行为。其包含范围为：利益冲突；不诚实的挪用。

排除情形：适用0703中列出的全部排除情形。

二、中国相关罪名的匹配分析

(一)贿赂的匹配分析

1. 行贿

根据《犯罪统计的国际分类》对“070311 行贿”的类别描述和我国《刑法》的规定，我国有四个条款的情形可与其完全匹配或部分匹配：一是我国《刑法》第164条规定的对非国家工作人员行贿罪，对外国公职人员、国际公共组织官员行贿罪的情形。二是我国《刑法》第389条规定的行贿罪的情形。三是我国《刑法》第391条规定的对单位行贿罪的情形。四是我国《刑法》第393条规定的单位行贿罪的情形。

我国《刑法》第164条规定了[对非国家工作人员行贿罪，对外国公职人员、国际公共组织官员行贿罪]：“为谋取不正当利益，给予公司、企业或者其他单位的工作人员以财物，数额较大的，处三年以下有期徒刑或者拘役，并处罚金；数额巨大的，处三年以上十年以下有期徒刑，并处罚金。为谋取不正当商业利益，给予外国公职人员或者国际公共组织官员以财物的，依照前款的规定处罚。”

我国《刑法》第389条规定了[行贿罪]：“为谋取不正当利益，给予国家工作人员以财物的，是行贿罪。在经济往来中，违反国家规定，给予国家工作人员以财物，数额较大的，或者违反国家规定，给予国家工作人员以各种名义的回扣、手续费的，以行贿论处。因被勒索给予国家工作人员以财物，没有获得不正当利益的，不是行贿。”

---

① 参见联合国毒品和犯罪问题办公室：《联合国反腐败公约》，载联合国毒品控制和犯罪预防办公室官网2023年1月1日，http://www.unodc.org/documents/treaties/UNCAC/Publications/Convention/08-50026_E.pdf。

我国《刑法》第391条规定了[对单位行贿罪]："为谋取不正当利益，给予国家机关、国有公司、企业、事业单位、人民团体以财物的，或者在经济往来中，违反国家规定，给予各种名义的回扣、手续费的，处三年以下有期徒刑或者拘役，并处罚金。单位犯前款罪的，对单位判处罚金，并对其直接负责的主管人员和其他直接责任人员，依照前款的规定处罚。"

我国《刑法》第393条规定了[单位行贿罪]："单位为谋取不正当利益而行贿，或者违反国家规定，给予国家工作人员以回扣、手续费，情节严重的，对单位判处罚金，并对其直接负责的主管人员和其他直接责任人员，处五年以下有期徒刑或者拘役，并处罚金。因行贿取得的违法所得归个人所有的，依照本法第三百八十九条、第三百九十条的规定定罪处罚。"

与《犯罪统计的国际分类》对"070311 行贿"的类别描述相比，前两个条款的规定与之完全匹配，后两个条款由于对行为对象和行为主体有所限定，限定为单位，因此与《犯罪统计的国际分类》"070311 行贿"部分匹配。

2. 受贿

根据《犯罪统计的国际分类》对"070312 受贿"的类别描述和我国《刑法》的规定，我国有三个罪名的情形可与其部分匹配：一是我国《刑法》第163条规定的非国家工作人员受贿罪的情形。二是我国《刑法》第385条规定的受贿罪的情形。三是我国《刑法》第387条规定的单位受贿罪的情形。

我国《刑法》第163条规定了[非国家工作人员受贿罪]："公司、企业或者其他单位的工作人员，利用职务上的便利，索取他人财物或者非法收受他人财物，为他人谋取利益，数额较大的，处三年以下有期徒刑或者拘役，并处罚金；数额巨大或者有其他严重情节的，处三年以上十年以下有期徒刑，并处罚金；数额特别巨大或者有其他特别严重情节的，处十年以上有期徒刑或者无期徒刑，并处罚金。公司、企业或者其他单位的工作人员在经济往来中，利用职务上的便利，违反国家规定，收受各种名义的回扣、手续费，归个人所有的，依照前款的规定处罚。"

我国《刑法》第385条规定了[受贿罪]："国家工作人员利用职务上的便利，索取他人财物的，或者非法收受他人财物，为他人谋取利益的，是受贿罪。国家工作人员在经济往来中，违反国家规定，收受各种名义的回扣、手续费，归个人所有的，以受贿论处。"

我国《刑法》第 387 条规定了[单位受贿罪]:"国家机关、国有公司、企业、事业单位、人民团体,索取、非法收受他人财物,为他人谋取利益,情节严重的,对单位判处罚金,并对其直接负责的主管人员和其他直接责任人员,处五年以下有期徒刑或者拘役。"

(二)贪污的匹配分析

根据《犯罪统计的国际分类》对"07032 贪污"的类别描述和我国《刑法》的规定,我国有四个条款的情形可与其部分匹配:一是我国《刑法》第 271 条规定的职务侵占罪的情形;二是我国《刑法》第 272 条规定的挪用资金罪的情形;三是我国《刑法》第 273 条规定的挪用特定款物罪的情形;四是我国《刑法》第 382 条规定的贪污罪的情形。

我国《刑法》第 271 条规定了[职务侵占罪]:"公司、企业或者其他单位的工作人员,利用职务上的便利,将本单位财物非法占为己有,数额较大的,处三年以下有期徒刑或者拘役,并处罚金;数额巨大的,处三年以上十年以下有期徒刑,并处罚金;数额特别巨大的,处十年以上有期徒刑或者无期徒刑,并处罚金。"

我国《刑法》第 272 条规定了[挪用资金罪]:"公司、企业或者其他单位的工作人员,利用职务上的便利,挪用本单位资金归个人使用或者借贷给他人,数额较大、超过三个月未还的,或者虽未超过三个月,但数额较大、进行营利活动的,或者进行非法活动的,处三年以下有期徒刑或者拘役;挪用本单位资金数额巨大的,处三年以上七年以下有期徒刑;数额特别巨大的,处七年以上有期徒刑。"

我国《刑法》第 273 条规定了[挪用特定款物罪]:"挪用用于救灾、抢险、防汛、优抚、扶贫、移民、救济款物,情节严重,致使国家和人民群众利益遭受重大损害的,对直接责任人员,处三年以下有期徒刑或者拘役;情节特别严重的,处三年以上七年以下有期徒刑。"

我国《刑法》第 382 条规定了[贪污罪]:"国家工作人员利用职务上的便利,侵吞、窃取、骗取或者以其他手段非法占有公共财物的,是贪污罪。受国家机关、国有公司、企业、事业单位、人民团体委托管理、经营国有财产的人员,利用职务上的便利,侵吞、窃取、骗取或者以其他手段非法占有国有财物的,以贪污论。与前两款所列人员勾结,伙同贪污的,以共犯论处。"

与《犯罪统计的国际分类》对“07032 贪污”的类别描述相比，我国《刑法》规定的上述四个条款中，后三个条款与之完全匹配，第一个条款，即我国《刑法》第271 条的规定因其对主体予以限定而与之部分匹配。

（三）滥用职权的匹配分析

根据《犯罪统计的国际分类》对“07033 滥用职权”的类别描述和我国《刑法》的规定，我国有三十七个条款的情形可与其部分匹配：一是我国《刑法》第167 条规定的签订、履行合同失职被骗罪的情形。二是我国《刑法》第 168 条规定的国有公司、企业、事业单位人员失职罪，国有公司、企业、事业单位人员滥用职权罪的情形。三是我国《刑法》第 229 条第 3 款规定的出具证明文件重大失实罪的情形。四是我国《刑法》第 254 条规定的报复陷害罪的情形。五是我国《刑法》第 255 条规定的打击报复会计、统计人员罪的情形。六是我国《刑法》第397 条规定的滥用职权罪、玩忽职守罪的情形。七是我国《刑法》第 398 条规定的故意泄露国家秘密罪、过失泄露国家秘密罪的情形。八是我国《刑法》第 399 条第 1 款规定的徇私枉法罪的情形。九是我国《刑法》第 399 条第 2 款规定的民事、行政枉法裁判罪的情形。十是我国《刑法》第 399 条第 3 款规定的执行判决、裁定失职罪，执行判决、裁定滥用职权罪的情形。十一是我国《刑法》第 399 条之一规定的枉法仲裁罪的情形。十二是我国《刑法》第 400 条第 1 款规定的私放在押人员罪的情形。十三是我国《刑法》第 400 条第 2 款规定的失职致使在押人员脱逃罪的情形。十四是我国《刑法》第 401 条规定的徇私舞弊减刑、假释、暂予监外执行罪的情形。十五是我国《刑法》第 402 条规定的徇私舞弊不移交刑事案件罪的情形。十六是我国《刑法》第 403 条规定的滥用管理公司、证券职权罪的情形。十七是我国《刑法》第 404 条规定的徇私舞弊不征、少征税款罪的情形。十八是我国《刑法》第 405 条第 1 款规定的徇私舞弊发售发票、抵扣税款、出口退税罪的情形。十九是我国《刑法》第 405 条第 2 款规定的违法提供出口退税凭证罪的情形。二十是我国《刑法》第 406 条规定的国家机关工作人员签订、履行合同失职被骗罪的情形。二十一是我国《刑法》第 407 条规定的违法发放林木采伐许可证罪的情形。二十二是我国《刑法》第 408 条规定的环境监管失职罪的情形。二十三是我国《刑法》第 408 条之一规定的食品、药品监管渎职罪的情形。二十四是我国《刑法》第 409 条规定的传染病防治失职罪的情形。二十五是我国《刑法》第 410 条规定的非法批准征收、征用、占用土地罪，非法低价出让国有土地使用权罪的情形。二十六是我国《刑法》第411条规定的放纵走私罪的情形。二十七是我国《刑法》第412条第1款规定的商检徇私舞弊罪的情形。二十八是我国《刑法》第412条第2款规定的商检失职罪的情形。二十九是我国《刑法》第413条第1款规定的动植物检疫徇私舞弊罪的情形。三十是我国《刑法》第413条第2款规定的动植物检疫失职罪的情形。三十一是我国《刑法》第414条规定的放纵制售伪劣商品犯罪行为罪的情形。三十二是我国《刑法》第415条规定的办理偷越国(边)境人员出入境证件罪,放行偷越国(边)境人员罪的情形。三十三是我国《刑法》第416条第1款规定的不解救被拐卖、绑架妇女、儿童罪的情形。三十四是我国《刑法》第416条第2款规定的阻碍解救被拐卖、绑架妇女、儿童罪的情形。三十五是我国《刑法》第417条规定的帮助犯罪分子逃避处罚罪的情形。三十六是我国《刑法》第418条规定的招收公务员、学生徇私舞弊罪的情形。三十七是我国《刑法》第419条规定的失职造成珍贵文物损毁、流失罪的情形。

我国《刑法》第167条规定了[签订、履行合同失职被骗罪]:“国有公司、企业、事业单位直接负责的主管人员,在签订、履行合同过程中,因严重不负责任被诈骗,致使国家利益遭受重大损失的,处三年以下有期徒刑或者拘役;致使国家利益遭受特别重大损失的,处三年以上七年以下有期徒刑。”

我国《刑法》第168条规定了[国有公司、企业、事业单位人员失职罪,国有公司、企业、事业单位人员滥用职权罪]:“国有公司、企业的工作人员,由于严重不负责任或者滥用职权,造成国有公司、企业破产或者严重损失,致使国家利益遭受重大损失的,处三年以下有期徒刑或者拘役;致使国家利益遭受特别重大损失的,处三年以上七年以下有期徒刑。国有事业单位的工作人员有前款行为,致使国家利益遭受重大损失的,依照前款的规定处罚。国有公司、企业、事业单位的工作人员,徇私舞弊,犯前两款罪的,依照第一款的规定从重处罚。”

我国《刑法》第229条第3款规定了[出具证明文件重大失实罪]:“第一款规定的人员,严重不负责任,出具的证明文件有重大失实,造成严重后果的,处三年以下有期徒刑或者拘役,并处或者单处罚金。”

我国《刑法》第254条规定了[报复陷害罪]:“国家机关工作人员滥用职权、假公济私,对控告人、申诉人、批评人、举报人实行报复陷害的,处二年以下有期徒刑或者拘役;情节严重的,处二年以上七年以下有期徒刑。”

我国《刑法》第 255 条规定了[打击报复会计、统计人员罪]:“公司、企业、事业单位、机关、团体的领导人,对依法履行职责、抵制违反会计法、统计法行为的会计、统计人员实行打击报复,情节恶劣的,处三年以下有期徒刑或者拘役。”

我国《刑法》第 397 条第 1 款规定了[滥用职权罪、玩忽职守罪]:“国家机关工作人员滥用职权或者玩忽职守,致使公共财产、国家和人民利益遭受重大损失的,处三年以下有期徒刑或者拘役;情节特别严重的,处三年以上七年以下有期徒刑。本法另有规定的,依照规定。”

我国《刑法》第 398 条第 1 款规定了[故意泄露国家秘密罪、过失泄露国家秘密罪]:“国家机关工作人员违反保守国家秘密法的规定,故意或者过失泄露国家秘密,情节严重的,处三年以下有期徒刑或者拘役;情节特别严重的,处三年以上七年以下有期徒刑。”

我国《刑法》第 399 条第 1 款规定了[徇私枉法罪]:“司法工作人员徇私枉法、徇情枉法,对明知是无罪的人而使他受追诉、对明知是有罪的人而故意包庇不使他受追诉,或者在刑事审判活动中故意违背事实和法律作枉法裁判的,处五年以下有期徒刑或者拘役;情节严重的,处五年以上十年以下有期徒刑;情节特别严重的,处十年以上有期徒刑。”

我国《刑法》第 399 条第 2 款规定了[民事、行政枉法裁判罪]:“在民事、行政审判活动中故意违背事实和法律作枉法裁判,情节严重的,处五年以下有期徒刑或者拘役;情节特别严重的,处五年以上十年以下有期徒刑。”

我国《刑法》第 399 条第 3 款规定了[执行判决、裁定失职罪,执行判决、裁定滥用职权罪]:“在执行判决、裁定活动中,严重不负责任或者滥用职权,不依法采取诉讼保全措施、不履行法定执行职责,或者违法采取诉讼保全措施、强制执行措施,致使当事人或者其他人的利益遭受重大损失的,处五年以下有期徒刑或者拘役;致使当事人或者其他人的利益遭受特别重大损失的,处五年以上十年以下有期徒刑。”

我国《刑法》第 399 条之一规定了[枉法仲裁罪]:“依法承担仲裁职责的人员,在仲裁活动中故意违背事实和法律作枉法裁决,情节严重的,处三年以下有期徒刑或者拘役;情节特别严重的,处三年以上七年以下有期徒刑。”

我国《刑法》第 400 条第 1 款规定了[私放在押人员罪]:“司法工作人员私放在押的犯罪嫌疑人、被告人或者罪犯的,处五年以下有期徒刑或者拘役;情节严重的,处五年以上十年以下有期徒刑;情节特别严重的,处十年以上有期徒刑。”

我国《刑法》第 400 条第 2 款规定了[失职致使在押人员脱逃罪]:“司法工作人员由于严重不负责任,致使在押的犯罪嫌疑人、被告人或者罪犯脱逃,造成严重后果的,处三年以下有期徒刑或者拘役;造成特别严重后果的,处三年以上十年以下有期徒刑。”

我国《刑法》第 401 条规定了[徇私舞弊减刑、假释、暂予监外执行罪]:“司法工作人员徇私舞弊,对不符合减刑、假释、暂予监外执行条件的罪犯,予以减刑、假释或者暂予监外执行的,处三年以下有期徒刑或者拘役;情节严重的,处三年以上七年以下有期徒刑。”

我国《刑法》第 402 条规定了[徇私舞弊不移交刑事案件罪]:“行政执法人员徇私舞弊,对依法应当移交司法机关追究刑事责任的不移交,情节严重的,处三年以下有期徒刑或者拘役;造成严重后果的,处三年以上七年以下有期徒刑。”

我国《刑法》第 403 条第 1 款规定了[滥用管理公司、证券职权罪]:“国家有关主管部门的国家机关工作人员,徇私舞弊,滥用职权,对不符合法律规定条件的公司设立、登记申请或者股票、债券发行、上市申请,予以批准或者登记,致使公共财产、国家和人民利益遭受重大损失的,处五年以下有期徒刑或者拘役。”

我国《刑法》第 404 条规定了[徇私舞弊不征、少征税款罪]:“税务机关的工作人员徇私舞弊,不征或者少征应征税款,致使国家税收遭受重大损失的,处五年以下有期徒刑或者拘役;造成特别重大损失的,处五年以上有期徒刑。”

我国《刑法》第 405 条第 1 款规定了[徇私舞弊发售发票、抵扣税款、出口退税罪]:“税务机关的工作人员违反法律、行政法规的规定,在办理发售发票、抵扣税款、出口退税工作中,徇私舞弊,致使国家利益遭受重大损失的,处五年以下有期徒刑或者拘役;致使国家利益遭受特别重大损失的,处五年以上有期徒刑。”

我国《刑法》第 405 条第 2 款规定了[违法提供出口退税凭证罪]:“其他国家机关工作人员违反国家规定,在提供出口货物报关单、出口收汇核销单等出口退税凭证的工作中,徇私舞弊,致使国家利益遭受重大损失的,依照前款的规定处罚。”

我国《刑法》第 406 条规定了[国家机关工作人员签订、履行合同失职被骗罪]:“国家机关工作人员在签订、履行合同过程中,因严重不负责任被诈骗,致使国家利益遭受重大损失的,处三年以下有期徒刑或者拘役;致使国家利益遭受特别重大损失的,处三年以上七年以下有期徒刑。"

我国《刑法》第 407 条规定了[违法发放林木采伐许可证罪]:"林业主管部门的工作人员违反森林法的规定,超过批准的年采伐限额发放林木采伐许可证或者违反规定滥发林木采伐许可证,情节严重,致使森林遭受严重破坏的,处三年以下有期徒刑或者拘役。"

我国《刑法》第 408 条规定了[环境监管失职罪]:"负有环境保护监督管理职责的国家机关工作人员严重不负责任,导致发生重大环境污染事故,致使公私财产遭受重大损失或者造成人身伤亡的严重后果的,处三年以下有期徒刑或者拘役。"

我国《刑法》第 408 条之一第 1 款规定了[食品、药品监管渎职罪]:"负有食品药品安全监督管理职责的国家机关工作人员,滥用职权或者玩忽职守,有下列情形之一,造成严重后果或者有其他严重情节的,处五年以下有期徒刑或者拘役;造成特别严重后果或者有其他特别严重情节的,处五年以上十年以下有期徒刑:(一)瞒报、谎报食品安全事故、药品安全事件的;(二)对发现的严重食品药品安全违法行为未按规定查处的;(三)在药品和特殊食品审批审评过程中,对不符合条件的申请准予许可的;(四)依法应当移交司法机关追究刑事责任不移交的;(五)有其他滥用职权或者玩忽职守行为的。"

我国《刑法》第 409 条规定了[传染病防治失职罪]:"从事传染病防治的政府卫生行政部门的工作人员严重不负责任,导致传染病传播或者流行,情节严重的,处三年以下有期徒刑或者拘役。"

我国《刑法》第 410 条规定了[非法批准征收、征用、占用土地罪,非法低价出让国有土地使用权罪]:"国家机关工作人员徇私舞弊,违反土地管理法规,滥用职权,非法批准征收、征用、占用土地,或者非法低价出让国有土地使用权,情节严重的,处三年以下有期徒刑或者拘役;致使国家或者集体利益遭受特别重大损失的,处三年以上七年以下有期徒刑。"

我国《刑法》第 411 条规定了[放纵走私罪]:"海关工作人员徇私舞弊,放纵走私,情节严重的,处五年以下有期徒刑或者拘役;情节特别严重的,处五年以上有期徒刑。"

我国《刑法》第 412 条第 1 款规定了[商检徇私舞弊罪]:"国家商检部门、商检机构的工作人员徇私舞弊,伪造检验结果的,处五年以下有期徒刑或者拘役;造成严重后果的,处五年以上十年以下有期徒刑。”

我国《刑法》第 412 条第 2 款规定了[商检失职罪]:“前款所列人员严重不负责任,对应当检验的物品不检验,或者延误检验出证、错误出证,致使国家利益遭受重大损失的,处三年以下有期徒刑或者拘役。”

我国《刑法》第 413 条第 1 款规定了[动植物检疫徇私舞弊罪]:“动植物检疫机关的检疫人员徇私舞弊,伪造检疫结果的,处五年以下有期徒刑或者拘役;造成严重后果的,处五年以上十年以下有期徒刑。”

我国《刑法》第 413 条第 2 款规定了[动植物检疫失职罪]:“前款所列人员严重不负责任,对应当检疫的检疫物不检疫,或者延误检疫出证、错误出证,致使国家利益遭受重大损失的,处三年以下有期徒刑或者拘役。”

我国《刑法》第 414 条规定了[放纵制售伪劣商品犯罪行为罪]:“对生产、销售伪劣商品犯罪行为负有追究责任的国家机关工作人员,徇私舞弊,不履行法律规定的追究职责,情节严重的,处五年以下有期徒刑或者拘役。”

我国《刑法》第 415 条规定了[办理偷越国(边)境人员出入境证件罪、放行偷越国(边)境人员罪]:“负责办理护照、签证以及其他出入境证件的国家机关工作人员,对明知是企图偷越国(边)境的人员,予以办理出入境证件的,或者边防、海关等国家机关工作人员,对明知是偷越国(边)境的人员,予以放行的,处三年以下有期徒刑或者拘役;情节严重的,处三年以上七年以下有期徒刑。”

我国《刑法》第 416 条第 1 款规定了[不解救被拐卖、绑架妇女、儿童罪]:“对被拐卖、绑架的妇女、儿童负有解救职责的国家机关工作人员,接到被拐卖、绑架的妇女、儿童及其家属的解救要求或者接到其他人的举报,而对被拐卖、绑架的妇女、儿童不进行解救,造成严重后果的,处五年以下有期徒刑或者拘役。”

我国《刑法》第 416 条第 2 款规定了[阻碍解救被拐卖、绑架妇女、儿童罪]:“负有解救职责的国家机关工作人员利用职务阻碍解救的,处二年以上七年以下有期徒刑;情节较轻的,处二年以下有期徒刑或者拘役。”

我国《刑法》第 417 条规定了[帮助犯罪分子逃避处罚罪]:“有查禁犯罪活动职责的国家机关工作人员,向犯罪分子通风报信、提供便利,帮助犯罪分子逃避处罚的,处三年以下有期徒刑或者拘役;情节严重的,处三年以上十年以下有期徒刑。”

我国《刑法》第 418 条规定了[招收公务员、学生徇私舞弊罪]:“国家机关工作人员在招收公务员、学生工作中徇私舞弊,情节严重的,处三年以下有期徒刑或者拘役。"

我国《刑法》第419条规定了[失职造成珍贵文物损毁、流失罪]:"国家机关工作人员严重不负责任,造成珍贵文物损毁或者流失,后果严重的,处三年以下有期徒刑或者拘役。"

与《犯罪统计的国际分类》对"07033 滥用职权"的类别描述相比,我国《刑法》的上述三十七个条款均与之部分匹配,这些条款的规定有的对主体予以限定,有的对行为予以限定,因而比"07033 滥用职权"范围更小,有的没有规定需要获得不正当好处因而比"07033 滥用职权"的规定更为宽泛,但是均与之形成部分匹配的关系。

(四)影响力交易的匹配分析

根据《犯罪统计的国际分类》对"07034 影响力交易"的类别描述和我国《刑法》的规定,我国有两个条款的情形可与其完全匹配:一是我国《刑法》第388条之一规定的利用影响力受贿罪的情形。二是我国《刑法》第390条之一规定的对有影响力的人行贿罪的情形。

我国《刑法》第388条之一第1款规定了[利用影响力受贿罪]:"国家工作人员的近亲属或者其他与该国家工作人员关系密切的人,通过该国家工作人员职务上的行为,或者利用该国家工作人员职权或者地位形成的便利条件,通过其他国家工作人员职务上的行为,为请托人谋取不正当利益,索取请托人财物或者收受请托人财物,数额较大或者有其他较重情节的,处三年以下有期徒刑或者拘役,并处罚金;数额巨大或者有其他严重情节的,处三年以上七年以下有期徒刑,并处罚金;数额特别巨大或者有其他特别严重情节的,处七年以上有期徒刑,并处罚金或者没收财产。"

我国《刑法》第390条之一第1款规定了[对有影响力的人行贿罪]:"为谋取不正当利益,向国家工作人员的近亲属或者其他与该国家工作人员关系密切的人,或者向离职的国家工作人员或者其近亲属以及其他与其关系密切的人行贿的,处三年以下有期徒刑或者拘役,并处罚金;情节严重的,或者使国家利益遭受重大损失的,处三年以上七年以下有期徒刑,并处罚金;情节特别严重的,或者使国家利益遭受特别重大损失的,处七年以上十年以下有期徒刑,并处罚金。"

我国《刑法》规定的上述两个条款与《犯罪统计的国际分类》对"07034 影响

力交易”的类别描述是一致的,与其完全匹配。

(五)资产非法增加的匹配分析

根据《犯罪统计的国际分类》对“07035 资产非法增加”的类别描述和我国《刑法》的规定,我国有两个条款的情形可与其完全匹配:一是我国《刑法》第395 条第1 款规定的巨额财产来源不明罪的情形。二是我国《刑法》第395 条第2 款规定的隐瞒境外存款罪的情形。

我国《刑法》第395 条第1 款规定了[巨额财产来源不明罪]:“国家工作人员的财产、支出明显超过合法收入,差额巨大的,可以责令该国家工作人员说明来源,不能说明来源的,差额部分以非法所得论,处五年以下有期徒刑或者拘役;差额特别巨大的,处五年以上十年以下有期徒刑。财产的差额部分予以追缴。”

我国《刑法》第395 条第2 款规定了[隐瞒境外存款罪]:“国家工作人员在境外的存款,应当依照国家规定申报。数额较大、隐瞒不报的,处二年以下有期徒刑或者拘役;情节较轻的,由其所在单位或者上级主管机关酌情给予行政处分。”

我国《刑法》规定的上述两个条款与《犯罪统计的国际分类》对“07035 资产非法增加”的类别描述明显是一致的,与之完全匹配。

(六)其他腐败行为的匹配分析

根据《犯罪统计的国际分类》对“07039 其他腐败行为”的类别描述和我国《刑法》的规定,我国有六个条款的情形可与其完全匹配或者部分匹配:一是我国《刑法》第384 条规定的挪用公款罪的情形。二是我国《刑法》第392 条规定的介绍贿赂罪的情形。三是我国《刑法》第396 条第1 款规定的私分国有资产罪的情形。四是我国《刑法》第396 条第2 款规定的私分罚没财物罪的情形。五是我国《刑法》第165 条规定的非法经营同类营业罪的情形。六是我国《刑法》第166 条规定的为亲友非法牟利罪的情形。

我国《刑法》第384 条第1 款规定了[挪用公款罪]:“国家工作人员利用职务上的便利,挪用公款归个人使用,进行非法活动的,或者挪用公款数额较大、进行营利活动的,或者挪用公款数额较大、超过三个月未还的,是挪用公款罪,处五年以下有期徒刑或者拘役;情节严重的,处五年以上有期徒刑。挪用公款数额巨大不退还的,处十年以上有期徒刑或者无期徒刑。”

我国《刑法》第392 条第1 款规定了[介绍贿赂罪]:“向国家工作人员介绍

贿赂,情节严重的,处三年以下有期徒刑或者拘役,并处罚金。"

我国《刑法》第396条第1款规定了[私分国有资产罪]:"国家机关、国有公司、企业、事业单位、人民团体,违反国家规定,以单位名义将国有资产集体私分给个人,数额较大的,对其直接负责的主管人员和其他直接责任人员,处三年以下有期徒刑或者拘役,并处或者单处罚金;数额巨大的,处三年以上七年以下有期徒刑,并处罚金。"

我国《刑法》第396条第2款规定了[私分罚没财物罪]:"司法机关、行政执法机关违反国家规定,将应当上缴国家的罚没财物,以单位名义集体私分给个人的,依照前款的规定处罚。"

我国《刑法》第165条规定了[非法经营同类营业罪]:"国有公司、企业的董事、经理利用职务便利,自己经营或者为他人经营与其所任职公司、企业同类的营业,获取非法利益,数额巨大的,处三年以下有期徒刑或者拘役,并处或者单处罚金;数额特别巨大的,处三年以上七年以下有期徒刑,并处罚金。"

我国《刑法》第166条规定了[为亲友非法牟利罪]:"国有公司、企业、事业单位的工作人员,利用职务便利,有下列情形之一,使国家利益遭受重大损失的,处三年以下有期徒刑或者拘役,并处或者单处罚金;致使国家利益遭受特别重大损失的,处三年以上七年以下有期徒刑,并处罚金:(一)将本单位的盈利业务交由自己的亲友进行经营的;(二)以明显高于市场的价格向自己的亲友经营管理的单位采购商品或者以明显低于市场的价格向自己的亲友经营管理的单位销售商品的;(三)向自己的亲友经营管理的单位采购不合格商品的。"

与《犯罪统计的国际分类》对"07039其他腐败行为"的类别描述相比,前三个条款的规定与之完全匹配,后三个条款因其限定了主体的范围而比"07039其他腐败行为"的规定更为狭窄,因此与之部分匹配。

三、《犯罪统计的国际分类》中国版对应表

表11-3　腐败

《犯罪统计的国际分类》代码与犯罪类别	级别	国内刑法/犯罪分类	完全匹配	部分匹配	细节评注
0703 腐败	2	—			—
07031 贿赂	3	—			—

续表

《犯罪统计的国际分类》代码与犯罪类别	级别	国内刑法/犯罪分类	完全匹配	部分匹配	细节评注
070311 行贿	4	第 164 条对非国家工作人员行贿罪，对外国公职人员、国际公共组织官员行贿罪	√		法条
		第 389 条行贿罪	√		+390 处罚
		第 391 条对单位行贿罪		√	对单位
		第 393 条单位行贿罪			—
070312 受贿	4	第 163 条非国家工作人员受贿罪	√		法条
		第 385 条受贿罪	√		+386，同 383
		第 387 条单位受贿罪		√	特殊主体
07032 贪污	3	第 271 条职务侵占罪		√	主体小
		第 272 条挪用资金罪			—
		第 273 条挪用特定款物罪			—
		第 382 条贪污罪	√		382 +383
07033 滥用职权	3	第 167 条签订、履行合同失职被骗罪		√	严重不负责任被骗罪
		第 168 条国有公司、企业、事业单位人员失职罪，国有公司、企业、事业单位人员滥用职权罪		√	多了：失职
		第 229 条第 3 款出具证明文件重大失实罪		√	严重不负责任
		第 254 条报复陷害罪		√	国家机关工作人员
		第 255 条打击报复会计、统计人员罪		√	法条
		第 397 条滥用职权罪、玩忽职守罪		√	07033 要求获得不正当好处。渎职罪没有此要求
		第 398 条故意泄露国家秘密罪、过失泄露国家秘密罪		√	—
		第 399 条第 1 款徇私枉法罪		√	—
		第 399 条第 2 款民事、行政枉法裁判罪		√	—

续表

《犯罪统计的国际分类》代码与犯罪类别	级别	国内刑法/犯罪分类	完全匹配	部分匹配	细节评注
07033 滥用职权	3	第 399 条第 3 款执行判决、裁定失职罪，执行判决、裁定滥用职权罪		√	—
		第 399 条之一枉法仲裁罪		√	—
		第 400 条第 1 款私放在押人员罪		√	—
		第 400 条第 2 款失职致使在押人员脱逃罪		√	—
		第 401 条徇私舞弊减刑、假释、暂予监外执行罪		√	—
		第 402 条徇私舞弊不移交刑事案件罪		√	—
		第 403 条滥用管理公司、证券职权罪		√	—
		第 404 条徇私舞弊不征、少征税款罪		√	—
		第 405 条第 1 款徇私舞弊发售发票、抵扣税款、出口退税罪		√	—
		第 405 条第 2 款违法提供出口退税凭证罪		√	—
		第 406 条国家机关工作人员签订、履行合同失职被骗罪		√	—
		第 407 条违法发放林木采伐许可证罪		√	—
		第 408 条环境监管失职罪		√	—
		第 408 条之一食品、药品监管渎职罪		√	—
		第 409 条传染病防治失职罪		√	—
		第 410 条非法批准征收、征用、占用土地罪，非法低价出让国有土地使用权罪		√	—
		第 411 条放纵走私罪		√	—

续表

《犯罪统计的国际分类》代码与犯罪类别	级别	国内刑法/犯罪分类	完全匹配	部分匹配	细节评注
07033 滥用职权	3	第412条第1款商检徇私舞弊罪		√	—
		第412条第2款商检失职罪		√	—
		第413条第1款动植物检疫徇私舞弊罪		√	—
		第413条第2款动植物检疫失职罪		√	—
		第414条放纵制售伪劣商品犯罪行为罪		√	—
		第415条办理偷越国(边)境人员出入境证件罪、放行偷越国(边)境人员罪		√	—
		第416条第1款不解救被拐卖、绑架妇女、儿童罪		√	—
		第416条第2款阻碍解救被拐卖、绑架妇女、儿童罪		√	—
		第417条帮助犯罪分子逃避处罚罪		√	—
		第418条招收公务员、学生徇私舞弊罪		√	—
		第419条失职造成珍贵文物损毁、流失罪		√	—
07034 影响力交易	3	第388条之一利用影响力受贿罪	√		—
		第390条之一对有影响力的人行贿罪	√		—
07035 资产非法增加	3	第395条第1款巨额财产来源不明罪	√		—
		第395条第2款隐瞒境外存款罪	√		—
07039 其他腐败行为	3	第384条挪用公款罪	√		—
		第392条介绍贿赂罪	√		—
		第396条第1款私分国有资产罪	√		—

续表

《犯罪统计的国际分类》代码与犯罪类别	级别	国内刑法/犯罪分类	完全匹配	部分匹配	细节评注
07039 其他腐败行为	3	第396条第2款私分罚没财物罪		﹀	特殊主体
		第165条非法经营同类营业罪		﹀	国有
		第166条为亲友非法牟利罪		﹀	国有

第四节 涉及犯罪所得的行为

一、《犯罪统计的国际分类》中的类别描述

在《犯罪统计的国际分类》中，"0704 涉及犯罪所得的行为"的定义为：接收、处理或持有直接或间接通过犯罪活动而产生或取得的金钱或财产。其包含范围为：持有盗窃的钱物；适用07041～07049中列出的全部包含范围。

排除情形：取得财产或金钱的犯罪活动不编号归入此级别中。

（一）洗钱

在《犯罪统计的国际分类》中，"07041 洗钱"的定义为：明知财产为犯罪所得，为隐瞒或掩饰该财产的非法来源，或者帮助任何参与实施上游犯罪者逃避其行为的法律责任，为隐瞒或者掩饰该财产的真实性质、来源、所在地、处分、转移或所有权，而转换或转移该财产。① 其包含范围为：转换或转移财产；非法隐瞒或掩饰财产相关信息；非法获得、持有或使用被清洗的财产；"自我洗钱"；隐瞒或继续保留犯罪所得。

排除情形：适用0704中列出的全部排除情形。

（二）非法贩运文化财产

在《犯罪统计的国际分类》中，"07042 非法贩运文化财产"的定义为：非法

① 参见联合国毒品和犯罪问题办公室：《联合国打击跨国有组织犯罪公约》及其《议定书》，载联合国毒品控制和犯罪问题办公室官网2021年1月1日，https://www.unodc.org/documents/treaties/UNTOC/Publications/TOC Convention/TOCebook-e.pdf。

销售、经销、交付、经纪、运输、进口、出口或持有文化财产。[①] 其包含范围为：非法贩运文化财产；未构成盗窃或损坏财产的文化艺术财产犯罪。

排除情形：非法带走文化财产（0502）；进出口犯罪（08042）；违犯海关法罪（08041）；适用 0704 中列出的全部排除情形。

（三）其他涉及犯罪所得的行为

在《犯罪统计的国际分类》中，“07049 其他涉及犯罪所得的行为”的定义为：07041 ~ 07042 类别中未加描述或分类的接收、处理或持有直接或间接通过犯罪活动而产生或取得的金钱或财产。其包含范围为：持有盗窃的钱物；接收、处理、处置、出售或贩运赃物；使用盗窃的零件来生产其他产品（汽车翻新）；藏匿赃物。

排除情形：非法带走财产（0502）；适用 0704 中列出的全部排除情形。

二、中国相关罪名的匹配分析

（一）洗钱的匹配分析

根据《犯罪统计的国际分类》对“07041 洗钱”的类别描述和我国《刑法》的规定，我国有四个条款的情形可与其完全匹配或者部分匹配：一是我国《刑法》第 191 条规定的洗钱罪的情形。二是我国《刑法》第 312 条规定的掩饰、隐瞒犯罪所得、犯罪所得收益罪的情形。三是我国《刑法》第 349 条规定的包庇毒品犯罪分子罪，窝藏、转移、隐瞒毒品、毒赃罪的情形。四是我国《刑法》第 412 条规定的情形。

我国《刑法》第 191 条第 1 款规定了［洗钱罪］：“为掩饰、隐瞒毒品犯罪、黑社会性质的组织犯罪、恐怖活动犯罪、走私犯罪、贪污贿赂犯罪、破坏金融管理秩序犯罪、金融诈骗犯罪的所得及其产生的收益的来源和性质，有下列行为之一的，没收实施以上犯罪的所得及其产生的收益，处五年以下有期徒刑或者拘役，并处或者单处罚金；情节严重的，处五年以上十年以下有期徒刑，并处罚金：（一）提供资金账户的；（二）将财产转换为现金、金融票据、有价证券的；（三）通

---

① 文化财产至少是指基于宗教或世俗的原因，由于其在考古、史前史、历史、文学、艺术或科学方面的重要性，被某缔约国特别规定为应受出口管制的财产。参见联合国教科文组织：《1970 年联合国教科文组织关于采取措施禁止并防止文化财产非法进出口和所有权非法转让公约》，载联合国教科文组织官网 2023 年 1 月 1 日，http://www.unesco.org/new/en/culture/themes/illicit-traffic-of-cultural-property/1970-convention。

过转账或者其他支付结算方式转移资金的；（四）跨境转移资产的；（五）以其他方法掩饰、隐瞒犯罪所得及其收益的来源和性质的。”

我国《刑法》第312条第1款规定了[掩饰、隐瞒犯罪所得、犯罪所得收益罪]：“明知是犯罪所得及其产生的收益而予以窝藏、转移、收购、代为销售或者以其他方法掩饰、隐瞒的，处三年以下有期徒刑、拘役或者管制，并处或者单处罚金；情节严重的，处三年以上七年以下有期徒刑，并处罚金。”

我国《刑法》第349条规定了[包庇毒品犯罪分子罪，窝藏、转移、隐瞒毒品、毒赃罪]：“包庇走私、贩卖、运输、制造毒品的犯罪分子的，为犯罪分子窝藏、转移、隐瞒毒品或者犯罪所得的财物的，处三年以下有期徒刑、拘役或者管制；情节严重的，处三年以上十年以下有期徒刑。”

我国《刑法》第412条第1款规定了：“国家商检部门、商检机构的工作人员徇私舞弊，伪造检验结果的，处五年以下有期徒刑或者拘役；造成严重后果的，处五年以上十年以下有期徒刑。”

与《犯罪统计的国际分类》对“07041 洗钱”的类别描述相比，我国《刑法》规定的上述四个条款中，除了第312条的规定与之完全匹配外，其余三个条款中，第191条因为限定了上游犯罪而导致其规定更为狭窄，第349条多规定了一个包庇行为而更为宽泛，因此均与之部分匹配。

（二）非法贩运文化财产的匹配分析

根据《犯罪统计的国际分类》对“07042 非法贩运文化财产”的类别描述和我国《刑法》的规定，我国有八个条款的情形可与其部分匹配：一是我国《刑法》第324条第1款规定的故意损毁文物罪的情形；二是我国《刑法》第324条第2款规定的故意损毁名胜古迹罪的情形；三是我国《刑法》第324条第3款规定的过失损毁文物罪的情形；四是我国《刑法》第325条规定的非法向外国人出售、赠送珍贵文物罪的情形；五是我国《刑法》第326条规定的倒卖文物罪的情形；六是我国《刑法》第327条规定的非法出售、私赠文物藏品罪的情形；七是我国《刑法》第328条第1款规定的盗掘古文化遗址、古墓葬罪的情形；八是我国《刑法》第328条第2款规定的盗掘古人类化石、古脊椎动物化石罪的情形。

我国《刑法》第324条第1款规定了[故意损毁文物罪]：“故意损毁国家保护的珍贵文物或者被确定为全国重点文物保护单位、省级文物保护单位的文物的，处三年以下有期徒刑或者拘役，并处或者单处罚金；情节严重的，处三年以上十年以下有期徒刑,并处罚金。”

我国《刑法》第 324 条第 2 款规定了[故意损毁名胜古迹罪]:“故意损毁国家保护的名胜古迹,情节严重的,处五年以下有期徒刑或者拘役,并处或者单处罚金。”

我国《刑法》第 324 条第 3 款规定了[过失损毁文物罪]:“过失损毁国家保护的珍贵文物或者被确定为全国重点文物保护单位、省级文物保护单位的文物,造成严重后果的,处三年以下有期徒刑或者拘役。”

我国《刑法》第 325 条第 1 款规定了[非法向外国人出售、赠送珍贵文物罪]:“违反文物保护法规,将收藏的国家禁止出口的珍贵文物私自出售或者私自赠送给外国人的,处五年以下有期徒刑或者拘役,可以并处罚金。”

我国《刑法》第 326 条第 1 款规定了[倒卖文物罪]:“以牟利为目的,倒卖国家禁止经营的文物,情节严重的,处五年以下有期徒刑或者拘役,并处罚金;情节特别严重的,处五年以上十年以下有期徒刑,并处罚金。”

我国《刑法》第 327 条规定了[非法出售、私赠文物藏品罪]:“违反文物保护法规,国有博物馆、图书馆等单位将国家保护的文物藏品出售或者私自送给非国有单位或者个人的,对单位判处罚金,并对其直接负责的主管人员和其他直接责任人员,处三年以下有期徒刑或者拘役。”

我国《刑法》第 328 条第 1 款规定了[盗掘古文化遗址、古墓葬罪]:“盗掘具有历史、艺术、科学价值的古文化遗址、古墓葬的,处三年以上十年以下有期徒刑,并处罚金;情节较轻的,处三年以下有期徒刑、拘役或者管制,并处罚金;有下列情形之一的,处十年以上有期徒刑或者无期徒刑,并处罚金或者没收财产:(一)盗掘确定为全国重点文物保护单位和省级文物保护单位的古文化遗址、古墓葬的;(二)盗掘古文化遗址、古墓葬集团的首要分子;(三)多次盗掘古文化遗址、古墓葬的;(四)盗掘古文化遗址、古墓葬,并盗窃珍贵文物或者造成珍贵文物严重破坏的。”

我国《刑法》第 328 条第 2 款规定了[盗掘古人类化石、古脊椎动物化石罪]:“盗掘国家保护的具有科学价值的古人类化石和古脊椎动物化石的,依照前款的规定处罚。”

我国《刑法》规定的上述八个条款符合《犯罪统计的国际分类》对“07042 非法贩运文化财产”的类别描述,均与其完全匹配。

三、《犯罪统计的国际分类》中国版对应表

表 11－4　涉及犯罪所得的行为

《犯罪统计的国际分类》代码与犯罪类别	级别	国内刑法/犯罪分类	完全匹配	部分匹配	细节评注
0704 涉及犯罪所得的行为	2	—			—
07041 洗钱	3	第 191 条洗钱罪		√	限定上游犯罪
		第 312 条掩饰、隐瞒犯罪所得、犯罪所得收益罪	√		—
		第 349 条包庇毒品犯罪分子罪，窝藏、转移、隐瞒毒品、毒赃罪		√	多了：包庇，但是同一条款，难以分开
—		第 412 条			
07042 非法贩运文化财产	3	—			
		第 324 条第 1 款故意损毁文物罪	√		—
		第 324 条第 2 款故意损毁名胜古迹罪	√		
		第 324 条第 3 款过失损毁文物罪	√		—
		第 325 条非法向外国人出售、赠送珍贵文物罪	√		—
		第 326 条倒卖文物罪	√		—
		第 327 条非法出售、私赠文物藏品罪	√		—
		第 328 条第 1 款盗掘古文化遗址、古墓葬罪	√		—
		第 328 条第 2 款盗掘古人类化石、古脊椎动物化石罪	√		
07049 其他涉及犯罪所得的行为	3	—			—

第五节 其他涉及欺诈、欺骗或腐败的行为

一、《犯罪统计的国际分类》中的类别描述

在《犯罪统计的国际分类》中，“0709 其他涉及欺诈、欺骗或腐败的行为”的定义为：0701～0704 类别中未加描述或分类的其他涉及欺诈、欺骗或腐败的行为。

排除情形：收养欺诈（020291）；采用欺骗手段发生性关系（030112）；社会福利和税收欺诈（08041）；破产欺诈（08042）；涉及海关的欺诈（08044）；移徙欺诈（0805）；选举欺诈（08079）；适用 0701～0704 中列出的全部排除情形。

二、中国相关罪名的匹配分析

根据《犯罪统计的国际分类》对“0709 其他涉及欺诈、欺骗或腐败的行为”的类别描述和我国《刑法》的规定，我国有十二个条款的情形可与其部分匹配：一是我国《刑法》第 158 条规定的虚报注册资本罪的情形；二是我国《刑法》第 159 条规定的虚假出资、抽逃出资罪的情形；三是我国《刑法》第 160 条规定的欺诈发行证券罪的情形；四是我国《刑法》第 161 条规定的违规披露、不披露重要信息罪的情形；五是我国《刑法》第 162 条规定的妨害清算罪的情形；六是我国《刑法》第 162 条之一规定的隐匿、故意销毁会计凭证、会计账簿、财务会计报告罪的情形；七是我国《刑法》第 162 条之二规定的虚假破产罪的情形；八是我国《刑法》第 169 条规定的徇私舞弊低价折股、出售国有资产罪的情形；九是我国《刑法》第 169 条之一规定的背信损害上市公司利益罪的情形；十是我国《刑法》第 174 条第 1 款规定的擅自设立金融机构罪的情形；十一是我国《刑法》第 229 条第 1 款规定的提供虚假证明文件罪的情形；十二是我国《刑法》第 230 条规定的逃避商检罪的情形。

我国《刑法》第 158 条第 1 款规定了［虚报注册资本罪］：“申请公司登记使用虚假证明文件或者采取其他欺诈手段虚报注册资本，欺骗公司登记主管部门，取得公司登记，虚报注册资本数额巨大、后果严重或者有其他严重情节的，处三年以下有期徒刑或者拘役，并处或者单处虚报注册资本金额百分之一以上百分之五以下罚金。”

我国《刑法》第 159 条第 1 款规定了［虚假出资、抽逃出资罪］：“公司发起

人、股东违反公司法的规定未交付货币、实物或者未转移财产权，虚假出资，或者在公司成立后又抽逃其出资，数额巨大、后果严重或者有其他严重情节的，处五年以下有期徒刑或者拘役，并处或者单处虚假出资金额或者抽逃出资金额百分之二以上百分之十以下罚金。"

我国《刑法》第160条第1、2款规定了[欺诈发行证券罪]："在招股说明书、认股书、公司、企业债券募集办法等发行文件中隐瞒重要事实或者编造重大虚假内容，发行股票或者公司、企业债券、存托凭证或者国务院依法认定的其他证券，数额巨大、后果严重或者有其他严重情节的，处五年以下有期徒刑或者拘役，并处或者单处罚金；数额特别巨大、后果特别严重或者有其他特别严重情节的，处五年以上有期徒刑，并处罚金。控股股东、实际控制人组织、指使实施前款行为的，处五年以下有期徒刑或者拘役，并处或者单处非法募集资金金额百分之二十以上一倍以下罚金；数额特别巨大、后果特别严重或者有其他特别严重情节的，处五年以上有期徒刑，并处非法募集资金金额百分之二十以上一倍以下罚金。"

我国《刑法》第161条第1款规定了[违规披露、不披露重要信息罪]："依法负有信息披露义务的公司、企业向股东和社会公众提供虚假的或者隐瞒重要事实的财务会计报告，或者对依法应当披露的其他重要信息不按照规定披露，严重损害股东或者其他人利益，或者有其他严重情节的，对其直接负责的主管人员和其他直接责任人员，处五年以下有期徒刑或者拘役，并处或者单处罚金；情节特别严重的，处五年以上十年以下有期徒刑，并处罚金。"

我国《刑法》第162条规定了[妨害清算罪]："公司、企业进行清算时，隐匿财产，对资产负债表或者财产清单作虚伪记载或者在未清偿债务前分配公司、企业财产，严重损害债权人或者其他人利益的，对其直接负责的主管人员和其他直接责任人员，处五年以下有期徒刑或者拘役，并处或者单处二万元以上二十万元以下罚金。"

我国《刑法》第162条之一规定了[隐匿、故意销毁会计凭证、会计账簿、财务会计报告罪]："隐匿或者故意销毁依法应当保存的会计凭证、会计账簿、财务会计报告，情节严重的，处五年以下有期徒刑或者拘役，并处或者单处二万元以上二十万元以下罚金。"

我国《刑法》第162条之二规定了[虚假破产罪]："公司、企业通过隐匿财产、承担虚构的债务或者以其他方法转移、处分财产，实施虚假破产，严重损害债权人或者其他人利益的,对其直接负责的主管人员和其他直接责任人员,处五年以下有期徒刑或者拘役,并处或者单处二万元以上二十万元以下罚金。”

我国《刑法》第169条规定了[徇私舞弊低价折股、出售国有资产罪]:“国有公司、企业或者其上级主管部门直接负责的主管人员,徇私舞弊,将国有资产低价折股或者低价出售,致使国家利益遭受重大损失的,处三年以下有期徒刑或者拘役;致使国家利益遭受特别重大损失的,处三年以上七年以下有期徒刑。”

我国《刑法》第169条之一规定了[背信损害上市公司利益罪]:“上市公司的董事、监事、高级管理人员违背对公司的忠实义务,利用职务便利,操纵上市公司从事下列行为之一,致使上市公司利益遭受重大损失的,处三年以下有期徒刑或者拘役,并处或者单处罚金;致使上市公司利益遭受特别重大损失的,处三年以上七年以下有期徒刑,并处罚金:(一)无偿向其他单位或者个人提供资金、商品、服务或者其他资产的;(二)以明显不公平的条件,提供或者接受资金、商品、服务或者其他资产的;(三)向明显不具有清偿能力的单位或者个人提供资金、商品、服务或者其他资产的;(四)为明显不具有清偿能力的单位或者个人提供担保,或者无正当理由为其他单位或者个人提供担保的;(五)无正当理由放弃债权、承担债务的;(六)采用其他方式损害上市公司利益的。”

我国《刑法》第174条第1款规定了[擅自设立金融机构罪]:“未经国家有关主管部门批准,擅自设立商业银行、证券交易所、期货交易所、证券公司、期货经纪公司、保险公司或者其他金融机构的,处三年以下有期徒刑或者拘役,并处或者单处二万元以上二十万元以下罚金;情节严重的,处三年以上十年以下有期徒刑,并处五万元以上五十万元以下罚金。”

我国《刑法》第229条第1款规定了[提供虚假证明文件罪]:“承担资产评估、验资、验证、会计、审计、法律服务、保荐、安全评价、环境影响评价、环境监测等职责的中介组织的人员故意提供虚假证明文件,情节严重的,处五年以下有期徒刑或者拘役,并处罚金;有下列情形之一的,处五年以上十年以下有期徒刑,并处罚金:(一)提供与证券发行相关的虚假的资产评估、会计、审计、法律服务、保荐等证明文件,情节特别严重的;(二)提供与重大资产交易相关的虚假的资产评估、会计、审计等证明文件,情节特别严重的;(三)在涉及公共安全的重大工程、项目中提供虚假的安全评价、环境影响评价等证明文件,致使公共财产、国家和人民利益遭受特别重大损失的。”

我国《刑法》第230条规定了[逃避商检罪]:“违反进出口商品检验法的规定,逃避商品检验,将必须经商检机构检验的进口商品未报经检验而擅自销售、使用,或者将必须经商检机构检验的出口商品未报经检验合格而擅自出口,情节严重的,处三年以下有期徒刑或者拘役,并处或者单处罚金。”

与《犯罪统计的国际分类》对“0709 其他涉及欺诈、欺骗或腐败的行为”相比,我国《刑法》上述十二个条款的规定对具体的犯罪行为均有所限定,比如规定了虚报、欺诈发行、隐瞒、隐匿、销毁等行为要求,而使每个条款的规定都比“0709 其他涉及欺诈、欺骗或腐败的行为”更为狭窄,因此均与其部分匹配。

三、《犯罪统计的国际分类》中国版对应表

表11-5　其他涉及欺诈、欺骗或腐败的行为

《犯罪统计的国际分类》代码与犯罪类别	级别	国内刑法/犯罪分类	完全匹配	部分匹配	细节评注
0709 其他涉及欺诈、欺骗或腐败的行为	2	第158条虚报注册资本罪		✓	虚报
		第159条虚假出资、抽逃出资罪		✓	虚假
		第160条欺诈发行证券罪		✓	欺诈发行
		第161条违规披露、不披露重要信息罪		✓	虚假、隐瞒
		第162条妨害清算罪		✓	虚伪记载、违法分配
		第162条之一隐匿、故意销毁会计凭证、会计账簿、财务会计报告罪		✓	隐匿、销毁
		第162条之二虚假破产罪		✓	虚假破产
		第169条徇私舞弊低价折股、出售国有资产罪		✓	—
		第169条之一背信损害上市公司利益罪		✓	违背忠实义务
		第174条第1款擅自设立金融机构罪		✓	擅自设立
		第229条第1款提供虚假证明文件罪		✓	虚假证明文件
		第230条逃避商检罪		✓	法条

第十二章 侵犯国家公共秩序、权力和规定的行为

第一节 违反公共秩序行为标准的行为

一、《犯罪统计的国际分类》中的类别描述

在《犯罪统计的国际分类》中，“0801 违反公共秩序行为标准的行为”的定义为：违反公共秩序行为标准的行为。[①] 其包含范围为：行乞；乱丢垃圾罪；组织非法集会；流氓行为；适用 08011～08019 中列出的全部包含范围。

排除情形：公共秩序性标准(0802)。

(一)暴力扰乱公共秩序

在《犯罪统计的国际分类》中，“08011 暴力扰乱公共秩序”的定义为：有组织或自发的，且对公众造成严重骚扰、恐惧或伤害的非法暴力行为。其包含范围为：骚乱；暴动；斗殴；公共场所斗殴；流氓行为；体育活动中的暴力行为。

排除情形：未侵犯公共秩序的行为标准，但使用暴力造成伤害，或威胁造成伤害的行为(0201)；适用 0801 中列出的全部包含范围。

(二)涉及社会和宗教公共秩序规范和标准的行为

在《犯罪统计的国际分类》中，“08012 涉及社会和宗教公共秩序规范和标准的行为”的定义为：违反社会和宗教公共秩

---

① 公共秩序行为标准至少包括维持公共道德和礼节的行为标准。

序规范和标准的行为。[①] 其包含范围为:公共场所酗酒;扰乱社会治安行为;损害公共安宁;攻击性语言或行为;流浪;行乞;乱丢垃圾罪;公共危害;扰乱宗教集会;游荡;噪音投诉。

排除情形:在酒精或精神活性药物的影响下操作车辆(02072);表达被管控社会信仰和规范的行为(08032);通过噪音和震颤造成环境污染(1001);向未成年人供应酒精(11021);适用0801中列出的全部排除情形。

(三)其他违反公共秩序行为标准的行为

在《犯罪统计的国际分类》中,"08019 其他违反公共秩序行为标准的行为"的定义为:08011~08012类别中未加描述或分类的违反公共秩序行为标准行为。其包含范围为:组织非法集会、参加非法集会、征聘人员参加非法集会;拥有或占有举行非法集会的不动产。

排除情形:适用0801中列出的全部排除情形。

二、中国相关罪名的匹配分析

(一)暴力扰乱公共秩序的匹配分析

根据《犯罪统计的国际分类》对"08011 暴力扰乱公共秩序"的类别描述和我国《刑法》的规定,我国有两个条款的情形可与其完全匹配或部分匹配:一是我国《刑法》第292条第1款规定的聚众斗殴罪的情形;二是我国《刑法》第293条规定的寻衅滋事罪的情形。

我国《刑法》第292条第1款规定了[聚众斗殴罪]:"聚众斗殴的,对首要分子和其他积极参加的,处三年以下有期徒刑、拘役或者管制;有下列情形之一的,对首要分子和其他积极参加的,处三年以上十年以下有期徒刑:(一)多次聚众斗殴的;(二)聚众斗殴人数多,规模大,社会影响恶劣的;(三)在公共场所或者交通要道聚众斗殴,造成社会秩序严重混乱的;(四)持械聚众斗殴的。"

我国《刑法》第293条第1款规定了[寻衅滋事罪]:"有下列寻衅滋事行为之一,破坏社会秩序的,处五年以下有期徒刑、拘役或者管制:(一)随意殴打他人,情节恶劣的;(二)追逐、拦截、辱骂、恐吓他人,情节恶劣的;(三)强拿硬要或者任意损毁、占用公私财物,情节严重的;(四)在公共场所起哄闹事,造成公共场所秩序严重混乱的。"

---

① 公共秩序行为标准至少包括维持公共道德和礼节的行为标准。

与《犯罪统计的国际分类》对“08011 暴力扰乱公共秩序”的类别描述相比，在我国《刑法》的上述两个条款的规定中，第 292 条规定的聚众斗殴罪与其完全匹配，第 293 条规定的寻衅滋事罪因其中的任意损毁、占用公私财物的行为本身不构成对公众的暴力，因此该条的范围比“08011 暴力扰乱公共秩序”更为宽泛，与之部分匹配。

(二)涉及社会和宗教公共秩序规范和标准的行为的匹配分析

根据《犯罪统计的国际分类》对“08012 涉及社会和宗教公共秩序规范和标准的行为”的类别描述和我国《刑法》的规定，我国有八个条款的情形可与其完全匹配或部分匹配：一是我国《刑法》第 290 条第 1 款规定的聚众扰乱社会秩序罪的情形。二是我国《刑法》第 290 条第 2 款规定的聚众冲击国家机关罪的情形。三是我国《刑法》第 290 条第 3 款规定的扰乱国家机关工作秩序罪的情形。四是我国《刑法》第 291 条规定的聚众扰乱公共场所秩序、交通秩序罪的情形。五是我国《刑法》第 291 条之一第 1 款规定的投放虚假危险物质罪，编造、故意传播虚假恐怖信息罪的情形。六是我国《刑法》第 290 条之一第 2 款规定的编造、故意传播虚假信息罪的情形。七是我国《刑法》第 296 条规定的非法集会、游行、示威罪的情形。八是我国《刑法》第 298 条规定的破坏集会、游行、示威罪的情形。

我国《刑法》第 290 条第 1 款规定了[聚众扰乱社会秩序罪]：“聚众扰乱社会秩序，情节严重，致使工作、生产、营业和教学、科研、医疗无法进行，造成严重损失的，对首要分子，处三年以上七年以下有期徒刑；对其他积极参加的，处三年以下有期徒刑、拘役、管制或者剥夺政治权利。”

我国《刑法》第 290 条第 2 款规定了[聚众冲击国家机关罪]：“聚众冲击国家机关，致使国家机关工作无法进行，造成严重损失的，对首要分子，处五年以上十年以下有期徒刑；对其他积极参加的，处五年以下有期徒刑、拘役、管制或者剥夺政治权利。”

我国《刑法》第 290 条第 3 款规定了[扰乱国家机关工作秩序罪]：“多次扰乱国家机关工作秩序，经行政处罚后仍不改正，造成严重后果的，处三年以下有期徒刑、拘役或者管制。”

我国《刑法》第 291 条规定了[聚众扰乱公共场所秩序、交通秩序罪]：“聚众扰乱车站、码头、民用航空站、商场、公园、影剧院、展览会、运动场或者其他公共场所秩序，聚众堵塞交通或者破坏交通秩序，抗拒、阻碍国家治安管理工作人员依法执行职务,情节严重的,对首要分子,处五年以下有期徒刑、拘役或者管制。”

我国《刑法》第 291 条之一第 1 款规定了[投放虚假危险物质罪,编造、故意传播虚假恐怖信息罪]:“投放虚假的爆炸性、毒害性、放射性、传染病病原体等物质,或者编造爆炸威胁、生化威胁、放射威胁等恐怖信息,或者明知是编造的恐怖信息而故意传播,严重扰乱社会秩序的,处五年以下有期徒刑、拘役或者管制;造成严重后果的,处五年以上有期徒刑。”

我国《刑法》第 291 条之一第 2 款规定了[编造、故意传播虚假信息罪]:“编造虚假的险情、疫情、灾情、警情,在信息网络或者其他媒体上传播,或者明知是上述虚假信息,故意在信息网络或者其他媒体上传播,严重扰乱社会秩序的,处三年以下有期徒刑、拘役或者管制;造成严重后果的,处三年以上七年以下有期徒刑。”

我国《刑法》第 296 条规定了[非法集会、游行、示威罪]:“举行集会、游行、示威,未依照法律规定申请或者申请未获许可,或者未按照主管机关许可的起止时间、地点、路线进行,又拒不服从解散命令,严重破坏社会秩序的,对集会、游行、示威的负责人和直接责任人员,处五年以下有期徒刑、拘役、管制或者剥夺政治权利。”

我国《刑法》第 298 条规定了[破坏集会、游行、示威罪]:“扰乱、冲击或者以其他方法破坏依法举行的集会、游行、示威,造成公共秩序混乱的,处五年以下有期徒刑、拘役、管制或者剥夺政治权利。”

在我国《刑法》上述条款的规定中,与《犯罪统计的国际分类》对“08012 涉及社会和宗教公共秩序规范和标准的行为”的类别描述相比,第 290 条第 1 款、第 2 款、第 3 款和第 298 条规定的犯罪行为或者犯罪行为的主体的范围比“08012 涉及社会和宗教公共秩序规范和标准的行为”更窄都与其部分匹配,其余几个条款均与其完全匹配。

(三)其他违反公共秩序行为标准的行为的匹配分析

根据《犯罪统计的国际分类》对“08019 其他违反公共秩序行为标准的行为”的类别描述和我国《刑法》的规定,我国有五个条款的情形可与其部分匹配:一是我国《刑法》第 290 条第 4 款规定的组织、资助非法聚集罪的情形;二是我国《刑法》第 295 条规定的传授犯罪方法罪的情形;三是我国《刑法》第 299 条第 1 款规定的侮辱国旗、国徽罪的情形;四是我国《刑法》第 299 条第 2 款规定的侮辱国歌罪的情形；五是我国《刑法》第 300 条第 1 款规定的组织、利用会道门、邪教组织、利用迷信破坏法律实施罪的情形。

我国《刑法》第 290 条第 4 款规定了[组织、资助非法聚集罪]：“多次组织、资助他人非法聚集，扰乱社会秩序，情节严重的，依照前款的规定处罚。”

我国《刑法》第 295 条规定了[传授犯罪方法罪]：“传授犯罪方法的，处五年以下有期徒刑、拘役或者管制；情节严重的，处五年以上十年以下有期徒刑；情节特别严重的，处十年以上有期徒刑或者无期徒刑。”

我国《刑法》第 299 条第 1 款规定了[侮辱国旗、国徽罪]：“在公共场合，故意以焚烧、毁损、涂划、玷污、践踏等方式侮辱中华人民共和国国旗、国徽的，处三年以下有期徒刑、拘役、管制或者剥夺政治权利。”

我国《刑法》第 299 条第 2 款规定了[侮辱国歌罪]：“在公共场合，故意篡改中华人民共和国国歌歌词、曲谱，以歪曲、贬损方式奏唱国歌，或者以其他方式侮辱国歌，情节严重的，依照前款的规定处罚。”

我国《刑法》第 300 条第 1 款规定了[组织、利用会道门、邪教组织、利用迷信破坏法律实施罪]：“组织、利用会道门、邪教组织或者利用迷信破坏国家法律、行政法规实施的，处三年以上七年以下有期徒刑，并处罚金；情节特别严重的，处七年以上有期徒刑或者无期徒刑，并处罚金或者没收财产；情节较轻的，处三年以下有期徒刑、拘役、管制或者剥夺政治权利，并处或者单处罚金。”

与《犯罪统计的国际分类》对“08019 其他违反公共秩序行为标准的行为”的类别描述相比，我国《刑法》的上述规定从犯罪行为范围来看明显与其部分匹配。

三、《犯罪统计的国际分类》中国版对应表

表 12－1　违反公共秩序行为标准的行为

《犯罪统计的国际分类》代码与犯罪类别	级别	国内刑法/犯罪分类	完全匹配	部分匹配	细节评注
0801 违反公共秩序行为标准的行为	2	—			—
08011 暴力扰乱公共秩序	3	第 292 条第 1 款聚众斗殴罪	√		—
		第 293 条寻衅滋事罪		√	第 1 项的问题

续表

《犯罪统计的国际分类》代码与犯罪类别	级别	国内刑法/犯罪分类	完全匹配	部分匹配	细节评注
08012 涉及社会和宗教公共秩序规范和标准的行为	3	第 290 条第 1 款聚众扰乱社会秩序罪		√	工作、生产、营业和教学、科研、医疗
		第 290 条第 2 款聚众冲击国家机关罪		√	国家机关
		第 290 条第 3 款扰乱国家机关工作秩序罪		√	国家机关工作秩序
		第 291 条聚众扰乱公共场所秩序、交通秩序罪	√		—
		第 291 条之一第 1 款投放虚假危险物质罪，编造、故意传播虚假恐怖信息罪	√		—
		第 291 条之一第 2 款编造、故意传播虚假信息罪	√		—
		第 296 条非法集会、游行、示威罪	√		—
		第 298 条破坏集会、游行、示威罪		√	部分
08019 其他违反公共秩序行为标准的行为	3	第 290 条第 4 款组织、资助非法聚集罪		√	组织犯、资助行为
		第 295 条传授犯罪方法罪		√	—
		第 299 条第 1 款侮辱国旗、国徽罪		√	—
		第 299 条第 2 款侮辱国歌罪		√	—
		第 300 条第 1 款组织、利用会道门、邪教组织、利用迷信破坏法律实施罪		√	—

第二节 侵犯公共秩序性标准的行为

一、《犯罪统计的国际分类》中的类别描述

在《犯罪统计的国际分类》中，“0802 侵犯公共秩序性标准的行为”的定义

为:侵犯公共秩序性标准的行为。[1] 其包含范围为:色情制品和卖淫罪;非法性交形式;适用08021~08029中列出的全部包含范围。

排除情形:所有性伤害行为(03);残割女性生殖器(020111);以性剥削为目的而贩运人口(02041)。

(一)卖淫罪

在《犯罪统计的国际分类》中,"08021 卖淫罪"的定义为:违反公认的卖淫相关公共秩序性标准的行为。其包含范围为:提供性服务以获取经济或其他利益;购买性服务;不构成儿童性旅游的性旅游。

排除情形:使人卖淫或剥削卖淫者(0302);儿童卖淫(030222);适用0802中列出的全部排除情形。

(二)色情制品犯罪

在《犯罪统计的国际分类》中,"08022 色情制品犯罪"的定义为:违反公认的色情制品相关公共秩序性标准的行为。[2] 其包含范围为:促使、安排、协助或控制他人参与非法色情;生产、制作、分发、传播、广播、传输、销售或拥有非法色情制品;淫秽物品。

排除情形:儿童色情制品(030221);征聘或诱使他人卖淫,或剥削妓女(0302);适用0802中列出的全部排除情形。

(三)其他违反公共秩序性标准的行为

在《犯罪统计的国际分类》中,"08029 其他违反公共秩序性标准的行为"的定义为:08021~08022类别中未加描述或分类的违反公共秩序性标准行为。其包含范围为:公然猥亵;在公共场所进行性行为;裸露癖;非法性交形式;未构成强奸或性侵犯的乱伦或家庭内性犯罪;同性间非法自愿性行为;兽交;尸奸;重婚;一夫多妻;通奸;未构成伤害性性行为的鸡奸;黄色淫秽作品、图片或物品。

排除情形:适用0802中列出的全部排除情形。

二、中国相关罪名的匹配分析

(一)卖淫罪的匹配分析

《犯罪统计的国际分类》"08021 卖淫罪"中的卖淫行为,在我国属于违法行

---

① 公共秩序性标准至少包括防止作出可能冒犯公众或包含被禁止性交形式的性行为的性标准。

② 色情制品至少指直接呈现或描绘一名进行露骨性行为的成年人或一名参与露骨性行为的虚拟成年人的逼真形象。

为，适用《治安管理处罚条例》。因此，我国《刑法》中没有相关罪名与之匹配。

（二）色情制品犯罪的匹配分析

根据《犯罪统计的国际分类》对“08022 色情制品犯罪”的类别描述和我国《刑法》的规定，我国有五个条款的情形可与其完全匹配或部分匹配：一是我国《刑法》第 363 条第 1 款规定的制作、复制、出版、贩卖、传播淫秽物品牟利罪的情形；二是我国《刑法》第 363 条第 2 款规定的为他人提供书号出版淫秽书刊罪的情形；三是我国《刑法》第 364 条第 1 款规定的传播淫秽物品罪的情形；四是我国《刑法》第 364 条第 2 款规定的组织播放淫秽音像制品罪的情形；五是我国《刑法》第 365 条规定的组织淫秽表演罪的情形。

我国《刑法》第 363 条第 1 款规定了[制作、复制、出版、贩卖、传播淫秽物品牟利罪]：“以牟利为目的，制作、复制、出版、贩卖、传播淫秽物品的，处三年以下有期徒刑、拘役或者管制，并处罚金；情节严重的，处三年以上十年以下有期徒刑，并处罚金；情节特别严重的，处十年以上有期徒刑或者无期徒刑，并处罚金或者没收财产。”

我国《刑法》第 363 条第 2 款规定了[为他人提供书号出版淫秽书刊罪]：“为他人提供书号，出版淫秽书刊的，处三年以下有期徒刑、拘役或者管制，并处或者单处罚金；明知他人用于出版淫秽书刊而提供书号的，依照前款的规定处罚。”

我国《刑法》第 364 条第 1 款规定了[传播淫秽物品罪]：“传播淫秽的书刊、影片、音像、图片或者其他淫秽物品，情节严重的，处二年以下有期徒刑、拘役或者管制。”

我国《刑法》第 364 条第 2 款规定了[组织播放淫秽音像制品罪]：“组织播放淫秽的电影、录像等音像制品的，处三年以下有期徒刑、拘役或者管制，并处罚金；情节严重的，处三年以上十年以下有期徒刑，并处罚金。”

我国《刑法》第 365 条规定了[组织淫秽表演罪]：“组织进行淫秽表演的，处三年以下有期徒刑、拘役或者管制，并处罚金；情节严重的，处三年以上十年以下有期徒刑，并处罚金。”

我国《刑法》的上述条款中，与《犯罪统计的国际分类》对“08022 色情制品犯罪”的类别描述相比，除了第 363 条第 2 款规定的犯罪行为为帮助行为而比“08022 色情制品犯罪”范围更窄并因此与之部分匹配之外，其余四个条款均与其完全匹配。

（三）其他违反公共秩序性标准的行为的匹配分析

根据《犯罪统计的国际分类》对“08029 其他违反公共秩序性标准的行为”的类别描述和我国《刑法》的规定，我国有一个罪名的情形可与其完全匹配，即我国《刑法》第 301 条第 1 款规定的聚众淫乱罪的情形。

我国《刑法》第 301 条第 1 款规定了［聚众淫乱罪］：“聚众进行淫乱活动的，对首要分子或者多次参加的，处五年以下有期徒刑、拘役或者管制。”

三、《犯罪统计的国际分类》中国版对应表

表 12－2　侵犯公共秩序性标准的行为

《犯罪统计的国际分类》代码与犯罪类别	级别	国内刑法/犯罪分类	完全匹配	部分匹配	细节评注
0802 侵犯公共秩序性标准的行为	2	—			—
08021 卖淫罪	3	—			—
08022 色情制品犯罪	3	第 363 条第 1 款制作、复制、出版、贩卖、传播淫秽物品牟利罪	√		—
		第 363 条第 2 款为他人提供书号出版淫秽书刊罪		√	帮助
		第 364 条第 1 款传播淫秽物品罪	√		—
		第 364 条第 2 款组织播放淫秽音像制品罪	√		—
		第 365 条组织淫秽表演罪	√		—
08029 其他违反公共秩序性标准的行为	3	第 301 条第 1 款聚众淫乱罪	√		—

第三节　涉及言论自由或言论控制的行为

一、《犯罪统计的国际分类》中的类别描述

在《犯罪统计的国际分类》中，“0803 涉及言论自由或言论控制的行为”的

定义为:旨在限制言论自由或违反言论控制的行为。[①] 其包含范围为:适用08031~08039中列出的全部包含范围。

(一)危害言论自由的行为

在《犯罪统计的国际分类》中,“08031 危害言论自由的行为”的定义为:旨在限制言论自由的行为。其包含范围为:非法审查;非法限制言论自由;非法限制艺术自由。

排除情形:通过强迫、威胁、威吓、威胁披露损害名誉的信息或诽谤威胁而限制他人言论(0205)。

(二)涉及表达被管控社会信仰和规范的行为

在《犯罪统计的国际分类》中,“08032 涉及表达被管控社会信仰和规范的行为”的定义为:出版、表达、生产、拥有、分发或展示受禁止或管制的观点或材料。其包含范围为:适用080321~080329中列出的全部包含范围。

排除情形:生产、拥有、分发或展示儿童色情制品(030221);色情制品犯罪(08022)。

1. 违反宗教信仰/观点的规范

在《犯罪统计的国际分类》中,“080321 违反宗教信仰/观点的规范”的定义为:出版、表达、生产、拥有、分发或展示违反宗教信仰/观点的受禁止或管制观点或材料。其包含范围为:亵渎、背教、劝人更改宗教信仰。

排除情形:歧视(0210);因受害人认定的信仰或价值观而进行诽谤或侮辱(02092);适用08032中列出的全部排除情形。

2. 违反关于不容忍及煽动仇恨的规范

在《犯罪统计的国际分类》中,“080322 违反关于不容忍及煽动仇恨的规范”的定义为:非法表达不容忍以及煽动仇恨。其包含范围为:宣传种族、族裔或宗教仇恨;煽动种族仇恨;仇恨言论;美化暴力;仇恨邮件。

排除情形:一人非法表达不容忍和煽动仇恨,以损害他人名誉、尊严和自信,或诱发敌意或厌恶的意见或感受(0209);歧视(0210);适用08032中列出的

---

① 言论自由至少包括持有主张而不受干涉的自由,和通过任何媒介和不论国界寻求、接受和传递消息和思想的自由。参见联合国:《世界人权宣言》,载联合国官网2023年1月1日,http://www.un.org/en/documents/udhr/。

全部排除情形。

3. 其他涉及表达被管控社会信仰和规范的行为

在《犯罪统计的国际分类》中,“080329 其他涉及表达被管控社会信仰和规范的行为”的定义为:080321 ~080322 类别中未加描述或分类的违反言论控制行为。其包含范围为:传播、宣传或散布被管控的政治观点或材料。

排除情形:适用 08032 中列出的全部排除情形。

(三)其他涉及言论自由或言论控制的行为

在《犯罪统计的国际分类》中,“08039 其他涉及言论自由或言论控制的行为”的定义为:08031 ~08032 类别中未加描述或分类的违反言论自由或言论控制行为。

二、中国相关罪名的匹配分析

根据《犯罪统计的国际分类》对“08039 其他涉及言论自由或言论控制的行为”的类别描述和我国《刑法》的规定,我国只有一个罪名的情形可与其部分匹配,即我国《刑法》第 278 条规定的煽动暴力抗拒法律实施罪的情形。

我国《刑法》第 278 条规定了[煽动暴力抗拒法律实施罪]:“煽动群众暴力抗拒国家法律、行政法规实施的,处三年以下有期徒刑、拘役、管制或者剥夺政治权利;造成严重后果的,处三年以上七年以下有期徒刑。”

与《犯罪统计的国际分类》对“08039 其他涉及言论自由或言论控制的行为”的类别描述相比,我国《刑法》第 278 条规定的犯罪行为属于本犯罪类别的一个部分,因此与其部分匹配。

三、《犯罪统计的国际分类》中国版对应表

表 12 -3 涉及言论自由或言论控制的行为

《犯罪统计的国际分类》代码与犯罪类别	级别	国内刑法/犯罪分类	完全匹配	部分匹配	细节评注
0803 涉及言论自由或言论控制的行为	2	—			—
08031 危害言论自由的行为	3	—			—

续表

《犯罪统计的国际分类》代码与犯罪类别	级别	国内刑法/犯罪分类	完全匹配	部分匹配	细节评注
08032 涉及表达被管控社会信仰和规范的行为	3	—			—
080321 违反宗教信仰/观点的规范	4	—			—
080322 违反关于不容忍及煽动仇恨的规范	4	—			—
080329 其他涉及表达被管控社会信仰和规范的行为	4	—			—
08039 其他涉及言论自由或言论控制的行为	3	第278条煽动暴力抗拒法律实施罪		√	法条

第四节　违反公共收入规定或监管规定的行为

一、《犯罪统计的国际分类》中的类别描述

在《犯罪统计的国际分类》中，“0804 违反公共收入规定或监管规定的行为”的定义为：违反公共收入规定的行为和基于道德或伦理原因被规范或禁止的行为。其包含范围为：逃税；企业犯罪；非法赌博；适用08041～08049中列出的全部包含范围。

排除情形：由任何人的疏忽、鲁莽或大意行为而导致的人身伤害或可能导致的人身伤害（0206）；由任何人的危险行为而导致的人身伤害或可能导致的人身伤害（0207）；涉及欺诈、欺骗或腐败的行为（07）；非法贩运文化财产（07042）。

(一)违反公共收入规定的行为

在《犯罪统计的国际分类》中,“08041 违反公共收入规定的行为”的定义为:违反海关、税收和其他公共收入规定的行为。其包含范围为:关税、课税、税和收入犯罪。

排除情形:社会福利和税务欺诈和其他涉及欺诈、欺骗或腐败的行为(07);偷运移民(0805);适用 0804 中列出的全部排除情形。

(二)违反商业或金融法规的行为

在《犯罪统计的国际分类》中,“08042 违反商业或金融法规的行为”的定义为:违反商业、工业或金融法规的行为。其包含范围为:企业或公司犯罪,包括竞争和破产犯罪;欺诈破产;贸易、贸易说明或进出口犯罪;违反贸易规定、限制或禁运的行为;投资或股票/股份犯罪(未构成欺诈);高利贷。

排除情形:侵犯知识产权(0503);涉及欺诈、诈骗或腐败的行为(07);损害健康和安全的行为(0902);损害自然环境的行为(10);适用 0804 中列出的全部排除情形。

(三)违反赌博规定的行为

在《犯罪统计的国际分类》中,“08043 违反赌博规定的行为”的定义为:违反赌博和博彩规定、限制或禁令的行为。其包含范围为:博彩和赌博犯罪。

排除情形:适用 0804 中列出的全部排除情形。

(四)走私货物

在《犯罪统计的国际分类》中,“08044 走私货物”的定义为:包括海关欺诈和货物秘密穿越关境在内的行为。[①] 其包含范围为:走私货物、违禁品贩运。

排除情形:进出口犯罪(08042);伪造货物和产品(07022);适用 0804 中列出的全部排除情形。

(五)市场操纵或内线交易

在《犯罪统计的国际分类》中,“08045 市场操纵或内线交易”的定义为:非

① 走私货物指包括海关欺诈和货物秘密穿越关境在内的行为。参见世界海关组织:《关于为防止、调查和惩处违犯海关法罪实行行政互助的国际公约》(1977 年《内罗毕公约》)第 1(d)条,载世界海关组织官网 2023 年 1 月 1 日,http://www.wcoomd.org/en/about-us/legal-instruments/~/media/574B25F13D9C4D4BA44AB4CD50A967C5.ashx。

法市场操纵或内线交易。[①] 其包含范围为：根据内线消息（内幕交易）、不正当披露市场相关信息、滥用市场相关信息、操纵市场交易、操纵价格。

排除情形：适用0804中列出的全部排除情形。

（六）其他违反公共行政或监管规定的行为

在《犯罪统计的国际分类》中，“08049 其他违反公共行政或监管规定的行为”的定义为：08041～08045类别中未加描述或分类的违反公共收入规定和涉及基于道德或伦理原因被规范或禁止行为。其包含范围为：滥用文化遗产；损坏或破坏文化纪念物；其他损害公共行政的行为。

排除情形：适用0804中列出的全部排除情形。

二、中国相关罪名的匹配分析

（一）违反公共收入规定的行为的匹配分析

根据《犯罪统计的国际分类》对“08041 违反公共收入规定的行为”的类别描述和我国《刑法》的规定，我国有十四个条款的情形可与其完全匹配：一是我国《刑法》第201条规定的逃税罪的情形。二是我国《刑法》第202条规定的抗税罪的情形。三是我国《刑法》第203条规定的逃避追缴欠税罪的情形。四是我国《刑法》第204条规定的骗取出口退税罪的情形。五是我国《刑法》第205条规定的虚开增值税专用发票、用于骗取出口退税、抵扣税款发票罪的情形。六是我国《刑法》第205条之一规定的虚开发票罪的情形。七是我国《刑法》第206条规定的伪造、出售伪造的增值税专用发票罪的情形。八是我国《刑法》第207条规定的非法出售增值税专用发票罪的情形。九是我国《刑法》第208条第1款规定的非法购买增值税专用发票、购买伪造的增值税专用发票罪的情形。十是我国《刑法》第209条第1款规定的非法制造、出售非法制造的用于骗取出口退税、抵扣税款发票罪的情形。十一是我国《刑法》第209条第2款规定的非法制造、出售非法制造的发票罪的情形。十二是我国《刑法》第209条第3款规定的非法出售用于骗取出口退税、抵扣税款发票罪的情形。十三是我国

---

① 市场操纵系指就一个金融工具或一份商品现货合同给出虚假或误导性供应、需求或价格信号的交易、下单交易或任何其他行为；或将一个或多个金融工具或一份商品现货合同的价格控制在非正常或人为水平。内线交易系指拥有内幕信息，并自行或代表第三方直接或间接获取或处理与该信息相关的金融工具。参见欧洲联盟：《欧洲议会和欧洲委员会关于滥用市场刑事处罚的指令》，载欧盟官网2014年4月16日，http://register.consilium.europa.eu/doc/srv?1=EN&f=PE%208%202014%20REV%201。

《刑法》第 209 条第 4 款规定的非法出售发票罪的情形。十四是我国《刑法》第 210 条之一规定的持有伪造的发票罪的情形。

我国《刑法》第 201 条第 1 款规定了[逃税罪]:“纳税人采取欺骗、隐瞒手段进行虚假纳税申报或者不申报,逃避缴纳税款数额较大并且占应纳税额百分之十以上的,处三年以下有期徒刑或者拘役,并处罚金;数额巨大并且占应纳税额百分之三十以上的,处三年以上七年以下有期徒刑,并处罚金。”

我国《刑法》第 202 条规定了[抗税罪]:“以暴力、威胁方法拒不缴纳税款的,处三年以下有期徒刑或者拘役,并处拒缴税款一倍以上五倍以下罚金;情节严重的,处三年以上七年以下有期徒刑,并处拒缴税款一倍以上五倍以下罚金。”

我国《刑法》第 203 条规定了[逃避追缴欠税罪]:“纳税人欠缴应纳税款,采取转移或者隐匿财产的手段,致使税务机关无法追缴欠缴的税款,数额在一万元以上不满十万元的,处三年以下有期徒刑或者拘役,并处或者单处欠缴税款一倍以上五倍以下罚金;数额在十万元以上的,处三年以上七年以下有期徒刑,并处欠缴税款一倍以上五倍以下罚金。”

我国《刑法》第 204 条第 1 款规定了[骗取出口退税罪]:“以假报出口或者其他欺骗手段,骗取国家出口退税款,数额较大的,处五年以下有期徒刑或者拘役,并处骗取税款一倍以上五倍以下罚金;数额巨大或者有其他严重情节的,处五年以上十年以下有期徒刑,并处骗取税款一倍以上五倍以下罚金;数额特别巨大或者有其他特别严重情节的,处十年以上有期徒刑或者无期徒刑,并处骗取税款一倍以上五倍以下罚金或者没收财产。”

我国《刑法》第 205 条第 1 款规定了[虚开增值税专用发票、用于骗取出口退税、抵扣税款发票罪]:“虚开增值税专用发票或者虚开用于骗取出口退税、抵扣税款的其他发票的,处三年以下有期徒刑或者拘役,并处二万元以上二十万元以下罚金;虚开的税款数额较大或者有其他严重情节的,处三年以上十年以下有期徒刑,并处五万元以上五十万元以下罚金;虚开的税款数额巨大或者有其他特别严重情节的,处十年以上有期徒刑或者无期徒刑,并处五万元以上五十万元以下罚金或者没收财产。”

我国《刑法》第 205 条之一第 1 款规定了[虚开发票罪]:“虚开本法第二百零五条规定以外的其他发票,情节严重的,处二年以下有期徒刑、拘役或者管制,并处罚金;情节特别严重的,处二年以上七年以下有期徒刑,并处罚金。”

我国《刑法》第 206 条第 1 款规定了[伪造、出售伪造的增值税专用发票罪]:“伪造或者出售伪造的增值税专用发票的,处三年以下有期徒刑、拘役或者管制,并处二万元以上二十万元以下罚金;数量较大或者有其他严重情节的,处三年以上十年以下有期徒刑,并处五万元以上五十万元以下罚金;数量巨大或者有其他特别严重情节的,处十年以上有期徒刑或者无期徒刑,并处五万元以上五十万元以下罚金或者没收财产。”

我国《刑法》第 207 条规定了[非法出售增值税专用发票罪]:“非法出售增值税专用发票的,处三年以下有期徒刑、拘役或者管制,并处二万元以上二十万元以下罚金;数量较大的,处三年以上十年以下有期徒刑,并处五万元以上五十万元以下罚金;数量巨大的,处十年以上有期徒刑或者无期徒刑,并处五万元以上五十万元以下罚金或者没收财产。”

我国《刑法》第 208 条第 1 款规定了[非法购买增值税专用发票、购买伪造的增值税专用发票罪]:“非法购买增值税专用发票或者购买伪造的增值税专用发票的,处五年以下有期徒刑或者拘役,并处或者单处二万元以上二十万元以下罚金。”

我国《刑法》第 209 条第 1 款规定了[非法制造、出售非法制造的用于骗取出口退税、抵扣税款发票罪]:“伪造、擅自制造或者出售伪造、擅自制造的可以用于骗取出口退税、抵扣税款的其他发票的,处三年以下有期徒刑、拘役或者管制,并处二万元以上二十万元以下罚金;数量巨大的,处三年以上七年以下有期徒刑,并处五万元以上五十万元以下罚金;数量特别巨大的,处七年以上有期徒刑,并处五万元以上五十万元以下罚金或者没收财产。”

我国《刑法》第 209 条第 2 款规定了[非法制造、出售非法制造的发票罪]:“伪造、擅自制造或者出售伪造、擅自制造的前款规定以外的其他发票的,处二年以下有期徒刑、拘役或者管制,并处或者单处一万元以上五万元以下罚金;情节严重的,处二年以上七年以下有期徒刑,并处五万元以上五十万元以下罚金。”

我国《刑法》第 209 条第 3 款规定了[非法出售用于骗取出口退税、抵扣税款发票罪]:“非法出售可以用于骗取出口退税、抵扣税款的其他发票的,依照第一款的规定处罚。”

我国《刑法》第 209 条第 4 款规定了[非法出售发票罪]:“非法出售第三款规定以外的其他发票的,依照第二款的规定处罚。”

我国《刑法》第 210 条之一第 1 款规定了[持有伪造的发票罪]:“明知是伪造的发票而持有,数量较大的,处二年以下有期徒刑、拘役或者管制,并处罚金;数量巨大的,处二年以上七年以下有期徒刑,并处罚金。”

与《犯罪统计的国际分类》对“08041 违反公共收入规定的行为”的类别描述相比,我国《刑法》中的上述十四个条款与其完全匹配,且均来自我国《刑法》分则第三章第六节的危害税收征管罪。

(二)违反赌博规定的行为的匹配分析

根据《犯罪统计的国际分类》对“08043 违反赌博规定的行为”的类别描述和我国《刑法》的规定,我国有两个条款的情形可与其完全匹配:一是我国《刑法》第 303 条第 1 款规定的赌博罪的情形;二是我国《刑法》第 303 条第 2 款规定的开设赌场罪的情形。

我国《刑法》第 303 条第 1 款规定了[赌博罪]:“以营利为目的,聚众赌博或者以赌博为业的,处三年以下有期徒刑、拘役或者管制,并处罚金。”

我国《刑法》第 303 条第 2 款规定了[开设赌场罪]:“开设赌场的,处五年以下有期徒刑、拘役或者管制,并处罚金;情节严重的,处五年以上十年以下有期徒刑,并处罚金。”

我国《刑法》中的上述两个条款符合《犯罪统计的国际分类》对“08043 违反赌博规定的行为”的类别描述,与其完全匹配。

(三)走私货物的匹配分析

根据《犯罪统计的国际分类》对“08044 走私货物”的类别描述和我国《刑法》的规定,我国有三个条款的情形可与其部分匹配或完全匹配:一是我国《刑法》第 151 条第 3 款规定的走私国家禁止进出口的货物、物品罪的情形;二是我国《刑法》第 151 条第 2 款规定的走私文物罪,走私贵重金属罪,走私珍贵动物、珍贵动物制品罪的情形;三是我国《刑法》第 153 条规定的走私普通货物、物品罪的情形。

我国《刑法》第 151 条第 3 款规定了[走私国家禁止进出口的货物、物品罪]:“走私珍稀植物及其制品等国家禁止进出口的其他货物、物品的,处五年以下有期徒刑或者拘役,并处或者单处罚金;情节严重的,处五年以上有期徒刑,并处罚金。”

我国《刑法》第151条第2款规定了[走私文物罪,走私贵重金属罪,走私珍贵动物、珍贵动物制品罪]:“走私国家禁止出口的文物、黄金、白银和其他贵重金属或者国家禁止进出口的珍贵动物及其制品的,处五年以上十年以下有期徒刑,并处罚金;情节特别严重的,处十年以上有期徒刑或者无期徒刑,并处没收财产;情节较轻的,处五年以下有期徒刑,并处罚金。”

我国《刑法》第153条第1款规定了[走私普通货物、物品罪]:“走私本法第一百五十一条、第一百五十二条、第三百四十七条规定以外的货物、物品的,根据情节轻重,分别依照下列规定处罚:(一)走私货物、物品偷逃应缴税额较大或者一年内曾因走私被给予二次行政处罚后又走私的,处三年以下有期徒刑或者拘役,并处偷逃应缴税额一倍以上五倍以下罚金。(二)走私货物、物品偷逃应缴税额巨大或者有其他严重情节的,处三年以上十年以下有期徒刑,并处偷逃应缴税额一倍以上五倍以下罚金。(三)走私货物、物品偷逃应缴税额特别巨大或者有其他特别严重情节的,处十年以上有期徒刑或者无期徒刑,并处偷逃应缴税额一倍以上五倍以下罚金或者没收财产。”

与《犯罪统计的国际分类》对“08044 走私货物”的类别描述相比,我国《刑法》的上述三个条款中,第151条第2款规定由于限定了走私对象更窄的范围而与其部分匹配,其余两个条款与“08044 走私货物”完全匹配。

(四)市场操纵或内线交易的匹配分析

根据《犯罪统计的国际分类》对“08045 市场操纵或内线交易”的类别描述和我国《刑法》的规定,我国有五个条款的情形可与其完全匹配或部分匹配:一是我国《刑法》第180条第1款规定的内幕交易、泄露内幕交易罪的情形;二是我国《刑法》第180条第4款规定的利用未公开信息交易罪的情形;三是我国《刑法》第181条第1款规定的编造并传播证券、期货交易虚假信息罪的情形;四是我国《刑法》第181条第2款规定的诱骗投资者买卖证券、期货合约罪的情形;五是我国《刑法》第182条规定的操纵证券、期货市场罪的情形。

我国《刑法》第180条第1款规定了[内幕交易、泄露内幕交易罪]:“证券、期货交易内幕信息的知情人员或者非法获取证券、期货交易内幕信息的人员,在涉及证券的发行,证券、期货交易或者其他对证券、期货交易价格有重大影响的信息尚未公开前,买入或者卖出该证券,或者从事与该内幕信息有关的期货交易,或者泄露该信息,或者明示、暗示他人从事上述交易活动,情节严重的,处五年以下有期徒刑或者拘役,并处或者单处违法所得一倍以上五倍以下罚金;情节特别严重的,处五年以上十年以下有期徒刑,并处违法所得一倍以上五倍以下罚金。”

我国《刑法》第180条第4款规定了[利用未公开信息交易罪]:“证券交易所、期货交易所、证券公司、期货经纪公司、基金管理公司、商业银行、保险公司等金融机构的从业人员以及有关监管部门或者行业协会的工作人员,利用因职务便利获取的内幕信息以外的其他未公开的信息,违反规定,从事与该信息相关的证券、期货交易活动,或者明示、暗示他人从事相关交易活动,情节严重的,依照第一款的规定处罚。”

我国《刑法》第181条第1款规定了[编造并传播证券、期货交易虚假信息罪]:“编造并且传播影响证券、期货交易的虚假信息,扰乱证券、期货交易市场,造成严重后果的,处五年以下有期徒刑或者拘役,并处或者单处一万元以上十万元以下罚金。”

我国《刑法》第181条第2款规定了[诱骗投资者买卖证券、期货合约罪]:“证券交易所、期货交易所、证券公司、期货经纪公司的从业人员,证券业协会、期货业协会或者证券期货监督管理部门的工作人员,故意提供虚假信息或者伪造、变造、销毁交易记录,诱骗投资者买卖证券、期货合约,造成严重后果的,处五年以下有期徒刑或者拘役,并处或者单处一万元以上十万元以下罚金;情节特别恶劣的,处五年以上十年以下有期徒刑,并处二万元以上二十万元以下罚金。”

我国《刑法》第182条第1款规定了[操纵证券、期货市场罪]:“有下列情形之一,操纵证券、期货市场,影响证券、期货交易价格或者证券、期货交易量,情节严重的,处五年以下有期徒刑或者拘役,并处或者单处罚金;情节特别严重的,处五年以上十年以下有期徒刑,并处罚金:(一)单独或者合谋,集中资金优势、持股或者持仓优势或者利用信息优势联合或者连续买卖的;(二)与他人串通,以事先约定的时间、价格和方式相互进行证券、期货交易的;(三)在自己实际控制的账户之间进行证券交易,或者以自己为交易对象,自买自卖期货合约的;(四)不以成交为目的,频繁或者大量申报买入、卖出证券、期货合约并撤销申报的;(五)利用虚假或者不确定的重大信息,诱导投资者进行证券、期货交易的;(六)对证券、证券发行人、期货交易标的公开作出评价、预测或者投资建议,同时进行反向证券交易或者相关期货交易的;(七)以其他方法操纵证券、期货市场的。”

与《犯罪统计的国际分类》对“08045 市场操纵或内线交易”的类别描述相比,我国《刑法》第 180 条第 1 款规定与其完全匹配,第 180 条第 4 款规定的利用未公开信息交易罪的情形。第 181 条第 1 款、第 2 款和第 182 条规定由于对犯罪手段或犯罪行为方式进行了限定而与“08045 市场操纵或内线交易”部分匹配。

(五)其他违反公共行政或监管规定的行为的匹配分析

根据《犯罪统计的国际分类》对“08049 其他违反公共行政或监管规定的行为”的类别描述和我国《刑法》的规定,我国有三个条款的情形可与其部分匹配:一是我国《刑法》第 225 条规定的非法经营罪的情形;二是我国《刑法》第 227 条第 2 款规定的倒卖车票、船票罪的情形;三是我国《刑法》第 228 条规定的非法转让、倒卖土地使用权罪的情形。

我国《刑法》第 225 条规定了[非法经营罪]:“违反国家规定,有下列非法经营行为之一,扰乱市场秩序,情节严重的,处五年以下有期徒刑或者拘役,并处或者单处违法所得一倍以上五倍以下罚金;情节特别严重的,处五年以上有期徒刑,并处违法所得一倍以上五倍以下罚金或者没收财产:(一)未经许可经营法律、行政法规规定的专营、专卖物品或者其他限制买卖的物品的;(二)买卖进出口许可证、进出口原产地证明以及其他法律、行政法规规定的经营许可证或者批准文件的;(三)未经国家有关主管部门批准非法经营证券、期货、保险业务的,或者非法从事资金支付结算业务的;(四)其他严重扰乱市场秩序的非法经营行为。”

我国《刑法》第 227 条第 2 款规定了[倒卖车票、船票罪]:“倒卖车票、船票,情节严重的,处三年以下有期徒刑、拘役或者管制,并处或者单处票证价额一倍以上五倍以下罚金。”

我国《刑法》第 228 条规定了[非法转让、倒卖土地使用权罪]:“以牟利为目的,违反土地管理法规,非法转让、倒卖土地使用权,情节严重的,处三年以下有期徒刑或者拘役,并处或者单处非法转让、倒卖土地使用权价额百分之五以上百分之二十以下罚金;情节特别严重的,处三年以上七年以下有期徒刑，并处非法转让、倒卖土地使用权价额百分之五以上百分之二十以下罚金。”

与《犯罪统计的国际分类》对“08049 其他违反公共行政或监管规定的行为”的类别描述相比，我国《刑法》中的上述三个条款明显与其部分匹配。

三、《犯罪统计的国际分类》中国版对应表

表 12－4 违反公共收入规定或监管规定的行为

《犯罪统计的国际分类》代码与犯罪类别	级别	国内刑法/犯罪分类	完全匹配	部分匹配	细节评注
0804 违反公共收入规定或监管规定的行为	2	—			—
08041 违反公共收入规定的行为	3	第 201 条逃税罪	√		—
		第 202 条抗税罪	√		—
		第 203 条逃避追缴欠税罪	√		—
		第 204 条骗取出口退税罪	√		—
		第 205 条虚开增值税专用发票、用于骗取出口退税、抵扣税款发票罪	√		—
		第 205 条之一虚开发票罪	√		—
		第 206 条伪造、出售伪造的增值税专用发票罪	√		—
		第 207 条非法出售增值税专用发票罪	√		—
		第 208 条第 1 款非法购买增值税专用发票、购买伪造的增值税专用发票罪	√		—
		第 209 条第 1 款非法制造、出售非法制造的用于骗取出口退税、抵扣税款发票罪	√		—
		第 209 条第 2 款非法制造、出售非法制造的发票罪	√		—
		第 209 条第 3 款非法出售用于骗取出口退税、抵扣税款发票罪	√		—

续表

《犯罪统计的国际分类》代码与犯罪类别	级别	国内刑法/犯罪分类	完全匹配	部分匹配	细节评注
08041 违反公共收入规定的行为	3	第 209 条第 4 款非法出售发票罪	√		—
		第 210 条之一持有伪造的发票罪	√		—
08042 违反商业或金融法规的行为	3	—			—
08043 违反赌博规定的行为	3	第 303 条第 1 款赌博罪	√		—
		第 303 条第 2 款开设赌场罪	√		—
08044 走私货物	3	第 151 条第 3 款走私国家禁止进出口的货物、物品罪	√		—
		第 151 条第 2 款走私文物罪，走私贵重金属罪，走私珍贵动物、珍贵动物制品罪		√	—
		第 153 条走私普通货物、物品罪	√		—
08045 市场操纵或内线交易	3	第 180 条第 1 款内幕交易、泄露内幕交易罪	√		法条
		第 180 条第 4 款利用未公开信息交易罪		√	未公开信息
		第 181 条第 1 款编造并传播证券、期货交易虚假信息罪		√	法条
		第 181 条第 2 款诱骗投资者买卖证券、期货合约罪	√		—
		第 182 条操纵证券、期货市场罪	√		法条
08049 其他违反公共行政或监管规定的行为	3	第 225 条非法经营罪		√	法条
		第 227 条第 2 款倒卖车票、船票罪		√	—
		第 228 条非法转让、倒卖土地使用权罪		√	—

第五节　与移徙有关的行为

一、《犯罪统计的国际分类》中的类别描述

在《犯罪统计的国际分类》中，“0805 与移徙有关的行为”的定义为：与移徙有关的非法行为。[①] 其包含范围为：偷运移民；非法进入某国；非法雇佣或留住外国公民；移民欺诈；适用 08051 ~ 08059 中列出的全部包含范围。

排除情形：人口贩运（0204）；非法领养（020291）；制作、制造、销售、传递或拥有伪造或假冒签证、护照或其他入境所需文件（07023）。

（一）偷运移民犯罪

在《犯罪统计的国际分类》中，“08051 偷运移民犯罪”的定义为：为直接或间接获取金钱或其他物质利益，安排非某一缔约国国民或永久居民的人非法进入该缔约国。[②③] 其包含范围为：偷运移民犯罪；窝藏被偷运的移民。

排除情形：适用 0805 中列出的全部排除情形。

（二）其他移徙相关非法行为

在《犯罪统计的国际分类》中，“08059 其他移徙相关非法行为”的定义为：涉及移民但未在 08051 类别中得到描述或分类的行为。其包含范围为：非法进入/非法过境；使用伪造文件入境；非法雇佣或留任外国公民；组织或协助外国公民非法居留。

排除情形：适用 0805 中列出的全部排除情形。

二、中国相关罪名的匹配分析

（一）偷运移民犯罪的匹配分析

根据《犯罪统计的国际分类》对“08051 偷运移民犯罪”的类别描述和我国

---

① 移徙系指任何个人或群体的移动，可以是跨越国际边境线，或在一国境内的移动（国际移民组织。关键移民术语。

② 参见联合国毒品和犯罪问题办公室：《联合国打击跨国有组织犯罪公约关于打击陆、海、空偷运移民的补充议定书》，载联合国毒品控制和犯罪问题办公室官网 2021 年 1 月 1 日，http://www.uncjin.org/Documents/Conventions/dcatoc/final_documents_2/convention_smug_eng.pdf。

③ 非法进入指在未遵守合法进入目的地国必要要求的情况下穿越边境。参见联合国毒品和犯罪问题办公室：《联合国打击跨国有组织犯罪公约关于打击陆、海、空偷运移民的补充议定书》，载联合国毒品控制和犯罪问题办公室官网 2021 年 1 月 1 日，http://www.uncjin.org/Documents/Conventions/dcatoc/final_documents_2/convention_smug_eng.pdf。

《刑法》的规定,我国有两个罪名的情形可与其完全匹配:一是我国《刑法》第318条规定的组织他人偷越国(边)境罪的情形。二是我国《刑法》第321条规定的运送他人偷越国(边)境罪的情形。

我国《刑法》第318条第1款规定了[组织他人偷越国(边)境罪]:"组织他人偷越国(边)境的,处二年以上七年以下有期徒刑,并处罚金;有下列情形之一的,处七年以上有期徒刑或者无期徒刑,并处罚金或者没收财产:(一)组织他人偷越国(边)境集团的首要分子;(二)多次组织他人偷越国(边)境或者组织他人偷越国(边)境人数众多的;(三)造成被组织人重伤、死亡的;(四)剥夺或者限制被组织人人身自由的;(五)以暴力、威胁方法抗拒检查的;(六)违法所得数额巨大的;(七)有其他特别严重情节的。"

我国《刑法》第321条第1、2款规定了[运送他人偷越国(边)境罪]:"运送他人偷越国(边)境的,处五年以下有期徒刑、拘役或者管制,并处罚金;有下列情形之一的,处五年以上十年以下有期徒刑,并处罚金:(一)多次实施运送行为或者运送人数众多的;(二)所使用的船只、车辆等交通工具不具备必要的安全条件,足以造成严重后果的;(三)违法所得数额巨大的;(四)有其他特别严重情节的。在运送他人偷越国(边)境中造成被运送人重伤、死亡,或者以暴力、威胁方法抗拒检查的,处七年以上有期徒刑,并处罚金。"

我国《刑法》中的上述两个条款均来自我国《刑法》分则第六章第三节妨害国(边)境管理罪,符合《犯罪统计的国际分类》对"08051 偷运移民犯罪"的类别描述,与其完全匹配。

(二)其他移徙相关非法行为的匹配分析

根据《犯罪统计的国际分类》对"08059 其他移徙相关非法行为"的类别描述和我国《刑法》的规定,我国有两个罪名的情形可与其完全匹配或部分匹配:一是我国《刑法》第322条规定的偷越国(边)境罪的情形;二是我国《刑法》第323条规定的破坏界碑、界桩罪,破坏永久性测量标志罪的情形。

我国《刑法》第322条规定了[偷越国(边)境罪]:"违反国(边)境管理法规,偷越国(边)境,情节严重的,处一年以下有期徒刑、拘役或者管制,并处罚金;为参加恐怖活动组织、接受恐怖活动培训或者实施恐怖活动,偷越国(边)境的,处一年以上三年以下有期徒刑,并处罚金。"

我国《刑法》第323条规定了[破坏界碑、界桩罪,破坏永久性测量标志罪]:

“故意破坏国家边境的界碑、界桩或者永久性测量标志的,处三年以下有期徒刑或者拘役。”

与《犯罪统计的国际分类》对“08059 其他移徙相关非法行为”的类别描述相比,我国《刑法》第 322 条规定与其完全匹配。我国《刑法》第 323 条规定中由于限定了犯罪对象而与之部分匹配。

三、《犯罪统计的国际分类》中国版对应表

表 12－5　与移徙有关的行为

《犯罪统计的国际分类》代码与犯罪类别	级别	国内刑法/犯罪分类	完全匹配	部分匹配	细节评注
0805 与移徙有关的行为	2	—			—
08051 偷运移民犯罪	3	第 318 条组织他人偷越国(边)境罪	√		—
		第 321 条运送他人偷越国(边)境罪	√		—
08059 其他移徙相关非法行为	3	第 322 条偷越国(边)境罪	√		—
		第 323 条破坏界碑、界桩罪,破坏永久性测量标志罪		√	—

第六节　违反司法制度的行为

一、《犯罪统计的国际分类》中的类别描述

在《犯罪统计的国际分类》中,“0806 违反司法制度的行为”的定义为:妨碍执法或司法制度运作的行为。[①] 其包含范围为:抗拒逮捕;违反保释条件;阻挠司法进程;作伪证;逃脱羁押;违反法院命令;未履行陪审团传讯;藐视法庭/侮辱法庭;监狱监管犯罪;佯装犯罪/捏造证据;适用 08061～08069 中列出的全部包含范围。

排除情形:导致死亡的行为(01);构成伤害或威胁的行为(0201)。

① 司法制度指直接参与涉嫌或裁定犯有刑事罪行的人逮捕、起诉、辩护、量刑和惩罚的执法系统。

(一)妨碍司法

在《犯罪统计的国际分类》中,“08061 妨碍司法”的定义为:意图妨碍、颠覆、误导或阻碍司法程序。[①] 其包含范围为:阻挠司法进程;未出庭或履行陪审团传讯;提供虚假证词/作伪证;销毁、损害、捏造或篡改证据;阻止、威胁或欺骗证人,威胁或恐吓司法或执法人员;佯装犯罪;未举报犯罪;提供虚假信息;协助和教唆行为;企图影响公平审讯。

排除情形:适用0806中列出的全部排除情形。

(二)违反司法秩序

在《犯罪统计的国际分类》中,“08062 违反司法秩序”的定义为:意图妨碍、颠覆或阻碍司法秩序有效执行的行为。[②] 其包含范围为:抗拒逮捕;违反保释条件;逃脱羁押;逃脱软禁;违反法院命令;违反假释规定;违反缓刑规定;违反禁止家庭暴力令或其他禁止令;违反法院制裁;被放逐或流放后非法返回;藐视法庭;监禁后监督犯罪。

排除情形:适用0806中列出的全部排除情形。

(三)犯罪意图

在《犯罪统计的国际分类》中,“08063 犯罪意图”的定义为:表明一个人通过协同刑事罪犯往来或拥有工具或其他材料而实施犯罪之意图的行为方式。其包含范围为:犯罪意图;非法持有犯罪工具;非法拥有伪装物品。

排除情形:参与有组织犯罪集团的活动(0905);适用0806中列出的全部排除情形。

(四)共谋

在《犯罪统计的国际分类》中,“08064 共谋”的定义为:与他人共谋、协同或策划犯罪。其包含范围为:共谋/策划实施刑事犯罪;准备犯罪。

排除情形:杀人共谋(0101);安排非法堕胎共谋(0105);危害国家的共谋(0904);实施特定犯罪的共谋被记录贴上共谋标签;适用0806中列出的全部排除情形。

---

① 司法程序至少指促进司法制度的程序。

② 司法秩序至少指由司法制度规定的秩序。

(五)违反司法制度的其他行为

在《犯罪统计的国际分类》中,"08069 违反司法制度的其他行为"的定义为:08061~08064 类别中未加描述或分类的违反执法或司法制度运作的行为。其包含范围为:侮辱法庭;侮辱执法人员;监狱监管犯罪;诱使犯罪。

排除情形:适用 0806 中列出的全部排除情形。

二、中国相关罪名的匹配分析

(一)妨碍司法的匹配分析

根据《犯罪统计的国际分类》对"08061 妨碍司法"的类别描述和我国《刑法》的规定,我国有十个条款的情形可与其完全匹配或部分匹配:一是我国《刑法》第247 条规定的刑讯逼供罪,暴力取证罪的情形。二是我国《刑法》第 305 条规定的伪证罪的情形。三是我国《刑法》第 306 条规定的辩护人、诉讼代理人毁灭证据、伪造证据、妨害作证罪的情形。四是我国《刑法》第 307 条第 1 款规定的妨害作证罪的情形。五是我国《刑法》第 307 条第 2 款规定的帮助毁灭、伪造证据罪的情形。六是我国《刑法》第 307 条之一规定的虚假诉讼罪的情形。七是我国《刑法》第 308 条规定的打击报复证人罪的情形。八是我国《刑法》第 308 条之一规定的泄露不应公开的案件信息罪,披露、报道不应公开的案件信息罪的情形。九是我国《刑法》第 310 条规定的窝藏、包庇罪的情形。十是我国《刑法》第 311 条规定的拒绝提供间谍犯罪、恐怖主义犯罪、极端主义犯罪证据的情形。

我国《刑法》第 247 条规定了[刑讯逼供罪,暴力取证罪]:"司法工作人员对犯罪嫌疑人、被告人实行刑讯逼供或者使用暴力逼取证人证言的,处三年以下有期徒刑或者拘役。致人伤残、死亡的,依照本法第二百三十四条、第二百三十二条的规定定罪从重处罚。"

我国《刑法》第 305 条规定了[伪证罪]:"在刑事诉讼中,证人、鉴定人、记录人、翻译人对与案件有重要关系的情节,故意作虚假证明、鉴定、记录、翻译,意图陷害他人或者隐匿罪证的,处三年以下有期徒刑或者拘役;情节严重的,处三年以上七年以下有期徒刑。"

我国《刑法》第 306 条规定了[辩护人、诉讼代理人毁灭证据、伪造证据、妨害作证罪]:"在刑事诉讼中,辩护人、诉讼代理人毁灭、伪造证据,帮助当事人毁灭、伪造证据,威胁、引诱证人违背事实改变证言或者作伪证的,处三年以下有期徒刑或者拘役;情节严重的,处三年以上七年以下有期徒刑。"

我国《刑法》第 307 条第 1 款规定了［妨害作证罪］:“以暴力、威胁、贿买等方法阻止证人作证或者指使他人作伪证的,处三年以下有期徒刑或者拘役;情节严重的,处三年以上七年以下有期徒刑。”

我国《刑法》第 307 条第 2 款规定了［帮助毁灭、伪造证据罪］:“帮助当事人毁灭、伪造证据,情节严重的,处三年以下有期徒刑或者拘役。”

我国《刑法》第 307 条之一第 1 款规定了［虚假诉讼罪］:“以捏造的事实提起民事诉讼,妨害司法秩序或者严重侵害他人合法权益的,处三年以下有期徒刑、拘役或者管制,并处或者单处罚金;情节严重的,处三年以上七年以下有期徒刑,并处罚金。”

我国《刑法》第 308 条规定了［打击报复证人罪］:“对证人进行打击报复的,处三年以下有期徒刑或者拘役;情节严重的,处三年以上七年以下有期徒刑。”

我国《刑法》第 308 条之一规定了［泄露不应公开的案件信息罪,披露、报道不应公开的案件信息罪］:“司法工作人员、辩护人、诉讼代理人或者其他诉讼参与人,泄露依法不公开审理的案件中不应当公开的信息,造成信息公开传播或者其他严重后果的,处三年以下有期徒刑、拘役或者管制,并处或者单处罚金。公开披露、报道第一款规定的案件信息,情节严重的,依照第一款的规定处罚。”

我国《刑法》第 310 条第 1 款规定了［窝藏、包庇罪］:“明知是犯罪的人而为其提供隐藏处所、财物,帮助其逃匿或者作假证明包庇的,处三年以下有期徒刑、拘役或者管制;情节严重的,处三年以上十年以下有期徒刑。”

我国《刑法》第 311 条规定了［拒绝提供间谍犯罪、恐怖主义犯罪、极端主义犯罪证据罪］:“明知他人有间谍犯罪或者恐怖主义、极端主义犯罪行为,在司法机关向其调查有关情况、收集有关证据时,拒绝提供,情节严重的,处三年以下有期徒刑、拘役或者管制。”

与《犯罪统计的国际分类》对“08061 妨碍司法”的类别描述相比,我国《刑法》的上述十个条款中,第 306 条限定了犯罪主体、第 311 条因限定了犯罪行为的范围因而与之部分匹配,其余条款均与其完全匹配。

(二)违反司法秩序的匹配分析

根据《犯罪统计的国际分类》对“08062 违反司法秩序”的类别描述和我国《刑法》的规定,我国有七个条款的情形可与其完全匹配:一是我国《刑法》第 309 条规定的扰乱法庭秩序罪的情形。二是我国《刑法》第 313 条规定的拒不执行判决、裁定罪的情形。三是我国《刑法》第 314 条规定的非法处置查封、扣押、冻结的财产罪的情形。四是我国《刑法》第 316 条第 1 款规定的脱逃罪的情形。五是我国《刑法》第 316 条第 2 款规定的劫夺被押解人员罪的情形。六是我国《刑法》第 317 条第 1 款规定的组织越狱罪的情形。七是我国《刑法》第 317 条第 2 款规定的暴动越狱罪,聚众持械劫狱罪的情形。

我国《刑法》第 309 条规定了[扰乱法庭秩序罪]:"有下列扰乱法庭秩序情形之一的,处三年以下有期徒刑、拘役、管制或者罚金:(一)聚众哄闹、冲击法庭的;(二)殴打司法工作人员或者诉讼参与人的;(三)侮辱、诽谤、威胁司法工作人员或者诉讼参与人,不听法庭制止,严重扰乱法庭秩序的;(四)有毁坏法庭设施,抢夺、损毁诉讼文书、证据等扰乱法庭秩序行为,情节严重的。"

我国《刑法》第 313 条第 1 款规定了[拒不执行判决、裁定罪]:"对人民法院的判决、裁定有能力执行而拒不执行,情节严重的,处三年以下有期徒刑、拘役或者罚金;情节特别严重的,处三年以上七年以下有期徒刑,并处罚金。"

我国《刑法》第 314 条规定了[非法处置查封、扣押、冻结的财产罪]:"隐藏、转移、变卖、故意毁损已被司法机关查封、扣押、冻结的财产,情节严重的,处三年以下有期徒刑、拘役或者罚金。"

我国《刑法》第 316 条第 1 款规定了[脱逃罪]:"依法被关押的罪犯、被告人、犯罪嫌疑人脱逃的,处五年以下有期徒刑或者拘役。"

我国《刑法》第 316 条第 2 款规定了[劫夺被押解人员罪]:"劫夺押解途中的罪犯、被告人、犯罪嫌疑人的,处三年以上七年以下有期徒刑;情节严重的,处七年以上有期徒刑。"

我国《刑法》第 317 条第 1 款规定了[组织越狱罪]:"组织越狱的首要分子和积极参加的,处五年以上有期徒刑;其他参加的,处五年以下有期徒刑或者拘役。"

我国《刑法》第 317 条第 2 款规定了[暴动越狱罪,聚众持械劫狱罪]:"暴动越狱或者聚众持械劫狱的首要分子和积极参加的,处十年以上有期徒刑或者无期徒刑;情节特别严重的,处死刑;其他参加的,处三年以上十年以下有期徒刑。"

我国《刑法》的上述七个条款均符合《犯罪统计的国际分类》对"08062 违反司法秩序"的类别描述,与其完全匹配。

(三)违反司法制度的其他行为的匹配分析

根据《犯罪统计的国际分类》对“08069 违反司法制度的其他行为”的类别描述和我国《刑法》的规定,我国有两个条款的情形可与其部分匹配:一是我国《刑法》第 248 条规定的虐待被监管人罪的情形;二是我国《刑法》第 315 条规定的破坏监管秩序罪的情形。

我国《刑法》第 248 条第 1 款规定了[虐待被监管人罪]:“监狱、拘留所、看守所等监管机构的监管人员对被监管人进行殴打或者体罚虐待,情节严重的,处三年以下有期徒刑或者拘役;情节特别严重的,处三年以上十年以下有期徒刑。致人伤残、死亡的,依照本法第二百三十四条、第二百三十二条的规定定罪从重处罚。”

我国《刑法》第 315 条规定了[破坏监管秩序罪]:“依法被关押的罪犯,有下列破坏监管秩序行为之一,情节严重的,处三年以下有期徒刑:(一)殴打监管人员的;(二)组织其他被监管人破坏监管秩序的;(三)聚众闹事,扰乱正常监管秩序的;(四)殴打、体罚或者指使他人殴打、体罚其他被监管人的。”

与《犯罪统计的国际分类》对“08069 违反司法制度的其他行为”的类别描述相比,我国《刑法》的上述两个条款均因对犯罪行为方式的限定而与之部分匹配。

三、《犯罪统计的国际分类》中国版对应表

表 12-6　违反司法制度的行为

《犯罪统计的国际分类》代码与犯罪类别	级别	国内刑法/犯罪分类	完全匹配	部分匹配	细节评注
0806 违反司法制度的行为	2	—			—
08061 妨碍司法	3	第 247 条刑讯逼供罪,暴力取证罪	√		—
		第 305 条伪证罪	√		—
		第 306 条辩护人、诉讼代理人毁灭证据、伪造证据、妨害作证罪		√	特殊主体
		第 307 条第 1 款妨害作证罪	√		—
		第 307 条第 2 款帮助毁灭、伪造证据罪	√		—

续表

《犯罪统计的国际分类》代码与犯罪类别	级别	国内刑法/犯罪分类	完全匹配	部分匹配	细节评注
08061 妨碍司法	3	第307条之一虚假诉讼罪	√		—
		第308条打击报复证人罪	√		—
		第308之一泄露不应公开的案件信息罪，披露、报道不应公开的案件信息罪	√		—
		第310条窝藏、包庇罪	√		—
		第311条拒绝提供间谍犯罪、恐怖主义犯罪、极端主义犯罪证据罪		√	限定范围
08062 违反司法秩序	3	第309条扰乱法庭秩序罪	√		—
		第313条拒不执行判决、裁定罪	√		—
		第314条非法处置查封、扣押、冻结的财产罪	√		—
		第316条第1款脱逃罪	√		—
		第316条第2款劫夺被押解人员罪	√		—
		第317条第1款组织越狱罪	√		—
		第317条第2款暴动越狱罪，聚众持械劫狱罪	√		—
08063 犯罪意图	3	—			—
08064 共谋	3	—			—
08069 违反司法制度的其他行为	3	第248条虐待被监管人罪		√	—
		第315条破坏监管秩序罪		√	—

第七节　与民主选举有关的行为

一、《犯罪统计的国际分类》中的类别描述

在《犯罪统计的国际分类》中，“0807 与民主选举有关的行为”的定义为：与

民主选举有关的行为。[1] 其包含范围为:收买选票;选举欺诈;选举财务法;适用08071~08079中列出的全部包含范围。

(一)意图在选举中不适当地影响选民的行为

在《犯罪统计的国际分类》中,“08071 意图在选举中不适当地影响选民的行为”的定义为:通过金钱或其他好处或使用威胁意图在选举中不适当地影响选民的行为。其包含范围为:收买选票;胁迫投票。

排除情形:通过恐吓、威胁做出人身伤害或暴力,要求做出与民主选举无关的具体行为(0205);任何人意图对他人造成伤害的行为、接触或所传递言论(08071);通过与民主选举无关的欺诈或不诚实行为获得金钱或其他好处或逃避责任(0701)。

(二)其他与民主选举有关的行为

在《犯罪统计的国际分类》中,“08079 其他与民主选举有关的行为”的定义为:08071 类别中未加描述或分类的其他与民主选举有关的行为。其包含范围为:选举欺诈;违反选举财务法;在选举中非法操纵民主程序。

排除情形:通过与民主选举无关的欺诈或不诚实行为获得金钱或其他好处或逃避责任(0701)。

二、中国相关罪名的匹配分析

根据《犯罪统计的国际分类》对“08071 意图在选举中不适当地影响选民的行为”的类别描述和我国《刑法》的规定,我国有一个罪名的情形可与其部分匹配,即我国《刑法》第256条规定的破坏选举罪的情形。

我国《刑法》第256条规定了[破坏选举罪]:“在选举各级人民代表大会代表和国家机关领导人员时,以暴力、威胁、欺骗、贿赂、伪造选举文件、虚报选举票数等手段破坏选举或者妨害选民和代表自由行使选举权和被选举权,情节严重的,处三年以下有期徒刑、拘役或者剥夺政治权利。”

与《犯罪统计的国际分类》对“08071 意图在选举中不适当地影响选民的行为”的类别描述相比,我国《刑法》第256条规定的破坏选举罪因将行为限定在选举各级人民代表大会代表和国家机关领导人员而比“08071 意图在选举中不适当地影响选民的行为”的范围更窄,因此与之部分匹配。

---

① 民主选举指群众选择个人担任公职的正式决策程序。

三、《犯罪统计的国际分类》中国版对应表

表12-7 与民主选举有关的行为

《犯罪统计的国际分类》代码与犯罪类别	级别	国内刑法/犯罪分类	完全匹配	部分匹配	细节评注
0807 与民主选举有关的行为	2	—			—
08071 意图在选举中不适当地影响选民的行为	3	第256条破坏选举罪		√	—
08079 其他与民主选举有关的行为	3	—			—

第八节 违反劳动法的行为

一、《犯罪统计的国际分类》中的类别描述

在《犯罪统计的国际分类》中，“0808 违反劳动法的行为”的定义为：违反劳动法的行为。[①] 其包含范围为：雇佣/劳动法犯罪；工业法犯罪；最低工资犯罪；童工；不法调任和不法解雇；适用08081~08082中列出的全部包含范围。

排除情形：非法雇佣外国公民（0805）；疏忽（0206）；职业过失（02062）；危害健康和安全的行为（0902）；薪酬或就业歧视（02010）；强迫劳动（02032）；以强迫劳动为目的而贩运人口（02042）。

（一）违反集体劳动法

在《犯罪统计的国际分类》中，“08081 违反集体劳动法”的定义为：违反集体劳动法的犯罪行为。[②] 其包含范围为：违反集体谈判行为；工会犯罪。

排除情形：适用0808中列出的全部排除情形。

（二）违反个体劳动法

在《犯罪统计的国际分类》中，“08082 违反个体劳动法”的定义为：违反个体

① 劳动法是为保护工人和安全工作环境或雇主和雇员关系的方方面面而颁布的一套规定。

② 集体劳动法包含有关集体谈判和集体组织、两者之间的关系以及雇主和雇员之间的关系的规则。

劳动法的刑事行为。[1] 其包含范围为:薪酬和合同犯罪;不法调任和不法解雇。

排除情形:工作场所的骚扰(02071);性骚扰(030122);适用所有列入 0808 的排除情形。

二、中国相关罪名的匹配分析

(一)违反劳动法的行为的匹配分析

根据《犯罪统计的国际分类》对"0808 违反劳动法的行为"的类别描述和我国《刑法》的规定,我国有两个条款的情形可与其完全匹配或部分匹配:一是我国《刑法》第 244 条规定的强迫劳动罪的情形。二是我国《刑法》第 244 条之一规定的雇用童工从事危重劳动罪的情形。

我国《刑法》第 244 条第 1 款规定了[强迫劳动罪]:"以暴力、威胁或者限制人身自由的方法强迫他人劳动的,处三年以下有期徒刑或者拘役,并处罚金;情节严重的,处三年以上十年以下有期徒刑,并处罚金。"

我国《刑法》第 244 条之一第 1 款规定了[雇用童工从事危重劳动罪]:"违反劳动管理法规,雇用未满十六周岁的未成年人从事超强度体力劳动的,或者从事高空、井下作业的,或者在爆炸性、易燃性、放射性、毒害性等危险环境下从事劳动,情节严重的,对直接责任人员,处三年以下有期徒刑或者拘役,并处罚金;情节特别严重的,处三年以上七年以下有期徒刑,并处罚金。"

与《犯罪统计的国际分类》对"0808 违反劳动法的行为"的类别描述相比,我国《刑法》第 244 条规定的强迫劳动罪与其完全匹配,而我国《刑法》第 244 条之一的规定因将犯罪行为的对象限定为童工而比"0808 违反劳动法的行为"的范围更窄,因此与之部分匹配。

(二)违反个体劳动法的匹配分析

根据《犯罪统计的国际分类》对"08082 违反个体劳动法"的类别描述和我国《刑法》的规定,我国有一个罪名的情形可与其部分匹配:我国《刑法》第 276 条之一规定的拒不支付劳动报酬罪的情形。

我国《刑法》第 276 条之一规定了[拒不支付劳动报酬罪]:"以转移财产、逃匿

---

① 个体劳动法包含有关雇主和雇员之间个人雇佣关系的所有规定。参见欧洲联盟、欧洲改善生活和工作条件基金会:《个体劳动法》,载欧洲改善生活和工作条件基金会官网 2023 年 1 月 1 日,http://www.eurofound.europa.eu/emire/BELGIUM/INDIVIDUALLABOURLAW-BE.htm。

等方法逃避支付劳动者的劳动报酬或者有能力支付而不支付劳动者的劳动报酬,数额较大,经政府有关部门责令支付仍不支付的,处三年以下有期徒刑或者拘役,并处或者单处罚金;造成严重后果的,处三年以上七年以下有期徒刑,并处罚金。”

我国《刑法》第276条之一的规定的犯罪行为部分符合《犯罪统计的国际分类》“08082 违反个体劳动法”的定义,与之部分匹配。

三、《犯罪统计的国际分类》中国版对应表

表12-8 违反劳动法的行为

《犯罪统计的国际分类》代码与犯罪类别	级别	国内刑法/犯罪分类	完全匹配	部分匹配	细节评注
0808 违反劳动法的行为	2	第244条强迫劳动罪	√		—
		第244条之一雇用童工从事危重劳动罪		√	限定:童工
08081 违反集体劳动法	3	—			
08082 违反个体劳动法	4	第276条之一拒不支付劳动报酬罪		√	—

第九节 其他侵犯国家的公共秩序、权力和规定的行为

一、《犯罪统计的国际分类》中的类别描述

在《犯罪统计的国际分类》中,“0809 其他侵犯国家的公共秩序、权力和规定的行为”的定义为:0801~0808类别中未加描述或分类的侵犯国家的公共秩序、权力和规定的行为。其包含范围为:有关家庭法的刑事规定,包括非法给予、接受或索取嫁妆(暴力家庭犯罪和忽视或遗弃儿童犯罪除外);侮辱君主、国家、民族或国家标志;未向当局申报儿童出生情况;未向当局申报自己发现的儿童;以一名儿童替代另一名儿童。

排除情形:适用0801~0808中列出的全部排除情形。

二、中国相关罪名的匹配分析

根据《犯罪统计的国际分类》对“0809 其他侵犯国家的公共秩序、权力和规定的行为”的类别描述和我国《刑法》的规定,我国有四个条款的情形可与其部分匹

配：一是我国《刑法》第282条第1款规定的非法获取国家秘密罪的情形。二是我国《刑法》第282条第2款规定的非法持有国家绝密、机密文件、资料、物品罪的情形。三是我国《刑法》第329条第1款规定的抢夺、窃取国有档案罪的情形。四是我国《刑法》第329条第2款规定的擅自出卖、转让国有档案罪的情形。

我国《刑法》第282条第1款规定了[非法获取国家秘密罪]："以窃取、刺探、收买方法，非法获取国家秘密的，处三年以下有期徒刑、拘役、管制或者剥夺政治权利；情节严重的，处三年以上七年以下有期徒刑。"

我国《刑法》第282条第2款规定了[非法持有国家绝密、机密文件、资料、物品罪]："非法持有属于国家绝密、机密的文件、资料或者其他物品，拒不说明来源与用途的，处三年以下有期徒刑、拘役或者管制。"

我国《刑法》第329条第1款规定了[抢夺、窃取国有档案罪]："抢夺、窃取国家所有的档案的，处五年以下有期徒刑或者拘役。"

我国《刑法》第329条第2款规定了[擅自出卖、转让国有档案罪]："违反档案法的规定，擅自出卖、转让国家所有的档案，情节严重的，处三年以下有期徒刑或者拘役。"

与《犯罪统计的国际分类》对"0809 其他侵犯国家的公共秩序、权力和规定的行为"的类别描述相比，我国《刑法》上述四个条款的规定符合其定义中的行为，与其部分匹配。

三、《犯罪统计的国际分类》中国版对应表

表12-9　其他侵犯国家的公共秩序、权力和规定的行为

《犯罪统计的国际分类》代码与犯罪类别	级别	国内刑法/犯罪分类	完全匹配	部分匹配	细节评注
0809 其他侵犯国家的公共秩序、权力和规定的行为	2	第282条第1款非法获取国家秘密罪		√	—
		第282条第2款非法持有国家绝密、机密文件、资料、物品罪		√	—
		第329条第1款抢夺、窃取国有档案罪		√	—
		第329条第2款擅自出卖、转让国有档案罪		√	—

第十三章　危害公共安全和国家安全的行为

第一节　涉及武器、爆炸物和其他毁灭性材料的行为

一、《犯罪统计的国际分类》中的类别描述

在《犯罪统计的国际分类》中,“0901 涉及武器、爆炸物和其他毁灭性材料的行为”的定义为:拥有、使用、制造、进/出口、购置、销售、交付、转移或转让枪支及其零部件和弹药、其他武器或爆炸物。[①] 其包含范围为:武器贩运;非法使用或持有武器;适用 09011～09019 中列出的全部包含范围。

排除情形:使用武器、爆炸物或其他毁灭性材料犯罪被编码归入特殊犯罪;使用武器犯罪可被识别为武器事件分类。

(一)持有或使用武器和爆炸物

在《犯罪统计的国际分类》中,“09011 持有或使用武器和爆炸物”的定义为:非法持有或使用受管制或禁止枪支及其零部件、弹药、其他武器或爆炸物。其包含范围为:持有受管制或未注册枪支及其零部件或弹药、瓦斯等其他武器、爆炸物或化学、生物或辐射材料;在没有许可证的情况下非法获得或使用武器或爆炸物;非法发射武器;适用 090111～090119 中列出的

---

① 参见联合国毒品和犯罪问题办公室:《联合国打击跨国有组织犯罪公约关于打击非法制造和贩运枪支及其零部件和弹药的补充议定书》,载联合国毒品控制和犯罪问题办公室官网 2021 年 1 月 1 日,http://www. unodc. org/documents/treaties/Special/2001 Protocol against the Illicit Manufacturing of and Trafficking in Firearms. pdf。

全部包含范围。

排除情形:适用 0901 中列出的全部排除情形。

1. 非法持有或使用枪支

在《犯罪统计的国际分类》中,“090111 非法持有或使用枪支”的定义为:非法持有或使用受管制或禁止枪支、其零部件或弹药。其包含范围为:在没有许可证的情况下携带或持有手枪;非法发射武器。

排除情形:适用 09011 中列出的全部排除情形。

2. 非法持有或使用其他武器和爆炸物

在《犯罪统计的国际分类》中,“090112 非法持有或使用其他武器和爆炸物”的定义为:非法持有或使用受管制或被禁止的武器和爆炸物。其包含范围为:持有被禁止或未注册但未构成枪支的武器;在没有许可证的情况下获得或使用爆炸物。

排除情形:适用 09011 中列出的全部排除情形。

3. 非法持有或使用化学、生物或放射性材料

在《犯罪统计的国际分类》中,“090113 非法持有或使用化学、生物或放射性材料”的定义为:非法持有或使用被禁止或受管制的化学、生物、放射性或核材料。[①] 其包含范围为:获得或持有受管制或未注册的材料。

排除情形:适用 09011 中列出的全部排除情形。

4. 其他与持有或使用武器和爆炸物有关的行为

在《犯罪统计的国际分类》中,“090119 其他与持有或使用武器和爆炸物有关的行为”的定义为:090111 ~ 090113 类别中未加描述或分类的与持有或使用武器和爆炸物有关的行为。其包含范围为:捏造、擦掉、消除或改动枪支标识;烟火犯罪;非法储藏枪支或爆炸物;持有危及生命物品。

排除情形:适用 09011 中列出的全部排除情形。

(二)贩运武器和爆炸物

在《犯罪统计的国际分类》中,“09012 贩运武器和爆炸物”的定义为:贩运武器和/或爆炸物。[②] 其包含范围为:制造和贩运枪支、零部件和弹药、受管制或

---

① 非法持有包括在全球反恐法律文书中被定为刑事犯罪的有关行为。

② 贩运至少指非法制造、进口或出口、购置、销售、交付、生产、运送或转让有关财产。

被禁止的武器或爆炸物、化学、生物或辐射性材料；在没有经销商许可证的情况下销售或向无许可证者出售；无许可证进/出口；适用090121～090129中列出的全部包含范围。

排除情形：进出口犯罪（08042）；海关犯罪（08041）；适用0901中列出的全部排除情形。

1. 贩运枪支

在《犯罪统计的国际分类》中，“090121 贩运枪支”的定义为：贩运枪支、其零部件和弹药。其包含范围为：制造和贩运枪支、零部件和弹药；贩运枪支。

排除情形：适用09012中列出的全部排除情形。

2. 贩运其他武器或爆炸物

在《犯罪统计的国际分类》中，“090122 贩运其他武器或爆炸物”的定义为：贩运受管制或被禁止的武器或爆炸物。其包含范围为：制造、生产或贩运被禁止的武器或爆炸物。

排除情形：适用09012中列出的全部排除情形。

3. 贩运化学、生物或放射性材料

在《犯罪统计的国际分类》中，“090123 贩运化学、生物或放射性材料”的定义为：贩运受管制或被禁止的化学、生物、放射性或核材料。其包含范围为：制造、生产或贩运化学、生物或放射性材料。

排除情形：适用09012中列出的全部排除情形。

4. 其他与贩运武器和爆炸物有关的行为

在《犯罪统计的国际分类》中，“090129 其他与贩运武器和爆炸物有关的行为”的定义为：090121～090123类别中未加描述或分类的与贩运武器和爆炸物有关的行为。

排除情形：适用09012中列出的全部排除情形。

（三）其他与武器和爆炸物有关的行为

在《犯罪统计的国际分类》中，“09019 其他与武器和爆炸物有关的行为”的定义为：09011～09012类别中未加描述或分类的与武器和爆炸物有关的行为。其包含范围为：非法集体教授使用武器。

排除情形：适用0901中列出的全部排除情形。

二、中国相关罪名的匹配分析

(一)持有或使用武器和爆炸物的匹配分析

根据《犯罪统计的国际分类》对“09011 持有或使用武器和爆炸物”的类别描述和我国《刑法》的规定,我国有一个罪名的情形可与其部分匹配:我国《刑法》第151 条第 1 款规定的走私武器、弹药罪,走私核材料罪,走私假币罪的情形。

我国《刑法》第 151 条第 1 款规定了[走私武器、弹药罪,走私核材料罪,走私假币罪]:“走私武器、弹药、核材料或者伪造的货币的,处七年以上有期徒刑,并处罚金或者没收财产;情节特别严重的,处无期徒刑,并处没收财产;情节较轻的,处三年以上七年以下有期徒刑,并处罚金。”本款规定的情形比《犯罪统计的国际分类》对“09011 持有或使用武器和爆炸物”的规定更为宽泛,多了走私假币罪,不能匹配到此类之下更为具体的分类,因此与 09011 部分匹配。

1. 非法持有或使用枪支

根据《犯罪统计的国际分类》对“090111 非法持有或使用枪支”的类别描述和我国《刑法》的规定,我国有一个罪名的情形可与其完全匹配:我国《刑法》第128 条规定的非法持有、私藏枪支、弹药罪,非法出租、出借枪支罪的情形。

我国《刑法》第 128 条规定了[非法持有、私藏枪支、弹药罪,非法出租、出借枪支罪]:“违反枪支管理规定,非法持有、私藏枪支、弹药的,处三年以下有期徒刑、拘役或者管制;情节严重的,处三年以上七年以下有期徒刑。依法配备公务用枪的人员,非法出租、出借枪支的,依照前款的规定处罚。依法配置枪支的人员,非法出租、出借枪支,造成严重后果的,依照第一款的规定处罚。”本条规定完全符合《犯罪统计的国际分类》对“090111 非法持有或使用枪支”的定义,与之完全匹配。

2. 其他与持有或使用武器和爆炸物有关的行为

根据《犯罪统计的国际分类》对“090119 其他与持有或使用武器和爆炸物有关的行为”的类别描述和我国《刑法》的规定,我国有两个条文的情形可与其完全匹配:一是我国《刑法》第 130 条规定的非法携带枪支、弹药、管制刀具、危险物品危及公共安全罪的情形。二是我国《刑法》第 297 条规定的非法携带武器、管制刀具、爆炸物参加集会、游行、示威罪的情形。

我国《刑法》第 130 条规定了[非法携带枪支、弹药、管制刀具、危险物品危及公共安全罪]:“非法携带枪支、弹药、管制刀具或者爆炸性、易燃性、放射性、毒害性、腐蚀性物品,进入公共场所或者公共交通工具,危及公共安全,情节严重的,处三年以下有期徒刑、拘役或者管制。"

我国《刑法》第297条规定了[非法携带武器、管制刀具、爆炸物参加集会、游行、示威罪]:"违反法律规定,携带武器、管制刀具或者爆炸物参加集会、游行、示威的,处三年以下有期徒刑、拘役、管制或者剥夺政治权利。"

由此可见,我国《刑法》第130条和第297条的规定完全符合《犯罪统计的国际分类》的一个兜底类别"090119 其他与持有或使用武器和爆炸物有关的行为"的规定,与之完全匹配。

(二)贩运武器和爆炸物的匹配分析

1.贩运枪支

根据《犯罪统计的国际分类》对"090121 贩运枪支"的类别描述和我国《刑法》的规定,我国有两个罪名的情形可与其部分匹配或完全匹配:部分匹配的是我国《刑法》第125条第1款规定的非法制造、买卖、运输、邮寄、储存枪支、弹药、爆炸物罪的情形;完全匹配的是我国《刑法》第126条规定的违规制造、销售枪支罪的情形。

我国《刑法》第125条第1款规定了[非法制造、买卖、运输、邮寄、储存枪支、弹药、爆炸物罪]:"非法制造、买卖、运输、邮寄、储存枪支、弹药、爆炸物的,处三年以上十年以下有期徒刑;情节严重的,处十年以上有期徒刑、无期徒刑或者死刑。"该条规定的行为人的行为方式和犯罪对象比《犯罪统计的国际分类》对"090121 贩运枪支"的定义更为宽泛,因此与其部分匹配。

我国《刑法》第126条规定了[违规制造、销售枪支罪]:"依法被指定、确定的枪支制造企业、销售企业,违反枪支管理规定,有下列行为之一的,对单位判处罚金,并对其直接负责的主管人员和其他直接责任人员,处五年以下有期徒刑;情节严重的,处五年以上十年以下有期徒刑;情节特别严重的,处十年以上有期徒刑或者无期徒刑:(一)以非法销售为目的,超过限额或者不按照规定的品种制造、配售枪支的;(二)以非法销售为目的,制造无号、重号、假号的枪支的;(三)非法销售枪支或者在境内销售为出口制造的枪支的。"该条规定完全符合《犯罪统计的国际分类》中"090121 贩运枪支"的内容,与之完全匹配。

2.贩运化学、生物或放射性材料

根据《犯罪统计的国际分类》对"090123 贩运化学、生物或放射性材料"的类别描述和我国《刑法》的规定，我国有一个罪名的情形可与其部分匹配：我国《刑法》第 125 条第 2 款规定的非法制造、买卖、运输、储存危险物质罪的情形。

我国《刑法》第 125 条第 2 款规定了［非法制造、买卖、运输、储存危险物质罪］："非法制造、买卖、运输、储存毒害性、放射性、传染病病原体等物质，危害公共安全的，依照前款的规定处罚。"该条规定的危险物质的范围比《犯罪统计的国际分类》中"090123 贩运化学、生物或放射性材料"的危险物质的范围更为宽泛，因此，我国《刑法》第 125 条第 2 款规定与《犯罪统计的国际分类》"090123 贩运化学、生物或放射性材料"部分匹配。

3. 其他与贩运武器和爆炸物有关的行为

根据《犯罪统计的国际分类》对"090129 其他与贩运武器和爆炸物有关的行为"的类别描述和我国《刑法》的规定，我国有两个条款的情形可与其完全匹配：一是我国《刑法》第 127 条第 1 款规定的盗窃、抢夺枪支、弹药、爆炸物、危险物质罪的情形；二是我国《刑法》第 127 条第 2 款规定的抢劫枪支、弹药、爆炸物、危险物质罪的情形。

我国《刑法》第 127 条第 1 款规定了［盗窃、抢夺枪支、弹药、爆炸物、危险物质罪］："盗窃、抢夺枪支、弹药、爆炸物的，或者盗窃、抢夺毒害性、放射性、传染病病原体等物质，危害公共安全的，处三年以上十年以下有期徒刑；情节严重的，处十年以上有期徒刑、无期徒刑或者死刑。"

我国《刑法》第 127 条第 2 款规定了［抢劫枪支、弹药、爆炸物、危险物质罪］："抢劫枪支、弹药、爆炸物的，或者抢劫毒害性、放射性、传染病病原体等物质，危害公共安全的，或者盗窃、抢夺国家机关、军警人员、民兵的枪支、弹药、爆炸物的，处十年以上有期徒刑、无期徒刑或者死刑。"

我国《刑法》的上述两个条款的规定完全符合《犯罪统计的国际分类》对"090129 其他与贩运武器和爆炸物有关的行为"的类别描述，与之完全匹配。

（三）其他与武器和爆炸物有关的行为的匹配分析

根据《犯罪统计的国际分类》对"09019 其他与武器和爆炸物有关的行为"的类别描述和我国《刑法》的规定，我国有一个条文的情形可与其完全匹配，即我国《刑法》第 129 条规定的丢失枪支不报罪的情形。

我国《刑法》第 129 条规定了［丢失枪支不报罪］："依法配备公务用枪的人员，丢失枪支不及时报告，造成严重后果的，处三年以下有期徒刑或者拘役。"该条规定完全符合《犯罪统计的国际分类》对“09019 其他与武器和爆炸物有关的行为”的类别描述，与之完全匹配。

三、《犯罪统计的国际分类》中国版对应表

表 13－1　涉及武器、爆炸物和其他毁灭性材料的行为

《犯罪统计的国际分类》代码与犯罪类别	级别	国内刑法/犯罪分类	完全匹配	部分匹配	细节评注
0901 涉及武器、爆炸物和其他毁灭性材料的行为	2	—			—
09011 持有或使用武器和爆炸物	3	第 151 条第 1 款走私武器、弹药罪，走私核材料罪，走私假币罪		﹀	多了走私假币罪
090111 非法持有或使用枪支	4	第 128 条非法持有、私藏枪支、弹药罪，非法出租、出借枪支罪	﹀		—
090112 非法持有或使用其他武器和爆炸物	4	—			—
090113 非法持有或使用化学、生物或放射性材料	4	—			131
090119 其他与持有或使用武器和爆炸物有关的行为	4	第 130 条非法携带枪支、弹药、管制刀具、危险物品危及公共安全罪	﹀		危及公共安全
		第 297 条非法携带武器、管制刀具、爆炸物参加集会、游行、示威罪	﹀		集会、游行、示威
09012 贩运武器和爆炸物	3	—			—
090121 贩运枪支	4	第 125 条第 1 款非法制造、买卖、运输、邮寄、储存枪支、弹药、爆炸物罪		﹀	法条；行为方式和犯罪对象比“贩运枪支”大
		第 126 条违规制造、销售枪支罪	﹀		—

续表

《犯罪统计的国际分类》代码与犯罪类别	级别	国内刑法/犯罪分类	完全匹配	部分匹配	细节评注
090122 贩运其他武器或爆炸物	4	—			—
090123 贩运化学、生物或放射性材料	4	第 125 条第 2 款非法制造、买卖、运输、储存危险物质罪		√	法条:危险物质范围大
090129 其他与贩运武器和爆炸物有关的行为	4	第 127 条第 1 款盗窃、抢夺枪支、弹药、爆炸物、危险物质罪	√		
		第 127 条第 2 款抢劫枪支、弹药、爆炸物、危险物质罪	√		—
09019 其他与武器和爆炸物有关的行为	3	第 129 条丢失枪支不报罪	√		—

第二节　危害健康和安全的行为

一、《犯罪统计的国际分类》中的类别描述

在《犯罪统计的国际分类》中,“0902 危害健康和安全的行为”的定义为:可能危害人类健康和安全的行为。① 其包含范围为:危害工作健康和安全的犯罪;公共交通安全犯罪;公共健康犯罪;制造危及健康和安全的产品;传播传染病;检疫犯罪;医药犯罪;②未构成食物掺杂或销售有毒食物或饮料的卫生犯罪;适用 09021 ~09029 中列出的全部包含范围。

排除情形:危害健康和/或可能对他人造成人身伤害的危险行为(02071);过失行为(0206);专业人士失职(02062);使用或处理管制精神活性物质损害人

① 安全至少指受保护免受损害或受伤的状态。

② 医药犯罪包括未按照监管要求储存、运输和分发医疗产品;向无权拥有该产品的人供应/销售医药产品;向无许可证经销商供应/销售医药产品;制造、进口、出口和销售不符合国家标签和成分标准的医药产品;在没有许可证的情况下制造、进口、出口和销售医药产品。

的健康的可能(06);伪造药物和处方药品(07022)。

(一)危害工作健康和安全的行为

在《犯罪统计的国际分类》中,“09021 危害工作健康和安全的行为”的定义为:在工作场所可能损害人类健康和安全的行为。其包含范围为:危害工作健康和安全的犯罪;公共交通安全犯罪;医药犯罪。

排除情形:食物掺杂、销售有毒食物或饮料和其他危害健康的行为(02071);伪造药物和处方药品(07022);适用 0902 中列出的全部排除情形。

(二)其他危害健康和安全的行为

在《犯罪统计的国际分类》中,“09029 其他危害健康和安全的行为”的定义为:在非工作场所可能损害人类健康和安全的行为。

排除情形:适用 0902 中列出的全部排除情形。

二、中国相关罪名的匹配分析

根据《犯罪统计的国际分类》对“0902 危害健康和安全的行为”的类别描述和我国《刑法》的规定,我国有六个罪名的情形可与其完全匹配:一是我国《刑法》第 330 条规定的妨害传染病防治罪的情形。二是我国《刑法》第 331 条规定的传染病菌种、毒种扩散罪的情形。三是我国《刑法》第 332 条规定的妨害国境卫生检疫罪的情形。四是我国《刑法》第 333 条规定的非法组织卖血罪,强迫卖血罪的情形。五是我国《刑法》第 334 条第 1 款规定的非法采集、供应血液、制作、供应血液制品罪的情形。六是我国《刑法》第 337 条规定的妨害动植物防疫、检疫罪的情形。

我国《刑法》第 330 条第 1 款规定了[妨害传染病防治罪]:“违反传染病防治法的规定,有下列情形之一,引起甲类传染病以及依法确定采取甲类传染病预防、控制措施的传染病传播或者有传播严重危险的,处三年以下有期徒刑或者拘役;后果特别严重的,处三年以上七年以下有期徒刑:(一)供水单位供应的饮用水不符合国家规定的卫生标准的;(二)拒绝按照疾病预防控制机构提出的卫生要求,对传染病病原体污染的污水、污物、场所和物品进行消毒处理的;(三)准许或者纵容传染病病人、病原携带者和疑似传染病病人从事国务院卫生行政部门规定禁止从事的易使该传染病扩散的工作的;(四)出售、运输疫区中被传染病病原体污染或者可能被传染病病原体污染的物品,未进行消毒处理的;(五)拒绝执行县级以上人民政府、疾病预防控制机构依照传染病防治法提出的预防、控制措施的。”

我国《刑法》第 331 条规定了[传染病菌种、毒种扩散罪]:“从事实验、保藏、携带、运输传染病菌种、毒种的人员,违反国务院卫生行政部门的有关规定,造成传染病菌种、毒种扩散,后果严重的,处三年以下有期徒刑或者拘役;后果特别严重的,处三年以上七年以下有期徒刑。”

我国《刑法》第 332 条第 1 款规定了[妨害国境卫生检疫罪]:“违反国境卫生检疫规定,引起检疫传染病传播或者有传播严重危险的,处三年以下有期徒刑或者拘役,并处或者单处罚金。”

我国《刑法》第 333 条规定了[非法组织卖血罪,强迫卖血罪]:“非法组织他人出卖血液的,处五年以下有期徒刑,并处罚金;以暴力、威胁方法强迫他人出卖血液的,处五年以上十年以下有期徒刑,并处罚金。”

我国《刑法》第 334 条第 1 款规定了[非法采集、供应血液、制作、供应血液制品罪]:“非法采集、供应血液或者制作、供应血液制品,不符合国家规定的标准,足以危害人体健康的,处五年以下有期徒刑或者拘役,并处罚金;对人体健康造成严重危害的,处五年以上十年以下有期徒刑,并处罚金;造成特别严重后果的,处十年以上有期徒刑或者无期徒刑,并处罚金或者没收财产。”

我国《刑法》第 337 条第 1 款规定了[妨害动植物防疫、检疫罪]:“违反有关动植物防疫、检疫的国家规定,引起重大动植物疫情的,或者有引起重大动植物疫情危险,情节严重的,处三年以下有期徒刑或者拘役,并处或者单处罚金。”

我国《刑法》中上述六个条款的规定均来自我国《刑法》第六章妨害社会管理秩序中的第五节危害公共卫生罪,与《犯罪统计的国际分类》对“0902 危害健康和安全的行为”的定义完全符合,与之完全匹配。

三、《犯罪统计的国际分类》中国版对应表

表 13－2　危害健康和安全的行为

《犯罪统计的国际分类》代码与犯罪类别	级别	国内刑法/犯罪分类	完全匹配	部分匹配	细节评注
0902 危害健康和安全的行为	2	第 330 条妨害传染病防治罪	√		—
		第 331 条传染病菌种、毒种扩散罪	√		—

续表

《犯罪统计的国际分类》代码与犯罪类别	级别	国内刑法/犯罪分类	完全匹配	部分匹配	细节评注
0902 危害健康和安全的行为	2	第332条妨害国境卫生检疫罪	√		—
		第333条非法组织卖血罪，强迫卖血罪	√		—
		第334条第1款非法采集、供应血液、制作、供应血液制品罪	√		—
		第337条妨害动植物防疫、检疫罪	√		—
09021 危害工作健康和安全的行为	3	—			—
09029 其他危害健康和安全的行为	3	—			—

第三节　侵犯计算机系统的行为

一、《犯罪统计的国际分类》中的类别描述

在《犯罪统计的国际分类》中，“0903 侵犯计算机系统的行为”的定义为：未授权访问、截获、干扰或滥用计算机数据或计算机系统。[①] 其包含范围为：适用 09031～09039 中列出的全部包含范围。

---

① 参见计算机数据至少指以任何适合计算机/信息系统处理的机读形式呈现的事实、信息、概念陈述。参见联合国毒品和犯罪问题办公室：《网络犯罪问题全面研究》，载联合国毒品控制和犯罪预防办公室官网2013年1月1日，http://www.unodc.org/documents/organized-crime/UNODC_CCPCJ_EG.4_2013/CYBERCRIME_STUDY_210213.pdf。计算机/信息系统至少指的一台或多台互联设备，根据计算机/信息程序，自动处理计算机数据/信息/逻辑/算法/储存功能，包括由任何通讯设施或设备和互联网等计算机/信息系统储存/处理/读取/传输的计算机数据/信息。参见联合国毒品和犯罪问题办公室：《网络犯罪问题全面研究》，载联合国毒品控制和犯罪预防办公室官网2013年1月1日，http://www.unodc.org/documents/organized-crime/UNODC_CCPCJ_EG.4_2013/CYBERCRIME_STUDY_210213.pdf。计算机/信息程序至少指可使计算机/信息系统处理计算机数据/信息/执行功能/操作并可以由计算机/信息系统执行的机读形式指令。参见联合国毒品和犯罪问题办公室：《网络犯罪问题全面研究》，载联合国毒品控制和犯罪预防办公室官网2013年1月1日，http://www.unodc.org/documents/organized-crime/UNODC_CCPCJ_EG.4_2013/CYBERCRIME_STUDY_210213.pdf。

排除情形:通过计算机系统持有、发布或制作儿童色情制品(030221);计算机软件盗窃或盗版(0503);通过计算机系统持有、发布或制作色情制品(08022);通过计算机系统进行欺诈和盗窃(0701)或(0502)。

(一)非法进入计算机系统

在《犯罪统计的国际分类》中,"09031 非法进入计算机系统"的定义为:包括在没有授权或理由的情况下进入部分或整个计算机系统的非法行为。其包含范围为:在无权的情况下进入计算机系统;入侵。

排除情形:构成侵犯隐私的非法进入私人计算机文件行为(02011);适用0903 中列出的全部排除情形。

(二)非法干扰计算机系统或计算机数据

在《犯罪统计的国际分类》中,"09032 非法干扰计算机系统或计算机数据"的定义为:干扰计算机系统运行的非法行为,以及包括在没有授权或理由的情况下损坏、删除、磨损、改变或禁止显示计算机数据的行为。[1] 其包含范围为:损坏、删除、改变、禁止显示计算机数据;妨碍计算机系统运作;拒绝服务攻击,在没有授权的情况下删除计算机系统文件;计算机系统损坏;适用 090321 ~ 090322 中列出的全部包含范围。

排除情形:损坏非计算机数据的财产(0504);适用 0903 中列出的全部排除情形。

1. 非法干扰计算机系统

在《犯罪统计的国际分类》中,"090321 非法干扰计算机系统"的定义为:妨碍计算机系统运作的非法行为。其包含范围为:妨碍计算机系统运作;拒绝服务攻击;计算机系统损坏。

排除情形:适用 09032 中列出的全部排除情形。

2. 非法干扰计算机数据

在《犯罪统计的国际分类》中,"090322 非法干扰计算机数据"的定义为:包括在没有授权或理由的情况下损坏、删除、磨损、改变或禁止显示计算机数据的

---

① 参见联合国毒品和犯罪问题办公室:《网络犯罪问题全面研究》,载联合国毒品控制和犯罪预防办公室官网 2013 年 1 月 1 日,http://www.unodc.org/documents/organized-crime/UNODC_CCPCJ_EG.4_2013/CYBERCRIME_STUDY_210213.pdf。

行为。其包含范围为：损坏、删除、改变、禁止显示计算机数据；在没有授权的情况下删除计算机系统文件。

排除情形：适用09032中列出的全部排除情形。

（三）非法截取或访问计算机数据

在《犯罪统计的国际分类》中，“09033非法截取或访问计算机数据”的定义为：包括在没有授权或理由的情况下进入计算机数据的非法行为，包括在传输过程中获取不拟公开的数据；以及在没有授权的情况下获取计算机数据（如通过复制数据）。[①] 其包含范围为：在无权的情况下截取计算机数据；在无权的情况下在无线网络中记录传输内容，在没有授权的情况下复制计算机文件。

排除情形：构成侵犯隐私的非法进入私人计算机文件行为（02011）；适用0903中列出的全部排除情形。

（四）其他侵犯计算机系统的行为

在《犯罪统计的国际分类》中，“09039其他侵犯计算机系统的行为”的定义为：09031～09033类别中未加描述或分类的侵犯计算机系统行为。其包含范围为：生产、销售、购买、进口、发布或持有计算机滥用工具。

排除情形：适用0903中列出的全部排除情形。

二、中国相关罪名的匹配分析

（一）非法进入计算机系统的匹配分析

根据《犯罪统计的国际分类》对“09031非法进入计算机系统”的类别描述和我国《刑法》的规定，我国有三个罪名的情形可与其部分匹配：一是我国《刑法》第285条第1款规定的非法侵入计算机信息系统罪的情形。二是我国《刑法》第285条第2款规定的非法获取计算机信息系统数据、非法控制计算机信息系统罪的情形。三是我国《刑法》第285条第3款规定的提供侵入、非法控制计算机信息系统的程序、工具罪的情形。

我国《刑法》第285条第1款规定了[非法侵入计算机信息系统罪]：“违反国家规定，侵入国家事务、国防建设、尖端科学技术领域的计算机信息系统的，

---

① 参见联合国毒品和犯罪问题办公室：《网络犯罪问题全面研究》，载联合国毒品控制和犯罪预防办公室官网2013年1月1日，http://www.unodc.org/documents/organized-crime/UNODC_CCPCJ_EG.4_2013/CYBERCRIME_STUDY_210213.pdf。

处三年以下有期徒刑或者拘役。”与《犯罪统计的国际分类》对“09031 非法进入计算机系统”的类别描述相比，我国《刑法》第285条第1款的规定将犯罪行为侵犯的对象限定在侵入国家事务、国防建设、尖端科学技术领域的计算机信息系统，因此与《犯罪统计的国际分类》“09031 非法进入计算机系统”部分匹配。

我国《刑法》第285条第2款规定了[非法获取计算机信息系统数据、非法控制计算机信息系统罪]：“违反国家规定，侵入前款规定以外的计算机信息系统或者采用其他技术手段，获取该计算机信息系统中存储、处理或者传输的数据，或者对该计算机信息系统实施非法控制，情节严重的，处三年以下有期徒刑或者拘役，并处或者单处罚金；情节特别严重的，处三年以上七年以下有期徒刑，并处罚金。”我国《刑法》的本款规定的犯罪行为的侵犯对象是本条前款规定的领域之外的其他领域，因此其侵犯领域也比《犯罪统计的国际分类》“09031 非法进入计算机系统”的领域更为狭窄，因此，本款规定与《犯罪统计的国际分类》“09031 非法进入计算机系统”部分匹配。

我国《刑法》第285条第3款规定了[提供侵入、非法控制计算机信息系统的程序、工具罪]：“提供专门用于侵入、非法控制计算机信息系统的程序、工具，或者明知他人实施侵入、非法控制计算机信息系统的违法犯罪行为而为其提供程序、工具，情节严重的，依照前款的规定处罚。”由此可见，我国《刑法》本款规定了《犯罪统计的国际分类》“09031 非法进入计算机系统”的帮助犯的情形，为此类行为提供帮助才可能构成本罪，因此，本款规定与《犯罪统计的国际分类》“09031 非法进入计算机系统”部分匹配。

（二）非法干扰计算机系统或计算机数据的匹配分析

根据《犯罪统计的国际分类》对“090321 非法干扰计算机系统”的类别描述和我国《刑法》的规定，我国有一个条文的情形可与其完全匹配，即我国《刑法》第286条规定的破坏计算机信息系统罪。

我国《刑法》第286条第1、2、3款规定了[破坏计算机信息系统罪]：“违反国家规定，对计算机信息系统功能进行删除、修改、增加、干扰，造成计算机信息系统不能正常运行，后果严重的，处五年以下有期徒刑或者拘役；后果特别严重的，处五年以上有期徒刑。违反国家规定，对计算机信息系统中存储、处理或者传输的数据和应用程序进行删除、修改、增加的操作，后果严重的，依照前款的规定处罚。故意制作、传播计算机病毒等破坏性程序,影响计算机系统正常运行,后果严重的,依照第一款的规定处罚。"本条规定与《犯罪统计的国际分类》对"090321 非法干扰计算机系统"完全一致,而且我国《刑法》的规定更加具体明确,与之完全匹配。

(三)非法截取或访问计算机数据的匹配分析

根据《犯罪统计的国际分类》对"09033 非法截取或访问计算机数据"的类别描述和我国《刑法》的规定,我国有一个罪名的情形可与其部分匹配:我国《刑法》第 287 条之一规定的非法利用信息网络罪。

我国《刑法》第 287 条之一第 1 款规定了[非法利用信息网络罪]:"利用信息网络实施下列行为之一,情节严重的,处三年以下有期徒刑或者拘役,并处或者单处罚金:(一)设立用于实施诈骗、传授犯罪方法、制作或者销售违禁物品、管制物品等违法犯罪活动的网站、通讯群组的;(二)发布有关制作或者销售毒品、枪支、淫秽物品等违禁物品、管制物品或者其他违法犯罪信息的;(三)为实施诈骗等违法犯罪活动发布信息的。"我国本条为 2015 年《刑法修正案(九)》第 29 条增设。与《犯罪统计的国际分类》对"09033 非法截取或访问计算机数据"相比,我国《刑法》本条款规定的行为是非法利用,不仅包括非法截取或访问行为,因此更为宽泛,与之部分匹配。

(四)其他侵犯计算机系统的行为的匹配分析

根据《犯罪统计的国际分类》对"09039 其他侵犯计算机系统的行为"的类别描述和我国《刑法》的规定,我国有两个条款的情形可与其部分匹配:一是我国《刑法》第 286 条之一规定的拒不履行信息网络安全管理义务罪的情形;二是我国《刑法》第 287 条之二规定的帮助信息网络犯罪活动罪的情形。

我国《刑法》第 286 条之一第 1 款规定了[拒不履行信息网络安全管理义务罪]:"网络服务提供者不履行法律、行政法规规定的信息网络安全管理义务,经监管部门责令采取改正措施而拒不改正,有下列情形之一的,处三年以下有期徒刑、拘役或者管制,并处或者单处罚金:(一)致使违法信息大量传播的;(二)致使用户信息泄露,造成严重后果的;(三)致使刑事案件证据灭失,情节严重的;(四)有其他严重情节的。"

我国《刑法》第 287 条之二第 1 款规定了[帮助信息网络犯罪活动罪]:"明知他人利用信息网络实施犯罪,为其犯罪提供互联网接入、服务器托管、网络存储、通讯传输等技术支持,或者提供广告推广、支付结算等帮助,情节严重的,处三年以下有期徒刑或者拘役,并处或者单处罚金。”本条为2015年《刑法修正案(九)》第29条增设,从其条文内容来看,该行为符合《犯罪统计的国际分类》“09039其他侵犯计算机系统的行为”中的帮助行为,与之部分匹配。

三、《犯罪统计的国际分类》中国版对应表

表13-3　侵犯计算机系统的行为

《犯罪统计的国际分类》代码与犯罪类别	级别	国内刑法/犯罪分类	完全匹配	部分匹配	细节评注
0903 侵犯计算机系统的行为	2	—			—
09031 非法进入计算机系统	3	第285条第1款非法侵入计算机信息系统罪		√	国家事务、国防建设、尖端科学技术领域
		第285条第2款非法获取计算机信息系统数据、非法控制计算机信息系统罪		√	其他领域
		第285条第3款提供侵入、非法控制计算机信息系统的程序、工具罪		√	帮助犯
09032 非法干扰计算机系统或计算机数据	3	—			—
090321 非法干扰计算机系统	3	第286条破坏计算机信息系统罪	√		—
090322 非法干扰计算机数据	4	—			—
09033 非法截取或访问计算机数据	3	第287条之一非法利用信息网络罪		√	范围更广
09039 其他侵犯计算机系统的行为	3	第286条之一拒不履行信息网络安全管理义务罪		√	—
		第287条之二帮助信息网络犯罪活动罪		√	帮助犯

第四节　危害国家安全的行为

一、《犯罪统计的国际分类》中的类别描述

在《犯罪统计的国际分类》中，“0904 危害国家安全的行为”的定义为：损害国家完整性的行为。[①] 其包含范围为：叛国罪；间谍罪；披露官方机密罪；危害政府安全或运作的犯罪；未构成战争罪的兵役犯罪；危害国家安全的阴谋；破坏行为；未构成国际侵略罪的向政府发动战争或企图发动战争行为；侵占罪；反对国王或皇室的行为；煽动叛乱罪。

排除情形：承诺、提议、给予或索取或接受不当好处以让他人采取或放弃作出具体行为(0703)；暴乱和暴力骚动(08011)；除兵役犯罪以外的军事犯罪。

二、中国相关罪名的匹配分析

根据《犯罪统计的国际分类》对“0904 危害国家安全的行为”的类别描述和我国《刑法》的规定，我国有三十个罪名的情形可与其全部匹配或部分匹配：一是我国《刑法》第 102 条规定的背叛国家罪的情形；二是我国《刑法》第 103 条第 1 款规定的分裂国家罪的情形；三是我国《刑法》第 103 条第 2 款规定的煽动分裂国家罪的情形；四是我国《刑法》第 104 条规定的武装叛乱、暴乱罪的情形；五是我国《刑法》第 105 条第 1 款规定的颠覆国家政权罪的情形；六是我国《刑法》第 105 条第 2 款规定的煽动颠覆国家政权罪的情形；七是我国《刑法》第 107 条规定的资助危害国家安全犯罪活动罪的情形；八是我国《刑法》第 108 条规定的投敌叛变罪的情形；九是我国《刑法》第 109 条规定的叛逃罪的情形；十是我国《刑法》第 110 条规定的间谍罪的情形；十一是我国《刑法》第 111 条规定的为境外窃取、刺探、收买、非法提供国家秘密、情报罪的情形；十二是我国《刑法》第 112 条规定的资敌罪的情形；十三是我国《刑法》第 368 条第 1 款规定的阻碍军人执行职务罪的情形；十四是我国《刑法》第 368 条第 2 款规定的阻碍军事行动罪的情形；十五是我国《刑法》第 369 条第 1 款规定的破坏武器装备、军事设施、

---

① 完整性至少指在国家及其公共部门组织日常运行中实行价值观、原则和规范。参见经济合作与发展组织：《公共部门完整审查》，载经济合作与发展组织官网 2023 年 1 月 1 日，http://www.oecd.org/gov/ethics/publicsectorintegrityreviews.htm。

军事通信罪的情形；十六是我国《刑法》第 369 条第 2 款规定的过失损坏武器装备、军事设施、军事通信罪的情形；十七是我国《刑法》第 370 条第 1 款规定的故意提供不合格武器装备、军事设施罪的情形；十八是我国《刑法》第 370 条第 2 款规定的过失提供不合格武器装备、军事设施罪的情形；十九是我国《刑法》第 371 条第 1 款规定的聚众冲击军事禁区罪的情形；二十是我国《刑法》第 371 条第 2 款规定的聚众扰乱军事管理区秩序罪的情形；二十一是我国《刑法》第 372 条规定的冒充军人招摇撞骗罪的情形；二十二是我国《刑法》第 373 条规定的煽动军人逃离部队罪，雇用逃离部队军人罪的情形；二十三是我国《刑法》第 374 条规定的接送不合格兵员罪的情形；二十四是我国《刑法》第 376 条第 1 款规定的战时拒绝、逃避征召、军事训练罪的情形；二十五是我国《刑法》第 376 条第 2 款规定的战时拒绝、逃避服役罪的情形；二十六是我国《刑法》第 377 条规定的战时故意提供虚假敌情罪的情形；二十七是我国《刑法》第 378 条规定的战时造谣扰乱军心罪的情形；二十八是我国《刑法》第 379 条规定的战时窝藏逃离部队军人罪的情形；二十九是我国《刑法》第 380 条规定的战时拒绝、故意延误军事订货罪的情形；三十是我国《刑法》第 381 条规定的战时拒绝军事征集、征用罪的情形。

我国《刑法》第 102 条第 1 款规定了[背叛国家罪]："勾结外国，危害中华人民共和国的主权、领土完整和安全的，处无期徒刑或者十年以上有期徒刑。"

我国《刑法》第 103 条第 1 款规定了[分裂国家罪]："组织、策划、实施分裂国家、破坏国家统一的，对首要分子或者罪行重大的，处无期徒刑或者十年以上有期徒刑；对积极参加的，处三年以上十年以下有期徒刑；对其他参加的，处三年以下有期徒刑、拘役、管制或者剥夺政治权利。"

我国《刑法》第 103 条第 2 款规定了[煽动分裂国家罪]："煽动分裂国家、破坏国家统一的，处五年以下有期徒刑、拘役、管制或者剥夺政治权利；首要分子或者罪行重大的，处五年以上有期徒刑。"

我国《刑法》第 104 条第 1 款规定了[武装叛乱、暴乱罪]："组织、策划、实施武装叛乱或者武装暴乱的，对首要分子或者罪行重大的，处无期徒刑或者十年以上有期徒刑；对积极参加的，处三年以上十年以下有期徒刑；对其他参加的，处三年以下有期徒刑、拘役、管制或者剥夺政治权利。"

我国《刑法》第 105 条第 1 款规定了[颠覆国家政权罪]:“组织、策划、实施颠覆国家政权、推翻社会主义制度的,对首要分子或者罪行重大的,处无期徒刑或者十年以上有期徒刑;对积极参加的,处三年以上十年以下有期徒刑;对其他参加的,处三年以下有期徒刑、拘役、管制或者剥夺政治权利。”

我国《刑法》第 105 条第 2 款规定了[煽动颠覆国家政权罪]:“以造谣、诽谤或者其他方式煽动颠覆国家政权、推翻社会主义制度的,处五年以下有期徒刑、拘役、管制或者剥夺政治权利;首要分子或者罪行重大的,处五年以上有期徒刑。”

我国《刑法》第 107 条规定了[资助危害国家安全犯罪活动罪]:“境内外机构、组织或者个人资助实施本章第一百零二条、第一百零三条、第一百零四条、第一百零五条规定之罪的,对直接责任人员,处五年以下有期徒刑、拘役、管制或者剥夺政治权利;情节严重的,处五年以上有期徒刑。”

我国《刑法》第 108 条规定了[投敌叛变罪]:“投敌叛变的,处三年以上十年以下有期徒刑;情节严重或者带领武装部队人员、人民警察、民兵投敌叛变的,处十年以上有期徒刑或者无期徒刑。”

我国《刑法》第 109 条第 1 款规定了[叛逃罪]:“国家机关工作人员在履行公务期间,擅离岗位,叛逃境外或者在境外叛逃的,处五年以下有期徒刑、拘役、管制或者剥夺政治权利;情节严重的,处五年以上十年以下有期徒刑。”

我国《刑法》第 110 条规定了[间谍罪]:“有下列间谍行为之一,危害国家安全的,处十年以上有期徒刑或者无期徒刑;情节较轻的,处三年以上十年以下有期徒刑:(一)参加间谍组织或者接受间谍组织及其代理人的任务的;(二)为敌人指示轰击目标的。”

我国《刑法》第 111 条规定了[为境外窃取、刺探、收买、非法提供国家秘密、情报罪]:“为境外的机构、组织、人员窃取、刺探、收买、非法提供国家秘密或者情报的,处五年以上十年以下有期徒刑;情节特别严重的,处十年以上有期徒刑或者无期徒刑;情节较轻的,处五年以下有期徒刑、拘役、管制或者剥夺政治权利。”

我国《刑法》第 112 条规定了[资敌罪]:“战时供给敌人武器装备、军用物资资敌的,处十年以上有期徒刑或者无期徒刑;情节较轻的,处三年以上十年以下有期徒刑。”

上述列出的我国《刑法》相关规定均来自我国《刑法》分则第一章危害国家安全罪的规定,符合《犯罪统计的国际分类》对"0904 危害国家安全的行为"的描述,与之完全匹配。

我国《刑法》第 368 条第 1 款规定了[阻碍军人执行职务罪]:"以暴力、威胁方法阻碍军人依法执行职务的,处三年以下有期徒刑、拘役、管制或者罚金。"

我国《刑法》第 368 条第 2 款规定了[阻碍军事行动罪]:"故意阻碍武装部队军事行动,造成严重后果的,处五年以下有期徒刑或者拘役。"

我国《刑法》第 369 条第 1 款规定了[破坏武器装备、军事设施、军事通信罪]:"破坏武器装备、军事设施、军事通信的,处三年以下有期徒刑、拘役或者管制;破坏重要武器装备、军事设施、军事通信的,处三年以上十年以下有期徒刑;情节特别严重的,处十年以上有期徒刑、无期徒刑或者死刑。"

我国《刑法》第 369 条第 2 款规定了[过失损坏武器装备、军事设施、军事通信罪]:"过失犯前款罪,造成严重后果的,处三年以下有期徒刑或者拘役;造成特别严重后果的,处三年以上七年以下有期徒刑。"

我国《刑法》第 370 条第 1 款规定了[故意提供不合格武器装备、军事设施罪]:"明知是不合格的武器装备、军事设施而提供给武装部队的,处五年以下有期徒刑或者拘役;情节严重的,处五年以上十年以下有期徒刑;情节特别严重的,处十年以上有期徒刑、无期徒刑或者死刑。"

我国《刑法》第 370 条第 2 款规定了[过失提供不合格武器装备、军事设施罪]:"过失犯前款罪,造成严重后果的,处三年以下有期徒刑或者拘役;造成特别严重后果的,处三年以上七年以下有期徒刑。"

我国《刑法》第 371 条第 1 款规定了[聚众冲击军事禁区罪]:"聚众冲击军事禁区,严重扰乱军事禁区秩序的,对首要分子,处五年以上十年以下有期徒刑;对其他积极参加的,处五年以下有期徒刑、拘役、管制或者剥夺政治权利。"

我国《刑法》第 371 条第 2 款规定了[聚众扰乱军事管理区秩序罪]:"聚众扰乱军事管理区秩序,情节严重,致使军事管理区工作无法进行,造成严重损失的,对首要分子,处三年以上七年以下有期徒刑;对其他积极参加的,处三年以下有期徒刑、拘役、管制或者剥夺政治权利。"

我国《刑法》第 372 条规定了[冒充军人招摇撞骗罪]:"冒充军人招摇撞骗的,处三年以下有期徒刑、拘役、管制或者剥夺政治权利;情节严重的,处三年以上十年以下有期徒刑。”

我国《刑法》第373条规定了[煽动军人逃离部队罪,雇用逃离部队军人罪]:“煽动军人逃离部队或者明知是逃离部队的军人而雇用,情节严重的,处三年以下有期徒刑、拘役或者管制。”

我国《刑法》第374条规定了[接送不合格兵员罪]:“在征兵工作中徇私舞弊,接送不合格兵员,情节严重的,处三年以下有期徒刑或者拘役;造成特别严重后果的,处三年以上七年以下有期徒刑。”

我国《刑法》第376条第1款规定了[战时拒绝、逃避征召、军事训练罪]:“预备役人员战时拒绝、逃避征召或者军事训练,情节严重的,处三年以下有期徒刑或者拘役。”

我国《刑法》第376条第2款规定了[战时拒绝、逃避服役罪]:“公民战时拒绝、逃避服役,情节严重的,处二年以下有期徒刑或者拘役。”

我国《刑法》第377条规定了[战时故意提供虚假敌情罪]:“战时故意向武装部队提供虚假敌情,造成严重后果的,处三年以上十年以下有期徒刑;造成特别严重后果的,处十年以上有期徒刑或者无期徒刑。”

我国《刑法》第378条规定了[战时造谣扰乱军心罪]:“战时造谣惑众,扰乱军心的,处三年以下有期徒刑、拘役或者管制;情节严重的,处三年以上十年以下有期徒刑。”

我国《刑法》第379条规定了[战时窝藏逃离部队军人罪]:“战时明知是逃离部队的军人而为其提供隐蔽处所、财物,情节严重的,处三年以下有期徒刑或者拘役。”

我国《刑法》第380条规定了[战时拒绝、故意延误军事订货罪]:“战时拒绝或者故意延误军事订货,情节严重的,对单位判处罚金,并对其直接负责的主管人员和其他直接责任人员,处五年以下有期徒刑或者拘役;造成严重后果的,处五年以上有期徒刑。”

我国《刑法》第381条规定了[战时拒绝军事征收、征用罪]:“战时拒绝军事征收、征用,情节严重的,处三年以下有期徒刑或者拘役。”

上述列出的我国《刑法》相关条款,均来自我国《刑法》分则第七章危害国防利益罪的规定,从其法条规定的行为范围来说,比《犯罪统计的国际分类》对“0904 危害国家安全的行为”的描述更为宽泛,因此,上述条款与《犯罪统计的国际分类》“0904 危害国家安全的行为”部分匹配。

三、《犯罪统计的国际分类》中国版对应表

表 13－4　危害国家安全的行为

《犯罪统计的国际分类》代码与犯罪类别	级别	国内刑法/犯罪分类	完全匹配	部分匹配	细节评注
0904 危害国家安全的行为	2	第 102 条背叛国家罪	√		—
		第 103 条第 1 款分裂国家罪	√		—
		第 103 条第 2 款煽动分裂国家罪	√		—
		第 104 条武装叛乱、暴乱罪	√		—
		第 105 条第 1 款颠覆国家政权罪	√		—
		第 105 条第 2 款煽动颠覆国家政权罪	√		—
		第 107 条资助危害国家安全犯罪活动罪	√		—
		第 108 条投敌叛变罪	√		—
		第 109 条叛逃罪	√		—
		第 110 条间谍罪	√		—
		第 111 条为境外窃取、刺探、收买、非法提供国家秘密、情报罪	√		—
		第 112 条资敌罪	√		—
		第 368 条第 1 条阻碍军人执行职务罪		√	危害国防利益罪，下同
		第 368 条第 2 款阻碍军事行动罪		√	—
		第 369 条第 1 款破坏武器装备、军事设施、军事通信罪		√	—
		第 369 条第 2 款过失损坏武器装备、军事设施、军事通信罪		√	—
		第 370 条第 1 款故意提供不合格武器装备、军事设施罪		√	—

续表

《犯罪统计的国际分类》代码与犯罪类别	级别	国内刑法/犯罪分类	完全匹配	部分匹配	细节评注
0904 危害国家安全的行为	2	第 370 条第 2 款过失提供不合格武器装备、军事设施罪		√	—
		第 371 条第 1 款聚众冲击军事禁区罪		√	—
		第 371 条第 2 款聚众扰乱军事管理区秩序罪		√	—
		第 372 条冒充军人招摇撞骗罪		√	属于冒充行为
		第 373 条煽动军人逃离部队罪,雇用逃离部队军人罪		√	—
		第 374 条接送不合格兵员罪		√	—
		第 376 条第 1 款战时拒绝、逃避征召、军事训练罪		√	—
		第 376 条第 2 款战时拒绝、逃避服役罪		√	—
		第 377 条战时故意提供虚假敌情罪		√	—
		第 378 条战时造谣扰乱军心罪		√	—
		第 379 条战时窝藏逃离部队军人罪		√	—
		第 380 条战时拒绝、故意延误军事订货罪		√	—
		第 381 条战时拒绝军事征收、征用罪		√	—

第五节　涉及有组织犯罪集团的行为

一、《犯罪统计的国际分类》中的类别描述

在《犯罪统计的国际分类》中,“0905 涉及有组织犯罪集团的行为”的定义

为：参与有组织犯罪集团的活动。[①] 其包含范围为：参与有组织犯罪集团；适用09051～09059 中列出的全部包含范围。

排除情形：通过参与有组织犯罪而实施的犯罪被分类为特殊犯罪；由有组织犯罪集团实施的犯罪可被等同于组织脉络分类。

（一）参与有组织犯罪集团

在《犯罪统计的国际分类》中，“09051 参与有组织犯罪集团”的定义为：参与有组织犯罪集团的活动。其包含范围为：参与有组织犯罪集团。

排除情形：通过参与有组织犯罪而实施的犯罪被分类为特殊犯罪；与有组织犯罪存在关联被列为“态势情景”分类；适用 0905 中列出的全部排除情形。

（二）其他涉及有组织犯罪集团的行为

在《犯罪统计的国际分类》中，“09059 其他涉及有组织犯罪集团的行为”的定义为：09051 类别中未加描述或分类的其他涉及有组织犯罪集团的行为。

排除情形：适用 0905 中列出的全部排除情形。

二、中国相关罪名的匹配分析

根据《犯罪统计的国际分类》对“09051 参与有组织犯罪集团”的类别描述和我国《刑法》的规定，我国有三个条款的情形可与其完全匹配：一是我国《刑法》第 294 条第 1 款规定的组织、领导、参加黑社会性质组织罪的情形；二是我国《刑法》第 294 条第 2 款规定的入境发展黑社会组织罪的情形；三是我国《刑法》第 294 条第 3 款规定的包庇、纵容黑社会性质组织罪的情形。

我国《刑法》第 294 条第 1 款规定了[组织、领导、参加黑社会性质组织罪]：“组织、领导黑社会性质的组织的，处七年以上有期徒刑，并处没收财产；积极参加的，处三年以上七年以下有期徒刑，可以并处罚金或者没收财产；其他参加的，处三年以下有期徒刑、拘役、管制或者剥夺政治权利，可以并处罚金。”

我国《刑法》第 294 条第 2 款规定了[入境发展黑社会组织罪]：“境外的黑社会组织的人员到中华人民共和国境内发展组织成员的，处三年以上十年以下有期徒刑。”

---

① 有组织犯罪集团指三人或以上有组织结构的集团，存在一段时间，一致行事，目的是实施一项或多项严重犯罪或罪行，以直接或间接获得经济或其他物质好处。参见联合国毒品和犯罪问题办公室：《联合国打击跨国有组织犯罪公约》及其《议定书》，载联合国毒品控制和犯罪问题办公室官网 2021 年 1 月 1 日，https://www.unodc.org/documents/treaties/UNTOC/Publications/TOC Convention/TOCebook-e.pdf。

我国《刑法》第294条第3款规定了[包庇、纵容黑社会性质组织罪]:"国家机关工作人员包庇黑社会性质的组织,或者纵容黑社会性质的组织进行违法犯罪活动的,处五年以下有期徒刑;情节严重的,处五年以上有期徒刑。"

我国《刑法》第294条这3款中规定的情形完全符合《犯罪统计的国际分类》对"09051 参与有组织犯罪集团"的类别描述,与之完全匹配。

三、《犯罪统计的国际分类》中国版对应表

表13-5 涉及有组织犯罪集团的行为

《犯罪统计的国际分类》代码与犯罪类别	级别	国内刑法/犯罪分类	完全匹配	部分匹配	细节评注
0905 涉及有组织犯罪集团的行为	2	—			—
09051 参与有组织犯罪集团	3	第294条第1款组织、领导、参加黑社会性质组织	√		法条
		第294条第2款入境发展黑社会组织罪	√		法条
		第294条第3款包庇、纵容黑社会性质组织罪	√		法条
09059 其他涉及有组织犯罪集团的行为	3	—			—

第六节 恐怖主义

一、《犯罪统计的国际分类》中的类别描述

在《犯罪统计的国际分类》中,"0906 恐怖主义"的定义为:参与恐怖主义组织的活动或其他涉及恐怖主义犯罪的个人或团体行为。① 其包含范围为:参与或成为恐怖主义集团成员;为恐怖主义招募与训练人员;向恐怖主义提供资助;

---

① 恐怖主义犯罪指根据全球反恐怖主义法律文书中确定的,或以其他方式意图致使平民或在武装冲突情势中未积极参与敌对行动的任何其他人死亡或重伤的任何行为,只要这些行为就其性质或相关情况而论旨在恐吓人口,或迫使一国政府或一个国际组织采取或不采取任何行动[联合国大会:《制止向恐怖主义提供资助的国际公约》,1999年,E/RES/54/109,第2(1b)条]。

煽动恐怖主义；适用09061～09069中列出的全部包含范围。

排除情形：恐怖主义活动致死（0101）；所犯恐怖主义犯罪被分类为特殊犯罪；与恐怖主义或恐怖主义组织的关联可等同于态势情景分类。

（一）参与恐怖主义组织

在《犯罪统计的国际分类》中，“09061 参与恐怖主义组织”的定义为：参与以实施一项或多项恐怖主义犯罪为目的的团体的活动。其包含范围为：参与或成为恐怖主义组织成员。

排除情形：适用0906中列出的全部排除情形。

（二）资助恐怖主义

在《犯罪统计的国际分类》中，“09062 资助恐怖主义”的定义为：资助恐怖主义行为、个人恐怖主义分子或恐怖主义组织。[①] 其包含范围为：资助恐怖主义；资助恐怖主义组织。

排除情形：适用0906中列出的全部排除情形。

（三）其他与恐怖主义组织活动有关的行为

在《犯罪统计的国际分类》中，“09069 其他与恐怖主义组织活动有关的行为”的定义为：09061～09062类别中未加描述或分类的与恐怖主义组织活动有关的行为。其包含范围为：为恐怖主义招募或训练人员；煽动恐怖主义。

排除情形：适用0906中列出的全部排除情形。

二、中国相关罪名的匹配分析

（一）参与恐怖主义组织的匹配分析

根据《犯罪统计的国际分类》对“09061 参与恐怖主义组织”的类别描述和我国《刑法》的规定，我国有三个条款的情形可与其完全匹配：一是我国《刑法》第120条规定的组织、领导、参加恐怖组织罪的情形。二是我国《刑法》第120条之一规定的帮助恐怖活动罪的情形。三是我国《刑法》第120条之二规定的准备实施恐怖活动罪的情形。

我国《刑法》第120条第1款规定了［组织、领导、参加恐怖组织罪］：“组织、领导恐怖活动组织的，处十年以上有期徒刑或者无期徒刑，并处没收财产；积极参加的，处三年以上十年以下有期徒刑，并处罚金；其他参加的，处三年以

① 资助指提供或筹集资金，意图或明知这些资金将全部或部分用于恐怖主义活动［联合国大会：《制止向恐怖主义提供资助的国际公约》，1999年，E/RES/54/109，第2(1b)条］。

下有期徒刑、拘役、管制或者剥夺政治权利,可以并处罚金。”

我国《刑法》第120条之一第1款规定了[帮助恐怖活动罪]:“资助恐怖活动组织、实施恐怖活动的个人的,或者资助恐怖活动培训的,处五年以下有期徒刑、拘役、管制或者剥夺政治权利,并处罚金;情节严重的,处五年以上有期徒刑,并处罚金或者没收财产。”

我国《刑法》第120条之二第1款规定了[准备实施恐怖活动罪]:“有下列情形之一的,处五年以下有期徒刑、拘役、管制或者剥夺政治权利,并处罚金;情节严重的,处五年以上有期徒刑,并处罚金或者没收财产:(一)为实施恐怖活动准备凶器、危险物品或者其他工具的;(二)组织恐怖活动培训或者积极参加恐怖活动培训的;(三)为实施恐怖活动与境外恐怖活动组织或者人员联络的;(四)为实施恐怖活动进行策划或者其他准备的。”

我国《刑法》上述三个条款的规定与《犯罪统计的国际分类》对“09061 参与恐怖主义组织”的类别描述一致,与其完全匹配。

(二)其他与恐怖主义组织活动有关的行为的匹配分析

根据《犯罪统计的国际分类》对“09069 其他与恐怖主义组织活动有关的行为”的类别描述和我国《刑法》的规定,我国有四个条款的情形可与其完全匹配:一是我国《刑法》第120条之三规定的宣扬恐怖主义、极端主义、煽动实施恐怖活动罪的情形;二是我国《刑法》第120条之四规定的利用极端主义破坏法律实施罪的情形;三是我国《刑法》第120条之五规定的强制穿戴宣扬恐怖主义、极端主义服饰、标志罪的情形;四是我国《刑法》第120条之六规定的非法持有宣扬恐怖主义、极端主义物品罪的情形。

我国《刑法》第120条之三规定了[宣扬恐怖主义、极端主义、煽动实施恐怖活动罪]:“以制作、散发宣扬恐怖主义、极端主义的图书、音频视频资料或者其他物品,或者通过讲授、发布信息等方式宣扬恐怖主义、极端主义的,或者煽动实施恐怖活动的,处五年以下有期徒刑、拘役、管制或者剥夺政治权利,并处罚金;情节严重的,处五年以上有期徒刑,并处罚金或者没收财产。”

我国《刑法》第120条之四规定了[利用极端主义破坏法律实施罪]:“利用极端主义煽动、胁迫群众破坏国家法律确立的婚姻、司法、教育、社会管理等制度实施的,处三年以下有期徒刑、拘役或者管制,并处罚金;情节严重的,处三年以上七年以下有期徒刑,并处罚金;情节特别严重的,处七年以上有期徒刑,并处罚金或者没收财产。”

我国《刑法》第120条之五规定了[强制穿戴宣扬恐怖主义、极端主义服饰、标志罪]："以暴力、胁迫等方式强制他人在公共场所穿着、佩戴宣扬恐怖主义、极端主义服饰、标志的，处三年以下有期徒刑、拘役或者管制，并处罚金。"

我国《刑法》第120条之六规定了[非法持有宣扬恐怖主义、极端主义物品罪]："明知是宣扬恐怖主义、极端主义的图书、音频视频资料或者其他物品而非法持有，情节严重的，处三年以下有期徒刑、拘役或者管制，并处或者单处罚金。"

从条文规定的内容来看，我国《刑法》上述四个条款的规定与《犯罪统计的国际分类》对"09069其他与恐怖主义组织活动有关的行为"的类别描述一致，与其完全匹配。

三、《犯罪统计的国际分类》中国版对应表

表13-6　恐怖主义

《犯罪统计的国际分类》代码与犯罪类别	级别	国内刑法/犯罪分类	完全匹配	部分匹配	细节评注
0906恐怖主义	2	—			—
09061参与恐怖主义组织	3	第120条组织、领导、参加恐怖组织罪	√		—
		第120条之一帮助恐怖活动罪	√		—
		第120条之二准备实施恐怖活动罪	√		—
09062资助恐怖主义	3	—			—
09069其他与恐怖主义组织活动有关的行为	3	第120条之三宣扬恐怖主义、极端主义、煽动实施恐怖活动罪	√		—
		第120条之四利用极端主义破坏法律实施罪	√		—
		第120条之五强制穿戴宣扬恐怖主义、极端主义服饰、标志罪	√		—
		第120条之六非法持有宣扬恐怖主义、极端主义物品罪	√		—

第七节 非伤害性的交通违法行为

一、《犯罪统计的国际分类》中的类别描述

在《犯罪统计的国际分类》中,“0907 非伤害性的交通违法行为”的定义为:违反交通法或交通规则但未造成伤害或死亡的犯罪行为。其包含范围为:道路车辆执照、驾驶、登记或上路合适性方面的犯罪;超速;违反安全规定、车辆登记规定、驾驶执照规定。

排除情形:由任何人在控制车辆时的疏忽、鲁莽或大意行为而导致的人身伤害或可能导致的人身伤害(02063);在精神活性物质的影响下操作车辆(02072);造成财产损坏的肇事逃逸(0504);造成身体伤害的肇事逃逸(02063)。

二、中国相关罪名的匹配分析

我国《刑法》中唯一可以靠近此类描述的是第 133 条之一,但是第 133 条之一已经在之前的章节中匹配,根据互斥原则,此处不再重复匹配。

三、《犯罪统计的国际分类》中国版对应表

表 13－7 非伤害性的交通违法行为

《犯罪统计的国际分类》代码与犯罪类别	级别	国内刑法/犯罪分类	完全匹配	部分匹配	细节评注
0907 非伤害性的交通违法行为	2	—			—

第八节 其他危害公共安全和国家安全的行为

一、《犯罪统计的国际分类》中的类别描述

在《犯罪统计的国际分类》中,“0908 其他危害公共安全和国家安全的行为”的定义为:0901～0907 类别中未加描述或分类的可能危害公共安全和国家安全的行为。其包含范围为:组建民兵;雇用雇佣军;藏匿尸体。

排除情形:适用 0901～0907 中列出的全部排除情形。

二、中国相关罪名的匹配分析

根据《犯罪统计的国际分类》对“0908 其他危害公共安全和国家安全的行

为"的类别描述和我国《刑法》的规定,我国有三十四个罪名的情形可与其部分匹配:一是我国《刑法》第 116 条规定的破坏交通工具罪的情形。二是我国《刑法》第 117 条规定的破坏交通设施罪的情形。三是我国《刑法》第 118 条规定的破坏电力设备罪,破坏易燃易爆设备罪的情形。四是我国《刑法》第 123 条规定的暴力危及飞行安全罪的情形。五是我国《刑法》第 124 条第 1 款规定的破坏广播电视设施、公用电信设施罪的情形。六是我国《刑法》第 124 条第 2 款规定的过失损坏广播电视设施、公用电信设施罪的情形。七是我国《刑法》第 421 条规定的战时违抗命令罪的情形。八是我国《刑法》第 422 条规定的隐瞒、谎报军情罪,拒传、假传军令罪的情形。九是我国《刑法》第 423 条规定的投降罪的情形。十是我国《刑法》第 424 条规定的战时临阵脱逃罪的情形。十一是我国《刑法》第 425 条规定的擅离、玩忽军事职守罪的情形。十二是我国《刑法》第 426 条规定的阻碍执行军事职务罪的情形。十三是我国《刑法》第 427 条规定的指使部署违反职责罪的情形。十四是我国《刑法》第 428 条规定的违令作战消极罪的情形。十五是我国《刑法》第 429 条规定的拒不救援友邻部队罪的情形。十六是我国《刑法》第 430 规定的军人叛逃罪的情形。十七是我国《刑法》第 431 条第 1 款规定的非法获取军事秘密罪的情形。十八是我国《刑法》第 431 条第 2 款规定的为境外窃取、刺探、收买、非法提供军事秘密罪的情形。十九是我国《刑法》第 432 条规定的故意泄露军事秘密罪,过失泄露军事秘密罪的情形。二十是我国《刑法》第 433 条规定的战时造谣惑众罪的情形。二十一是我国《刑法》第 434 条规定的战时自伤罪的情形。二十二是我国《刑法》第 435 条规定的逃离部队罪的情形。二十三是我国《刑法》第 437 条规定的擅自改变武器装备编配用途罪的情形。二十四是我国《刑法》第 438 条第 1 款规定的盗窃、抢夺武器装备、军用物资罪的情形。二十五是我国《刑法》第 439 条规定的非法出卖、转让武器装备罪的情形。二十六是我国《刑法》第 440 条规定的遗弃武器装备罪的情形。二十七是我国《刑法》第 441 条规定的遗失武器装备罪的情形。二十八是我国《刑法》第 442 条规定的擅自出卖、转让军队房地产罪的情形。二十九是我国《刑法》第 443 条规定的虐待部属罪的情形。三十是我国《刑法》第 444 条规定的遗弃伤病军人罪的情形。三十一是我国《刑法》第 445 条规定的战时拒不救治伤病军人罪的情形。三十二是我国《刑法》第 446 条规定的战时残害居民、掠夺居民财物罪的情形。三十三是我国《刑法》第 447 条规定的私放俘虏罪的情形。三十四是我国《刑法》第 448 条规定的虐待俘虏罪的情形。

我国《刑法》第 116 条规定了[破坏交通工具罪]:“破坏火车、汽车、电车、船只、航空器,足以使火车、汽车、电车、船只、航空器发生倾覆、毁坏危险,尚未造成严重后果的,处三年以上十年以下有期徒刑。”

我国《刑法》第 117 条规定了[破坏交通设施罪]:“破坏轨道、桥梁、隧道、公路、机场、航道、灯塔、标志或者进行其他破坏活动,足以使火车、汽车、电车、船只、航空器发生倾覆、毁坏危险,尚未造成严重后果的,处三年以上十年以下有期徒刑。”

我国《刑法》第 118 条规定了[破坏电力设备罪,破坏易燃易爆设备罪]:“破坏电力、燃气或者其他易燃易爆设备,危害公共安全,尚未造成严重后果的,处三年以上十年以下有期徒刑。”

我国《刑法》第 123 条规定了[暴力危及飞行安全罪]:“对飞行中的航空器上的人员使用暴力,危及飞行安全,尚未造成严重后果的,处五年以下有期徒刑或者拘役;造成严重后果的,处五年以上有期徒刑。”

我国《刑法》第 124 条第 1 款规定了[破坏广播电视设施、公用电信设施罪]:“破坏广播电视设施、公用电信设施,危害公共安全的,处三年以上七年以下有期徒刑;造成严重后果的,处七年以上有期徒刑。”

我国《刑法》第 124 条第 2 款规定了[过失损坏广播电视设施、公用电信设施罪]:“过失犯前款罪的,处三年以上七年以下有期徒刑;情节较轻的,处三年以下有期徒刑或者拘役。”

我国《刑法》第 421 条规定了[战时违抗命令罪]:“战时违抗命令,对作战造成危害的,处三年以上十年以下有期徒刑;致使战斗、战役遭受重大损失的,处十年以上有期徒刑、无期徒刑或者死刑。”

我国《刑法》第 422 条规定了[隐瞒、谎报军情罪,拒传、假传军令罪]:“故意隐瞒、谎报军情或者拒传、假传军令,对作战造成危害的,处三年以上十年以下有期徒刑;致使战斗、战役遭受重大损失的,处十年以上有期徒刑、无期徒刑或者死刑。”

我国《刑法》第 423 条第 1 款规定了[投降罪]:“在战场上贪生怕死,自动放下武器投降敌人的,处三年以上十年以下有期徒刑;情节严重的,处十年以上有期徒刑或者无期徒刑。”

我国《刑法》第 424 条规定了[战时临阵脱逃罪]:“战时临阵脱逃的,处三年以下有期徒刑;情节严重的,处三年以上十年以下有期徒刑;致使战斗、战役遭受重大损失的,处十年以上有期徒刑、无期徒刑或者死刑。”

我国《刑法》第425条第1款规定了[擅离、玩忽军事职守罪]:“指挥人员和值班、值勤人员擅离职守或者玩忽职守,造成严重后果的,处三年以下有期徒刑或者拘役;造成特别严重后果的,处三年以上七年以下有期徒刑。”

我国《刑法》第426条规定了[阻碍执行军事职务罪]:“以暴力、威胁方法,阻碍指挥人员或者值班、值勤人员执行职务的,处五年以下有期徒刑或者拘役;情节严重的,处五年以上十年以下有期徒刑;情节特别严重的,处十年以上有期徒刑或者无期徒刑。战时从重处罚。”

我国《刑法》第427条规定了[指使部署违反职责罪]:“滥用职权,指使部属进行违反职责的活动,造成严重后果的,处五年以下有期徒刑或者拘役;情节特别严重的,处五年以上十年以下有期徒刑。”

我国《刑法》第428条规定了[违令作战消极罪]:“指挥人员违抗命令,临阵畏缩,作战消极,造成严重后果的,处五年以下有期徒刑;致使战斗、战役遭受重大损失或者有其他特别严重情节的,处五年以上有期徒刑。”

我国《刑法》第429条规定了[拒不救援友邻部队罪]:“在战场上明知友邻部队处境危急请求救援,能救援而不救援,致使友邻部队遭受重大损失的,对指挥人员,处五年以下有期徒刑。”

我国《刑法》第430条第1款规定了[军人叛逃罪]:“在履行公务期间,擅离岗位,叛逃境外或者在境外叛逃,危害国家军事利益的,处五年以下有期徒刑或者拘役;情节严重的,处五年以上有期徒刑。”

我国《刑法》第431条第1款规定了[非法获取军事秘密罪]:“以窃取、刺探、收买方法,非法获取军事秘密的,处五年以下有期徒刑;情节严重的,处五年以上十年以下有期徒刑;情节特别严重的,处十年以上有期徒刑。”

我国《刑法》第431条第2款规定了[为境外窃取、刺探、收买、非法提供军事秘密罪]:“为境外的机构、组织、人员窃取、刺探、收买、非法提供军事秘密的,处五年以上十年以下有期徒刑;情节严重的,处十年以上有期徒刑、无期徒刑或者死刑。”

我国《刑法》第432条第1款规定了[故意泄露军事秘密罪,过失泄露军事秘密罪]:“违反保守国家秘密法规,故意或者过失泄露军事秘密,情节严重的,处五年以下有期徒刑或者拘役;情节特别严重的,处五年以上十年以下有期徒刑。”

我国《刑法》第433条规定了[战时造谣惑众罪]:“战时造谣惑众,动摇军心的，处三年以下有期徒刑；情节严重的，处三年以上十年以下有期徒刑；情节特别严重的，处十年以上有期徒刑或者无期徒刑。”

我国《刑法》第 434 条规定了[战时自伤罪]：“战时自伤身体，逃避军事义务的，处三年以下有期徒刑；情节严重的，处三年以上七年以下有期徒刑。”

我国《刑法》第 435 条第 1 款规定了[逃离部队罪]：“违反兵役法规，逃离部队，情节严重的，处三年以下有期徒刑或者拘役。”

我国《刑法》第 437 条规定了[擅自改变武器装备编配用途罪]：“违反武器装备管理规定，擅自改变武器装备的编配用途，造成严重后果的，处三年以下有期徒刑或者拘役；造成特别严重后果的，处三年以上七年以下有期徒刑。”

我国《刑法》第 438 条第 1 款规定了[盗窃、抢夺武器装备、军用物资罪]：“盗窃、抢夺武器装备或者军用物资的，处五年以下有期徒刑或者拘役；情节严重的，处五年以上十年以下有期徒刑；情节特别严重的，处十年以上有期徒刑、无期徒刑或者死刑。”

我国《刑法》第 439 条规定了[非法出卖、转让武器装备罪]：“非法出卖、转让军队武器装备的，处三年以上十年以下有期徒刑；出卖、转让大量武器装备或者有其他特别严重情节的，处十年以上有期徒刑、无期徒刑或者死刑。”

我国《刑法》第 440 条规定了[遗弃武器装备罪]：“违抗命令，遗弃武器装备的，处五年以下有期徒刑或者拘役；遗弃重要或者大量武器装备的，或者有其他严重情节的，处五年以上有期徒刑。”

我国《刑法》第 441 条规定了[遗失武器装备罪]：“遗失武器装备，不及时报告或者有其他严重情节的，处三年以下有期徒刑或者拘役。”

我国《刑法》第 442 条规定了[擅自出卖、转让军队房地产罪]：“违反规定，擅自出卖、转让军队房地产，情节严重的，对直接责任人员，处三年以下有期徒刑或者拘役；情节特别严重的，处三年以上十年以下有期徒刑。”

我国《刑法》第 443 条规定了[虐待部属罪]：“滥用职权，虐待部属，情节恶劣，致人重伤或者造成其他严重后果的，处五年以下有期徒刑或者拘役；致人死亡的，处五年以上有期徒刑。”

我国《刑法》第 444 条规定了[遗弃伤病军人罪]：“在战场上故意遗弃伤病军人，情节恶劣的，对直接责任人员，处五年以下有期徒刑。”

我国《刑法》第 445 条规定了[战时拒不救治伤病军人罪]：“战时在救护治疗

职位上,有条件救治而拒不救治危重伤病军人的,处五年以下有期徒刑或者拘役;造成伤病军人重残、死亡或者有其他严重情节的,处五年以上十年以下有期徒刑。"

我国《刑法》第446条规定了[战时残害居民、掠夺居民财物罪]:"战时在军事行动地区,残害无辜居民或者掠夺无辜居民财物的,处五年以下有期徒刑;情节严重的,处五年以上十年以下有期徒刑;情节特别严重的,处十年以上有期徒刑、无期徒刑或者死刑。"

我国《刑法》第447条规定了[私放俘虏罪]:"私放俘虏的,处五年以下有期徒刑;私放重要俘虏、私放俘虏多人或者有其他严重情节的,处五年以上有期徒刑。"

我国《刑法》第448条规定了[虐待俘虏罪]:"虐待俘虏,情节恶劣的,处三年以下有期徒刑。"

在上述法条规定中,需要说明的是,第421条至第448条的规定均来自我国《刑法》分则第十章军人违反职责罪的规定,由法条可以看出,上述条款对犯罪行为的规定比《犯罪统计的国际分类》对"0908 其他危害公共安全和国家安全的行为"更为宽泛,与之部分匹配。

三、《犯罪统计的国际分类》中国版对应表

表13-8　其他危害公共安全和国家安全的行为

《犯罪统计的国际分类》代码与犯罪类别	级别	国内刑法/犯罪分类	完全匹配	部分匹配	细节评注
0908 其他危害公共安全和国家安全的行为	2	第116条破坏交通工具罪		√	法条
		第117条破坏交通设施罪		√	法条
		第118条破坏电力设备罪,破坏易燃易爆设备罪		√	—
		第123条暴力危及飞行安全罪		√	—
		第124条第1款破坏广播电视设施、公用电信设施罪		√	—
		第124条第2款过失损坏广播电视设施、公用电信设施罪		√	—
		第421条战时违抗命令罪		√	以下都是我国《刑法》第十章
		第422条隐瞒、谎报军情罪,拒传、假传军令罪		√	—

续表

《犯罪统计的国际分类》代码与犯罪类别	级别	国内刑法/犯罪分类	完全匹配	部分匹配	细节评注
0908 其他危害公共安全和国家安全的行为	2	第 423 条投降罪		√	—
		第 424 条战时临阵脱逃罪		√	—
		第 425 条擅离、玩忽军事职守罪		√	—
		第 426 条阻碍执行军事职务罪		√	—
		第 427 条指使部署违反职责罪		√	—
		第 428 条违令作战消极罪		√	—
		第 429 条拒不救援友邻部队罪		√	—
		第 430 条军人叛逃罪		√	—
		第 431 条第 1 款非法获取军事秘密罪		√	—
		第 431 条第 2 款为境外窃取、刺探、收买、非法提供军事秘密罪		√	—
		第 432 条故意泄露军事秘密罪，过失泄露军事秘密罪		√	—
		第 433 条战时造谣惑众罪		√	—
		第 434 条战时自伤罪		√	—
		第 435 条逃离部队罪		√	—
		第 437 条擅自改变武器装备编配用途罪		√	—
		第 438 条盗窃、抢夺武器装备、军用物资罪		√	—
		第 439 条非法出卖、转让武器装备罪		√	—
		第 440 条遗弃武器装备罪		√	—
		第 441 条遗失武器装备罪		√	—
		第 442 条擅自出卖、转让军队房地产罪		√	—

续表

《犯罪统计的国际分类》代码与犯罪类别	级别	国内刑法/犯罪分类	完全匹配	部分匹配	细节评注
0908 其他危害公共安全和国家安全的行为	2	第 443 条虐待部属罪		✓	—
		第 444 条遗弃伤病军人罪		✓	—
		第 445 条战时拒不救治伤病军人罪		✓	—
		第 446 条战时残害居民、掠夺居民财物罪		✓	—
		第 447 条私放俘虏罪		✓	—
		第 448 条虐待俘虏罪		✓	—

第十四章　危害自然环境的行为

第一节　造成环境污染或退化的行为

一、《犯罪统计的国际分类》中的类别描述

在《犯罪统计的国际分类》中，“1001 造成环境污染或退化的行为”的定义为：造成自然环境污染的行为。[①] 其包含范围为：空气、水和土壤污染；适用 10011 ~ 10019 中列出的全部包含范围。

排除情形：通过非法运输或倾倒废物而造成污染或恶化(1002)；乱丢垃圾罪(0801)；蓄意破坏、损坏或损毁公共或私人财产(0504)。

(一)造成空气污染或退化的行为

在《犯罪统计的国际分类》中，“10011 造成空气污染或退化的行为”的定义为：造成空气污染或退化的行为。[②] 其包含范围为：空气污染。

排除情形：由非法开采、非法砍伐或其他导致自然资源耗竭或退化的行为造成的空气污染(1004)；适用 1001 中列出的全部排除情形。

---

① 自然环境至少指包含所有生物物种互动的环境。

② 空气污染指任何改变大气层自然特性的化学、物理或生物物质对室内或室外环境的直接或间接污染。

（二）造成水污染或退化的行为

在《犯罪统计的国际分类》中，“10012 造成水污染或退化的行为”的定义为：造成水污染或退化的行为。[1] 其包含范围为：水污染。

排除情形：由非法开采、非法砍伐或其他导致自然资源耗竭或退化的行为造成的水污染（1004）；通过非法运输或倾倒废物而造成水污染或退化（1002）；适用 1001 中列出的全部排除情形。

（三）造成土壤污染或退化的行为

在《犯罪统计的国际分类》中，“10013 造成土壤污染或退化的行为”的定义为：造成土壤污染或退化的行为。[2] 其包含范围为：土壤污染。

排除情形：由非法开采、非法砍伐或其他导致自然资源耗竭或退化的行为造成的土壤污染（1004）；通过非法运输或倾倒废物而造成土壤污染或退化（1002）；适用 1001 中列出的全部排除情形。

（四）其他造成环境污染或退化的行为

在《犯罪统计的国际分类》中，“10019 其他造成环境污染或退化的行为”的定义为：10011～10013 类别中未加描述或分类的导致自然环境污染的行为。其包含范围为：通过噪音、震颤、热、光或辐射造成污染；危险、核和化学物质犯罪。

排除情形：适用 1001 中列出的全部排除情形。

二、中国相关罪名的匹配分析

根据《犯罪统计的国际分类》对“1001 造成环境污染或退化的行为”的类别描述和我国《刑法》的规定，我国有一条规定的情形可与其完全匹配：我国《刑法》第 338 条规定的污染环境罪的情形。

我国《刑法》第 338 条规定了［污染环境罪］：“违反国家规定，排放、倾倒或者处置有放射性的废物、含传染病病原体的废物、有毒物质或者其他有害物质，严重污染环境的，处三年以下有期徒刑或者拘役，并处或者单处罚金；情节严重的，处三年以上七年以下有期徒刑，并处罚金；有下列情形之一的，处七年以上有期徒刑，并处罚金：（一）在饮用水水源保护区、自然保护地核心保护区等依法

① 水污染指将物质或能源直接或间接导入水体、水务设施或海洋环境（包括河口），造成损害生物资源、危害人类健康、阻碍捕鱼等海洋活动、降低海水质量和减少便利设施。（经济合作与发展组织，海洋污染，网站：http://stats.oecd.org/glossary/detail.asp？ID＝1596。）

② 土壤污染至少是指任何改变土壤自然特性的化学、物理或生物物质对土壤的直接或间接污染。

确定的重点保护区域排放、倾倒、处置有放射性的废物、含传染病病原体的废物、有毒物质，情节特别严重的；(二)向国家确定的重要江河、湖泊水域排放、倾倒、处置有放射性的废物、含传染病病原体的废物、有毒物质，情节特别严重的；(三)致使大量永久基本农田基本功能丧失或者遭受永久性破坏的；(四)致使多人重伤、严重疾病，或者致人严重残疾、死亡的。有前款行为，同时构成其他犯罪的，依照处罚较重的规定定罪处罚。”

我国《刑法》的本条规定被修订过两次。第一次是2011年《刑法修正案(八)》第46条删除了第1款中“向土地、水体、大气”的文字，将“造成重大环境污染事故，致使公私财产遭受重大损失或者人身伤亡的严重后果”修改为“严重污染环境”。第二次是2020年《刑法修正案(十一)》第40条将第1款“后果特别严重”修改为“情节严重”，在第1款增设了第三档法定刑(新设四项应处七年以上有期徒刑，并处罚金的情形)，还增设了第2款罪数的处理规定。第一次修订中，删除了第1款中“向土地、水体、大气”的文字，由此可见，我国《刑法》规定的污染环境罪不再像《犯罪统计的国际分类》中那样再做细分，因此，我国《刑法》第338条的与《犯罪统计的国际分类》中“1001 造成环境污染或退化的行为”完全匹配，并且不可能再继续匹配到“1001 造成环境污染或退化的行为”的下一个级别。

三、《犯罪统计的国际分类》中国版对应表

表14-1 造成环境污染或退化的行为

《犯罪统计的国际分类》代码与犯罪类别	级别	国内刑法/犯罪分类	完全匹配	部分匹配	细节评注
1001 造成环境污染或退化的行为	2	第338条污染环境罪	√		—
10011 造成空气污染或退化的行为	3	—			—
10012 造成水污染或退化的行为	3	—			—
10013 造成土壤污染或退化的行为	3	—			—
10019 其他造成环境污染或退化的行为	3	—			—

第二节 涉及运输或倾倒废物的行为

一、《犯罪统计的国际分类》中的类别描述

在《犯罪统计的国际分类》中，“1002 涉及运输或倾倒废物的行为”的定义为：涉及非法运输或倾倒废物的行为。[①] 其包含范围为：非法贩运废物；非法运输废物；非法倾倒废物；适用 10021～10022 中列出的全部包含范围。

排除情形：乱丢垃圾罪（0801）。

（一）涉及在一国国界内运输或倾倒废物的行为

在《犯罪统计的国际分类》中，“10021 涉及在一国国界内运输或倾倒废物的行为”的定义为：涉及仅在一国发生、制止和/或造成直接或间接影响的非法运输或倾倒废物行为。其包含范围为：国内非法倾倒废物，国内非法运输或贩运废物。

排除情形：适用 1002 中列出的全部排除情形。

（二）涉及跨国界运输或倾倒废物的行为

在《犯罪统计的国际分类》中，“10022 涉及跨国界运输或倾倒废物的行为”的定义为：涉及在多于一国发生、制止和/或造成直接或间接影响的非法运输或倾倒废物行为。其包含范围为：跨国界贩运废物。

排除情形：适用 1002 中列出的全部排除情形。

二、中国相关罪名的匹配分析

（一）涉及在一国国界内运输或倾倒废物的行为的匹配分析

根据《犯罪统计的国际分类》对“10021 涉及在一国国界内运输或倾倒废物的行为”的类别描述和我国《刑法》的规定，我国有一个罪名的情形可与其完全匹配：我国《刑法》第 339 条第 1 款规定的非法处置进口的固体废物罪的情形。

---

① 运输或倾倒至少指非法收集、运输、回收、处理或装运导致或可能导致严重人身伤害或对空气、土壤或水的质量或对动植物造成重大损害的废物。

我国《刑法》第339条第1款规定了[非法处置进口的固体废物罪]:“违反国家规定,将境外的固体废物进境倾倒、堆放、处置的,处五年以下有期徒刑或者拘役,并处罚金;造成重大环境污染事故,致使公私财产遭受重大损失或者严重危害人体健康的,处五年以上十年以下有期徒刑,并处罚金;后果特别严重的,处十年以上有期徒刑,并处罚金。”由此看出,我国《刑法》第339条第1款规定与《犯罪统计的国际分类》中“10021 涉及在一国国界内运输或倾倒废物的行为”的类别完全匹配。而且,我国《刑法》十分重视环境保护,针对本款规定,2016年9月29日最高检发布了《关于全面履行检察职能为推进健康中国建设提供有力司法保障的意见》,行为人主动采取补救措施,消除污染,积极赔偿,防止损失扩大的,依法从宽处理。

(二)涉及跨国界运输或倾倒废物的行为的匹配分析

根据《犯罪统计的国际分类》对“10022 涉及跨国界运输或倾倒废物的行为”的类别描述和我国《刑法》的规定,我国有两个条款的情形可与其完全匹配:一是我国《刑法》第339条第2款规定的擅自进口固体废物罪的情形;二是我国《刑法》第152条第2款规定的走私废物罪的情形。

我国《刑法》第339条第2款规定了[擅自进口固体废物罪]:“未经国务院有关主管部门许可,擅自进口固体废物用作原料,造成重大环境污染事故,致使公私财产遭受重大损失或者严重危害人体健康的,处五年以下有期徒刑或者拘役,并处罚金;后果特别严重的,处五年以上十年以下有期徒刑,并处罚金。”本款规定与《犯罪统计的国际分类》中“10022 涉及跨国界运输或倾倒废物的行为”完全匹配。

我国《刑法》第152条第2款规定了[走私废物罪]:“逃避海关监管将境外固体废物、液态废物和气态废物运输进境,情节严重的,处五年以下有期徒刑,并处或者单处罚金;情节特别严重的,处五年以上有期徒刑,并处罚金。”本款规定与《犯罪统计的国际分类》中“10022 涉及跨国界运输或倾倒废物的行为”完全匹配。

三、《犯罪统计的国际分类》中国版对应表

表 14－2　涉及运输或倾倒废物的行为

《犯罪统计的国际分类》代码与犯罪类别	级别	国内刑法/犯罪分类	完全匹配	部分匹配	细节评注
1002 涉及运输或倾倒废物的行为	2	—			—
10021 涉及在一国国界内运输或倾倒废物的行为	3	第 339 条第 1 款非法处置进口的固体废物罪	√		—
10022 涉及跨国界运输或倾倒废物的行为	3	第 339 条第 2 款擅自进口固体废物罪	√		
		第 152 条第 2 款走私废物罪	√		—

第三节　交易或持有动植物群受保护物种或被禁物种

一、《犯罪统计的国际分类》中的类别描述

在《犯罪统计的国际分类》中，“1003 交易或持有动植物群受保护物种或被禁物种”的定义为：非法交易或持有受保护或被禁野生动植物物种的标本。[①] 其包含范围为：野生生物贩运；非法交易或持有野生生物；适用 10031～10032 中列出的全部包含范围。

排除情形：盗窃宠物（050221）；对待、喂养或饲养动物犯罪（10091）；抢劫牲畜（04014）；盗窃牲畜（05025）。

（一）交易或持有野生动植物群受保护物种

在《犯罪统计的国际分类》中，“10031 交易或持有野生动植物群受保护物种”的定义为：非法交易或持有受保护野生动植物物种标本。其包含范围为：贩

---

① 标本指任何动物或植物，不论死活，或任何动植物的可辨认部分或衍生物种。受保护物种指因数量较少、被过度捕猎/捕捞、环境变化、被捕食或其他原因而面临灭绝风险，因而受到保护的动植物物种。参见《濒危野生动植物种国际贸易公约》，载国家濒危科官网 2023 年 1 月 1 日，http://www.cites.org/eng/disc/text.php。被禁物种指因具有环境入侵性、对人类造成危险或有可能造成其他损害而被国家法律禁止的动植物物种。参见欧洲联盟：《制定欧盟入侵性外来物种框架》，载欧盟官网 2023 年 1 月 1 日，http://ec.europa.eu/environment/nature/invasivealien/docs/ias_discussion_paper.pdf。

运象牙;适用 100311～100312 中列出的全部包含范围。

排除情形:适用 1003 中列出的全部排除情形。

1. 在一国国界内交易或持有受保护物种

在《犯罪统计的国际分类》中,“100311 在一国国界内交易或持有受保护物种”的定义为:只在一国国内非法交易或持有受保护野生动植物物种标本。其包含范围为:非法交易或持有濒危物种。

排除情形:适用 10031 中列出的全部排除情形。

2. 跨国境贩运受保护物种

在《犯罪统计的国际分类》中,“100312 跨国境贩运受保护物种”的定义为:涉及两个或以上国家非法进口、出口、获取、销售、运输或转移受保护野生动植物物种。其包含范围为:跨国界贩运野生生物。

排除情形:适用 1003 中列出的全部排除情形。

(二)交易或持有被禁或被管控的动物物种

在《犯罪统计的国际分类》中,“10032 交易或持有被禁或被管控的动物物种”的定义为:非法交易或持有被禁或被管控的动物物种标本。其包含范围为:持有危险或被管控动物;繁殖危险动物;交易被禁物种。

排除情形:适用 1003 中列出的全部排除情形。

(三)其他交易或持有野生动植物群受保护物种或被禁物种的行为

在《犯罪统计的国际分类》中,“10039 其他交易或持有野生动植物群受保护物种或被禁物种的行为”的定义为:10031～10032 类别中未加描述或分类的其他非法交易或持有野生动植物群受保护物种或被禁物种的行为。

排除情形:适用 1003 中列出的全部排除情形。

二、中国相关罪名的匹配分析

根据《犯罪统计的国际分类》对“100311 在一国国界内交易或持有受保护物种”的类别描述和我国《刑法》的规定,我国有一条规定的情形可与其部分匹配:我国《刑法》第 344 条规定的危害国家重点保护植物罪的情形。

我国《刑法》第 344 条规定了[危害国家重点保护植物罪]:“违反国家规定,非法采伐、毁坏珍贵树木或者国家重点保护的其他植物的,或者非法收购、运输、加工、出售珍贵树木或者国家重点保护的其他植物及其制品的,处三年以下有期徒刑、拘役或者管制,并处罚金;情节严重的,处三年以上七年以下有期徒刑，并处罚金。"本条规定的犯罪对象仅限于植物和植物制品，因此规定范围比《犯罪统计的国际分类》中"100311 在一国国界内交易或持有受保护物种"的包含范围更窄，不包括涉及受保护动物的犯罪，因此我国《刑法》第 344 条规定与《犯罪统计的国际分类》"100311 在一国国界内交易或持有受保护物种"部分匹配。

三、《犯罪统计的国际分类》中国版对应表

表 14-3 交易或持有动植物群受保护物种或被禁物种

《犯罪统计的国际分类》代码与犯罪类别	级别	国内刑法/犯罪分类	完全匹配	部分匹配	细节评注
1003 交易或持有动植物群受保护物种或被禁物种	2	—			—
10031 交易或持有野生动植物群受保护物种	3	—			—
100311 在一国国界内交易或持有受保护物种	4	第 344 条危害国家重点保护植物罪		√	制品
100312 跨国境贩运受保护物种	4	—			—
10032 交易或持有被禁或被管控的动物物种	3	—			—
10039 其他交易或持有野生动植物群受保护物种或被禁物种的行为	3	—			—

第四节 导致自然资源消耗或退化的行为

一、《犯罪统计的国际分类》中的类别描述

在《犯罪统计的国际分类》中，"1004 导致自然资源消耗或退化的行为"的

定义为:导致非法开采或消耗自然资源、动植物物种、土地、水或空气的行为。其包含范围为:适用 10041 ~ 10049 中列出的全部包含范围。

排除情形:造成自然环境污染但未构成消耗或退化的行为(1001)。

(一)非法伐木

在《犯罪统计的国际分类》中,“10041 非法伐木”的定义为:非法集运、砍伐、采伐、运输、购买或销售木材。其包含范围为:非法伐木;非法砍伐焚烧;非法采砂。

排除情形:适用 1004 中列出的全部排除情形。

(二)非法狩猎、捕鱼或采集野生动植物

在《犯罪统计的国际分类》中,“10042 非法狩猎、捕鱼或采集野生动植物”的定义为:非法狩猎、捕鱼、采集或以其他方式获得野生动植物。其包含范围为:非法狩猎,非法捕鱼,偷猎。

排除情形:适用 1004 中列出的全部排除情形。

(三)非法采矿

在《犯罪统计的国际分类》中,“10043 非法采矿”的定义为:非法从土地开采铁矿或矿物。其包含范围为:贩运贵矿物;非法采矿;在没有土地权或采矿许可证的情况下采矿;违反环境或安全标准采矿。

排除情形:适用 1004 中列出的全部排除情形。

(四)其他导致自然资源消耗或退化的行为

在《犯罪统计的国际分类》中,“10049 其他导致自然资源消耗或退化的行为”的定义为:10041 ~ 10043 类别中未加描述或分类的消耗自然资源的行为。

排除情形:适用 1004 中列出的全部排除情形。

二、中国相关罪名的匹配分析

(一)非法伐木的匹配分析

根据《犯罪统计的国际分类》对“10041 非法伐木”的类别描述和我国《刑法》的规定,我国《刑法》有三个条款的情形可与其完全匹配:一是我国《刑法》第 345 条第 1 款规定的盗伐林木罪的情形;二是我国《刑法》第 345 条第 2 款规定的滥伐林木罪的情形;三是我国《刑法》第 345 条第 3 款规定的非法收购、运输盗伐、滥伐的林木罪的情形。

我国《刑法》第 345 条第 1 款规定了[盗伐林木罪]:“盗伐森林或者其他林

木，数量较大的，处三年以下有期徒刑、拘役或者管制，并处或者单处罚金；数量巨大的，处三年以上七年以下有期徒刑，并处罚金；数量特别巨大的，处七年以上有期徒刑，并处罚金。”

我国《刑法》第345条第2款规定了[滥伐林木罪]：“违反森林法的规定，滥伐森林或者其他林木，数量较大的，处三年以下有期徒刑、拘役或者管制，并处或者单处罚金；数量巨大的，处三年以上七年以下有期徒刑，并处罚金。”

我国《刑法》第345条第3款规定了[非法收购、运输盗伐、滥伐的林木罪]：“非法收购、运输明知是盗伐、滥伐的林木，情节严重的，处三年以下有期徒刑、拘役或者管制，并处或者单处罚金；情节特别严重的，处三年以上七年以下有期徒刑，并处罚金。”

由此可见，我国《刑法》第345条第1款、第345条第2款和第345条第3款规定的盗伐林木、滥伐林木和非法收购、运输盗伐、滥伐的林木的行为完全符合《犯罪统计的国际分类》对“10041 非法伐木”的定义，与之完全匹配。

（二）非法狩猎、捕鱼或采集野生动植物的匹配分析

根据《犯罪统计的国际分类》对“10042 非法狩猎、捕鱼或采集野生动植物”的类别描述和我国《刑法》的规定，我国有四个条款的情形可与其完全匹配：一是我国《刑法》第340条规定的非法捕捞水产品罪的情形；二是我国《刑法》第341条第1款规定的危害珍贵、濒危野生动物罪的情形；三是我国《刑法》第341条第2款规定的非法狩猎罪的情形；四是我国《刑法》第344条规定的危害国家重点保护植物罪的情形。

我国《刑法》第340条规定了[非法捕捞水产品罪]：“违反保护水产资源法规，在禁渔区、禁渔期或者使用禁用的工具、方法捕捞水产品，情节严重的，处三年以下有期徒刑、拘役、管制或者罚金。”

我国《刑法》第341条第1款规定了[危害珍贵、濒危野生动物罪]：“非法猎捕、杀害国家重点保护的珍贵、濒危野生动物的，或者非法收购、运输、出售国家重点保护的珍贵、濒危野生动物及其制品的，处五年以下有期徒刑或者拘役，并处罚金；情节严重的，处五年以上十年以下有期徒刑，并处罚金；情节特别严重的，处十年以上有期徒刑，并处罚金或者没收财产。”

我国《刑法》第341条第2款规定了[非法狩猎罪]：“违反狩猎法规，在禁猎区、禁猎期或者使用禁用的工具、方法进行狩猎，破坏野生动物资源，情节严

重的，处三年以下有期徒刑、拘役、管制或者罚金。”

我国《刑法》第344条规定了[危害国家重点保护植物罪]：“违反国家规定，非法采伐、毁坏珍贵树木或者国家重点保护的其他植物的，或者非法收购、运输、加工、出售珍贵树木或者国家重点保护的其他植物及其制品的，处三年以下有期徒刑、拘役或者管制，并处罚金；情节严重的，处三年以上七年以下有期徒刑，并处罚金。”

从上述四个条款可以看出，我国《刑法》十分明确和具体地规定了《犯罪统计的国际分类》中“10042 非法狩猎、捕鱼或采集野生动植物”的行为，与其完全匹配。

（三）非法采矿的匹配分析

根据《犯罪统计的国际分类》对“10043 非法采矿”的类别描述和我国《刑法》的规定，我国有两个条款的情形可与其完全匹配：一是我国《刑法》第343条第1款规定的非法采矿罪的情形；二是我国《刑法》第343条第2款规定的破坏性采矿罪的情形。

我国《刑法》第343条第1款规定了[非法采矿罪]：“违反矿产资源法的规定，未取得采矿许可证擅自采矿，擅自进入国家规划矿区、对国民经济具有重要价值的矿区和他人矿区范围采矿，或者擅自开采国家规定实行保护性开采的特定矿种，情节严重的，处三年以下有期徒刑、拘役或者管制，并处或者单处罚金；情节特别严重的，处三年以上七年以下有期徒刑，并处罚金。”

我国《刑法》第343条第2款规定了[破坏性采矿罪]：“违反矿产资源法的规定，采取破坏性的开采方法开采矿产资源，造成矿产资源严重破坏的，处五年以下有期徒刑或者拘役，并处罚金。”

我国《刑法》第343条规定的两个罪名完全符合《犯罪统计的国际分类》对“10043 非法采矿”的定义，与之完全匹配。

（四）其他导致自然资源消耗或退化的行为的匹配分析

根据《犯罪统计的国际分类》对“10049 其他导致自然资源消耗或退化的行为”的类别描述和我国《刑法》的规定，我国有一个罪名的情形可与其完全匹配，即我国《刑法》第342条规定的非法占用农用地罪的情形。

我国《刑法》第342条规定了[非法占用农用地罪]：“违反土地管理法规，非法占用耕地、林地等农用地，改变被占用土地用途，数量较大，造成耕地、林地等农用地大量毁坏的，处五年以下有期徒刑或者拘役，并处或者单处罚金。”

《犯罪统计的国际分类》对“10049 其他导致自然资源消耗或退化的行为”的规定属于“1004”的兜底条款，我国《刑法》第 342 条规定的非法占用农用地罪的情形与之完全匹配。

三、《犯罪统计的国际分类》中国版对应表

表 14－4　导致自然资源消耗或退化的行为

《犯罪统计的国际分类》代码与犯罪类别	级别	国内刑法/犯罪分类	完全匹配	部分匹配	细节评注
1004 导致自然资源消耗或退化的行为	2	—			—
10041 非法伐木	3	第 345 条第 1 款盗伐林木罪	√		—
		第 345 条第 2 款滥伐林木罪	√		—
		第 345 条第 3 款非法收购、运输盗伐、滥伐的林木罪	√		—
10042 非法狩猎、捕鱼或采集野生动植物	3	第 340 条非法捕捞水产品罪	√		—
		第 341 条第 1 款危害珍贵、濒危野生动物罪	√		—
		第 341 条第 2 款非法狩猎罪	√		—
		第 344 条危害国家重点保护植物罪	√		—
10043 非法采矿	3	第 343 条第 1 款非法采矿罪	√		—
		第 343 条第 2 款破坏性采矿罪	√		—
10049 其他导致自然资源消耗或退化的行为	3	第 342 条非法占用农用地罪	√		—

第五节　其他危害自然环境的行为

一、《犯罪统计的国际分类》中的类别描述

在《犯罪统计的国际分类》中，“1009 其他危害自然环境的行为”的定义为：

1001～1004 类别中未加描述或分类的可能对自然环境造成危害的非法行为。其包含范围为：未保护动植物的健康和福祉；适用 10091～10092 中列出的全部包含范围。

排除情形：适用 1001～1008 中列出的全部排除情形。

（一）危害动物的行为

在《犯罪统计的国际分类》中，“10091 危害动物的行为”的定义为：非法对待、喂养或饲养动物。其包含范围为：动物所有权或安康方面的犯罪（不构成野生生物交易犯罪）；残酷对待宠物；违反狩猎季节规定；残酷对待动物；虐待动物。

排除情形：偷窃宠物（050221）；盗窃牲畜（05025）；抢劫牲畜（04014）。

（二）其他危害自然环境的行为

在《犯罪统计的国际分类》中，“10099 其他危害自然环境的行为”的定义为：10091 类别中未加描述或分类的其他危害自然环境的行为。其包含范围为：偷运臭氧消耗物质；非法使用臭氧消耗物质。

排除情形：非法对待、喂养或饲养动物（10091）；适用 1001～1008 中列出的全部排除情形。

二、中国相关罪名的匹配分析

《犯罪统计的国际分类》中“1009 其他危害自然环境的行为”属于第十章的兜底条款，我国《刑法》中所有关于危害自然环境的行为已经归入本章相应犯罪类别，因此，此处没有条款与之匹配。

三、《犯罪统计的国际分类》中国版对应表

表 14－5　其他危害自然环境的行为

《犯罪统计的国际分类》代码与犯罪类别	级别	国内刑法/犯罪分类	完全匹配	部分匹配	细节评注
1009 其他危害自然环境的行为	2	—			—
10091 危害动物的行为	3	—			—
10099 其他危害自然环境的行为	3	—			—

第十五章　别处未加分类的其他犯罪行为

第一节　被普遍管辖的行为

一、《犯罪统计的国际分类》中的类别描述

在《犯罪统计的国际分类》中，"1101 被普遍管辖的行为"的定义为：被归入普遍人权文书并且可以由国际法院侦查的行为。其包含范围为：适用 11011 ~ 11019 中列出的全部包含范围。

（一）酷刑

在《犯罪统计的国际分类》中，"11011 酷刑"的定义为：对人实施酷刑。[①] 其包含范围为：酷刑。

排除情形：对人造成或意图造成伤害但未构成酷刑的行为（02）。

（二）海盗行为

在《犯罪统计的国际分类》中，"11012 海盗行为"的定义为：海盗行为是指私人船舶或私人飞机的船员、机组成员或乘客为私人目的，在公海上对另一船舶或飞机，或对另一船舶或飞机上的人或财物；或在任何国家管辖范围以外的地方对船

---

① 酷刑是指为了向某人或第三者取得情报或供状，为了他或第三者所作或涉嫌的行为对他加以处罚，或为了恐吓或威胁他或第三者，或为了基于任何一种歧视的任何理由，蓄意使某人在肉体或精神上遭受剧烈疼痛或痛苦的任何行为，而这种疼痛或痛苦是由公职人员或以官方身份行使职权的其他人所造成或在其教唆、同意或默许下造成的。参见联合国：《禁止酷刑和其他残忍、不人道或有辱人格的待遇或处罚公约》，载联合国官网 2023 年 1 月 1 日，http://www. un. org/millennium/law/iv－9. htm。

舶、飞机、人或财物实施的任何暴力、扣留或掠夺行为,包括参与、教唆或鼓励便利上述行为的任何行为。[①] 其包含范围为:任何自愿参与船舶或飞机操作,故意使其成为海盗船舶或飞机的行为;任何煽动或故意便利海盗行为的行为;夺取。

排除情形:由海盗船舶或飞机的船员、机组成员或乘客在非公海区域实施的犯罪被编码归入特殊犯罪;通过使用或威胁使用武力在非公海区域非法扣押车辆及乘客(020223)。

(三)战争罪

在《犯罪统计的国际分类》中,"11013 战争罪"的定义为:严重违反适用于《国际刑事法院规约》(《罗马规约》)和《日内瓦四公约》(1949 年)所列武装冲突中可适用的法律和惯例的行为。其包含范围为:国际人道主义法律所列的战争罪,包括武装冲突各方非法杀害平民;与武装冲突相关的强奸,以及《罗马规约》第 8 条所列的其他行为;(战争罪根据《罗马规约》包含严重违反 1949 年 8 月 12 日《日内瓦四公约》以及适用于国际武装冲突的法律和惯例的行为;在非国际冲突的情况下,任何严重违反 1949 年 8 月 12 日《日内瓦四公约》共同的第 3 条以及其他适用于国际法框架所列涉及此类情况的法律和惯例的行为。)适用 110131 ~ 110139 中列出的全部包含范围。

1. 与武装冲突有关的非法杀人、造成或意图造成死亡或严重伤害

在《犯罪统计的国际分类》中,"110131 与武装冲突有关的非法杀人、造成或意图造成死亡或严重伤害"的定义为:在违反《罗马规约》和《日内瓦四公约》(1949 年)所列适用于武装冲突的法律和惯例的情况下,造成死亡或严重伤害,或意图造成死亡或严重伤害的行为。其包含范围为:故意杀人;故意对人身或健康造成巨大痛苦或严重伤害;武装冲突各方非法杀害平民;杀害或伤害已缴械并投降的战斗员;意图通过使平民陷入饥饿作为一种作战方法;在无理由或不符合本人利益的情况下对人进行物理切割或医学/科学实验;背信杀害或伤害敌对国或军队的人员;宣称格杀勿论。

排除情形:不构成战争罪的故意杀人(0101);不构成战争罪的故意杀人未遂(0102);不构成战争罪的非故意杀人(0103)。

---

① 参见联合国:《联合国海洋法公约》,载联合国官网 2023 年 1 月 1 日,http://www.un.org/depts/los/convention_agreements/texts/unclos/part7.htm。

2. 与武装冲突有关的非法损坏或破坏财物

在《犯罪统计的国际分类》中，“110132 与武装冲突有关的非法损坏或破坏财物”的定义为：违反《罗马规约》和《日内瓦四公约》(1949 年)，在武装冲突中不具备战争需要的情况下非法和肆意实施的造成财产广泛破坏或损坏的行为。其包含范围为：蓄意造成在程度上超过直接军事优势的损害；对自然环境造成长期和严重损坏或破坏；攻击或轰炸无防御和非军事目标的城镇、村庄、住宅或建筑；蓄意攻击非军事目标的宗教、教育、艺术、科学或慈善用途的建筑、历史纪念物或医院；劫掠。

排除情形：不构成战争罪的财产损坏(0504)。

3. 与武装冲突有关的性暴力

在《犯罪统计的国际分类》中，“110133 与武装冲突有关的性暴力”的定义为：违反《罗马规约》和《日内瓦四公约》(1949 年)，作为战术实施的性行为。其包含范围为：实施强奸、性奴役、强迫卖淫、强迫怀孕、强迫绝育或任何其他形式与武装冲突相关并构成严重违反日内瓦四公约行为的性暴力。

排除情形：未构成战争罪的性暴力(0103)；未构成战争罪的性剥削(0302)。

4. 与武装冲突有关的侵犯自由或个人尊严的行为

在《犯罪统计的国际分类》中，“110134 与武装冲突有关的侵犯自由或个人尊严的行为”的定义为：违反《罗马规约》和《日内瓦四公约》(1949 年)，剥夺战俘或其他受保护者自由或人类尊严的行为。其包含范围为：故意剥夺战俘或其他受保护者获得公平和正规审讯的权利；非法驱逐或移送，或非法监禁；劫持人质；实施人身尊严侵犯(包括不人道和有辱人格的待遇)。

排除情形：不构成战争罪的侵犯自由行为(0202)。

5. 招募或征募儿童兵

在《犯罪统计的国际分类》中，“110135 招募或征募儿童兵”的定义为：违反《罗马规约》和《日内瓦四公约》(1949 年)，使 15 岁以下儿童成为战斗人员的行为。其包含范围为：招募或征募 15 岁以下儿童加入国家武装部队或利用其主动参加敌对行动。

排除情形：不构成战争罪的奴役和剥削(0203)；国家或军队的强迫劳动(020323)。

6. 其他战争罪行

在《犯罪统计的国际分类》中,“110139 其他战争罪行”的定义为:《罗马规约》和《日内瓦四公约》(1949 年)所列的其他行为。其包含范围为:使用毒药或有毒武器;使用武器、射弹和具备造成过分伤害或不必要痛苦性质的战争材料和方法。

(四)种族灭绝罪

在《犯罪统计的国际分类》中,“11014 种族灭绝罪”的定义为:种族灭绝至少指以全部或部分消灭某一民族、人种、种族或宗教团体为目的而实施的行为,诸如:杀害该团体成员;致使该团体成员在身体上或精神上遭受严重伤害;故意使该团体处于某种生活状况下,以毁灭其全部或部分之生命;强制施行种种措施意图防止该团体内之生育;强迫转移该团体之儿童至另一团体。其包含范围为:《罗马规约》第 6 条所包含的行为。

(五)危害人类罪

在《犯罪统计的国际分类》中,“11015 危害人类罪”的定义为:危害人类罪至少包括谋杀、灭绝、强奸、迫害和任何其他类似的不人道行为(故意对人身或对心理或身体健康造成巨大痛苦或严重伤害)等,“明知是针对任何平民人口的广泛或有系统的攻击而仍予以实施的”犯罪。其包含范围为:《罗马规约》第 7 条所包含的行为。

(六)侵略罪

在《犯罪统计的国际分类》中,“11016 侵略罪”的定义为:侵略罪指由对一国拥有有效控制权或可指挥一国政治或军事行动的个人策划、筹备、发起或实施的侵略行为,而该行为的性质、严重程度和范围构成对《联合国宪章》的明显侵犯。其包含范围为:经修订的 2010 年《罗马规约》第 8 条所包含的行为。

(七)其他被普遍管辖的行为

在《犯罪统计的国际分类》中,“11019 其他被普遍管辖的行为”的定义为:11011 ~ 11016 类别中未加描述或分类的被普遍管辖的行为。其包含范围为:以实施被普遍管辖的行为为意图组建团体。

二、中国相关罪名的匹配分析

关于刑事管辖权,我国《刑法》规定了四种情形,分别是:属地管辖、属人管辖、保护管辖和普遍管辖。我国《刑法》第 9 条规定了[普遍管辖]:“对于中华人民共和国缔结或者参加的国际条约所规定的罪行,中华人民共和国在所承担条约义务的范围内行使刑事管辖权的，适用本法。”我国十分重视履行国际公约义务，也已经有保留地加入了相关的日内瓦公约。但是，我国《刑法》规定的普遍管辖是在承担条约义务的范围内由我国行使管辖权并且适用我国《刑法》，和《犯罪统计的国际分类》中规定的由国际法院行使侦查权的普遍管辖还是有明显区别的。因此，这里没有与之匹配的情形。

三、《犯罪统计的国际分类》中国版对应表

表 15－1　被普遍管辖的行为

《犯罪统计的国际分类》代码与犯罪类别	级别	国内刑法/犯罪分类	完全匹配	部分匹配	细节评注
1101 被普遍管辖的行为	2	—			—
11011 酷刑	3	—			—
11012 海盗行为	3	—			—
11013 战争罪	3	—			—
110131 与武装冲突有关的非法杀人、造成或意图造成死亡或严重伤害	4	—			—
110132 与武装冲突有关的非法损坏或破坏财物	4	—			—
110133 与武装冲突有关的性暴力	4	—			—
110134 与武装冲突有关的侵犯自由或个人尊严的行为	4	—			—
110135 招募或征募儿童兵	4	—			—
110139 其他战争罪行	4	—			—
11014 种族灭绝罪	3	—			—
11015 危害人类罪	3	—			—

续表

《犯罪统计的国际分类》代码与犯罪类别	级别	国内刑法/犯罪分类	完全匹配	部分匹配	细节评注
11016 侵略罪	3	—			—
11019 其他被普遍管辖的行为	3	—			—

第二节　违反青年条例和未成年人法规的行为

一、《犯罪统计的国际分类》中的类别描述

在《犯罪统计的国际分类》中，“1102 违反青年条例和未成年人法规的行为”的定义为：与未成年人有关的具体法律和规定所定义的非法行为。其包含范围为：适用 11021 ~ 11029 中列出的全部包含范围。

排除情形：性伤害行为（03）。

（一）身份罪

在《犯罪统计的国际分类》中，“11021 身份罪”的定义为：由未成年人实施或由成年人对未成年人实施的法定非法行为，仅因所涉之人的年龄而被视为犯罪。其包含范围为：违反青少年宵禁规定；违反喝酒年龄规定；向未成年人销售酒精或烟草；助长未成年人犯法；违反义务就学法律/逃学；童婚。

排除情形：适用 1102 中列出的全部排除情形。

（二）其他违反青年条例和未成年人法规的行为

在《犯罪统计的国际分类》中，“11029 其他违反青年条例和未成年人法规的行为”的定义为：11021 中未加描述或分类的违反青年条例和未成年人法规的行为。

排除情形：适用 1102 中列出的全部排除情形。

二、中国相关罪名的匹配分析

本节所规定的违反青年条例和未成年人法规的行为，从其包含范围来看，在我国要么不属于犯罪，比如青少年宵禁、违反喝酒年龄限制，要么已经根据具体的犯罪被归入了具体的犯罪类型，比如助长未成年人犯法的行为，有可能会导致共同犯罪。因此，根据罪名匹配中的互斥原则，在此不再重复匹配。

三、《犯罪统计的国际分类》中国版对应表

表 15－2　违反青年条例和未成年人法规的行为

《犯罪统计的国际分类》代码与犯罪类别	级别	国内刑法/犯罪分类	完全匹配	部分匹配	细节评注
1102 违反青年条例和未成年人法规的行为	2	—			—
11021 身份罪	3	—			—
11029 其他违反青年条例和未成年人法规的行为	3	—			—

第三节　别处未加分类的其他犯罪行为

一、《犯罪统计的国际分类》中的类别描述

在《犯罪统计的国际分类》中，“1109 别处未加分类的其他犯罪行为”的定义为：被国家法律界定为刑事犯罪但在 1101～1102 类别中未加描述或分类的行为。

排除情形：适用 1101～1102 中列出的全部排除情形。

二、中国相关罪名的匹配分析

本节的规定是作为整个《犯罪统计的国际分类》的兜底条款，或者也可以说是整个《犯罪统计的国际分类》是口袋条款，保证一国刑法全部被归入《犯罪统计的国际分类》，这是犯罪匹配的全面性原则的要求，也解决了《犯罪统计的国际分类》不可能穷尽某国全部犯罪的问题。根据联合国毒罪办的计划，如果收集到本款的犯罪报告，会在今后的《犯罪统计的国际分类》予以更新。

三、《犯罪统计的国际分类》中国版对应表

表 15－3　别处未加分类的其他犯罪行为

《犯罪统计的国际分类》代码与犯罪类别	级别	国内刑法/犯罪分类	完全匹配	部分匹配	细节评注
1109 别处未加分类的其他犯罪行为	2	—			—

参考文献

1. Barsela, Yarom and Yitzhak Eliasoff, *The Legal and Practical Problems Posed by the Difference Between Criminal Law and Administrative Penal Law*, Revue Internationale De Droit Penal, Vol. 59(1988).

2. Bisogno, Enrico, Jenna Dawson-Faber, Michael Jandl, *The International Classification of Crime for Statistical Purposes: A New Instrument to Improve Comparative Criminological research*, European Journal of Criminology, Vol. 12(2015).

3. Brodeur, Jean-Paul, with Geneviève Ouellet, *What is a Crime? A Secular Answer*, Law Commission of Canada (Ed.), *What is a Crime?: Defining Criminal Conduct in Contemporary Society Convention for the Suppression of Unlawful Seizure of Aircraft*, Signed at The Hague on 16 December 1970, UN(Jan. 1, 2023), https://treaties. un. org/doc/db/terrorism/conv2-english. pdf.

4. Food and Agriculture Organization, *Perspectives and Guidelines on Food Legislation, With a New Model Food Law Page* 209, FAO (Dec. 1, 2005), http://www. fao. org/fileadmin/user_upload/legal/docs/ls87-e. pdf.

5. Hancock, *Best Practice Guidelines for Developing International Statistical Classifications*, United Nations Department for Economic and Social Affairs(May 6,2013), http://unstats.

un. org/unsd/class/intercop/expertgroup/2013/AC267-5. PDF.

6. Hoffmann, *Mapping a National Classification of Occupations Into ISCO – 88: Outline of a Strategy*, Central European University Press, 1994.

7. International Convention Against the Taking of Hostages, *Adopted by the General Assembly of the United nations on* 17 *December* 1979, UN (Dec. 17, 1979), http://www. un. org/en/sc/ctc/docs/conventions/Conv5. pdf.

8. International Convention for the Suppression of the Financing of Terrorism, UN (Jan. 1, 2023), https://treaties. un. org/doc/source/docs/A_RES_54_109-E. pdf.

9. Koskinen, p. ekka, *The Legal and Practical Problems Posed by the Difference Between Criminal Law and Administrative Penal Law, Part I General Observations*, Revue Internationale De Droit Penal, Vol. 59 (1988).

10. United Nations. Protocol to Prevent, *Suppress and Punish Trafficking in Persons, Especially Women and Children, Supplementing the United Nations Convention Against Transnational Organized Crime* (Dec. 1, 2000), https://treaties. un. org/Pages/ViewDetails. aspx? src = IND&mtdsg_no = XVIII-12-a&chapter = 18&lang = en.

11. United Nations. Statistical Division, *UN Glossary of Classification Terms*, UN (Dec. 1, 2023), http://unstats. un. org/unsd/class/family/glossary_short. asp.

12. Hoffmann, *Eivind, and Mary Chamie*, UN (Dec. 1, 1999), https://unstats. un. org/unsd/class/family/basicprinciples_1999. pdf.

13. United Nations Convention on the Law of the Sea, UN (Dec. 1, 1999), http://www. un. org/depts/los/convention_agreements/texts/unclos/unclos_e. pdf.

14. United Nations Office on Drugs and Crime, *Comprehensive Study on Cybercrime*, UNODC (Dec. 1, 2013), http://www. unodc. org/documents/organized-crime/cybercrime/CYBERCRIME_STUDY_210213. pdf.

15. United Nations Office on Drugs and Crime, *Report of the First Meeting of the Technical Advisory Group (TAG) on the International Classification of Crime for Statistical Purposes (ICCS)*, UNODC (May 13, 2016), https://www. unodc.

org/documents/data-andanalysis/statistics/Activities/iccs/TAG _ ICCS _ 2016 _ Report_final_2. pdf.

16. United Nations Office on Drugs and Crime, *International Classification of Crime for Statistical Purposes* (*ICCS*), UNODC (Dec. 1, 2015), https://www.unodc. org/documents/data-andanalysis/statistics/crime/ICCS/ICCS _ English _ 2016_web. pdf.

17. Weigend, Thomas, *The Legal and Practical Problems Posed by the Difference Between Criminal Law and Administrative Penal Law*, Revue Internationale De Droit Penal, Vol. 59 (1988).